AF590868

LA

CONFÉRENCE DE LA PAIX

(LA HAYE, 18 MAI-29 JUILLET 1899)

PAR LA

REVUE GÉNÉRALE DE DROIT INTERNATIONAL PUBLIC

COMPTE RENDU DES TRAVAUX DE LA CONFÉRENCE
ET APPRECIATION CRITIQUE, PAR M. G. DE LAPRADELLE

OPINIONS SUR SES RÉSULTATS.
DE MM. BRUSA (Italie), DESPAGNET (France), MÉRIGNHAC (France),
DE OLIVART (Espagne) ET STOERK (Allemagne).

PARIS
A. PEDONE, ÉDITEUR
LIBRAIRE DE LA COUR D'APPEL ET DE L'ORDRE DES AVOCATS
13, Rue Soufflot, 13

1900

LA CONFÉRENCE DE LA PAIX

(La Haye, 18 mai-29 juillet 1899)

LA
CONFÉRENCE DE LA PAIX

(LA HAYE, 18 MAI-29 JUILLET 1899)

PAR LA

REVUE GÉNÉRALE

DE DROIT INTERNATIONAL PUBLIC

PARIS

A. PEDONE, Éditeur

LIBRAIRE DE LA COUR D'APPEL ET DE L'ORDRE DES AVOCATS

13, Rue Soufflot, 13

—

1900

LA CONFÉRENCE DE LA PAIX

(LA HAYE, 18 MAI-29 JUILLET 1899) (1).

En inaugurant, le 18 mai 1899, le Congrès de la Haye, le ministre des affaires étrangères des Pays-Bas, M. de Beaufort, pouvait dire sans exagération : « Le jour de la réunion de cette Conférence sera sans contredit un

(1) Bibliographie générale. — *Procès-verbaux, rapports, documents imprimés*, communiqués aux membres de la Conférence [cités par l'indication de la Commission, à laquelle ils appartiennent, leur date et le numéro qu'ils portent] ; Van Daehne van Varick, *Actes et documents relatifs au programme de la Conférence de la Paix*, publiés d'ordre du gouvernement, La Haye, 1899, Martinus Nijhoff, édit.

Adde : W. Stead, *What vas done at the Hague*, by one who war there, dans le *Forum*, septembre 1899 et dans la *Review of Reviews* du 16 octobre 1899, p. 386; W. Stead, *The United States of Europe*, London, 1899 ; W. Stead, *The Parliament of Peace*, London, 1899 et ses chroniques dans le *Dagblad*, de la Haye, pendant la Conférence ; W. Stead, *The Hague Conference in ist outcome*, dans la *American monthly Review of Reviews*, septembre 1899, p. 312 et suiv. ; *The Hague Conference*, dans l'*Economist* du 15 juillet 1899 ; Holland, *Some lessons of the Peace Conference*, dans la *Fortnightly Review*, décembre 1899, p. 944-957 ; Capitaine A. T. Mahan (délégué des États-Unis), *The Peace Conference and the moral aspect of war*, dans la *North American Review*, octobre 1899, p. 443-447 ; R. M. Johnston, *In the Clutch of the Harpy powers*, dans la *North American Review*, octobre 1899, p. 448-453 ; W. Holls (délégué des États-Unis), *The Peace Conference and the Monroe doctrine*, dans la *American monthly Review of Reviews*, novembre 1899, p. 559-567 (sur deux colonnes) ; F. de Martens (délégué russe), *International arbitration and the Peace Conference at the Hague* (*a Russian view*), dans la *North American Review*, novembre 1899, p. 604-624 ; Seth Low (délégué des États-Unis), *The international Conference of Peace*, dans la *North American Review*, novembre 1899, p. 625-639 ; d'Estournelles de Constant (délégué de la France), *Lettres sur la Conférence de la Haye*, dans le journal le *Temps* des 23 septembre, 8 octobre, 1er et 3 novembre 1899 ; Arthur Desjardins, *La Conférence de la Haye et l'arbitrage international*, dans la *Revue des Deux-Mondes* du 1er septembre 1899, p. 5-26 ; Paul Louis, *La Conférence de la Haye*, dans la *Revue socialiste*, juin 1899, p. 658-663 (article à lire plutôt à titre d'impression que de document) ; *La Conférence de la Paix à la Haye, la guerre au point de vue économique* (discussion à la Société d'économie politique de Paris), dans l'*Économiste français* du 21 octobre 1899 ; Raffalovich, *Mémoire sur la Conférence de la Haye* (lu à l'Académie des sciences morales et politiques de France, le 28 octobre 1899), *suivi des observations de MM. Arthur Desjardins, Frédéric Passy et de Courcel* ; Marcel Paisant, *La Conférence de la Paix*, dans la *Revue encyclopédique Larousse* du 4 novembre 1899, p. 946-953 ; d'Avril, *La Conférence de la Haye*, dans la *Revue d'histoire diplomatique*, 1899, n° 4 ; Hans Delbrück, *Zukunftskrieg und Zukunftsfriede*, dans les *Preussische Jahrbücher*, mai 1899, p. 203-330 ; E. Schlief, *Die Petersburger Kundgebunden und die Völkerrechtswissenschaft*, dans *Archiv für öffentliches Recht* (Laband et Stœrk), XIV, IIe Heft, 1899, p. 260-281 ; Schäffle, *Die Friedenskonferenz im Haag. Beiträge zu einer socialwissenschaftlichen Theorie des Krieges*, dans *Zeitschrift für die gesamte Staatswissenschaft*, LV, 4e Heft, 1899, p. 705-748 ; *Die Friedenskonferenz im Haag*, dans les *Historisch-Politische Blätter* du 1er septembre 1899 ; *Die Friedenskonferenz im Haag*, dans le *Gegenwart* du 19 août 1899 ; Pasquale Fiore,

des jours qui marqueront dans l'histoire du siècle qui va finir » (1). Jamais Conférence diplomatique n'a présenté tant de titres à l'attention générale que la Conférence de la Haye. Originale à plus d'un égard, elle réunit, tant dans la forme, par le côté extérieur des choses, que dans le fond, par son programme, des nouveautés diplomatiques inconnues jusqu'alors à l'histoire. Vingt-six États y comptaient une centaine de représentants (2), hommes politiques, diplomates, jurisconsultes et militaires, de sorte que, pour la première fois, à cause du nombre, une Conférence diplomatique, au lieu de pourparlers, eut des discussions, au lieu d'être un Congrès, fut un Parlement (3), où l'expérience des grandes assemblées de-

L'Imperatore di Russia e la Conferenza, dans la *Nuova Antologia* du 1er mars 1899, p. 167-181 ; Crispi, *La Conferenza del disarmo*, dans la *Nuova Antologia* du 15 mai 1899, p. 360-366 ; Catellani, *Realtà ed utopie della pace*, dans la *Riforma sociale*, mai-juin 1899, et tirage à part, Roux, Torino, 1899, 1-131 p. ; Pasquale Turiello, *La Conferenza dell'Aja*, dans la *Nuova Antologia* du 15 août 1899, p. 729-737.

Pour les travaux antérieurs à la Conférence, V. de Lapradelle, *La question du désarmement et la seconde circulaire du Tsar*, dans la *Revue générale de droit intern. public*, t. VI (1899), p. 76 et suiv.

(1) Imprimé nº 1, p. 6.

(2) États représentés : *Allemagne* (Comte de Münster, Baron de Stengel, Dr Zorn, colonel de Gross de Schwarzhoff, capitaine de vaisseau Siegel) ; *Autriche-Hongrie* (Comte R. de Welsersheimb, MM. A. Okolicsanyi de Okolicsna, Gaëtan Mérey de Kapos-Mère, H. Lammasch, colonel V. de Khuepac, capitaine de corvette Comte Soltyk) ; *Belgique* (M. Beernaert, Comte de Grelle-Rogier, Chevalier Descamps) ; *Chine* (M. Yang-Yu) ; *Danemark* (Fr. e. de Bille, colonel von Schnack) ; *Espagne* (Duc de Tetuan, Ramirez de Villa Urrutia, A. de Baguer, Comte del Serrallo) ; *États-Unis d'Amérique* (MM. White, Standford Nevel, Seth Low, A. T. Mahan, capitaine de vaisseau, W. Crozier, capitaine d'artillerie, W. Holls) ; *France* (MM. Léon Bourgeois, Bihourd, d'Estournelles de Constant, Louis Renault, amiral Pephau, général Mounier) ; *Royaume-Uni de Grande-Bretagne et d'Irlande* (MM. Julian Pauncefote, H. Howard, vice-amiral Fisher, général Ardagh) ; *Grèce* (M. Delyannis) ; *Italie* (Comte Nigra, Comte Zannini, commandeur Guido Fusinato, général major Zuccari, capitaine de vaisseau Bianco) ; *Japon* (Baron Hayashi, M. Motono, colonel Uyehara, capitaine de vaisseau Sakamoto, Nagao Ariga); *Luxembourg* (M. Eyschen, Comte de Villers) ; *Mexique* (MM. de Mier, Zénil) ; *Monténégro* (avec la délégation de Russie) ; *Pays-Bas* (M. Van Karnebeek, général den Beer Portugael, MM. T. M. C. Asser, Rahusen, Tadema) ; *Perse* (général Mirza Riza Khan, Mirza Samad Khan Mountazis Saltaneh) ; *Portugal* (Comte de Macédo, M. d'Ornellas Vasconcellos, Comte de Selir, capitaine Ayres d'Ornellas) ; *Roumanie* (MM. A. Beldiman, Jean N. Papiniu, colonel Constantin Coanda) ; *Russie* (MM. de Staal, F. de Martens, de Basily, Raffalovich, colonel Gilinsky, Barantzew, capitaine Schéine, lieutenant de vaisseau Ovtchinnikow) ; *Serbie* (MM. Miyatovitch, colonel Maschine, Veillcovitch) ; *Siam* (MM. Phya Suriya, Phya Visuddha, Corragioni d'Orelli, Edouard Rolin) ; *Suède et Norvège* (Baron de Bildt, colonel P. H. E. Brändstrom, de Hjulhammar, W. Konow, général major médecin général de l'armée et de la marine J. J. Thaulow) ; *Suisse* (Dr A. Roth, colonel A. Kunzli, M. Edouard Odier) ; *Turquie* (Turkhan Pacha, Noury Bey, général Abdullah Pacha, amiral Mehemed Pacha) ; *Bulgarie* (Dr Stancioff, major Ch. Hessaptchiew).

(3) Comp. F. de Martens, *International arbitration and the Peace Conference at the Hague*, dans la *North American Review*, novembre 1899, p. 622. On y verra une intéressante comparaison de la Conférence de la Haye avec les Congrès de Vienne, de Paris et de Berlin (1815, 1856 et 1878). Comp. surtout p. 624 : « The session-hall of the Conference at the Hague, in the royal palace of the Huis ten Bosch, cannot be compared with the session-hall of the Congress of Paris, of Berlin or of Vienna ».

vait donner à des personnalités plus spécialement politiques une autorité que pouvaient justement envier des diplomates de carrière. Nouvelle sous ce rapport, la Conférence de la Haye l'était encore au point de vue de la variété des États convoqués. Ce n'était pas la Conférence de l'Europe, mais celle du monde. Sans doute les convocations sont encore trop restreintes. La présence des représentants de la Bulgarie au sein de la délégation turque ne fait que mieux ressortir l'absence d'un autre État dont la vassalité prétendue n'est pas affirmée comme pour la Bulgarie par un texte certain tel que l'article 1er du traité de Berlin. L'Afrique est exclue tout entière, pour plaire à l'Angleterre qui craint l'invitation du Transvaal, son soi-disant vassal. Pour flatter la vanité des États-Unis, le Mexique seul est appelé comme eux ; le reste de l'Amérique n'est pas représenté. Malgré ces lacunes, plus regrettables encore que l'exclusion du Pape (1) qui, s'il est un Souverain, n'a pas un État, le chiffre et la variété des convocations restent encore considérables, car la Russie, puissance asiatique autant qu'européenne, veut que l'Asie soit représentée par la Chine, le Japon, la Perse et le Siam. Sauf le précédent obscur de la Conférence maritime internationale de Washington (1889) (2), qui réunissait déjà des nations d'Europe, d'Amérique et d'Asie, c'était la première fois que ces trois parties du monde se rapprochaient dans un même Congrès.

Mais, de toutes les nouveautés qu'offrait dans la forme la Conférence de la Haye, il n'y en avait pas de comparables à celle qu'elle présentait dans le fond. Cas sans précédent dans l'histoire, elle n'avait pas pour objet de régler des différends politiques ou des questions de frontières, pas même des questions d'ordre économique ou pénal. Mais elle avait pour mission d'appeler sur le monde le règne de la paix. L'utopie disparaissait ; le rêve des penseurs commençait à devenir des réalités. Déjà le monde avait été frappé de surprise (3), quand il avait vu un puissant monarque, chef d'un grand État militaire, se faire lui-même l'apôtre du désarmement et de la paix dans les deux Messages successifs du

(1) Nous réservons pour l'instant toutes ces questions sur lesquelles nous aurons l'occasion de revenir à propos de l'adhésion à l'Acte final des puissances non représentées à la Conférence.

(2) Seth Low, *The international Conference of Peace*, dans la *North American Review*, novembre 1899, p. 625.

(3) « Nie hat die Welt so in Waffen gestarrt, wie in unserer Gegenwart, und nie hat die Welt das Schauspiel gesehen, dass der ungebundenste Herrscher eines militærstaatlichen Grossreiches, an die Spitze idealistischer « Friedensfreunde » sich gestellt hätte wie dies ebenfalls in unserer Gegenwart an der Ende Juli 1899 nach fast zweitnonatlicher Tagung geschlossenen « europäischen Friedenskonferenz » wahnzunehmen gewesen ist » (A. Schäffle, *Die Friendenskonferenz im Haag*, dans *Zeitschrift für die gesamte Staatswissenschaft*, LV, 4e Heft, 1899, p. 705).

12/24 août 1898 et du 30 décembre 1898/11 janvier 1899. Mais l'étonnement s'accrut encore quand on vit, grâce à la ténacité russe, la Conférence projetée se préparer, se former, et s'ouvrir. L'opinion, qui marchait ici de surprise en surprise, eût cru volontiers tous les résultats possibles. De nombreuses lettres ou adresses, envoyées ou inspirées par le zèle des nombreuses Sociétés de paix, en déposaient l'espoir et le vœu aux pieds de la Conférence, qui dut charger une Commission spéciale du soin de les dépouiller et d'y répondre (1). Les grands apôtres de la Paix, M. W. Stead, le Pierre l'Ermite de la Croisade pacifique, la Baronne de Suttner, l'auteur du livre « A bas les armes ! », qui étaient venus à la Haye pour manifester leur foi, montraient les plus vives espérances. L'opinion publique était rendue attentive par la presse, à laquelle, suivant les traditions diplomatiques, la Conférence ferma sa porte, au mépris des règles parlementaires (2). Mais, comme elle était à la fois un Parlement et une Conférence, elle dut se résigner à faire des communiqués aux journaux. Peu à peu, les diplomates devenaient ainsi les prisonniers de l'opinion. La foule, qui n'a pas le sentiment des nuances ni celui des difficultés, croyait tout possible. Le choix de la Haye, comme siège du Congrès, accentuait encore l'enthousiasme. Les correspondances des journaux marquaient, dès les premiers jours, que dans l'atmosphère calme de cette ville, pacifique entre toutes, les diplomates subissaient peu à peu la contagion des choses et l'effet du milieu. Plus d'un devait en effet trouver autour de lui, pour la cause pacifique, ces comparaisons et ces images, qui plaisent aux diplomates quand ils sont en goût de métaphores (3). Le calme de la Haye, le repos de ses eaux dormantes leur parlaient des douceurs de la paix. Sans lever les yeux, ils apercevaient devant eux, en entrant dans la salle de leurs séances, l'allégorie fameuse, peinte au seuil de la salle d'Orange de la Maison du Bois : Hercule et Minerve ouvrant les portes du temple de Janus, fermé par la guerre, au Génie de la Paix. Moins d'un an auparavant, à la veille du couronnement de la Reine, l'Institut de droit international avait, à la Haye, en août 1898, enveloppé de justice et de paix l'aurore d'un règne naissant (4). Cette justice et cette paix n'allaient-elles pas, de la Hollande, s'étendre au monde entier ?

(1) N° 3, 23 mai 1899, p. 3.

(2) Sur tous les documents que nous avons eus sous les yeux, on lit ces mentions extraordinaires : *confidentiel*, *absolument confidentiel*, et jusqu'à *secret*. La délégation d'Amérique a vivement protesté contre ce huis-clos (Holls, *The Peace Conférence*, dans la *American monthly Review of Rewiews*, novembre 1899, p. 559).

(3) On verra, en consultant les procès-verbaux, combien ces métaphores, relativement fréquentes, sont souvent hardies. Comp. notamment, 3e Commission, 6e séance, 19 juillet 1899 ; Procès-verbal, 1re épreuve, p. 6.

(4) *Annuaire de l'Institut de droit international*, t. XVII (1898), p. 176-177.

Certes, le choix de la Haye était heureux. Pour une telle œuvre, nul cadre n'était meilleur. Mais le calme de la ville, les eaux dormantes des canaux, les allégories de la salle des séances, tout cela ne constituait qu'un milieu factice où se trouvaient les délégués, non leurs États, les hommes, non les peuples. Derrière ce paisible décor, joli mais factice, le vrai rideau se levait sur l'Europe en armes, inquiète d'avenir et grosse de problèmes : à l'Occident, la question d'Alsace-Lorraine ; à l'autre bout de l'Europe, la question d'Orient ; hors d'Europe, la question des concurrences économiques et coloniales qui déchaîne les ambitions des grandes puissances en Afrique, en Asie, partout où il y a, soit un marché à prendre, soit un territoire à partager. Tandis que M. de Staal, en recevant la présidence de la Conférence, saluait comme un gage de paix et de concorde l'évolution économique, l'Impérialisme anglais, la guerre cubaine et l'ambition coloniale allemande lui répondaient que la guerre moderne est d'autant plus à craindre qu'elle repose sur des intérêts commerciaux (1). Pour fonder une paix durable, il eût fallu détruire, par un accord, ces causes de guerre. Le Conseiller russe, J. de Bloch, initiateur de la pensée pacifique du Tsar, avait lui-même marqué, dans son grand livre sur *La guerre*, la nécessité de trancher ces questions. Mais il se trompait en affirmant qu'elles appelaient des solutions faciles : « le *statu quo* dans les rapports entre la France et l'Allemagne ; l'organisation du protectorat européen sur la Turquie ; la détermination d'un égal champ d'activité coloniale » (2). Il fallait toute la sérénité d'un économiste, habitué à voir de haut et de loin les grandes lois du monde social, pour résoudre avec ce facile optimisme des problèmes que les faiseurs de systèmes osent à peine aborder, et dont les diplomates, mieux renseignés et partant plus sceptiques, ne peuvent encore prévoir, ni les évolutions, ni la fin. Discuter ces questions était impossible. Toutes les nations mettaient à leur concours cette condition expresse qu'aucun des problèmes politiques, qui leur tenaient à cœur, n'y serait agité. La circulaire d'invitation lancée, le 6 avril 1899, par M. de Beaufort, au nom du gouvernement hollandais, portait « exclusion de tout ce qui touche aux rapports politiques des États ou à l'ordre de choses établi par les traités » (3). La France et l'Allemagne n'avaient donc pas à craindre de voir

(1) Comp. la juste remarque de Paul Louis, *La Conférence de la Haye*, dans la *Revue socialiste*, juin 1899, p. 660.

(2) Comp. Catellani, *Realtà ed utopie della pace*, p. 57.

(3) Van Varick, *Actes et documents*, 2e document de la 1re partie (non paginée).

Voici le texte de cette circulaire, datée de la Haye, 6 avril 1899 :

« Monsieur le .... — Le gouvernement impérial de Russie a adressé, sous la date du 12/24 août 1898, aux représentants diplomatiques accrédités auprès de la Cour de Saint-Pétersbourg une circulaire exprimant le désir de voir se réunir une Conférence

soulever la question d'Alsace-Lorraine ; les grandes puissances et surtout la Turquie n'avaient pas à redouter de voir aborder la question d'Orient. Fidèle aux limites tracées à sa compétence par cette convocation, le Congrès écarta le *Memorandum* des Arméniens, apporté par l'agitateur Minas Tchéraz, comme il avait écarté le *Memorandum* de la Pologne contre la Russie. Même, comme les réfugiés arméniens commençaient une propagande active et tumultueuse par la voie de réunions publiques, le gouvernement hollandais, à la requête de la Turquie, les expulsa. Mais, en s'isolant des problèmes politiques, auxquels tout le monde pensait, pour tracer en l'air des règles applicables, au premier chef, à ces mêmes problèmes, les délégués s'interdisaient d'aboutir. Avant de désarmer, il fallait supprimer les causes de guerre. Avant de chercher la solution des conflits par l'arbitrage, il fallait liquider les problèmes que l'Europe en aucun cas n'entendait lui confier. Tandis que les diplomates se séparaient de la réalité vivante et des difficultés concrètes, le bref passage d'un Tchéraz les rappelait cruellement à la vanité de la paix. Le souve-

internationale, qui serait chargée de rechercher les moyens les plus efficaces pour assurer aux peuples une paix durable et mettre un terme au développement progressif des armements militaires. — Cette proposition, due à la noble et généreuse initiative de l'auguste Empereur de Russie, ayant rencontré partout un accueil des plus reconnaissants et obtenu l'assentiment général des puissances, S. E. le ministre des affaires étrangères de Russie a adressé, le 30 décembre 1898/11 janvier 1899, aux mêmes représentants diplomatiques une seconde circulaire donnant une forme plus concrète aux généreuses idées préconisées par le magnanime Empereur et indiquant certaines questions qui pourraient spécialement être soumises aux délibérations de la Conférence projetée. — Pour des motifs d'ordre politique, le gouvernement impérial russe a jugé qu'il ne serait pas désirable que la réunion de cette Conférence se fît dans la capitale d'une des grandes puissances et, après s'être assuré de l'assentiment des gouvernements intéressés, il s'est adressé au Cabinet de la Haye afin d'obtenir son agrément au choix de cette résidence comme siège de la Conference en question. Je me suis empressé de prendre les ordres de Sa Majesté la Reine à l'égard de cette demande et je suis heureux de pouvoir porter à votre connaissance que Sa Majesté, mon auguste Souveraine, a daigné m'autoriser à répondre qu'il lui serait particulièrement agréable de voir la Conférence projetée se réunir à la Haye. — En conséquence, et d'accord avec le gouvernement impérial russe, j'ai l'honneur de vous charger d'inviter le gouvernement... à bien vouloir se faire représenter à la Conférence susmentionnée, afin de discuter les questions émises dans la seconde circulaire russe du 30 décembre 1898/11 janvier 1899, ainsi que toutes autres questions se rattachant aux idées émises dans la circulaire du 12/24 août 1898, avec exclusion toutefois des délibérations de tout ce qui touche aux rapports politiques des États ou à l'ordre de choses établi par les traités. — J'aime à croire, Monsieur le..., que le gouvernement auprès duquel vous êtes accrédité voudra bien s'associer à la grande œuvre humanitaire entreprise sous les auspices de Sa Majesté l'Empereur de toutes les Russies, et qu'il sera disposé à accepter notre invitation et à prendre les mesures nécessaires pour que ses représentants soient réunis a la Haye, le 18 mai prochain, pour l'ouverture de la Conférence, à laquelle chaque puissance, quel que soit le nombre de ses délégués, n'aura qu'un seul vote. — Veuillez agréer, Monsieur le..., l'assurance renouvelée de ma haute considération.

W. H. DE BEAUFORT ».

nir de la question d'Orient allongeait brusquement, sur les tapis verts de la Maison du Bois, l'ombre importune de la guerre. En faisant abstraction des problèmes politiques, auxquels tout le monde songeait, pour se confiner dans une œuvre exclusivement juridique, la Conférence de la Haye se fermait elle-même la route du succès.

Dans sa première circulaire, le Tsar adressait aux États l'appel le plus large. Il leur demandait les moyens les plus efficaces d'assurer à tous les peuples les bienfaits d'une paix réelle et durable. Dans sa seconde circulaire, il restreignait la Conférence à deux chefs principaux : le désarmement et l'arbitrage. Mais déjà il se ménageait une porte de sortie ; pour éviter un échec complet qui, paraissant à presque tous probable, devait au moins paraître à la Russie possible, il annonçait l'intention d'annexer à son prèmier programme l'examen des règles élaborées sans succès à Genève en 1868, pour la guerre maritime, et en 1874 à Bruxelles, pour la guerre terrestre. Le programme de la première heure fondait peu à peu devant l'opposition des diplomates, pour qui l'opportunité est l'une des premières qualités des actes. Venant à la fin de la guerre cubaine, au moment des gros armements que l'Angleterre préparait pour l'Égypte, à la veille de la question du Transvaal, un projet de désarmement et d'arbitrage, même aux termes restreints de la seconde circulaire, manquait encore d'opportunité. Pour les pacifiques il était devenu trop étroit. Mais ce n'est ni M. Stead, ni la Baronne de Suttner, ni M. F. Passy, que leurs gouvernements respectifs avaient délégués. Diplomates et non philosophes, les représentants de l'Europe n'avaient pas dans ce problème les mêmes préoccupations. Habitués à travailler non pour l'humanité mais pour leur Souverain, ils apportaient sans doute à la Haye le désir généreux de la paix, mais avant tout le souci de ne rien dire et surtout de ne rien faire qui pût paralyser un jour l'activité politique de leur gouvernement particulier. Aux vœux du Tsar, ils prêtaient l'écho généreux de leurs sentiments personnels et, souvent, dans une forme heureuse qui trahissait une éloquence émue. Mais, paralysés par les nécessités propres à l'activité de leurs gouvernements respectifs, ils trouvaient toujours, au dernier moment, des raisons ou des biais pour ne pas s'engager. On a appelé la réunion de la Haye « le Parlement de la Paix » (1). L'expression n'est pas absolument exacte. Dans un Parlement, les intérêts locaux disparaissent toujours, quand le patriotisme est en jeu, devant l'intérêt général. Ici l'intérêt local des souverainetés représentées restait vainqueur de l'intérêt collectif ; même quand ce patriotisme international, qui est l'amour de l'hu-

(1) W. Stead, *The Parliament of Peace*. V. aussi F. de Martens, dans la *North American Review*, novembre 1899, p. 624.

manité, en exigeait le sacrifice, le patriotisme local était, sans lutte, triomphant. Le jour où l'on voudra faire proclamer le règne de la paix, si jamais ce jour arrive, c'est aux Sociétés d'arbitrage qu'il faudra s'adresser. Mais faire d'une telle Conférence une œuvre essentiellement diplomatique, c'est mettre contre elle, avec les meilleures compétences, les plus mauvaises chances de succès, le diplomate étant avant tout au service de son pays, et, par surcroît seulement, quand la chose est possible, au service de l'humanité.

Du côté de la Russie, le désarmement cadrait avec les vues nationales, du côté des petites nations, neutres de droit ou de fait, avec les tendances locales ; mais presque tous les États sentaient que, pour une telle œuvre, l'unanimité nécessaire au succès trouverait toujours un obstacle, soit du côté de l'Angleterre qui veut la supériorité maritime, soit du côté de l'Allemagne et de la France qui veulent profiter de leurs avantages militaires. Aimé des petites nations, assez bien vu de l'Angleterre,qui a des arguments inattendus pour l'esquiver, et des États-Unis, qui savent, le cas échéant, s'en faire une arme, l'arbitrage trouvait mauvais accueil auprès des grandes puissances, à qui leur armée permettra toujours d'en appeler du droit à la force. Les deux points essentiels du programme russe, qui inspiraient le lyrisme des Sociétés de paix, laissaient les diplomates sceptiques. Les uns y flairaient des pièges. Les autres y voyaient des illusions et des mirages. En acceptant le rendez-vous pacifique que le Tsar leur donnait à la Haye, ils savaient bien que, pour aboutir, ils devaient consacrer leur effort aux textes de Genève et de Bruxelles. Mais, si les diplomates n'ont guère d'illusions, ils ont toujours des formes. La courtoisie voulait, vis-à-vis du Tsar, que son invitation ne restât pas sans suite, ni ses propositions sans résultat ; la dignité de la Conférence exigeait, vis-à-vis des peuples, qu'après leur avoir promis de chercher la paix, elle leur prouvât son bon vouloir par un progrès. D'autre part, les exigences propres aux souverainetés représentées réclamaient une prudence extrême. Ce n'est pas pour l'humanité, c'est pour la forme, que la Conférence veut aboutir. Mais à la différence de l'humanité, qui, demandant aux États des sacrifices, leur eût arraché des concessions de fond, la raison fragile de l'amour-propre et le souci de l'opinion n'exigeaient que des concessions de forme et des apparences de résultat, des résolutions, des projets et des vœux platoniques, beaucoup plus que des signatures obligatoires. Persuadée d'avance de l'impossibilité du résultat, la Conférence de la Haye s'est simplement efforcée d'apporter — ce qui était déjà beaucoup — quelques adoucissements à son échec. C'est là tout ce qu'elle a fait, car c'est là tout ce qu'elle pouvait faire. Mais, pour arriver à des résultats, qu'une critique indulgente jugera plutôt minces, elle a dû déployer des adresses de tactique, des habiletés et des énergies, qu'une critique, même sévère, jugera toujours surprenantes.

I

Première Commission. — La diminution des armements.

§ Ier. — *La question principale. Limitation des effectifs et des budgets.*

A. *Le problème.* — Dans la pensée première de l'Empereur de Russie, attestée par ses Messages, la limitation des armements devait constituer la question centrale et topique, autour de laquelle tournerait la Conférence. Qu'on se rappelle sa première circulaire du 12/24 août 1898 : « Le maintien de la paix générale et une réduction possible des armements excessifs, qui pèsent sur toutes les nations, se présentent comme l'idéal... Mettre un terme à ces armements incessants, tel est le devoir suprême, qui s'impose aujourd'hui à tous les États ». Plus tard, ayant sondé le terrain et senti des résistances, le Tsar élargit son programme pour en augmenter les chances de succès. A la question du désarmement, il joint des thèmes variés, relatifs soit aux lois de la guerre, soit à l'arbitrage. Mais, dans cet émiettement, la question du désarmement subsiste en tête, comme la grande question, et, cessant d'être l'unique problème, reste encore le premier : « 1° Entente stipulant la non-augmentation pour un terme à fixer des effectifs actuels des forces armées de terre et de mer, ainsi que des budgets de guerre y afférents ; étude préalable des voies dans lesquelles pourrait même se réaliser dans l'avenir une réduction des effectifs et des budgets ci-dessus mentionnés » (1). C'est la pensée maîtresse de l'œuvre, le chef, unique d'abord, principal ensuite, des propositions du Tsar. Des trois Commissions qui se partagent le travail, c'est à la première qu'il incombe. Nulle question n'est plus en vedette. C'est, dans la pensée russe, la partie maîtresse de l'œuvre.

Au point de vue purement théorique, nul effort ne peut être plus fécond en résultats qu'un essai dans cette direction. Réglementer la guerre, c'est, en l'humanisant, l'adoucir, en la civilisant l'embellir : ce n'est pas l'empêcher, c'est la légitimer. S'adresser à l'arbitrage, c'est d'abord très incertain, ensuite très insuffisant ; car si, généralisé, l'arbitrage pouvait par impossible prévenir les guerres, il faudrait toujours des armées, pour le cas où l'arbitrage serait refusé ou la sentence méconnue : ce n'est pas parce qu'il y a des juges qu'on peut se passer de

(1) V. de Lapradelle, *La question du désarmement et la seconde circulaire du Tsar*, dans la *Revue générale de droit intern. public*, t. VI (1899), p. 76 et suiv.

gendarmes. Mais, quand bien même l'arbitrage ne pourrait abouti quand bien même la guerre ne pourrait se réglementer, il suffirait qu la limitation des armements fût acceptée pour qu'aussitôt les peuple fussent soulagés d'un grand poids. Ils souffrent moins de la guerre e temps de guerre que de sa préparation en temps de paix. Diminue les contingents, les armements et les budgets militaires, c'est d'ailleur un but pratique tangible, qui n'a rien de la chimère ni du rêve. Que l guerre soit liée pour toujours à l'humanité, l'histoire l'affirme. Mais puisque cette guerre, jadis, demandait moins d'hommes et prenait moin d'argent, pourquoi les États ne pourraient-ils revenir à ces temps ancien où la guerre, plus fréquente, était cependant moins exigeante, tant e troupes qu'en subsides ? On conçoit qu'il soit difficile, quand l'humanit tourne en spirales, d'instituer un état de paix, d'une nouveauté absolue sans précédents dans l'histoire ; mais qu'y a-t-il d'impossible à ramene les armées d'aujourd'hui sur le pied, plus modeste et plus restreint, d celles d'hier ? Il ne s'agit plus de faire marcher les peuples sur une route encore inaccessible, mais de les ramener dans les sentiers battus. Abolir la guerre, c'est contraire aux traditions constantes de l'histoire. Réduire les armées et les budgets, c'est au contraire conforme à ces mêmes traditions. Enfin, dernier avantage, ce procédé présente une extraordinaire souplesse, parce qu'il est susceptible d'un nombre infini de degrés : aujourd'hui, l'on peut se contenter de fixer une limite, égale ou même supérieure au *statu quo* ; demain, on pourra l'abaisser d'un degré ; après demain, d'un autre encore. Assurer la paix par une série de limitations d'armement, arrêter les dépenses, puis les réduire, plus tard les diminuer encore, et de degré en degré, d'effort en effort, les reculer peu à peu jusqu'aux dernières limites ; le programme était élastique, étroit et large suivant les cas, fertile en transitions de toute nature et cependant toujours ouvert au progrès de l'idéal pacifique, puisqu'une fois la réduction commencée, il était possible de l'accroître encore.

Plus d'une fois ce programme avait attiré l'attention des économistes. « Il faut enseigner à nos gouvernements respectifs, disait Cobden en 1849, ce petit problème arithmétique que, si deux nations en temps de paix ont un armement donné, comme par exemple *six*, elles ne seraient pas relativem nt moins fortes en réduisant leur armement à *trois* » (1). « Si, tout compensé, tous intérêts examinés, il y a profit national à augmenter l'armée, insinuait Bastiat, pourquoi ne pas enrôler sous les dra-

(1) Cité par Kebedgy, *L'allègement des charges militaires et les rapports internationaux*, extrait de la *Rivista di diritto internazionale e di legislazione comparata*, 1899, fasc. IV, p. 5.

peaux toute la population virile du pays » (1) ? Jean de Bloch, économiste russe, Conseiller intime, avait maintes fois soumis au Tsar cette idée qu'à grand renfort de statistiques il avait développée dans son important ouvrage *La guerre* (2), œuvre de plus de 4.000 pages, qui lui a valu de W. Stead, dans son livre *Les États-Unis d'Europe*, le beau nom de Cobden russe (3).

De leur côté, les jurisconsultes, au sens pratique, ennemis des chimères, sont aussi, en général, favorables à la diminution progressive des armements. Pour Dudley-Field (4), la limitation des forces militaires à un certain chiffre (un par mille) est un des principes essentiels de son droit international codifié. Suivant Lorimer (5), l'éminent professeur à l'Université d'Édimbourg, le désarmement est non seulement possible mais nécessaire. Kamarowsky le déclare : « Il est plus que temps de s'arrêter et de réfléchir sérieusement à la question du désarmement. Ce n'est pas là une question oiseuse. C'est la question du *to be or not to be* des États européens et même de toute notre civilisation en général » (6). En France, M. Mérignhac y est si favorable qu'il indique même de quelle façon, à son point de vue, le désarmement devrait s'opérer (7). L'entreprise paraît à tous ces auteurs, non seulement désirable, mais encore possible, à tel point qu'ils en discutent le programme et qu'ils en tracent la procédure. Enfin, la question a paru suffisamment sérieuse et pratique pour mériter de l'Institut de droit international une attention qu'il n'accorde jamais à des chimères : le problème a semblé assez mûr pour être porté à l'examen de ce corps éminent par l'un de ses membres les plus autorisés, le fondateur et même le père de l'Institut. En 1887 (8), à la session de Heïdelberg, M. Rolin-Jaequemyns sollicitait l'assemblée « d'examiner au point de vue du droit international si, dans quelle mesure et par quels moyens, il serait possible de restreindre, dans des limites proportionnelles à déterminer par voie de convention entre les États du groupe européen, l'effectif de leurs forces et le montant de leurs dépenses militaires en temps de paix ».

(1) Bastiat, *Ce qu'on voit et ce qu'on ne voit pas*, ch. II, dans les *Sophismes économiques*, éd. Guillaumin, 1863, t. II, p. 340.

(2) Johann von Bloch, *Der Krieg*, Berlin, 1899, t. VI (aus dem russischen übersetzt).

(3) W. Stead, *The United States of Europe*, London, 1899, p. 133-137.

(4) Dudley-Field, *Draft outlines of an International Code*, p. 528.

(5) Lorimer, *La question du désarmement et les difficultés qu'elle soulève au point de vue du droit international*, dans la *Revue de dr. intern. et de lég. comparée*, t. XIX (1887), p. 473.

(6) Kamarowsky, *Quelques réflexions sur les armements croissants de l'Europe*, dans la *Revue de dr. intern. et de lég. comparée*, t. XIX (1887), p. 481.

(7) Mérignhac, *Traité théorique et pratique de l'arbitrage international*, p. 512.

(8) *Annuaire de l'Institut de droit international*, t. IX (1887), p. 337.

Désirée par les économistes, proposée par les jurisconsultes, la limitation des armements avait d'ailleurs, à plusieurs reprises, attiré l'attention et mérité la faveur des hommes d'État. Au Congrès de Vienne elle fut amenée sur le tapis par le Prince régent d'Angleterre, accueillie sympathiquement par la Russie, puis par l'Autriche. Alexandre Ier écrivait à lord Castlereagh, le 21 mars 1816 : « Il est nécessaire que le désarmement s'effectue avec cet accord et cette loyauté imposante, qui a décidé du salut de l'Europe et qui peut seule aujourd'hui assurer son bonheur ». Dans un *Memorandum* sur l'*institution des armées permanentes en général,* le Prince de Metternich s'évertuait à démontrer que « la véritable force des princes se trouve bien plus dans leur système de gouvernement... que dans un grand appareil de forces militaires » (1). Plus tard, le 4 novembre 1863, dans une belle lettre aux Souverains de l'Europe, Napoléon III prenait l'initiative d'une semblable ouverture (2). Quelques années encore, et, le 30 août 1877, à Paris, Gambetta chargeait M. Crispi d'aborder avec le Prince de Bismarck, à Gastein (17 septembre), la question du désarmement. Le grand chancelier s'était montré défavorable : « Laissons, avait-il dit, ce projet aux Sociétés des Amis de la paix » (3). Mais la question préoccupe toujours les diplomates. Lord Salisbury fait rédiger sur elle en 1890 un Mémoire, qui résume avec précision les dépenses et les charges occasionnées par la paix armée des divers États d'Europe. Ce Mémoire, préparé pour l'usage exclusif du Cabinet britannique, fut pourtant l'objet d'une communication confidentielle à l'Empereur d'Allemagne, et Guillaume II, très impressionné, fit immédiatement l'offre de convoquer un Congrès européen, pour y remédier ; la presse allemande reçut un mot d'ordre en ce sens, mais la campagne commencée tomba vite devant la très nette opposition de la France (4). Trois ans plus tard, le Roi Christian de Danemark déclarait à un homme d'État espagnol qu'il espérait, grâce à son gendre Alexandre III, « voir bientôt l'Europe arriver à la réduction des armements ». La mort en empêcha le Tsar. Mais, en 1896, M. de Basily, chef du Département de l'Asie au ministère russe des affaires étrangères, se faisait,

(1) Comp. F. de Martens, *Recueil des traités et conventions conclus par la Russie avec les puissances étrangères*, t. IV, p. 36 ; t. XI, p. 258.

(2) *Annuaire diplomatique* de 1863, t. IV, p. 188 ; V. cette *Revue*, t. V (1898), p. 692, note 1. — Sur le projet de 1863 et sur les idées de Napoléon III qui suivirent ce projet, V. Pingaud, *Napoléon III et le désarmement*, dans la *Revue de Paris* du 15 mai 1899, p. 286 et suiv.

(3) Le fait est rapporté par Crispi, *La Conferenza del disarmo*, dans la *Nuova Antologia* du 15 mai 1899, p. 364.

(4) Diplomaticus, *The vanishing of universal peace*, dans la *Fortnightly Review*, mai 1899, p. 875.

à la Conférence interparlementaire de la paix, à Budapest, le champion de la réduction des armements. En novembre 1897, lord Salisbury, à Mansion House, lui renvoyait l'écho de ses paroles, en sollicitant un accord des puissances sur la réduction des armements (1). C'est alors que, sous l'influence combinée de MM. de Bloch et de Basily, Nicolas II chargea le Comte Mouravieff d'adresser aux Cabinets sa première circulaire. Il avait avec lui les économistes, les juristes et les hommes d'État : fort de leurs tendances favorables, le jeune Empereur escomptait le succès.

B. *Attitude des puissances entre le premier Message et l'ouverture de la Conférence.* — Dès son premier Message, Nicolas II sentit cependant qu'il avait été trop vite, et que, dans la noble ardeur de sa jeunesse, il se heurtait au scepticisme de l'opinion. Les amis de la paix se réjouissaient bruyamment. Mais les diplomaties gardaient plutôt une attitude hostile ; la presse quotidienne restait sceptique ; les jurisconsultes multipliaient les objections. La proposition était reçue avec une défiance universelle. En Angleterre, l'accueil était des plus froids. Sous la pensée pacifique du Tsar, l'opinion britannique dénonçait des arrière-pensées politiques. Au projet généreux du désarmement, elle trouvait des raisons égoïstes. Au lieu d'un acte humanitaire, elle y voyait un acte russe. Personne ne doute, déclarait-on, des nobles sentiments du Tsar. Mais il faut craindre que ces nobles sentiments ne soient mis au service de la Russie par l'habileté de ses hommes d'État. La politique russe a toujours été si astucieuse qu'il n'est pas étrange de supposer une seconde fin au Message du Tsar. La Russie, presque invulnérable en Europe et maîtresse en Asie d'un vaste Empire, dont le cadre seul est tracé, manque de temps et d'argent pour l'organiser. Sans désir de conquête à l'Occident, quasi-maîtresse de la Bulgarie, protectrice respectée de la Porte ottomane, qu'attend-elle, en Europe, d'une guerre même heureuse? Tandis que, pour le développement de ses possessions extra-européennes, elle n'a pas besoin d'hommes, car elle a pris sans guerre Port-Arthur, Talien-Wan et le Nord de la Mandchourie, elle a besoin d'argent pour construire le Transsibérien qui lui permettra de jeter en un moment des corps d'armée sur la Chine ou sur l'Inde (2). Le budget russe pour 1899 traite le Département du Prince Hilkoff, ministre des communications, avec une générosité voisine de la prodigalité : 397 millions de roubles, dont 109 pour le développement des voies ferrées. Si la Russie réclame la diminution des armements et des budgets, c'est pour pouvoir faire face à ces dépenses. Mais l'accomplissement du Transsibérien ou

(1) Catellani, *Realtà ed utopie della pace*, p. 59-60.

(2) Moulwic Rafieddin Ahmad, dans le *Nineteenth Century*, décembre 1898. Comp. Catellani, *Realtà ed utopie della pace*, p. 86.

des chemins de fer qui se dirigent vers l'Inde et le golfe Persique n'est pas une entreprise plus pacifique que le lancement d'un navire de guerre à Portsmouth ou la construction d'une forteresse sur le Rhin, à cause du caractère hautement stratégique de ces lignes (1). Ce n'est pas aux peuples du monde, mais au sien propre que le Tsar offre sa trêve. Ainsi pensait l'Angleterre. Le *Nineteenth Century* imprimait, en décembre 1898 (2), qu'en faisant l'apologie du désarmement, le Tsar rappelait le loup de la fable, conseillant à la chèvre d'abandonner ses cornes. En mai 1899, le même recueil publiait un premier article, sous ce titre caractéristique : « Les hypocrisies de la Conférence de la Paix » (3). L'auteur, Sidney Low, terminait en disant que, par des propositions innocentes sur les ambulances et l'arbitrage, la Russie voulait masquer le caractère trop personnel de ses desseins. La *Fortnightly Review* publiait, au moment même de l'ouverture des travaux, c'est-à-dire en mai, sous le pseudonyme *Diplomaticus*, un article très sceptique sur « l'illusion de la paix universelle » (*the vanishing of universal peace*) (4) Sur l'arbitrage, le sentiment public était peut-être meilleur. Sur la limitation des armements, il était aussi défavorable que possible.

En Allemagne, l'accueil était aussi des plus hostiles. Dans les *Preussische Jahrbucher*, le professeur Hans Delbruck (5), déclarait que, « de toutes les grandes puissances, l'Allemagne était la seule à avoir aussi bien des hommes que de l'argent ». Donc, pas de réduction sur les effectifs, car ce serait perdre l'avantage en hommes (6) ; pas de réduction sur les budgets, car ce serait perdre l'avantage en argent. Derrière les propositions russes, l'Allemagne voit comme l'Angleterre un calcul. Mais, tandis que l'Angleterre songe surtout aux chemins de fer qui la menacent en Asie, l'Allemagne songe qu'à la différence de la Russie, qui n'a qu'une frontière à garder, elle en a deux, l'une à l'Est, l'autre à l'Ouest, de sorte qu'en limitant ses armements sur le pied de la population ou du territoire elle commettrait une grosse erreur et ferait trop naïvement le jeu de sa voisine. L'opinion publique était glorieuse de pouvoir dire avec Delbrück : « La seule puissance qui, sans difficultés, puisse encore accroître ses forces militaires, c'est uniquement l'Empire allemand » (7). Le

(1) Sidney Low, *The hypocrisies of the Peace Conference*, dans le *Nineteenth Century* n° 267, mai 1899, p. 694.

(2) Moulwie Rafieddin Ahmad, *loc. cit.*

(3) Mai 1899, p. 689-698.

(4) P. 871-880

(5) Delbruck, *Zukunftskrieg und Zukunftsfriede*, dans les *Preussische Jahrbucher*, mai 1899, LXIX, p. 203-230.

(6) Moyenne de l'accroissement de population par an : 800 000 âmes.

(7) « Die einzige Grossmacht, die ohne jede Schwierigkeit noch eine wesentlich hoher Kraft entwickeln konnte, bleibt das deutsche Reich » (Delbruck, *loc. cit.*, p. 217).

rofesseur von Stengel, de Munich, exprimait le sentiment commun de s compatriotes en publiant, à la louange de la guerre, une brochuré : *er ewige Friede* (1), qui fut rapidement célèbre, surtout quand, par un rocédé dont la franchise dépassait le tact, l'Empereur Guillaume eut hargé son auteur de le représenter officiellement à la Haye. C'était, uivant une curieuse caricature allemande, introduire un taureau dans n parterre de tulipes (2). Le jardin et les fleurs devaient plutôt en souffrir.

Le projet de désarmement, si mal accueilli par l'Angleterre et l'Allemagne, ne devait pas plaire davantage à l'Italie : d'abord, parce qu'elle a énéralement une tendance à prendre la remorque de l'Angleterre ; nsuite, parce qu'elle gardait rancune à la Russie d'avoir un moment ongé à convoquer le Pape ; enfin, parce que, manquant d'argent, mais on d'hommes, elle n'avait d'intérêt qu'à la réduction des budgets, non celle des effectifs. Comme l'écrivait l'ancien ministre Crispi, en mai 1899, Italie veut garder ses coudées franches « pour avoir le droit de rentrer ans la possession de ceux de ses territoires, qui sont encore soumis à étranger » (3). Aussi Catellani, dans la *Riforma sociale* (4), s'attarde vec complaisance à reproduire plutôt longuement les accusations d'arrière-pensée dirigées contre la Russie par la Grande-Bretagne sur le point récis de la limitation des armements, tandis que Pasquale Fiore, dans a *Nuova Antologia*, s'efforce, pour rallier l'opinion italienne, de démontrer qu'on a tort d'appeler la réunion projetée « Conférence du désarmement », alors qu'elle a d'autres objets et que, de l'aveu de tous, la limitation des armements est, dit-il, impossible (5). Bref, en Italie comme en llemagne, en Allemagne comme en Angleterre, l'échec du thème initial, elatif à la diminution des dépenses de guerre, était complet.

En Autriche, il eût, comme le remarque Delbrück, plus volontiers trouvé aveur ; mais la nécessité des alliances était plus forte. L'Espagne eût dhéré par nécessité financière ; mais les vaincus ont leur fierté, et, sans efuser de venir à la Conférence, elle n'entendait y jouer qu'un rôle ef-

(1) *Der ewige Friede*, Munich, 1899.

(2) Rapporté par W. Stead, *The Parliament of Peace* (brochure qui contient des portraits, des autographes et des biographies des principaux membres de la Conférence), mai 1899, p. 4.

(3) Crispi, *La Conferenza del disarmo*, dans la *Nuova Antologia* du 15 mai 1899, CLXV, p. 366.

(4) Les articles publiés dans ce recueil ont été réunis à part, dans une forte brochure de 131 pages in-8° sous ce titre : *Realtà ed utopie della pace*, Roux Frassati e C°, Torino, 1899. V. pour les idées émises au texte p. 85 et suiv., p. 97 et suiv.

(5) Pasquale Fiore, *L'Imperatore di Russia e la Conferenza*, dans la *Nuova Antologia* du 1er mars 1899, CLXIV, p. 176.

facé. Les petits États, qui supportent allègrement des charges moindres ne voyaient pas la nécessité de s'épargner des maux qu'ils ne sentaien guère. Les États-Unis, qui venaient triomphalement représenter l'Amé riquè,considéraient,en vertu de la doctrine de Monroe (1), la limitation de armements d'Europe comme une chose étrangère. Ils entendaient, quan à eux, rester libres, et, pour donner carrière aux ambitions ardentes d'un Impérialisme tout neuf, ils parlaient, au même moment, d'accroître leurs effectifs et d'augmenter leurs dépenses. En même temps, ils rejetaient non sans habileté, la question du désarmement derrière celle de l'arbitrage. « La question du désarmement, lisait-on dans la *Nation* du 1er juin, est plus étroitement liée à celle de l'arbitrage qu'on ne le suppose. L'introduction d'un système effectif d'arbitrage rend seule possible le désarmement » (2). C'était dire nettement que, pour le désarmement, il ne fallait pas dès maintenant compter sur le concours des États-Unis. Occupés à développer leur flotte et préoccupés de réorganiser leur armée, ils ne voyaient dans le projet du Tsar que le 8e thème, relatif à l'arbitrage, si bien que leurs diplomates, arrivant à la Haye, ne songeaient même pas à la limitation des armements, où ils ne voulaient pas se restreindre, comme le prouve la curieuse correspondance adressée par l'un d'eux, dès son arrivée à la Haye, à la *North American Review* (3). Enfin, quant aux nations asiatiques, conviées à la Conférence, il n'était pas possible de compter sur elles pour la limitation des armements, car, sans importance au point de vue militaire, elles n'avaient : le Japon, pour quarante-deux millions d'habitants, que quarante et un mille hommes sous les armes, — la Perse, pour neuf millions d'habitants, que cent cinq mille hommes, réduits en réalité à soixante mille, — le Siam, avec dix millions d'habitants, que trois mille six cents soldats en temps de paix, à peine dix mille en temps de guerre, — la Chine, pour trois cent cinquante-sept millions d'habitants, une armée mal instruite et mal équipée d'une centaine de mille hommes (4). Comment penser qu'en renonçant au droit d'augmenter leurs forces, elles se livreraient d'avance à l'Europe ? A cet égard l'invitation de la Russie trouvait partout froid accueil. C'était sur ce point,

(1) Holls, *The Peace Conference and the Monroe doctrine*, dans la *American Monthly Review of Reviews*, novembre 1899, p. 562.

(2) *Arbitration and disarmement*, dans la *Nation* du 1er juin 1899, t. LXVIII, n° 1770, p. 410.

(3) V. le curieux article : A diplomatist at the Hague, *The Peace Conference : ist possible practical results*, dans la *North American Review*, juin 1899, t. CLXVIII, n° 6, p. 770-778. Cinq lignes seulement, *in fine*, y sont consacrées à la question du désarmement ; tout le reste roule sur l'arbitrage.

(4) Chiffres empruntés à l'article de F. Crispi, *La Conferenza del disarmo*, dans la *Nuova Antologia*, *loc. cit.*, p. 361.

suivant la juste remarque de la Baronne de Suttner (1), que portait tout l'effort du Tsar, attesté tant par ses Messages que par les entretiens dont elle avait recueilli l'impériale confidence. Or c'était justement sur ce même point que les diplomaties, d'ailleurs assez froides et réservées, devenaient glaciales et fermées. L'œuvre était ici, dès l'origine, frappée d'échec.

C. *La tactique russe.* — En vain, pour ramener le succès, la diplomatie russe eut-elle recours à toutes les adresses. Le jurisconsulte belge Rolin-Jaequemyns, qui présentait à l'Institut, en 1887, la question du désarmement, était devenu plus tard ministre plénipotentiaire du Roi de Siam. Tandis que le Brésil n'était pas invité, le Siam fut convoqué à la Conférence, sans prendre garde que la raison d'État pouvait écarter de la Conférence la personne et les vues du théoricien. Pour ramener l'Angleterre, le Transvaal, malgré le désir de la Hollande, ne fut pas convoqué. Pour apaiser l'Italie, le Pape ne fut pas invité, pas même d'une façon restreinte aux travaux relatifs à l'arbitrage. Mais, quand la Conférence est réunie, la première Commission, chargée de la question, n'en sent pas moins le terrain se dérober devant elle. Alors elle met tout son soin à reculer la terrible échéance de la discussion. Elle flâne le long de problèmes secondaires. Elle passe, comme il convient, ses premières séances en compliments et en harangues préparatoires. Elle se subdivise en deux sous-Commissions, l'une militaire et l'autre navale (1re séance, 23 mai 1899). A la suivante (2e séance, 26 mai), le Président, M. Beernaert, explique, dans un magistral discours, la tâche dévolue à la Commission : « Parmi les tâches de si haute importance dont la Conférence est saisie, notre première Commission a peut-être la plus difficile, mais aussi la plus sainte. Nous avons notamment à étudier, à discuter, à mettre en œuvre l'idée maitresse, qui a donné lieu à cette grande réunion internationale : assurer aux peuples une paix durable et voir à mettre une barrière au développement progressif et ruineux des armements militaires » (2). Voilà le problème posé. Il n'y a plus qu'à le discuter. Mais on s'en garde bien. Il ne faut pas commencer par un échec, qui jetterait, dès le début, sur l'issue des travaux, une impression pénible. « Je sais, dit le Président Beernaert, que les difficultés sont considerables ». Pour pallier l'échec, il faut tout d'abord commencer par le retarder. « Parmi les tâches de si haute importance, dont la Conférence est saisie, notre première Commission a peut-être la plus difficile, mais aussi la plus

(1) « Disarmament and a check to military equipment, these were the chief motives of the Tsar's manifesto » (Bertha von Suttner, *Universal Peace from a Woman's stand point*, dans la *North American Review*, juillet 1899, t. CLXIX n° 1, p. 61).

(2) 26 mai 1899, p. 1-2.

sainte ». Si difficile, si au-dessus, par sa sainteté même, des possibilités et des réalités humaines, qu'à peine la question posée, on la recule et que, d'un accord tacite, on la laisse de côté pour près d'un mois. Le Comte Mouravieff a d'ailleurs eu soin de préparer à la première Commission une parenthèse. Le premier chef de sa seconde circulaire, relatif à la limitation des armements, est immédiatement suivi de plusieurs autres secondaires : « 2° Interdiction de la mise en usage, dans les armées et dans les flottes, de nouvelles armes à feu quelconques et de nouveaux explosifs ; 3° Limitation de l'emploi, dans les guerres de campagne, des explosifs d'une puissance formidable déjà existants et prohibition du lancement de projectiles ou d'explosifs quelconques du haut des ballons ou par des moyens analogues ; 4° Défense d'employer dans les guerres navales des bateaux torpilleurs sous-marins ou plongeurs, ou d'autres engins de destruction de la même nature, etc. ». On pouvait croire que tous ces chefs relatifs aux moyens d'action rentraient dans le cadre des travaux de la deuxième Commission, chargée d'arrêter les lois de la guerre. Mais, comme la construction d'engins très meurtriers et très perfectionnés est aussi très coûteuse, la première Commission les prit à la seconde, qui, portant sur des questions plus simples, n'avait pas besoin de celles-là pour aboutir. Ce fut donc à ces questions étrangères rattachées à sa compétence par un artifice de procédure, que la première Commission commença par s'attarder, avec la crainte de rentrer trop vite dans son sujet principal, au risque d'y heurter l'harmonie et d'y compromettre l'entente. C'est seulement au bout d'un mois qu'il faut pourtant se résoudre à revenir à la question. Les deux sous-Commissions, militaire et navale, se fondent. Le 23 juin 1899, en séance plénière, M. Beernaert pose à nouveau le problème de la limitation des armements et, tout de suite, il passe la parole au vénéré Président de la Conférence, M. de Staal, auquel revient, à cette heure difficile, le soin de préciser le débat (1). Habilement, il rappelle que « cette question renferme l'idée première qui a réuni les délégués », que « pour les populations anxieuses, qui suivent avec un intérêt soutenu leurs travaux, la déception serait cruelle ». Puis, s'adressant à ceux que le projet du Tsar avait effrayés, il laisse entrevoir que son programme s'est restreint. Au cours de la Conférence, en précisant leurs vues au jour le jour dans des conversations particulières, les délégués russes ont peu à peu remanié leurs propositions pour les rendre accessibles à tous et vaincre ainsi des résistances auxquelles ils consentent volontiers à céder, pourvu qu'en apparence celles-ci consentent à se laisser réduire. « Je vous prie, dit M. de Staal, de porter toute votre attention sur les propositions que Messieurs les

(1) Annexe B au compte-rendu sommaire de la séance du 23 juin 1899.

délégués techniques de Russie vont développer devant vous ; vous verrez que ces propositions constituent véritablement un minimum » (1).

Véritable *minimum* en effet.

Pour rassurer les délégués, M. de Staal ne leur propose pas, comme dans les circulaires Mouravieff, de licencier une partie de leurs troupes ou de réduire l'effectif de leurs budgets. « Il ne s'agit pas de procéder à un désarmement. Ce que nous souhaitons, c'est d'arriver à une limitation, à un temps d'arrêt dans la marche ascendante des armements et des dépenses. Nous le proposons dans la conviction que, si l'accord s'établit, on verra un mouvement en sens contraire s'accentuer peu à peu ; l'immobilité n'est point du domaine de l'histoire et si, pendant quelques années, nous aurons pu garder une certaine stabilité, tout porte à croire que la tendance bienfaisante à la diminution des charges militaires pourra s'affirmer et se développer. Mais nous n'en sommes pas encore là. *Pour le moment, nous ne tendons qu'à la stabilisation, pour un terme à fixer, des effectifs et des budgets militaires* » (2). Le Tsar proposait, par son second Message, non seulement la non-augmentation, mais la réduction des effectifs et des budgets. Il n'est plus question maintenant que de non-augmentation. La réduction est effacée. Pour amener les délégués à un résultat, — moins encore, à la simple apparence d'un résultat, — les propositions russes sont, dans leur formule définitive, combinées et distribuées de telle sorte que toutes les difficultés soient divisées, tous les obstacles aplanis, toutes les conciliations offertes (3). Les propositions relatives à la marine (4) sont séparées des propositions relatives à la guerre, parce que telle puissance qui voterait les unes pourrait se refuser à voter les secondes. A la séance du 23 juin, tandis que le colonel Gilinsky présente les propositions russes pour la guerre,

(1) Annexe C, séance du 23 juin.

(2) Annexe C, p. 2.

(3) Propositions déposées par le colonel Gilinsky, délégué de Russie, concernant les moyens de mettre un terme au développement des armements ultérieurs : « 1. Établissement d'une entente internationale pour un terme de cinq ans, stipulant la non-augmentation du chiffre actuel des effectifs de paix des troupes entretenues dans les métropoles. — 2. Fixation, en cas de cette entente, s'il est possible, du chiffre des effectifs de paix des armées de toutes les puissances, non compris les troupes coloniales. — 3. Maintien pour le même terme de cinq ans du montant du budget militaire actuellement en vigueur » (Annexe F, séance du 23 juin 1899).

(4) Propositions formulées par le représentant de la marine russe : « Accepter le principe de fixer pour un terme de trois ans le montant des budgets de la marine, avec l'engagement de ne pas en augmenter le total pendant cette période triennale, et l'obligation de faire connaître à l'avance pour la dite période : 1° le total des tonnes des vaisseaux de guerre qu'on se propose de construire, sans préciser les types mêmes des bâtiments ; 2° le nombre des officiers et des équipages de la marine ; 3° les dépenses pour les travaux des ports, tels que forts, bassins, arsenaux » (Annexe G, 23 juin 1899).

le capitaine Schéine propose les présentations russes pour la marine. Dans les premières, la non-augmentation des armements est prévue pour cinq ans. Dans les secondes, elle n'est plus indiquée que pour trois ans. De la sorte on obtient une échelle à deux degrés. Les puissances, qui trouveront trop long le délai de cinq ans, accepteront peut-être, en passant à la marine, le terme de trois ans. Les chiffres ont d'ailleurs été choisis avec habileté. Ils ne sont pas pris au hasard. « La fixation des effectifs et des budgets de la guerre se pratique depuis longtemps dans quelques pays. Ainsi, en Allemagne, il y a le septennat, c'est-à-dire que le total des troupes en temps de paix est fixé pour cinq à sept ans. En Russie, le budget de la guerre est aussi fixé pour cinq ans. Il s'agit donc de procédés connus, qui se pratiquent depuis longtemps, qui n'effrayent personne et donnent de bons résultats ; il s'agit de les adopter, à titre d'essai ». Et le colonel Gilinsky de conclure : « Nous ne vous proposons rien de nouveau... Il n'y a ici de nouveau que la décision, le courage de constater et de dire qu'il est temps de s'arrêter ». Trouve-t-on le délai trop long ? Le colonel Gilinsky consent « un temps plus court », sinon dans le texte de sa proposition, du moins dans le discours auquel nous empruntons ces citations, et qui lui sert, pour ainsi dire, d'exposé des motifs (23 juin 1899) (1). Il y a plus : sa proposition,en trois articles, est rédigée de telle façon qu'on puisse, en votant le premier seul, prendre un engagement purement platonique, de sorte que le projet russe sur le désarmement ait tout au moins, à défaut des réalités, les apparences du succès. L'article 1er porte : « 1. Établissement d'une entente internationale pour un terme de cinq ans, stipulant la non-augmentation du chiffre actuel des effectifs de paix des troupes entretenues dans les métropoles ». L'article 2 porte : « 2. Fixation, en cas de cette entente, s'il est possible, du chiffre des effectifs de paix des armées de toutes les puissances, non compris les troupes coloniales ». Au premier abord, ces deux propositions ont le même sens ; des délégués l'observent : « On m'a fait observer, dit le colonel Gilinsky, que les deux premières propositions traitent la même question : pourquoi donc la partager en deux parties ? » La réponse est bien simple. « La première, dit le colonel, traite la question en général : la question de principe. La Russie vous propose d'établir une entente stipulant la non-augmentation du chiffre actuel des effectifs de paix entretenus dans les métropoles. Si nous arrivons à une pareille entente, c'est alors que paraît la seconde proposition, la question des chiffres »(2). On peut donc accepter l'article 1er qui pose la question de principe et cependant rester libre d'augmenter ses armements à

(1) Annexe E, 23 juin 1899, p. 2.
(2) N° 5, 26 juin 1899, Confidentiel.

a guise, en répondant non, quand il s'agira, par la fixation des chiffres, d'entrer de la théorie dans la pratique, du principe dans l'application. Remarquez aussi que, pour plus de simplicité, la question des troupes coloniales se trouve écartée. Il y a plus ; tandis que l'article 2 propose la limitation des effectifs, l'article 3 propose la limitation des budgets, de sorte qu'on peut accepter l'une et repousser l'autre : cette combinaison s'imposait à la délégation russe, comme un artifice élémentaire. Mais, ce qui est à remarquer, c'est qu'à l'article 3 des propositions Gilinsky la limitation du budget ne porte, suivant les explications russes, que sur une partie de celui-ci. « Le troisième point vise le budget ordinaire, c'est-à-dire le budget nécessaire pour l'entretien des troupes existantes, la fabrication des armes et les constructions qui ne sortent pas de l'ordinaire. Mais quand il s'agit du changement complet de canons ou de fusils, ainsi que de la reconstruction des places fortes exigée par l'effet du nouveau canon de siège, la fabrication de la nouvelle arme demande des sommes énormes, qui ne peuvent être trouvées dans les limites du budget ordinaire. Ces sommes là sont demandées par les gouvernements de tous les pays en dehors du budget ordinaire ; c'est le budget extraordinaire, qui ne peut être ni prévu, ni fixé » (1). Cette restriction trouvait par ailleurs son fondement, dans le fait que le Congrès avait prévu et permis le changement des armements. Elle venait à point pour vaincre la résistance des États, en leur montrant, d'abord, combien la limitation des dépenses, restreinte au budget ordinaire, les gênerait peu, ensuite comment il leur serait aisé de retrouver, au chapitre de l'extraordinaire, toutes les dépenses de l'ordinaire qu'il leur plairait d'augmenter. Tout, dans la proposition russe, était combiné pour la rendre, non pas sérieuse et sincère, mais débonnaire et facile à tourner.

Si, de la guerre, on passe à la marine, les concessions augmentent encore : non seulement la durée de l'engagement descend de cinq à trois ans ; mais encore, tandis que les effectifs des budgets de la guerre doivent être arrêtés au chiffre actuel, ceux de la marine le seront au chiffre quelconque, librement indiqué, même supérieur au chiffre actuel, que voudra fixer la puissance contractante. La proposition présentée, au nom du gouvernement russe (2), par le capitaine de vaisseau Schéine est ainsi conçue : « Accepter le principe de fixer, pour un terme de trois ans, le montant des budgets de la marine, avec l'engagement de ne pas en augmenter le total pendant cette période triennale et l'obligation de faire connaître à l'avance pour ladite période : 1° le total des tonnes des vaisseaux de guerre qu'on se propose de construire, sans préciser les types

(1) N° 5, 26 juin, p. 2, Confidentiel.
(2) Annexe G, 23 juin 1899.

mêmes des bâtiments ; 2° le nombre des officiers et des équipages de la marine ; 3° les dépenses pour les travaux des ports ». Il fallait faire connaître à l'avance, pour un délai de trois ans, tous ces chiffres d'hommes, de vaisseaux, de dépenses. Mais les contractants pouvaient à leur gré fixer ces chiffres. Leur propre estimation seule les limitait. C'était, en s'obligeant, rester libre. La circulaire du Tsar parlait de limitation et tout au moins de non-augmentation des armements. La proposition Schéine déclarait que la non-augmentation commencerait, non sur le chiffre actuel, mais sur le chiffre, même supérieur, que voudrait bien fixer chaque puissance. Impossible de se montrer plus conciliant. Pour vaincre toutes les résistances, la Russie ne gardait plus, de la limitation des armements, que le nom. Peu lui importait d'aboutir quant au fond : elle ne voulait plus, dans son dernier effort, qu'aboutir en la forme. Pour éclairer le sens exact de sa proposition et rallier les timidités, en quête d'un exemple, elle ne craignait pas de déclarer elle-même qu'elle se proposait d'élever de 10 0/0 le chiffre actuel de son budget (Explications du capitaine Schéine, dans la sous-Commission navale, 26 juin 1899) (1). Ainsi la Conférence de la Haye, réunie pour limiter les armements, n'aboutissait pour l'instant qu'à les faire élever, en ce qui concerne la marine, et, dans cet ordre d'idées, la Russie, son inspiratrice, n'hésitait pas à contredire la pensée même qui la guidait. De concession en concession, la pensée première de la Conférence allait sombrer. De conciliation en conciliation, elle s'effondrait. Malgré tous les efforts tentés pour la sauver, la proposition russe était condamnée d'avance. Les rédactions proposées pour la guerre et pour la marine, si réduites, si anéanties qu'elles fussent, paraissaient encore trop graves à des diplomates, qu'effrayait le moindre mot. Les conversations particulières, les discussions au sein des Commissions, les déclarations officielles des délégués démontraient sur ce point l'impossibilité d'aboutir à rien d'obligatoire, de positif et de précis. En vain la Russie multipliait-elle ses concessions : elle affaiblissait ainsi le sens et la force de ses propositions, en même temps qu'elle laissait percer, à travers une rédaction étrangement diverse et flottante, des arrière-pensées qui pouvaient justement paraître inquiétantes.

D. *Échec du projet et raisons de cet échec.* — Le thème premier de la circulaire Mouravieff, même ainsi réduit et limité, se heurtait à des objections nombreuses, tirées, les unes des circonstances du moment, les autres de l'attitude de la Russie et de la rédaction des propositions faites, les autres enfin de l'impossibilité même de l'œuvre, considérée non plus à travers les contingences et les difficultés de l'heure présente, mais

(1) N° 6, 30 juin 1899, p. 6 et 7.

d'une façon abstraite et détachée des circonstances. A ces trois points de vue, le succès de la Conférence paraissait, aux délégués, impossible.

Les propositions russes se heurtaient d'abord à cette objection capitale qu'elles manquaient d'opportunité. Elles venaient à contre-temps pour des peuples mal outillés, dont l'organisation vieillie, basée sur des principes d'un autre âge, ne pouvait se contenter du *statu quo*. Il en était ainsi, notamment, pour la Suède. « Quand j'aurai mentionné, dit le Baron de Bildt, premier délégué de Suède et Norvège, que la plus grande partie des cadres de l'armée suédoise repose sur un système datant de deux siècles, j'aurai, je crois, assez dit pour vous convaincre que ce n'est pas là une organisation que l'on puisse s'engager à maintenir, fût-ce seulement pendant cinq ans » (1). Le Danemark était à peu près dans le même cas. M. de Bille, premier délégué du Danemark, « tient à constater que les vues exprimées par le Baron de Bildt sont en complet accord avec celles du gouvernement danois » (2). Le projet russe manquait encore d'opportunité pour la Grèce, dont le délégué, M. Delyannis, faisait observer au Congrès que « par suite des difficultés budgétaires et de la situation financière, elle n'avait pu s'occuper d'une manière sérieuse de la réorganisation de son armée d'après les principes admis par tous les pays », mais qu' « après la dernière guerre, le gouvernement hellénique s'était vu dans la nécessité de s'occuper très sérieusement de la réorganisation de son armée et de sa marine », de sorte qu' « il ne lui semblait pas possible de prendre sur ces questions des engagements formels, qui lieraient le gouvernement royal » (3). D'autre part, des raisons d'ordre intérieur s'opposaient, dans certains États, à la fixation des effectifs pour un délai déterminé. En Allemagne, le chiffre des effectifs résulte d'une entente entre les gouvernements et le Reichstag pour sept ans d'abord, pour cinq ans ensuite. C'était justement un des arguments dont le colonel Gilinsky s'était servi. Mais, abstraction faite de la grande différence entre une loi interne et une convention internationale, c'est précisément ce quinquennat qui, d'après le délégué militaire d'Allemagne, empêchait l'adoption de l'engagement voulu. « Deux raisons s'y opposent. D'abord, le délai international de cinq ans ne concorderait pas avec le terme national de cinq ans, ce qui constituerait un grave inconvénient. Ensuite, la loi militaire actuellement en vigueur ne donne pas un chiffre fixe et immuable des effectifs, mais en prévoit au contraire une augmentation constante jusqu'en 1902 ou 1903, date à laquelle la réorganisation commencée au cours de cette année-ci sera terminée. Jusque-là, dit le

(1) Séance du 30 juin 1899, Procès-verbal confidentiel, p. 3.
(2) *Eodem loco*, p. 4.
(3) *Ibid.*, p. 6.

colonel de Schwarzhoff, il serait impossible pour nous de maintenir, même pour deux années consécutives, le même chiffre des effectifs » (1).

Non seulement les propositions russes se heurtaient, dans la situation particulière de certains États, à des obstacles d'occasion ; mais encore elles trouvaient, dans l'attitude équivoque de la Russie, une atmosphère peu favorable à la confiance. Plus d'une fois, avec toute la discrétion qui convenait, les délégués insinuèrent, entre les lignes ou plus exactement entre les mots, qu'ils ne croyaient pas absolument à l'entière sincérité ou à l'entière philanthropie des propositions russes. A plus d'une reprise, au travers des procès-verbaux eux-mêmes, pourtant châtiés par les secrétaires, on sent passer le soupçon. N'y a-t-il pas une allusion de ce genre quand le colonel de Schwarzhoff répond au colonel Gilinsky : « Je discuterai en toute franchise et sans aucune arrière-pensée » (2). Le colonel russe s'efforce de répondre à ces reproches tacites qui, de temps en temps, remontent du fond à la surface. Il déclare qu'« il n'y a aucun égoïsme dans la proposition russe ». Mais il a beau dire : « c'est une idée, une proposition d'ordre purement humanitaire et de portée économique, que vous pouvez accepter et discuter sans méfiance » ; la grande masse des délégués reste sceptique. Le général Mirza Riza Khan, délégué de la Perse, lance à la Russie le pavé de l'ours; en se levant pour dire : « on est allé jusqu'à attribuer des motifs d'égoïsme à la généreuse initiative dont la circulaire est le résultat » (3), il accentuait le malaise, que le récit trop personnel d'une chute de cheval, à la suite de laquelle Nicolas II fit sympathiquement arrêter son cortège , ne pouvait pas dissiper, car l'argument, d'une reconnaissance touchante, était, probablement pour cela, d'une insuffisance navrante. Par ces incidents, relatés aux divers procès-verbaux, on voit combien, sur cette question, l'atmosphère de la première Commission était lourde de doute et de soupçon. Pour proposer une limitation des effectifs et des budgets, la Russie choisissait mal le moment où, violant les libertés de la Finlande, elle portait l'armée finlandaise de 28.000 hommes à 100.000 hommes, augmentant ainsi de dix millions un budget local de soixante-dix millions, malgré le refus de la Diète, dont le Manifeste impérial du 15 février 1899 brisait alors la résistance (4). Quelques mois avant la Conférence de la Haye, « était-ce, a-t-on dit, inconscience ou ironie » (5) ? Les délégués observaient aussi que la Russie, pays de gouvernement

(1) N° 5, 26 juin 1899, p. 3-4.

(2) N° 5, 26 juin 1899, p. 2.

(3) Annexe, sans numéro ni date.

(4) Delpech, *La question finlandaise*, dans la *Rev. gén. de dr. int. public*, t. VI (1899), p. 552.

(5) René Puaux, *Pour la Finlande*, avec une préface de Anatole France, Paris, 1899, Stock édit., p. 26.

personnel et absolu, n'aurait pas, pour ramener son budget dans les termes fixés, le contrôle et la publicité des Chambres, qui tiendraient au contraire les pays parlementaires dans les limites fixées par les conventions. Ils remarquaient encore que, si les propositions russes s'appliquaient aux seules troupes de la métropole, c'était dans l'intérêt de la Russie qui, nommant *ad hoc* « colonies » ses possessions lointaines, voulait, tranquille en Europe, garder en Asie coudées franches. « La Russie n'a pas de colonies proprement dites, reconnaît le colonel Gilinsky. Mais nous avons des territoires qui, sous le point de vue de leur défense, se trouvent dans les mêmes conditions que les colonies, car ils sont séparés du pays, sinon par la mer, du moins par des distances énormes et la difficulté des communications : c'est l'Asie centrale et la circonscription militaire de l'Amour » (1). Ainsi, là où la Russie pousse sa pointe d'expansion la plus hardie, elle n'admet pas que la limitation des effectifs et des budgets l'arrête. D'autre part, il est aisé d'observer que, proposant à l'engagement quinquennal des puissances la non-augmentation des effectifs et des budgets sur la base du *statu quo* pour la guerre, elle offre à leur engagement triennal la limitation de ces mêmes effectifs et budgets sur une base supérieure au *statu quo*, pour la marine, et ceci parce que la marine russe, fort arriérée, doit se transformer pour se mettre au niveau des envahissants projets de l'Empire.

Enfin, au point de vue général, abstraction faite des circonstances, l'œuvre était et sera toujours impossible. Si les Sociétés pacifiques, emportées par leur zèle, n'y voient rien d'inadmissible, l'Institut de droit international, plus prudent et mieux avisé, n'a pas voulu même laisser venir la question à son ordre de jour. Tandis que l'Assemblée des Sociétés de paix à Turin (24-28 septembre 1898) (2) votait d'enthousiasme un terme à l'accroissement indéfini des armements, l'Institut de droit international refusait en 1887, à Heidelberg (3), de mettre en discussion la limitation des armements, craignant qu'un tel débat ne compromît, par son caractère utopique, la réputation même de l'Institut. Retenue par une série de raisons pratiques, qui échappaient à l'Institut, la Conférence de la Haye ne pouvait aboutir. En vain le général den Beer Portugael joignait-il résolument les efforts de la Hollande à ceux de la Russie. En vain, disait-il, non sans crânerie : « Il y a des difficultés, mais nous autres militaires, nous savons qu'il n'y en a pas d'insurmontables » (4).

(1) N° 5, 26 juin 1899, Confidentiel, p. 2.
(2) *La Paix par le Droit*, novembre 1898, p. 263.
(3) *Annuaire de l'Institut de droit international*, t. IX (1887), p. 354.
(4) Première Commission, Annexe D au compte-rendu sommaire de la séance du 23 juin 1899.

C'était un joli mot ; mais rien de plus. Proposer la limitation des effectifs et des budgets, c'était d'abord troubler profondément les habitudes parlementaires, en fixant, non pour une,mais pour plusieurs années, le budget de la guerre. C'était tenter l'impossible, car les budgets et les effectifs des différents pays ne sont pas susceptibles d'une commune mesure. Comme le faisait observer le colonel de Gross de Schwarzhoff (1), le degré de l'instruction publique, la configuration du territoire, le nombre et l'importance des places fortes influent sur la valeur militaire des effectifs, de sorte qu'avec un même effectif deux armées peuvent être très inégales. De même, la distribution des dépenses, la cherté des fournitures ou des vivres influent sur la valeur comparée des budgets, de sorte qu'avec un chiffre identique de dépenses pour un même territoire et pour une même population deux pays peuvent avoir des armées équipées d'une façon très différente. D'autre part, il n'y a pas deux États qui aient ni le même territoire, ni la même population. Sur quelle base alors ramener à l'égalité proportionnelle leurs effectifs et leurs budgets militaires ? Sur celle du territoire, ou sur celle de la population, ou sur les deux combinées, c'est-à-dire sur le rapport de la population au territoire (2) ? Pourquoi d'ailleurs s'en référer au territoire ou à la population plutôt qu'à l'impôt, le chiffre des dépenses militaires ne devant pas dépasser par exemple le tiers des dépenses totales ? Mais alors un danger se produit : celui d'une exagération des dépenses totales, pour augmenter le chiffre du budget de guerre, de sorte qu'on ne sait plus à quel critérium rattacher la proportionnalité des effectifs et des budgets. La Russie l'avait si bien senti que, pour éviter ces difficultés, elle proposait, non la réduction sur une base difficile à trouver, mais la limitation sur la base du *statu quo*. Mais, très simple, cette base était aussi très arbitraire. Non seulement elle amenait à sanctionner les agissements illicites des puissances, qui venaient en hâte, avant la Conférence, d'augmenter leurs armements, mais encore elle empêchait les nations en retard de mettre leur armée dans un rapport exact avec leur population, leur territoire et leur richesse, alors que ces trois éléments, qui font la force et la puissance d'un pays, doivent trouver leur exacte traduction dans l'armée qui le représente, au jour de la guerre. Bref, pour avoir esquivé les difficultés de la proportionnalité, la Russie n'avait pas simplifié le problème.

Mais, quand bien même elles eussent pu, sur ce point, se résoudre, d'autres encore se seraient présentées. Les troupes coloniales pouvaient-

(1) N° 5, 26 juin 1899.

(2) Comp. Mérignhac, *Traité théorique et pratique de l'arbitrage international*, p. 512 et les auteurs qu'il cite.

lles être incluses dans la limitation ? Si oui, les puissances coloniales taient immédiatement, vis-à-vis des autres, en état d'infériorité ; si non, es mêmes puissances avaient un supplément d'effectifs et de budgets. In s'arrêtant à ce dernier parti, la Russie rompait l'équilibre entre les uissances qui pratiquent l'expansion coloniale et les autres. En même emps, elle laissait sans réponse la question de savoir si les chemins de er, qui jouent un rôle stratégique, rentrent au budget de la guerre, ou i les primes à la marine marchande, qui peut renforcer la marine miliaire, rentrent au budget de la guerre navale. La limitation des armenents est-elle complète, sans une limitation subsidiaire des armements par analogie (1) ? A ce compte, il n'est plus de budget qui échappe à la imitation : celui de l'instruction publique, puisqu'il améliore les connaissances du soldat ; celui des travaux publics, puisqu'il améliore les voies de communication ; celui du commerce, puisqu'il améliore les équipages et les ressources de la marine marchande. De même qu'il y a une contrebande de guerre *ancipitis usus*, il y a des budgets d'usage double : à quel régime les soumettre ? A celui des budgets de guerre ? Mais alors on paralyse l'activité économique du pays. A celui des budgets de paix ? Mais alors on rompt l'égalité des situations et l'équilibre des États au point de vue militaire. Très prudemment, les propositions russes laissaient ce point dans l'ombre. Mais il ne suffisait pas d'omettre la difficulté pour la résoudre.

Enfin, quand bien même toutes ces questions eussent été tranchées, les difficultés, loin d'être terminées, n'eussent fait encore que commencer. A supposer qu'on pût limiter suivant une formule précise, équitable et sincère, les effectifs et les budgets, il faudrait encore s'assurer que les engagements pris à cet égard par les différents États ne fussent pas transgressés. Mais comment s'en apercevoir ? Le chiffre des effectifs et des budgets n'est pas publié dans les pays qui n'ont pas de Parlement, comme la Russie ; dans les autres, il peut être altéré facilement par des procédés multiples, déjà couramment appliqués dans des intérêts discutables, mais qui deviendront invincibles, quand ils s'appuieront sur l'autorité d'un motif patriotique. Comment réprimer ces fraudes ? Le professeur Lawrence, de Cambridge (2), propose l'établissement d'une Commission *ad hoc*, composée de délégués des États neutralisés et secondaires, qui ne sont pas suspects de vouloir prendre part aux luttes d'ambition et de conquête. Ils auraient un Office permanent en Suisse, auraient partout droit d'enquête et de visite, dans les bureaux de finances, dans les caser-

(1) Catellani, *Realtà ed utopie della pace*, p. 105.
(2) T. J. Lawrence, dans l'*International Journal of Ethics*, janvier 1899 et la *Review of Reviews* du 15 février 1899, p. 134.

nes et dans les arsenaux. Chaque année, dans un rapport annuel, ils rendraient compte de l'exécution des engagements des puissances. L'idée est ingénieusement présentée ; on peut broder à l'infini des variations individuelles sur ce thème, et celle-ci, sans doute, est des meilleures. L'objection est que, pour une pareille enquête, d'ailleurs peu compatible avec les secrets de la défense nationale, il faut un temps considérable ; entre le moment où la fraude est commise et celui où elle est constatée, il pourrait se produire un délai tel que, dans l'intervalle, une guerre mette les puissances à même de profiter de leur fraude avant qu'elle soit reconnue. D'autre part, si quelque fraude est constatée, quelle en sera la sanction ? Tant que la société internationale ne sera pas réorganisée sur d'autres bases, celle-ci ne peut consister que dans une protestation platonique. Le professeur Lawrence veut qu'alors les autres contractants ramènent le coupable à complète soumission ; mais ainsi, c'est la guerre pour empêcher la guerre. Et si tout un groupe de contractants s'entend pour manquer au pacte, que feront les autres ? Les grandes puissances n'auront-elles pas un avantage sur les petites ? Cela est si vrai qu'à part la Serbie, malgré les efforts de la Russie et de la Hollande, toutes restèrent ici sur la réserve. Peu de temps avant la Conférence, M. de Bar (1) rappelait que la Prusse, réduite par Napoléon à 40.000 hommes d'armée, l'avait, en 1813, combattu avec des centaines de mille. Instruits par cet exemple, les délégués sentaient qu'en s'engageant à la limitation des armements, les peuples n'eussent fait que continuer dans l'ombre et par la fraude un certain nombre d'actes qu'auparavant ils n'avaient pas à cacher.

Il y a plus. Au point de vue strictement juridique deux États pouvaient-ils prendre un tel engagement ? On peut en douter pour deux raisons : d'abord, au point de vue pratique, parce qu'en vertu de la clause *rebus sic stantibus* le moindre changement dans la situation politique d'un des contractants pouvait, le mettant hors du contrat, en affranchir du même coup tous les autres, de telle sorte que l'engagement n'eût pas duré longtemps ; ensuite, au point de vue théorique, parce qu'un État ne peut restreindre par traité son droit à l'existence, ni par conséquent son droit de défense militaire, corollaire du premier. Pour tous ces motifs, la limitation des armements était impossible. En vain le général den Beer Portugael prétendait-il (2) qu'avec la continuation des armements les nations couraient à la guerre, en marchant à la ruine (3). Sui-

(1) De Bar, *Das Programm der diplomatischen Friedenskonferenz*, dans la *Nation* de Berlin du 29 avril 1899, p. 437-438.

(2) Annexe D, 26 juin 1899.

(3) N° 5 26 juin 1899.

vant la juste réponse du colonel de Gross de Schwarzhoff (1), il y avait là une contradiction : en se ruinant, elles perdaient les moyens de faire la guerre ; d'autre part, en faisant la guerre, elles ne pouvaient espérer se sauver de la ruine, une guerre même heureuse coûtant toujours fort cher. L'augmentation des armements ne pouvait donc, quoi qu'en eût dit le général den Beer, être une cause de guerre, tandis que leur limitation, éveillant les jalousies, les défiances et les soupçons réciproques, n'eût certainement pas été une cause de paix. Sans doute, il faut une limite aux dépenses militaires, mais les peuples sauront bien la trouver d'eux-mêmes, sous le poids des charges qu'ils subissent. « Il y a des limites, mais elles sont dépassées depuis longtemps », disait le général den Beer. Il se trompait. Les seules limites ici sont des limites naturelles, qu'aucun État ne peut franchir et dans lesquelles les lois économiques les enferment plus sûrement que le droit international ne le ferait par un traité.

Aussi le Comité, chargé par la première sous-Commission (guerre) d'examiner les propositions du colonel Gilinsky, a-t-il en deux séances rapidement reconnu, à l'unanimité, moins le colonel Gilinsky : « 1° qu'il serait très difficile de fixer, même pour une période de cinq ans, le chiffre des effectifs sans régler en même temps d'autres éléments de la défense nationale ; 2° qu'il serait non moins difficile de régler par une convention internationale les éléments de cette défense, organisée dans chaque pays d'après des vues très différentes » (2). Ces formules sont peut-être, relativement à la question, un peu incomplètes et vagues. Mais elles expriment bien à cet égard la très vive impossibilité d'aboutir, qu'avait profondément sentie sur ce point la Conférence. En même temps, le Comité, chargé par la deuxième sous-Commission (marine) d'étudier les résolutions Schéine, revenait avec ces conclusions « que la majorité des délégués de la sous-Commission n'a pas voulu se prononcer dans ce sens, attendu que, de prime abord, des difficultés constitutionnelles s'opposeraient, dans les pays parlementaires, à lier d'avance le vote budgétaire des assemblées législatives ». Vainement le Président de la deuxième sous-Commission, M. de Karnebeek, propose aux délégués de recommander à leurs gouvernements une étude des propositions russes, qui leur permettrait d'en décider à nouveau dans une Conférence ultérieure. Cette proposition n'obtient pas la sanction de la sous-Commission (cinq voix pour, cinq voix contre et cinq abstentions). Sur l'instance du capitaine Schéine, la simple motion d'inviter les délégués à consulter de nouveau leurs gouvernements ne passe que par sept voix avec une voix contraire et sept

(1) N° 6, 30 juin 1899, Confidentiel, p. 2.
(2) *Ibid.*, p. 7.

abstentions, par une mesure toute de courtoisie, dont le Président Beernaert met en lumière le mensonge poli en clôturant sans plus attendre les travaux de la Conférence. Elle allait, dans ces deux sous-Commissions, se terminer, sur cette question, sans aucun résultat, quand le chef habile d'une grande délégation, sympathique à la Russie, comprit qu'il fallait tout au moins qu'ici, sur cette question maîtresse de la limitation des armements, un vote intervînt, si platonique fût-il. Il comprit que, pour le Tsar, qui avait convoqué la Conférence, comme pour l'opinion, dont l'enthousiasme la suivait d'espérances, il fallait que sur ce point une résolution intervînt, qui rendît hommage à l'initiative russe et qui tînt compte aussi du vœu des peuples. Puisqu'aucun texte obligatoire ne pouvait passer, qu'au moins, dans une déclaration théorique, les délégués rendissent hommage de loin, sans s'engager davantage, à la justesse de l'idée du Tsar ! A défaut d'une résolution de fond, qu'ils prissent tout au moins un de ces vœux de forme, qui n'engagent à rien ! Il fallait que chaque Commission se séparât, sur chaque point, avec un texte, quand bien même, au lieu d'une obligation précise, ce texte ne contiendrait qu'une formule platonique et vague. Reprenant le simple vœu, dénué de sanction, qui figurait déjà dans le paragraphe premier de la proposition Gilinsky, M. Léon Bourgeois pose à la Conférence cette question de principe : « La limitation des charges militaires, qui pèsent sur le monde, est-elle désirable ? » Et, sur sa proposition, habilement présentée, la première Commission, suivie par la Conférence plénière (21 juillet), « *estime que la limitation des charges militaires, qui pèsent actuellement sur le monde, est grandement désirable pour l'accroissement du bien-être matériel et moral de l'humanité* » (1). Cette rédaction a été étendue aussi à la partie concernant la marine (2).

Dans ce texte, les uns ont vu la condamnation, par la Commission, de sa propre attitude sur le désarmement (3) ; d'autres encore se sont félicités d'y trouver pour la propagande pacifique le texte même sur lequel elle pourra désormais s'engager plus active et plus enthousiaste que jamais (4). Il n'y a là, si l'on veut être sincère, qu'une formule de politesse des délégués vis-à-vis du Tsar, une espèce de condoléance platonique et vague, qui souligne d'autant plus l'impossibilité d'aboutir que tout le monde en reconnaît la nécessité.

(1) N° 6, 30 juin 1899, de la Commission et n° 6 (6e séance), de la Conférence.

(2) Raffalovich, *Mémoire sur la Conférence de la Haye*, p. 10.

(3) V. notamment Yves Guyot, *La Conférence de la Haye*, dans la *Paix par le Droit*, 1899, p. 401.

(4) *Bureau international de la Paix*, *Correspondance bi-mensuelle*, Berne, 10 juillet 1899, n° 13, p. 87.

§ II. — *Questions accessoires. Prohibition de nouveaux et même d'anciens types d'engins.*

A défaut de la limitation des budgets, impossible à voter en bloc, le uvernement russe comptait tout au moins retrouver, sous des chefs vers, la monnaie de sa principale espérance. Habilement, le programme ouravieff demande à la Conférence, après s'être prononcée sur la limiion des budgets, d'interdire la mise en usage de nouveaux types d'enns de guerre, soit sur terre, soit sur mer. Comme les nouvelles découvrtes exigent le remaniement de l'outillage ou même l'acquisition d'un atériel nouveau, c'est demander encore l'allègement des budgets que proposer le *statu quo* des moyens de guerre : ainsi l'étude de ces quesons, très voisine de la limitation des budgets, rentre assez volontiers ans le cercle des travaux de la première Commission. Comme d'autre art les moyens nouveaux, de plus en plus savants, sont aussi de plus plus meurtriers, les interdire, ce n'est pas seulement faire acte de rudence économique,mais acte de respect pour la vie des hommes et de ompassion pour leurs souffrances : ainsi ces questions s'écartent déjà es précédentes pour se rapprocher de celles qui font l'objet des travaux e la seconde Commission (lois et coutumes de la guerre). La plupart entre elles relèvent même plutôt de la deuxième Commission que de la remière : telle l'interdiction des torpilleurs sous-marins et plongeurs, des navires de guerre à éperon ; telle l'interdiction de nouveaux exlosifs, de nouveaux canons ou fusils, de projectiles lancés du haut des allons ou de gaz asphyxiants. Plus on s'approche de ces derniers moyens e nuire, plus l'intérêt économique de leur interdiction disparaît, en ıême temps que l'intérêt humanitaire de celle-ci s'élève. Bientôt même, vient un moment où la question examinée, celle des balles qui s'épaouissent (balles *dum-dum*), n'a plus aucune raison économique, mais eulement un fondement moral. Peu à peu la Conférence glisse de la imitation des armements, qui est son but essentiel, dans la civilisation le la guerre qui est, pour la Conférence, — tout au moins dans sa penée première, — une simple invite au succès.

Mais elle a beau joindre à la raison économique la raison d'humaıité. Les propositions russes, malgré les plus vigoureux efforts, sont oujours rejetées, quand elles sont susceptibles d'une valeur pratique ; même il leur faut lutter pour se faire accepter, d'une façon imparfaite, quand elles sont platoniques et stériles. Beaucoup d'efforts, quelques résultats de pure forme, aucun de fond, voilà toujours le bilan de la Conférence.

A. *Interdiction de nouveaux canons de marine.* — Des deux sous-Commissions, guerre et marine, entre lesquelles la première Commission avait réparti l'interdiction de nouveaux engins, la seconde a clôturé ses travaux sans résultat. Suivant la mélancolique remarque du Comte Soltyk, rapporteur, « il s'est presque toujours produit dans l'assemblée de cette sous-Commission une diversité d'opinions, qui souvent, en dépit de la bonne volonté évidente, a empêché d'arriver à des conclusions réunissant une entente générale » (1). L'interdiction de « nouvelles armes à feu » a soulevé d'abord de très vives difficultés. Les délégués ne pouvaient l'accepter, par cette raison majeure que, restreindre les inventions, c'est paralyser le droit de défense du pays, sans lui assurer, le cas échéant, une réciprocité que le texte promet sans doute, mais que dans la pratique rien ne garantit. Aussi les objections, qui se multiplient contre cette proposition, n'en laissent rien debout. D'abord on lui reproche d'être vague. Le délégué russe, M. Schéine, la restreint à l'interdiction d' « un type entièrement nouveau ». Mais, suivant la très juste observation d'un délégué, l'amiral Pephau, que doit-on comprendre par un « nouveau type » ? La définition russe qui ne le dit pas déplace la question sans la résoudre. En second lieu, d'après la réflexion de l'amiral Fisher (2), si chaque État ne pouvait se servir de la meilleure arme qu'il pût rencontrer, une telle restriction mettrait en temps de guerre les peuples civilisés dans une position désavantageuse vis-à-vis des nations moins civilisées ou des tribus sauvages. D'ailleurs, comment empêcher les États de se servir des inventions nouvelles ? Frapper de pénalités les inventeurs de nouveaux engins serait aussi ridicule que cruel. Établir un Comité de contrôle en dépit des exigences du principe de non-intervention serait porter une atteinte grave au principe de la souveraineté des États, sans pouvoir espérer, au point de vue pratique, des résultats sérieux. Enfin les délégués des petites marines réclamaient la possibilité d'améliorer leurs armements et d'atteindre à cet égard le niveau des grandes puissances maritimes, afin de puiser dans la qualité de leur matériel une compensation à sa quantité.

Prié de préciser les idées russes, le capitaine de vaisseau Schéine propose les bases suivantes : « 1° limitation du diamètre du calibre à 43 centimètres ; 2° acceptation d'une longueur de canon au maximum de 45 calibres ; 3° fixation de la vitesse initiale des poudres actuellement existantes au maximum de 3.000 pieds, soit 914 mètres ; 4° fixation définitive de l'épaisseur de la cuirasse à 35 cent. 1/2 en prenant comme modèle le dernier type de ce genre provenant de la maison Krupp ». Mais, quand ces détails sont proposés, les techniciens les trouvent trop précis.

(1) Rapport à la première Commission au nom de la deuxième sous-Commission, p. 1.
(2) Rapport, *eod. loco.*

Désireux d'éviter cet inconvénient, l'amiral Pephau (France) fait la proposition suivante : « Les nations contractantes s'engagent pendant une période de..... à partir du... à ne pas faire subir aux types de canons existants une transformation radicale semblable à celle du canon-bouche, remplacé par le canon-culasse. Dans tous les cas les calibres en usage ne seraient pas augmentés ». Mais les techniciens la trouvent à la fois trop étroites, « parce qu'elle ne vise pas aussi la limitation des cuirassements » et trop vague, parce qu'on ne voit pas trop la limite extrême où une transformation cesse d'être « importante » pour être « radicale », à moins qu'après avoir chargé le canon par la culasse on n'en revienne, ce qui est peu vraisemblable, à le recharger par la bouche.

La perspective de limiter cet engagement, soit à cinq ans, soit même à trois ans, soit même à moins, introduite dans le projet pour aider l'accord, tente à peine les puissances, bien qu'elle les amorce par l'idée que, très réduite, cette mesure n'aurait qu'un caractère très passager pendant un temps très court après lequel chacun prendrait sa liberté. En vain spécifie-t-on, dès le début de la 3e séance, qu'en défendant d'augmenter les calibres, le texte vise, non ceux de chaque État pris en particulier, mais les meilleurs de ceux qui sont actuellement en usage dans toutes les marines en général (précision de M. de Karnebeek, Président de la deuxième sous-Commission après un échange de vues entre M. Pephau et Mohamed Pacha) (1). Seuls les délégués d'Autriche, de Suède-Norvège, des Pays-Bas, du Siam et du Japon, celui-ci sauf réserve quant à la durée de l'engagement, et plus vaguement celui du Danemark (2) croient que leurs gouvernements ne verraient point d'objection à prendre l'engagement dont il s'agit, pourvu que la limitation fût adoptée à l'unanimité. Car c'est toujours à cette condition qu'on en revient, avec la meilleure volonté du monde, en matière d'armements. Il faut que tous prennent le même engagement, condition insuffisante souvent, car contracter n'est pas exécuter, mais condition nécessaire toujours. Or cette condition, les grandes puissances, qui veulent jouer un rôle maritime, assez riches pour payer des inventions et des outillages nouveaux, ne lui permettront jamais de s'accomplir. Les délégués des États-Unis, sous la réserve expresse d'en référer à leur gouvernement, estiment que l'engagement n'est pas acceptable. Le 5 juin 1899, après un temps d'arrêt motivé par la nécessité d'instructions nouvelles, la question momentanément écartée (31 mai) rentre en discussion (4e séance) ; la première partie de la proposition Pephau (interdiction d'une transformation *radicale* des canons) est acceptée par les Pays-Bas, le Japon,

(1) N° 3, 3e séance, 31 mai 1899, p. 1.
(2) N° 3, p. 2.

le Danemark, la Roumanie, le Portugal, le Siam. Le délégué de Suède et Norvège s'abstient. La Turquie vote le texte. Mais les Pays-Bas déclarent le voter *quoique vague* ; le Portugal déclare l'accepter *parce que vague* ; la Turquie parce que, se procurant à l'étranger les armements nécessaires à ses navires, il va de soi qu'elle ne dépassera jamais les inventions en usage dans les autres États, tant que ceux-ci respecteront la convention. Bref, sur sept puissances favorables à la proposition de l'amiral Pephau, trois s'y rangent, parce qu'elle ne présente aucune force pour elles. Mais la prudence des autres est telle qu'elles ne veulent pas même accepter cette formule complaisante, qui fait aboutir la Commission sans restreindre vraiment l'activité maritime des puissances. C'est la cinglante remarque du délégué de l'Allemagne : « L'amendement a ce grand avantage, qu'on pourrait y consentir sans se lier. L'amendement est très habilement conçu, et ses termes permettent d'y mettre ce qu'on voudra. Mais cet avantage est en même temps une faiblesse et une raison contre l'adoption. Si l'on acceptait une telle formule, personne ne serait satisfait, ni les militaires, ni le grand public, qui comprendrait immédiatement qu'on n'avait choisi ce moyen que pour se tirer d'embarras » (1). Les États-Unis, l'Italie, l'Autriche-Hongrie, l'Espagne joignent leur refus à celui de l'Allemagne. La première partie de la proposition Pephau, relative au non-changement radical du type de canon (2), n'est pas adoptée. La seconde, relative à la non-augmentation des calibres (3), ne l'est pas davantage, parce qu'arrêter l'augmentation des calibres ne signifie rien si l'on n'arrête pas le maximum d'épaisseur des cuirasses. Les propositions Schéine échappaient à ce reproche. Leur auteur les reprend, comme amendement à la proposition Pephau : « 1° On ne dépassera pas un calibre de 17 pouces, soit 431,7 mm. pour toutes espèces de canons ; 2° la longueur des canons sera fixée à un maximum de 45 calibres ; 3° la vitesse initiale n'excèdera pas 3.000 pieds soit 914 mètres ; 4° pour les cuirasses, le maximum de l'épaisseur sera de 14 pouces, soit 355 millimètres et de la qualité fabriquée d'après la dernière patente Krupp ». Avec ce texte, on retombe dans les difficultés techniques. M. Siegel, le Comte Soltyk, M. de Bille, l'amiral Pephau déclarent la question trop complexe et la corrélation des différents chiffres trop difficile à vérifier pour qu'on puisse aboutir. L'amiral Pephau fait même remarquer que la solution proposée pour la cuirasse n'est

(1) 4e séance, n° 4, 5 juin 1899, p. 2.

(2) Proposition Pephau : « Les nations contractantes s'engagent pendant une période de..... à partir du..... à ne pas faire subir aux types de canons existants une transformation radicale, semblable à celle du canon-bouche, remplacé par le canon-culasse ».

(3) « Dans tous les cas, les calibres en usage ne seraient pas augmentés ».

pas encore satisfaisante, puisqu' « on pourrait inventer de nouveaux procédés qui, avec une moindre épaisseur, donneraient une plus grande résistance » (1). Finalement les délégués n'admettent d'autre solution que la consultation, par chaque gouvernement, de Comités techniques, qui ne pourraient d'ailleurs se prononcer « en peu de temps ». « En peu de temps » (le mot est du rapporteur, Comte Soltyk) (2), cela voulait dire, en clair langage, « avant la fin de la Conférence ». La deuxième partie de la proposition Pephau s'était évanouie. La proposition Schéine s'évanouissait à son tour. Rien ne restait des suggestions française et russe relatives à la non-transformation des canons, à la non-augmentation des calibres (propositions Schéine et Pephau), à la vitesse initiale des explosifs et aux limites du cuirassement (détails de la proposition Schéine). Sur la question des canons, des poudres et des cuirasses, la Commission se séparait sans avoir abouti (3).

B. *Torpilleurs sous-marins, navires à éperon.* — Même échec en ce qui concerne l'interdiction des torpilleurs plongeurs ou sous-marins. Pourtant, ici, les résistances sont moins vives. L'Allemagne, l'Autriche-Hongrie, la Grande-Bretagne, l'Italie, le Japon (4), qui ne possèdent pas de torpilleurs sous-marins, ne font pas d'obstacle à cette interdiction, si toutefois elle est unanime. Ils savent bien d'ailleurs qu'elle ne peut pas l'être. La France, qui a le *Gustave Zédé* et qui a sur cale le *Narval* (5), les États-Unis, qui ont aussi des modèles en construction, se refusent à donner aux délégués des puissances précédentes cette unanimité, qu'ils demandent pour la forme, la sachant impossible. En insistant sur le caractère défensif des torpilleurs sous-marins, la France met en lumière une idée si forte et si topique que les Pays-Bas, la Turquie, le Siam, bien que n'ayant pas encore de tels engins, se refusent à les interdire, estimant, suivant une juste remarque, celle du délégué des Pays-Bas, « que le torpilleur sous-marin est l'arme du faible » (6).

Sur les navires à éperon, les propositions russes étaient des plus modestes. Suivant la précision du Président de Karnebeek, il était entendu : 1° que l'interdiction ne s'étendrait pas aux navires existants, ni à ceux dont les plans de construction seraient déjà en voie d'exécution ; 2° que, par navire à éperon, il ne fallait pas entendre un navire à étrave renforcée. En supprimant l'éperon, après avoir maintenu la torpille, la

(1) Deuxième sous-Commission, 4e séance, n° 4, 5 juin 1899, p. 3-4.

(2) Le mot est dans la discussion. 4e séance, n° 4, p. 3.

(3) V. cependant 3e vœu de l'Acte final.

(4) A plus forte raison, la Russie qui avait pris l'initiative de la proposition.

(5) V. de Lapradelle, *La question du désarmement et la seconde circulaire du Tsar*, dans la *Revue générale de dr. intern. public*, t. VI (1899), p. 84.

(6) Deuxième sous Commission, n° 3, 31 mai 1899, p. 3.

Conférence aurait encouru le ridicule d'accorder à l'humanité les petites réformes en lui refusant les grandes. Mais elle n'avait pas à le craindre. La scène classique de l'unanimité se reproduit : l'Angleterre et les États-Unis se déclarent prêts à voter ce texte, sous réserve de l'adhésion de tous. Or, ici, comme ailleurs, l'unanimité n'est pas possible. Etant donné que l'éperon est utile contre les transports en cas de débarquement (observation de M. Hjulhammar), les États qui ont une longue étendue de côtes ne peuvent l'abandonner : c'est le cas de la Suède et de la Norvège (3e séance, 31 mai) (1). A la séance suivante (4e séance, 5 juin), le Danemark les imite (M. de Bille), et M. Schéine, au nom de la Russie, retire sa proposition (2), sans même parvenir à faire masquer en temps de paix l'éperon des navires de guerre (3) (proposition Schéine) parce que la question est encore à l'étude.

Le 23 juin, quand, en première Commission (4), l'interdiction des bateaux torpilleurs sous-marins ou plongeurs est mise aux voix, cinq États (la Belgique, la Grèce, la Perse, le Siam et la Bulgarie) votent l'interdiction sans réserve ; six États (l'Allemagne, l'Autriche-Hongrie, l'Italie, la Grande-Bretagne, le Japon et la Roumanie) se prononcent pour l'interdiction sous réserve de l'unanimité ; huit États (les États-Unis d'Amérique, le Danemark, l'Espagne, la France, le Portugal, la Suède et la Norvège, les Pays-Bas et la Turquie) votent négativement ; la Serbie, la Suisse et même, notons-le, la Russie s'abstiennent.

Puis, sur l'interdiction conventionnelle de construire des navires de guerre à éperon, quatre États seulement (la France, la Grèce, le Siam et la Bulgarie) répondent oui ; sept États (les États-Unis d'Amérique, la Grande-Bretagne, l'Italie, le Japon, la Perse, les Pays-Bas, la Roumanie) votent oui sous la réserve de l'unanimité ; sept États, non (l'Allemagne, l'Autriche-Hongrie, le Danemark, l'Espagne, le Portugal, la Suède-Norvège, la Turquie) ; quatre s'abstiennent (la Belgique, la Suisse, la Serbie, et encore, notons-le, la Russie) (5).

Ces votes ne servent qu'à compter des opinions doctrinales. Aucun effet pratique n'en pouvait sortir. Le petit nombre des États qui votent : oui sans réserve, — seul vote sincère, — montre seulement combien est grande et profonde, sur ces deux points, l'impossibilité d'aboutir, ce qui explique que la Russie, découragée, s'abstienne.

C. *Interdiction de nouveaux types d'engins* (*artillerie de campagne et infanterie*).— La première sous-Commission, chargée de la guerre terres-

(1) No 3, 31 mai 1899, p. 4.
(2) 4e séance, no 4, 5 juin 1899, p. 1.
(3) *Ibid.*, p. 4.
(4) Première Commission, no 4, 23 juin 1899.
(5) *Ibid.*

tre, trouvait aussi le chemin semé d'obstacles. D'abord, sur la question des canons, que le colonel Gilinsky proposait de ne pas changer, toutes les délégations répondaient non, hors le Siam, qui répondait oui, tandis que deux seulement s'abstenaient : la Russie et la Bulgarie (1). Ce vote s'explique. Les armements sont ici très différents de pays à pays ; beaucoup d'États ne sont pas en possession d'un type satisfaisant ; il est vrai que le projet russe leur permet d'adopter le meilleur type actuel, c'est-à-dire le canon à tir rapide ; mais ces États veulent pouvoir adopter le meilleur possible au moment de leur réarmement, sans quoi ils pourraient être amenés presque aussitôt à en recommencer la dépense, au cas d'expiration de la convention, pour se mettre au niveau des autres ; de plus, les grandes nations, assez riches pour transformer leur armement, ne veulent pas limiter leurs moyens de supériorité militaire, en s'interdisant d'augmenter leur avance, pendant que les petits États rattraperaient leur retard. Enfin, en demandant la limitation des modèles de canon, la Russie, qui semble plaider pour ses finances, fait autour d'elle germer la défiance.

Au contraire, sur la question des nouveaux fusils, les propositions russes ne cachaient aucune arrière-pensée. « N'oublions pas, dit le général den Beer Portugael (7 juin 1899) (2), que précisément dans la question du fusil la Russie qui a fait la proposition primitive se sert à présent d'un fusil de gros calibre : celui de 7,62 millimètres, tandis que des États voisins, la Suède et la Norvège, ont des fusils meilleurs, du calibre 6, 5 millimètres, comme la Roumanie. C'est donc une preuve évidente de désintéressement ». D'autre part, ici, toutes les nations se trouvent, au point de vue du *statu quo*, dans des conditions semblables. Le nombre des fusils est inégal, mais le type en est le plus souvent très voisin. Presque toutes les armées sont en possession de bons fusils du même type, et de calibre ne variant qu'entre 6, 7 et 8 millimètres. Le gouvernement russe espérait donc que sur cette question ses propositions pourraient être accueillies, avec un peu d'effort et de bonne volonté. Mais là encore il se trompait.

La première discussion, en date du 26 mai (3), convainc les délégués de la nécessité de demander, avant d'aller plus loin, des vues précises. Le Président, M. Bernaert, exprime le vœu qu'à la prochaine réunion (31 mai) l'on puisse fixer le minimum du calibre, le poids du projectile, la vitesse initiale, le nombre maximum de coups par minute, et exclure le chargement automatique. Le délégué russe, colonel Barantzew, trans-

(1) Rapport den Beer, p. 2.

(2) Séance du 7 juin 1899, nº 4, Annexe.

(3) Séance du 26 mai 1899, nº 1, et Rapport den Beer Portugael, p. 5.

met par télégraphe ces vœux à son gouvernement, qui répond à toutes ces questions par la proposition suivante : « 1° Le minimum du poids du fusil est fixé à 4 kilogrammes ; 2° le minimum du calibre à 6 mil. 1/2 ; 3° le poids de la balle ne sera pas moindre que 10 gr. 1/2 ; 4° la vitesse initiale ne dépassera pas 720 mètres ; 5° la rapidité du feu se tiendra à 25 coups par minute; 6° les balles explosibles et dilatables ainsi que le chargement automatique seront interdits » (1). Quand, à la réunion suivante (31 mai), la discussion s'ouvre sur ces propositions, elles tombent d'elles-mêmes. Trop précises, elles subissent, à cause de cette précision même, l'échec, qui, pour la même raison, dans la sous-Commission de la marine, frappait sur le même point les propositions Schéine. Le colonel Barantzew déclarait lui-même qu'après avoir présenté cette nouvelle rédaction, par déférence pour la Commission, il souhaitait qu'on en revînt au texte de la proposition primitive, qui posait simplement le principe (arrêter les dépenses en stabilisant le fusil). La difficulté d'accepter dans tous ses détails une formule aussi minutieuse la condamnait d'avance à un échec que la Russie ne se dissimulait pas. Impitoyablement critiqué par une rigoureuse analyse du colonel de Schwarzhoff, le texte russe échoua devant quatorze non (Allemagne, Autriche-Hongrie, États-Unis, Belgique, Danemark, Espagne, Italie, Japon, Portugal, Roumanie, Serbie, Siam, Suisse et Turquie), avec le oui des Pays-Bas, de la Perse et de la Bulgarie (ce dernier État *ad referendum*). L'objection décisive qui l'emportait, semblable à celle qui avait fait justice des propositions Schéine pour la marine, était, suivant l'observation du colonel de Khuepac (Autriche-Hongrie), qu'une Conférence technique devait alors prendre les devants et préparer l'œuvre diplomatique, ainsi qu'on avait fait pour la convention de Genève.

C'est alors que le général den Beer Portugael, rapporteur désigné de la Commission, intervint, avec sa grande autorité de jurisconsulte et de soldat, pour essayer de sauver l'œuvre. Déjà, le 31 mai, il avait soumis à la Conférence, parallèlement à la proposition russe, un projet de rédaction, qui avait rencontré neuf oui, un oui avec réserve, une abstention et dix non : ceux de l'Allemagne, de l'Autriche-Hongrie, de la France, de la Grande-Bretagne, de l'Italie, du Japon, du Portugal et de la Serbie (2). La nouvelle proposition corrige ce qui, dans le premier texte, était imparfait (3). On lui reprochait de viser dans sa formule les

(1) Rapport den Beer, p. 2.

(2) Rapport, p. 6.

(3) Première proposition du général den Beer Portugael :

« Les États conviennent de ne faire usage dans leurs armées et flottes, pendant cinq ans, à partir du moment où le présent acte sera signé, que des fusils en usage ou à

fusils à l'état d'étude ; le nouveau texte n'en parle plus. On le critiquait de permettre certaines améliorations, celles qui ne changeraient ni le type, ni le calibre, ni la vitesse initiale existants : pourquoi pas les autres, et comment, en pratique, arriver à déterminer celles-ci ? Sans distinctions ni nuances, le nouveau texte permet « toute amélioration ou tout perfectionnement qui paraîtrait avantageux ». Enfin, comme les États dont le modèle de fusil était arriéré craignaient de se voir contraints à le garder, le nouveau texte permet à ceux dont le type est en retard, c'est-à-dire d'un calibre supérieur à 8 millimètres ou sans magasin, d'adopter des modèles existants (7 juin) (1). Mais, à son tour, ce nouveau texte attire à lui les objections. D'abord, le but de la proposition, qui est de faire des économies, ne serait pas atteint, puisque les perfectionnements introduits pour les fusils d'un pays obligeraient les autres gouvernements à en adopter de semblables à leur tour et qu'une fois forcés de dépenser pour leurs fusils des sommes plus ou moins considérables, ils devraient au moins garder la liberté de choisir le fusil qui leur semblerait le meilleur. Étant donné que l'interdiction d'un nouveau type ne peut être qu'une trêve dans la concurrence des outillages militaires, la trêve de cinq ans, à laquelle s'arrête la proposition néerlandaise, amènerait probablement de doubles dépenses, d'abord pour les améliorations des fusils en usage, ensuite, au bout des cinq ans, pour la construction d'un nouveau fusil. De plus, suivant quel critérium distinguer les améliorations ou perfectionnements des changements complets ? Enfin, par quel moyen de contrôle assurer l'exécution de l'engagement (observation John Ardagh) ? En vain M. den Beer Portugael prétendait-il, avec son éducation de soldat, mettre sous la loi de l'honneur l'exécution de la convention (2). Le colonel de Gross de

l'étude en ce moment. — Pour les fusils à l'étude, ne seront tolérés que ceux d'un type existant et d'un calibre ne variant qu'entre 6 et 8 millimètres. — Les perfectionnements permis devront être de nature à ne changer ni le type, ni le calibre, ni la vitesse initiale existants ».

(1) M. le général den Beer Portugael, délégué des Pays-Bas, substitue à la proposition déjà communiquée la rédaction suivante :

« Pour une période de cinq ans, à compter de la date du présent acte, les États conviennent de ne pas remplacer les fusils actuellement en usage dans leurs armées par des fusils d'un autre type. Mais ils ne s'interdisent pas d'apporter aux fusils actuellement en usage toute amélioration ou tout perfectionnement qui leur paraîtraient avantageux. — Les États qui ont un fusil de modèle arriéré, c'est-à-dire d'un calibre supérieur à 8 millimètres ou sans magasin, pourront adopter des modèles existants ». (première sous-Commission de la première Commission, 7 juin 1899, n° 3).

Il y a eu avant le 5 juin (date première de la séance du 7) une troisième formule intermédiaire de la proposition den Beer Portugael, que nous passons sous silence parce qu'elle n'a pas été maintenue, ni discutée.

(2) Les motifs en sont très bien exposés, dans un important discours du général den Beer Portugael, Annexe à la séance du 7 juin 1899, p. 1-3.

Schwarzhoff faisait remarquer qu'en dehors de toute mauvaise volonté il y avait des contestations qui, de bonne foi, pouvaient surgir. A quoi bon même aligner ces arguments comme des soldats à la parade ? Le général savait bien où étaient les vraies raisons de l'Allemagne : dans le sentiment qu'elle était assez riche pour renouveler son armement sans cesse. Contre cette raison, aucune autre ne pouvait prévaloir. L'Allemagne vota non, suivie de l'Italie, à laquelle son armement vieilli inspirait des craintes. Les autres puissances ne pouvaient pas plus aboutir sans elle dans la guerre terrestre que sans l'Angleterre dans la guerre maritime. Au sein de la sous-Commission, neuf États votèrent oui (Danemark, Espagne, Pays-Bas, Perse, Roumanie, Russie, Serbie, Siam, Suède et Norvège) ; neuf autres s'étaient abstenus, faute d'instructions ou par courtoisie pure : États-Unis, Autriche-Hongrie, France, Japon, Turquie, Bulgarie (faute d'instructions), Grande-Bretagne, Portugal et Suisse. Après cet échec, la question n'avait plus à paraître, ni devant la Commission, ni devant la Conférence. Dès ce moment, elle était close, — close par l'insuccès. Mais les difficultés techniques soulevées par le problème des fusils permettaient à la Conférence d'adoucir cet échec par une fin de non-recevoir courtoise, en sollicitant des gouvernements, pour les fusils, une étude technique approfondie comme pour les canons de marine (1).

Hors ce vœu platonique, il n'est intervenu de résolutions que sur trois points : la question des projectiles lancés du haut des ballons, celle des gaz asphyxiants et celle des balles qui s'épanouissent ; mais, les trois fois, dans des conditions telles qu'au point de vue pratique ces trois actes sont sans valeur.

D. *Projectiles lancés du haut des ballons.* — Cette question, la seule des trois qui figurât expressément dans le programme de la seconde circulaire Mouravieff (30 décembre 1898/11 janvier 1899) était aussi, de toutes les trois, la plus simple, parce qu'elle était la moins pratique. Incapables de se diriger, les ballons sont à plus forte raison incapables de lancer aux ennemis des projectiles, qui leur paraîtraient tomber du ciel. Même quand le problème de la navigation aérienne sera résolu, il restera à déterminer si les ballons, comme les navires, peuvent se charger de projectiles, qu'ils pourraient ensuite lancer du haut des airs sur les troupes ennemies. Aucune arme de ce genre n'existe encore ;

(1) Comp. le 3e vœu de l'Acte final :

« 3° La Conférence émet le vœu que les questions relatives aux fusils et aux canons de marine, telles qu'elles ont été examinées par elle soient mises à l'étude par les gouvernements, en vue d'arriver à une entente concernant la mise en usage des nouveaux types et calibres ».

aucune n'est à l'étude ; aucune n'apparaît à la science moderne comme actuellement réalisable. Les délégués, certains du caractère chimérique de l'hypothèse, ne pouvaient manquer de s'accorder pour la prévoir. C'est toujours sur les textes inapplicables que l'accord se fait le plus vite, et, désireuse d'aboutir, la Conférence de la Haye ne pouvait se montrer difficile. Utiles ou non, les textes qu'elle votait étaient toujours des textes, c'est-à-dire des résultats. Encore, en Commission, les délégués de la Grande-Bretagne, de la France et même de la Roumanie réservaient-ils le cas d'inventions inattendues, en limitant la durée de l'entente à cinq ans, par une proposition qui fit aussitôt fortune, d'abord dans la première Commission, puis dans l'assemblée plénière de la Conférence (1). Comme d'ici cinq ans aucune invention de ce genre ne peut vraisemblablement s'organiser, comme après cinq ans les puissances pourront reprendre leur liberté, la portée pratique de cette convention est vaine. En l'acceptant à l'unanimité, les délégués en ont donné la meilleure des preuves.

E. *Gaz asphyxiants ou délétères.* — Peut-on défendre l'emploi de projectiles chargés d'explosifs, qui répandent des gaz asphyxiants et délétères ? Ici, la possibilité d'une invention est plus grande que pour les projectiles lancés du haut des ballons ; mais elle reste encore très douteuse. « Il est peu probable, dit le délégué naval de la Grande-Bretagne, qu'une telle invention ait lieu » (2). Aussi, sur la question d'interdiction des projectiles dont le *but* est de répandre un gaz asphyxiant, sir John Fisher répond : oui. Pour les mêmes raisons, les délégués maritimes de France, d'Autriche-Hongrie, de Suède et Norvège, du Japon, des Pays-Bas, du Danemark, de Turquie, d'Italie et d'Allemagne répondent : oui. Seul, le capitaine Mahan, au nom des États-Unis, et un autre délégué protestent : 1° parce que l'accusation de barbares a toujours été portée à l'origine contre des armes nouvelles, arbalètes, armes à feu, torpilles, qui ont pourtant fini par être adoptées ; 2° parce qu'une nation pacifique, qui pourra se trouver soudain forcée à la guerre, ne peut pas se priver d'avance des moyens utiles; 3° enfin, le délégué du Siam, parce que la mort par l'asphyxie lui paraît plus douce, moins

(1) Déclaration. — « Les soussignés, plénipotentiaires des puissances représentées à la Conférence internationale de la Paix de la Haye, dûment autorisés à cet effet par leurs gouvernements, s'inspirant des sentiments qui ont trouvé leur expression dans la déclaration de Saint-Pétersbourg du 29 novembre/11 décembre 1868, déclarent : Les puissances contractantes consentent pour une durée de cinq ans, à l'interdiction de lancer des projectiles et des explosifs du haut des ballons ou par d'autres modes analogues nouveaux ».

(2) Deuxième sous-Commission, n° 3, 31 mai 1899, p. 2.

inhumaine qu'une autre mort (1). En réalité, ces réserves ne se conçoivent pas. L'asphyxie est inhumaine, parce qu'elle n'admet que la mort comme moyen de mettre hors de combat, tandis que la blessure suffit. Au capitaine Mahan il faut répondre que, d'être surpris par la guerre, n'autorise pas tous les moyens. Enfin, au programme russe qui propose cette interdiction, il faut opposer qu'elle n'a pas besoin d'un texte, mais qu'elle résulte du droit commun, d'après lequel on ne peut pas plus empoisonner l'air qu'on ne peut empoisonner l'eau. Mais le simple fait que certains délégués veulent se réserver ce moyen de guerre a pour conséquence que certains autres entendent se le réserver aussi. Quatorze délégués le votent sous la réserve de l'unanimité, condition que, en séance plénière de Conférence, le 17 juillet (2), le capitaine Siegel rappelle encore. Enfin, dans la 8e séance plénière (3) (20 juillet), quand tous les États votent la déclaration, sauf les États-Unis, on s'aperçoit que l'Angleterre est passée de leur côté. Pourquoi ? Par simple politesse, pour les remercier de l'avoir suivie, elle aussi, sans aucune espèce d'intérêt personnel, par pure sympathie, dans une question voisine, celle des balles qui s'épanouissent. Voilà comment la Conférence arrive à faire mettre en discussion un principe de droit commun et à livrer au jeu des petites intrigues la soumission, d'abord spontanée, d'un grand peuple à ce principe. Encore faut-il observer que tous, en défendant ce genre d'invention, savaient qu'elle n'existait pas encore et pensaient, comme sir John Fisher, qu'elle n'aurait jamais lieu.

F. *Balles qui s'épanouissent* (*Les balles dum-dum*). — Impuissante à limiter les moyens de nuire, la Conférence opère même un recul sur une Conférence antérieure. A Saint-Pétersbourg (29 novembre/11 décembre 1868), les parties contractantes s'étaient engagées à renoncer mutuellement, en cas de guerre entre elles, à l'emploi par leurs troupes de terre ou de mer de tout projectile d'un poids inférieur à 400 grammes, qui serait ou explosible ou chargé de matières fulminantes ou inflammables. Par la suite s'était présentée la fameuse question des balles *dum-dum*, employées par les Anglais dans leurs guerres coloniales. Formées d'une

(1) Le délégué du Siam déclare simplement prendre connaissance de la question *ad referendum*. Comp. Rapport du Comte Soltyk à la Commission (Epreuve, p. 5).

(2) Conférence, n° 7, 7e séance plénière, 17 juillet 1899.

(3) Conférence, n° 8, 8e séance plénière, 20 juillet 1899. La 2e déclaration fut votée par 17 voix contre 2 (États-Unis et Grande-Bretagne) :

Déclaration. — « Les soussignés, plénipotentiaires des puissances représentées à la Conférence internationale de la Paix à la Haye, dûment autorisés à cet effet par leurs gouvernements, s'inspirant des sentiments qui ont trouvé leur expression dans la déclaration de Saint-Pétersbourg du 29 novembre/11 décembre 1868, déclarent : Les puissances contractantes s'interdisent l'emploi de projectiles qui ont pour but unique de répandre des gaz asphyxiants ou délétères ».

chemise de nickel collée sur un noyau de plomb, qui dépasse le nickel, elles produisent des effets d'épanouissement terribles dans le corps humain, par suite de l'échappement du plomb qui, non retenu par l'enveloppe, s'aplatit au dehors. Bien que non explosibles, elles produisent dans le corps humain tous les effets d'une explosion. Les expériences, notamment celles du professeur Bruns, de Tübingen, ont démontré qu'elles projettent des éclaboussures (1) et s'écrasent dans les chairs en un large disque, ouvrant une large plaie. Si ce ne sont pas là des balles explosibles, il est difficile de voir en quoi des balles explosibles seraient plus inutilement meurtrières. Dans son rapport sur la déclaration de Saint-Pétersbourg, le général Milioutine invoque ce principe que toute souffrance inutile à la mise hors de combat doit être empêchée, tout moyen de la produire condamné comme une cruauté stérile. Dès l'apparition des balles *dum-dum*, l'opinion générale s'était promptement formée dans ce sens. Sauf en Angleterre, où la balle *dum-dum*, ayant été créée, devait être défendue, presque tous les Parlements du monde manifestèrent l'opinion que cette balle était contraire à la déclaration de 1868. Le 19 avril 1898, au Sénat belge, M. Lafontaine blâmait l'emploi par les Anglais aux Indes des balles *dum-dum*. En France, le même reproche leur fut adressé à plusieurs reprises (2). Au point de vue doctrinal, il semblait que la Conférence de Saint-Pétersbourg eût d'avance condamné ces balles (3). En n'inscrivant pas la question au programme de la Conférence, la seconde circulaire du Comte Mouravieff le sous-entendait. Malheureusement, en soulevant une série de questions voisines, elle devait provoquer celle-là. Au cours des débats, le délégué de la Suisse, colonel Künzli (4), l'aborde. Sans la renvoyer à la deuxième Commission (lois de la guerre), à laquelle elle revenait de droit (chapitre des *moyens de nuire à l'ennemi*), la première la garde, pensant, en augmentant son programme, augmenter ses résultats et se donner à elle-même une apparence de succès (5).

(1) Bruns, dans *Beiträge zur klinischen Chirurgie*, 1898.

(2) V. *Revue générale de dr. intern. public*, t. V (1898), p. 297.

(3) V. *Revue générale de dr. intern. public*, *loc. cit.*

(4) Proposition Künzli : « Interdiction des projectiles d'infanterie, dont la pointe du manteau est trouée ou limée et de ceux, dont le passage direct à travers le corps est entravé par un vide intérieur ou par l'emploi du plomb mou » (Rapport de la première sous-Commission (guerre) présenté par le général den Beer Portugael, p. 3, et séance du 31 mai 1899 (première Commission, n° 3).

(5) Plus habile, la délégation russe cherche à rattacher ce texte, par son esprit, à la convention de Saint-Pétersbourg (pour en faciliter le vote), tout en l'en séparant par le texte (pour en faire l'objet d'une proposition séparée). Voici sa formule :

Proposition russe : « L'emploi des balles, dont l'enveloppe ne couvrirait pas entièrement le noyau à la pointe, ou serait pourvue d'incisions, et en général l'emploi des balles,

Au point de vue du succès, la combinaison était plutôt malheureuse : amenée même de loin, la question des balles *dum-dum* devait toujours irriter l'Angleterre. Au point de vue pratique, il n'était pas sans maladresse, ni par conséquent sans danger, d'insérer cette question au programme de la Conférence. C'était reconnaître que la question des *dum-dum* était en dehors des prévisions de 1868 et par conséquent fortifier la pratique anglaise en dégageant la question des *dum-dum* de celle des balles explosibles ; c'était encore donner à l'Angleterre l'occasion de se disculper ; c'était enfin lui permettre de légaliser sa conduite, en droit positif, en s'abstenant de prendre part à la nouvelle convention. Loin d'être embarrassée par la question des *dum-dum*, l'Angleterre se félicitait de la voir abordée. Elle devait même réussir à soulever une abstention, celle du Portugal, et à faire partager son vote par les États-Unis, de sorte que la *dum-dum* devait sortir de l'épreuve, malgré les protestations de l'Europe, plus fortifiée encore qu'elle n'y était entrée.

D'abord, il résulte de la Conférence de la Haye que la *dum-dum* échappe incontestablement à la déclaration de 1868. Avant 1899, le doute était encore possible. Depuis les travaux de la Haye, la controverse n'est plus permise. En second lieu, l'Angleterre, profitant de l'occasion, a pu tenter, devant la Conférence, de défendre son attitude par des faux-fuyants, qui, jusqu'alors, n'avaient eu cours qu'au Parlement anglais. On reproche à la balle *dum-dum* son inhumanité. Par un argument peu digne de la Conférence, la délégation anglaise répond qu'on ne l'emploie que contre les sauvages, non contre les Européens, parce que, ajoute-t-elle pour prétexte, dans la guerre entre civilisés, un soldat blessé par un petit projectile se retire à l'ambulance, tandis qu'un sauvage, même transpercé deux ou trois fois, ne cesse pas d'avancer (1). Ce sont là, réplique M. Raffalovich, des idées contraires à l'esprit humanitaire qui domine la fin du XIXe siècle ; puis, la différenciation des ennemis à combattre et des projectiles à employer amènerait nécessairement des complications d'équipement ; de plus, comme le fait remarquer le colonel Gilinsky, la balle du petit calibre est insuffisante pour arrêter les sauvages, non parce qu'ils sont des sauvages, mais parce qu'elle est trop faible : on l'a vu dans toutes les guerres, notamment dans la guerre hispano-américaine ; enfin, il n'est pas question des sauvages, puisque, à l'exemple de la déclaration de Saint-Pétersbourg, le texte ne doit s'appliquer qu'entre les États contractants à la Haye, non européens tous,

qui s'épanouissent en s'aplatissant facilement dans le corps humain, doit être interdit, n'étant pas conforme à l'esprit de la déclaration de Saint-Pétersbourg de 1868 » (*Ibid.*, p. 3).

(1) 1re séance, n° 1.

mais tous civilisés. Malgré ces objections décisives, essuyées en sous-Commission (1re), sir John Ardagh revient sur la question, pour défendre la pratique anglaise. La Commission, pour ramener son opposition, présentait un texte très adouci, qui ne faisait aucune mention de la *dum-dum*, et ne la touchait que discrètement, par allusion tacite : « L'emploi des balles qui s'épanouissent ou s'aplatissent facilement dans le corps humain, telles que les balles explosibles, les balles à enveloppe dure dont l'enveloppe ne couvrirait pas entièrement le noyau ou serait pourvue d'incisions, doit être interdit ». En sous-Commission, l'Angleterre avait voté : non, l'Autriche-Hongrie s'était abstenue, le Portugal et les États-Unis avaient voté : oui (1). Mais l'Angleterre ne se tenait pas pour battue. Quand le texte arrive devant la Commission en séance plénière, elle insiste à tel point que des hésitations se produisent parmi ceux qui d'abord avaient voté : oui.

En séance de Commission (22 juin) (2), sir John Ardagh insiste, sans revenir sur cette nuance inhumaine : la restriction des *dum-dum* aux sauvages. Son argumentation élargie s'étend à tous, civilisés ou barbares. On reproche à la *dum-dum* de causer des souffrances inutiles pour atteindre le but de la guerre, c'est-à-dire pour mettre les combattants hors de combat. Sir John Ardagh répond que si l'on ne pratique pas d'incision à l'extrémité de la balle pour augmenter la dilatation du plomb, la petitesse du calibre des nouveaux fusils rend la balle inoffensive. « La balle à enveloppe complète de notre fusil Lee Metford manque à cet égard. Il est constaté dans une de nos petites guerres des Indes qu'un homme transpercé cinq fois par ces balles était encore capable d'atteindre à pied un hôpital anglais pour s'y faire panser. Après la bataille d'Omdurman, tout récemment, il a été constaté que la plupart des Derviches blessés, qui étaient à même de se sauver par la fuite, avaient été atteints par les petites balles anglaises, tandis que la balle Remington et la balle Martini de l'armée égyptienne suffisaient à mettre un homme hors de combat » (3). Voilà donc comment les Anglais en sont venus à l'idée de la *dum-dum* : c'est parce que leurs balles pouvaient percer cinq fois le même homme, sans le mettre hors de combat. C'est la faiblesse du calibre du Metford qui a amené la création des *dum-dum* : pourquoi l'insuffisance des fusils à petit calibre, au lieu de conduire l'Angleterre à en relever le diamètre, l'a-t-elle au contraire conduite à créer les *dum-dum* ? C'est là la fêlure cachée de l'argumentation anglaise. Mais c'est déjà beaucoup que cette fêlure soit cachée, et qu'au lieu de se taire devant

(1) Rapport den Beer Portugael, p. 3-4.
(2) Première Commission, nº 3, p. 1-2.
(3) *Loc. cit.*

les protestations de l'humanité, l'Angleterre puisse tenter, par ces faux-fuyants, l'apologie de sa conduite. La balle *dum-dum* ne produit pas d'ailleurs, dit-elle, les effets dont on l'accuse. Sa fâcheuse célébrité repose sur un malentendu : « Je veux expliquer, dit sir John Ardagh, comment la balle *dum-dum* a gagné une mauvaise renommée en Europe. C'est à cause de certaines expériences, qui ont été faites avec des balles à enveloppe incomplète et raccourcie, qui ne ressemble pas du tout — ni en construction, ni en effet — à celle des *dum-dum*. Je parle des expériences faites à Tübingen par le professeur Bruns, en 1898. La balle ayant servi à ces expériences avait une pointe en plomb à peu près un diamètre plus long que l'enveloppe dure, et par conséquent l'aplatissement et l'expansion, en pénétrant dans un corps, étaient considérables, et les blessures excessivement sévères, même épouvantables;.. mais elles ne peuvent pas être acceptées comme preuves contre la balle *dum-dum*, qui est d'une construction et d'un effet entièrement différents ». Or ce n'est pas la balle de Tübingen, répond le colonel Gilinsky, qui a été employée à la guerre, et « l'expérience de deux guerres, dans lesquelles on s'est servi de *dum-dum*, a prouvé que les blessures infligées par ce projectile sont effroyables ». C' est à la guerre, observe-t-on encore, qu'on a vu les balles dont le noyau n'est pas recouvert prendre la forme d'une poire rarement, d'un champignon presque toujours. Néanmoins, grâce à la confusion produite par l'argumentation de John Ardagh, le Portugal se déclare indécis, son premier délégué, Comte de Macedo, observant que la « divergence d'opinions entre les délégués techniques l'empêchera de voter dans un sens ou dans l'autre » (1). Le délégué technique des États-Unis, capitaine Crozier, propose une rédaction telle que les balles à incision ou à noyau non entièrement couvert, comme les *dum-dum*, soient hors de cause. Au vote, le « non » de l'Angleterre est suivi du « non » semblable et sympathique des États-Unis, qui ne pratiquent pourtant pas la *dum-dum*, et d'une abstention : celle du Portugal. Le texte prohibitif, adopté en sous-Commission à l'unanimité contre une voix et une abstention par vingt autres dont les États-Unis et le Portugal, a maintenant contre lui deux voix et une abstention, les États-Unis ayant remplacé leur vote favorable par un vote contraire, et le Portugal, un vote d'abord favorable par une abstention (2).

Non seulement il apparaît, d'un consentement unanime, que la déclaration de Saint-Pétersbourg n'enfermait pas les *dum-dum* ; non seulement il devient quelque peu douteux que la pratique des *dum-dum* soit inhumaine, ce qui permet à l'Angleterre de se poser en calomniée ; mais

(1) Annexe 3 au 23 juin 1899.

(2) Même séance, *loc. cit.*

encore la déclaration de Saint-Pétersbourg court le risque de se voir restreindre à une arme vague et sans portée par la rédaction, qu'afin de ménager les susceptibilités anglaises propose, le 22 juin, le capitaine Crozier (États-Unis). Reprenant, dans l'intérêt de l'Angleterre, le texte apporté tout d'abord, dans une pensée différente, par le délégué d'Autriche, colonel de Khuepac, le capitaine Crozier suggère la proposition suivante : « L'emploi des balles, qui infligent des blessures inutilement cruelles, telles que les balles explosibles et en général toute espèce de balles qui dépassent la limite nécessaire pour mettre un homme immédiatement hors de combat, est interdit ». Non seulement ce texte laisse en dehors les *dum-dum*, puisqu'il ne vise pas les balles à noyau incomplètement couvert, mais encore, comme le font remarquer MM. le général den Beer Portugael, le colonel Gilinsky et le Président (1), il est beaucoup trop vague, moins précis même que la convention de Saint-Pétersbourg, qui interdit de la façon la plus absolue, avec les balles explosibles, tous projectiles inférieurs à 400 grammes, chargés de matières fulminantes ou inflammables, tandis que la formule Crozier les tolère s'ils ne sont pas, ce qu'on peut toujours soutenir, « inutilement cruels ». Ce ne sont plus les *dum-dum* qui sont attaquées, c'est la convention de Saint-Pétersbourg elle-même qui est menacée de tomber dans le vague, c'est-à-dire dans le vide, avec la rédaction américaine. Vingt voix se groupent autour d'elle contre l'amendement Crozier. Le colonel de Khuepac, qui avait d'abord proposé un texte assez voisin, voyant le danger, vote avec la majorité, qui est écrasante (2). Mais la convention de Saint-Pétersbourg, après avoir laissé échapper les *dum-dum*, a risqué un moment de dégénérer en un texte débile qui, sans précision, ne peut être que sans rigueur, c'est-à-dire facile à tourner.

L'Angleterre et les États-Unis ont d'ailleurs à cœur de reprendre la question. Dès que les travaux de la première Commission arrivent sur ce point en Conférence plénière (21 juillet), l'Angleterre et l'Amérique interviennent avec énergie. Habilement, et comme en passant, le capitaine Crozier, sans défendre la *dum-dum*, plaide en sa faveur les circonstances atténuantes : « Quelques preuves seraient désirables » ; « il ne faut pas susciter un sentiment national en faveur de cette pratique en la condamnant sans preuves » (3). Au fond, c'est pour l'Angleterre qu'il

(1) P. 5.

(2) M. Raffalovich demande la priorité pour le vote sur le texte primitif (sous-Commission). Celui-ci est maintenu par vingt oui contre deux non (Angleterre et États-Unis) et une abstention (Portugal). Ont voté oui : Allemagne, Autriche-Hongrie, Belgique, Danemark, Espagne, France, Grèce, Italie, Japon, Monténégro, Pays-Bas, Perse, Roumanie, Russie, Serbie, Siam, Suède et Norvège, Suisse, Turquie, Bulgarie.

(3) Conférence, n° 6, 6e séance plénière, 21 juillet 1899, p. 3.

plaide, et la meilleure preuve c'est que sir Julian Pauncefote appuie de son autorité de premier délégué l'amendement Crozier. Nullement intéressés dans la question, puisqu'ils ont un fusil de fort calibre (7 mill. 1/2) et n'en désirent pas changer, les États-Unis ne développent cet amendement que par mesure de courtoise amitié vis-à-vis de l'Angleterre. Mais, habilement, ils essaient de prendre la question de très haut. Le capitaine Crozier essaie de soutenir que son texte est plus ample que celui de la Commission parce qu'il interdit tout moyen de causer des souffrances atroces, quelles que puissent être les inventions futures destinées à doter le petit calibre des effets plus puissants du grand : « Les avantages du petit calibre sont bien connus : une trajectoire plus tendue, un plus grand espace dominé par l'effet des balles, moins de recul et surtout un poids moindre pour les munitions. Or, si une nation quelconque considère ces avantages comme suffisamment importants pour désirer un calibre plus petit, ses experts militaires chercheront tout de suite une méthode pour éviter le désavantage principal d'un plus petit calibre, c'est-à-dire l'insuffisance du choc produit par les balles... Ils verront qu'ils peuvent éviter complètement les catégories interdites : 1° en fabriquant une balle, dont la pointe à son entrée dans le corps humain se tournerait facilement d'un côté, de manière à produire un mouvement de rotation autour de son axe le plus court ; 2° en fabriquant une balle d'une forme si originale qu'elle infligerait une blessure déchirante sans subir de changement » (1). Ce que proposait en réalité le capitaine Crozier, c'était, pour mieux atteindre les inventions à venir, de laisser passer, sous l'absolution de son amendement, les *dum-dum*. Avant de s'occuper des inventions futures, le plus sage était d'abord de s'occuper des inventions passées. « A Saint-Pétersbourg, dit le colonel Gilinsky, on avait en vue un fait existant déjà ; on voulait interdire des balles qui existaient en réalité » (2). C'est de même qu'il faut agir ici, vis-à-vis des *dum-dum*. « On a pu constater leurs effets récemment dans deux guerres, bien qu'il n'existe pas de communications officielles à ce sujet. Quant aux balles qui pourront être inventées, on s'en occupera quand le moment sera venu » (3). Comme le faisait très bien remarquer le général den Beer Portugael, « accepter l'amendement Crozier, c'eût été détruire l'œuvre accomplie » (4). Rien de plus vague que ces « limites nécessaires », ces « blessures inutilement cruelles », dont parle le texte Crozier. La blessure est-elle inutile quand elle permet, suivant les propres ter-

(1) Conférence, nº 6, 6e séance plénière, 21 juillet 1899, p. 2-3.
(2) *Ibid.*, p. 4.
(3) Colonel Gilinsky, *eod. loco*, p. 4.
(4) *Ibid.*, p. 4-5.

mes de M. Crozier, d'employer un fusil dont la trajectoire plus tendue domine un plus grand espace et dont les munitions plus légères peuvent se multiplier sans augmenter la charge des hommes ? Entrer dans cette voie, c'était donc, malgré les apparences larges du texte, laisser passer toutes les inventions, celles d'hier comme celles de demain, pour peu qu'elles rendissent l'effet d'arrêt au choc des balles du petit calibre. C'était, non seulement l'absolution pour les *dum-dum*, mais l'énervement du texte de 1868, ébranlé par le vague de la formule nouvelle, ouvert, sur les points mêmes qu'il réglait, à toutes les controverses puisqu'au lieu d'une règle précise il n'y avait plus pour les belligérants d'autres limites que celles de l'utilité, d'autre critérium que celui, toujours élastique, de la nécessité.

Si dangereux qu'il fût, ce texte, cependant, faillit être voté. L'Angleterre menait une vive campagne pour lui. Sir Julian Pauncefote demandait que le protocole restât ouvert pour accueillir une déclaration de principe que son gouvernement n'avait pas encore eu le temps de formuler. En attendant il faisait tous ses efforts pour faire passer la formule Crozier. Bien que les États-Unis n'eussent, nous l'avons dit, aucun intérêt personnel dans la question, leur premier délégué, M. White, intervint dans la discussion avec une grande insistance. Un certain nombre de puissances, désireuses avant tout d'un vote unanime, se montraient prêtes à se rallier au texte américain parce que lui seul pouvait être adopté par tous. Or l'unanimité a toujours été le désir de la Conférence qui, d'ailleurs, comprenait la faiblesse d'un texte, hors duquel seraient restés les immenses territoires anglo-américains. Le Danemark, la Grèce, la Serbie, le Portugal, la Chine, espérant que l'unanimité se ferait sur la rédaction Crozier, étaient prêts à l'adopter. Le débat fut vif. La tactique parlementaire déploya ses manœuvres. Une longue discussion s'engage sur la question de savoir si la suggestion du capitaine Crozier constitue une résolution ou un amendement ; finalement c'est cette dernière idée qui prévaut. On passe au vote. Mais c'est en vain que la formule Crozier avait obtenu la priorité. Le résultat donne huit voix *pour*, dix-sept *contre*. Puis le texte de la Commission est voté, à l'unanimité moins deux voix (Angleterre et États-Unis) et une abstention (Portugal). Les *dum-dum* étaient condamnées (Déclaration n° 3) (1). Mais

(1) Déclaration. — « Les soussignés, plénipotentiaires des puissances, représentées à la Conférence internationale de la Paix à la Haye, dûment autorisés à cet effet par leurs gouvernements, s'inpirant des sentiments qui ont trouvé leur expression dans la déclaration de Saint-Pétersbourg du 29 novembre/11 décembre 1868, déclarent : Les puissances contractantes s'interdisent l'emploi de balles qui s'épanouissent ou s'aplatissent facilement dans le corps humain, telles que les balles à enveloppe dure dont l'enveloppe ne couvrirait pas entièrement le noyau ou serait pourvue d'incisions ».

elles sortaient de cette épreuve avec l'honneur d'une discussion opiniâtre, l'approbation des États-Unis et l'abstention du Portugal, à laquelle s'était ajoutée un moment la quasi-abstention du Danemark, de la Grèce, de la Serbie, de la Chine. L'Angleterre avait prononcé l'apologie des balles *dum-dum*, et les auteurs anglais, qui ont écrit sur la Conférence, devaient dire avec Holland que les accusations exagérées (*sic*) formulées contre la balle *dum-dum* y avaient été complètement réfutées (the exaggerated charges made against the dum-dum bullet were completely refuted) (1). D'autres puissances avaient embrassé résolument le parti de l'Angleterre ; d'autres, pour obtenir l'unanimité, avaient très aisément fait taire ici leur indignation. Par surcroît enfin, au cours de cette discussion, le texte de 1868 avait couru, sur d'autres points, les plus graves dangers.— Beaucoup d'efforts, beaucoup d'adresse, beaucoup d'habileté et de vigueur avaient été dépensés sans que l'Angleterre prît l'engagement de modifier sa conduite, sans même qu'elle sortît des débats humiliée et confuse, comme beaucoup l'espéraient. Jadis elle réservait, dans ses usages, les *dum-dum* aux sauvages ; maintenant elle s'attribue le droit de les opposer même aux civilisés (2). Un résultat théorique : l'engagement des puissances qui n'avaient pas les balles *dum-dum* ; aucun résultat pratique, puisque l'Angleterre n'y souscrivait pas, — c'est toujours la fuite des conséquences pratiques et l'absence des effets utiles. Une fois de plus, la Conférence de la Haye avait touché l'écueil et manqué le but. Pourtant cette question n'avait aucun rapport, ni de près ni de loin, avec le désarmement. Elle rentrait dans le thème général des lois de la guerre, sur lequel se fondaient, à la Conférence, toutes les espérances de succès (3).

II

Deuxième Commission (4). — Les lois de la guerre (5).

Pour éviter l'insuccès des propositions relatives au désarmement, le

(1) Holland, *Some lessons of the Peace Conference*, dans la *Fortnightly Review*, décembre 1899, p. 949.

(2) « Our Government, while abstaining, *as in the present war*, from using the dum-dum, or the mark iv. bullet against ennemies of European origin, cannot undertake not to use them in wars in which bullets with less stopping power are found to be ineffective » (Holland, *loc. cit.*).

(3) Sur les difficultés auxquelles devait donner lieu la rédaction, collective ou séparée, des trois déclarations votées, V. *infrà*.

(4) Président : M. F. de Martens ; Président-adjoint : M. Asser, Président de la première sous-Commission ; Rapporteurs : M. Louis Renault, de la première sous-Commission et M. Edouard Rolin, de la seconde.

(5) Sujet très peu étudié ou analysé par les tout premiers travaux dès maintenant parus, soit en France, soit surtout à l'étranger, sur la Conférence. Quelques lignes à

Tsar avait, dans sa seconde circulaire, heureusement élargi le cadre étroit de la première. Au thème initial, qui visait la limitation des effectifs et des budgets d'armement, la Note du 30 décembre 1898/14 janvier 1899 ajoutait prudemment l'extension de la convention de Genève à la guerre maritime et la révision des travaux de la Conférence de Bruxelles relative aux lois de la guerre terrestre. Tandis que la paix s'impose d'autant plus à l'humanité révoltée que la guerre, plus cruelle, plus farouche, plus douloureuse l'indigne davantage, la Conférence de la Haye, parmi tant de missions diverses, recevait ainsi la tâche assez inattendue, non seulement de préparer la paix par le désarmement et l'arbitrage, mais encore d'en retarder l'urgence en réconciliant la civilisation avec la guerre. C'était une contradiction. Mais en même temps c'était pour la Russie le moyen de sauver la Conférence du naufrage et de garder à l'amour-propre du Tsar les apparences d'un succès. En glissant ces deux thèmes dans le programme, le gouvernement russe s'assurait la réponse favorable des puissances invitées, car aucune ne pouvait refuser, avec la discussion des règles de la guerre, la civilisation de celle-ci, sans se mettre au ban des nations. C'est pour ces motifs spéciaux que la Conférence de la Haye, dont le programme était déjà fort lourd, s'est ainsi trouvée saisie de questions, qui ne regardaient pas la paix. Là encore il y a un artifice diplomatique. Cette double discussion, relative à la convention de Genève dans la guerre maritime et aux lois de la guerre terrestre, ne vient rompre l'unité de la Conférence de la Haye, par une immense digression aux questions pacifiques, qu'afin de masquer, en cas d'échec sur le désarmement et l'arbitrage, l'insuccès redouté des ouvertures russes. L'arbitrage lui-même n'est encore là, nous le verrons, que pour pallier l'échec du projet russe sur le désarmement. Mais, sur l'arbitrage, un résultat pouvait, à l'origine, sembler douteux ou difficile, tandis que, sur les lois et coutumes de la guerre, les craintes d'échec étaient beaucoup plus faibles. Avant la Conférence de la Haye, le droit international n'avait encore jamais cru qu'il pût organiser la paix ; mais toujours il s'était arrogé le droit, réclamé par lui dès sa naissance, de donner des lois à la guerre. Tandis qu'aucune convention internationale n'avait encore organisé l'arbitrage ou le désarmement, de nombreux textes avaient réglementé la guerre. Dans sa session d'Oxford, de 1880, l'Institut de droit international avait donné des lois de la guerre un Manuel étendu, complété dans d'autres sessions

peine (pillage, prisonniers) dans F. W. Holls, *The Peace Conference and Monroe doctrine*, *loc. cit.*, p. 562 ; peu de choses dans Schäffle, *Die Friedenskonferenz im Haag*, *loc. cit.* ; au plus deux pages, substantielles d'ailleurs, dans Holland, *Some lessons of the Peace Conference*, *loc. cit.*, p. 950.

par des règles sur les prises, le blocus, la propriété privée, la contrebande de guerre et le bombardement. Dans la déclaration de Paris, de 1856, de nombreux États, dont tout ce qui comptait en Europe hors l'Espagne, avaient posé des règles pour la guerre sur mer. En 1864, la convention de Genève avait assuré la protection des blessés et malades dans la guerre sur terre. Il n'y avait plus qu'à achever l'opération ainsi commencée, dans chacune des deux guerres, par chacune de ces deux conventions : dans la guerre sur terre, par une convention analogue à celle de 1856 ; dans la guerre sur mer, par une convention analogue à celle de 1864. Il ne s'agissait pas de faire chose originale et neuve, mais d'étendre, à chacune des deux guerres, deux résultats qui jusqu'ici n'existaient encore chacun que dans l'une d'elles. C'était une entreprise d'extension et de symétrie, c'est-à-dire, dans l'idée russe, une œuvre facile. Non seulement l'œuvre était amorcée par des conventions du même genre, dans chacune des deux guerres, terrestre ou maritime ; mais encore le terrain était déblayé par deux Conférences antérieures, toutes deux terminées par un texte qui, dans les deux cas, était resté sans suite, faute de signatures, mais qui donnait une base de discussion précise aux travaux de la Conférence de la Haye. Le succès, incertain ailleurs, semblait ici d'autant plus sûr que la tâche était toute préparée. Voilà pourquoi, pour assurer les travaux de la Conférence de la Paix contre un échec probable, la deuxième Commission ouvrit, suivant le programme russe, une vaste parenthèse : la parenthèse de la guerre, qui devait être, dans l'idée commune, la parenthèse des résultats et du succès.

A ne considérer que l'amour-propre du gouvernement russe et la dignité de la Conférence, intéressée, après deux mois et demi de travaux, à aboutir, il est certain que la tactique était heureuse. A ne considérer que l'intérêt supérieur de la vérité, du droit et de l'humanité, nul procédé n'était plus critiquable. Au point de vue de la vérité, c'était une faute de mêler la réglementation de la guerre à l'organisation de la paix dans une seule et même Conférence ; car c'était, en associant les choses les plus dissemblables, faire croire aux uns que réglementer la guerre était aussi chimérique qu'organiser la paix, aux autres qu'organiser la paix était aussi facile que réglementer la guerre. De toute façon, c'était tromper l'opinion sur les résultats de la Conférence de la Paix, qui pouvait paraître aboutir, grâce à la deuxième Commission, en n'ayant travaillé que sur la guerre. Bref, le procédé manquait de franchise. Mais de plus il avait l'inconvénient capital d'étrangler les questions, d'étouffer les problèmes, d'écarter comme gênant tout ce qui, se trouvant être un peu difficile, se trouvait par là même être un peu important. La Conférence de la Haye, n'abordant pas de telles questions pour elles-mêmes, mais pour aboutir, était nécessairement amenée à simplifier le débat, à l'élaguer sans cesse, ou encore, ce qui est plus grave, à s'enfoncer dans le vague prémédité de rédactions ondoyantes, que chacun pouvait voter, parce que chacun, les voyant indécises, pensait s'en affranchir. Manquant d'ampleur, manquant de précision, par suite de la nécessité d'aboutir, les travaux et les résultats de la deuxième Commission se ressentent fâcheusement d'une origine et d'un milieu qui donnent à des questions considérables le caractère d'un incident, quand elles sont au contraire la seule difficulté vraiment pratique que, sans soupçon d'utopie, le droit moderne puisse encore aborder.

Maintenant que nous avons indiqué, dans leurs caractères fondamentaux, la tendance et le rôle de la deuxième Commission, il n'y a plus qu'à justifier nos critiques en retraçant ses travaux.

§ Ier. — *Première sous-Commission. Extension de la convention de Genève à la guerre maritime* (1).

A. *Le problème de l'extension et ses principales difficultés.* — Inspirée par le livre de Dunant : *Le souvenir de Solférino*, qui dépeint uniquement l'état des blessés sur les champs de bataille, la convention de Genève du 22 août 1864 ne s'applique qu'aux « blessés des armées en campagne » ; malgré la proposition contraire du Docteur Leroy-Méricourt, en dépit même de l'article 11 de l'avant-projet du Comité international de Genève, qui posait le principe d'une convention ultérieure pour les guerres maritimes, les signataires de la convention du 22 août 1864 repoussèrent toute idée d'application aux victimes, blessés ou naufragés, de la guerre maritime. L'expérience de la guerre austro-prussienne et les tristes détails de la bataille de Lissa firent bientôt regretter cette lacune. En 1867, la Conférence internationale des Comités de la Croix-Rouge émet le vœu de la voir comblée. Le gouvernement italien presse le gouvernement fédéral de saisir de la question les États signataires de la convention de Genève, et, le 5 octobre 1868, une Conférence diplomatique aborde ce double programme : d'une part réviser le texte de 1864 sur la guerre terrestre, d'autre part l'étendre à la marine sous forme d'articles additionnels à la convention. En ce qui regarde cette extension à la marine, les articles additionnels (6-13) sont

(1) A noter que les Associations de la Croix-Rouge comptaient dans la Conférence de la Haye au moins quatre de leurs membres, savoir : M. le professeur F. de Martens, du Comité central russe, M. le professeur Renault, de celui de Paris, M. le général Thaulow, Président de la Société norvégienne, et M. Edouard Odier, membre et secrétaire du Comité international (*Bulletin international des Sociétés de la Croix-Rouge*, n° 119, juillet 1899, p. 172).

d'une économie très simple. Les bâtiments-hôpitaux militaires, assimilés aux hôpitaux continentaux, sont susceptibles, comme eux, de capture sous la condition, pour le capteur, de ne pas en changer l'affectation durant les hostilités (art. 9). Les embarcations qui recueillent pendant ou après le combat des naufragés ou des blessés sont assimilées aux instruments de secours, ambulances volantes ou brancardiers, dans les guerres continentales et, comme telles, jouissent d'une complète immunité (art. 6). De même que la présence des blessés dans une maison lui sert de sauvegarde (1), celle de blessés ou naufragés sur un navire le sauve de toute capture, non seulement si le navire est neutre, car assister des blessés n'est pas un manquement à la neutralité, mais même s'il est ennemi, malgré ce principe que la propriété ennemie est saisissable sous pavillon ennemi (art. 10). En un mot, ce n'était pas seulement une œuvre d'extension, mais d'assimilation que poursuivait la Conférence de 1868. Ce n'étaient pas de nouveaux principes dégagés d'une façon indépendante, mais les anciens, étendus par un développement logique, qu'introduisaient ici les articles additionnels à la convention de 1864.

Si la symétrie s'en trouvait satisfaite, la pratique maritime n'y trouvait pas son compte. Entre la guerre terrestre et la guerre maritime existe une différence fondamentale, qui défendait ici l'assimilation. Tandis que, dans la guerre terrestre, le respect de la propriété privée est un principe essentiel, dans la guerre maritime, c'est la capture qui est de règle pour toute propriété privée ennemie sous pavillon ennemi. En assimilant les navires de commerce aux maisons privées qui reçoivent des blessés dans la guerre terrestre, l'article 10, oubliant cette différence essentielle, s'attaquait au principe même de la saisissabilité de la propriété ennemie. Sans doute, il spécifiait nettement cette réserve que « si le bâtiment de commerce contenait, en outre des blessés, un chargement, la neutralité le couvrirait encore, mais *pourvu que ce chargement ne fût pas de nature à être confisqué par le belligérant* » (art. 10, § 2). Le neutre porteur de contrebande, le navire ennemi porteur de marchandise ennemie, restaient donc saisissables. Mais le navire, voyageant sur lest, avant tout chargement, devait échapper à la capture. Le capitaine qui transportait de la marchandise neutre sous pavillon ennemi ne courait plus, grâce aux blessés, le risque de voir saisir son navire qui restait sauf avec son équipage, prêt à recommencer, avec ces mêmes blessés, un autre voyage, prêt à se transformer plus tard, peut-

(1) L'article 5 de la convention promet à ceux des habitants qui auront recueilli des blessés la dispense du logement des troupes et l'exemption d'une partie des contributions de guerre, qui pourraient être imposées. Pour la critique de ce système, V. Pillet, *Les lois actuelles de la guerre*, p. 179, n° 122.

être, en auxiliaire de la marine de guerre, en transport de troupes ou, si la déclaration de Paris ne s'applique pas, en corsaire. Ainsi le principe de la saisissabilité, exerçant ici son influence, commandait la disparition de l'article 10 additionnel. D'autre part, l'article 10 disparaissant, l'article 9 devient insuffisant. Si les bâtiments-hôpitaux militaires sont sujets à capture, même à charge pour l'ennemi de leur conserver leur affectation durant la guerre, il est à craindre que ces bâtiments ne soient paralysés dans leurs mouvements et retenus loin du combat par la peur de se faire prendre. Avec la disparition de l'article 10, cette insuffisance de l'article 9 augmentait encore de ce chef qu'il ne fallait plus espérer aucun secours des navires privés ennemis. Si l'on abolissait l'article 10, il fallait donc plus que jamais réviser l'article 9. Si l'on paralysait les navires de commerce par la crainte de la capture, il fallait en libérer les hôpitaux militaires flottants, car on ne pouvait, en aucun cas, se contenter de l'assistance des neutres. Mais comment libérer les navires de guerre hôpitaux d'une situation qui restait celle des particuliers? Comment la propriété publique ennemie, toujours saisissable dans la guerre terrestre où la propriété privée ne l'est jamais, serait-elle précisément insaisissable dans la guerre maritime où la propriété privée l'est en principe toujours? Comment le navire de l'État pourrait-il défier la capture, pour cause d'assistance aux blessés, alors que le navire de commerce, en aucun cas, ne le pourrait? N'est-il pas choquant de voir, par la révision de l'article 9, la Croix de Genève couvrir le navire militaire ennemi, alors qu'elle ne peut pas protéger le navire privé ? Ce sont là des contradictions, des anomalies et des conflits qui s'opposaient à la révision de l'article 9, alors que la suppression de l'article 10 rendait cette révision plus que jamais nécessaire. En examinant les articles additionnels, on s'apercevait ainsi que l'article 10 devait disparaître, à raison de la saisissabilité de la propriété privée ennemie, et que, d'autre part, l'article 9 ne pouvait logiquement être élargi, si l'article 10 disparaissait. Et ce qui exigeait ainsi, d'une part, la disparition de l'article 10, d'autre part le maintien de l'article 9, c'était une seule et même raison : la permanence dans la guerre maritime du principe dont s'était depuis longtemps débarrassée la guerre terrestre, celui de la saisissabilité de la propriété privée ennemie. C'est à cette règle du droit maritime que la tentative des articles additionnels venait inéluctablement se heurter. Au lendemain de la convention, la France avait réclamé l'élargissement de l'article 9 (1),

(1) Addition proposée par le gouvernement français : « Toutefois les navires impropres au combat que, pendant la paix, les gouvernements auront officiellement déclaré être destinés à servir d'hôpitaux maritimes flottants, jouiront pendant la guerre de la neutralité complète du matériel comme du personnel, pourvu que leur armement soit

l'Angleterre la suppression de l'article 10 (1). A la réflexion, l'on s'était aperçu que ces deux réformes étaient incompatibles, parce qu'avec l'élargissement de l'article 9 il s'agissait d'accorder à la propriété des États l'immunité qu'avec la suppression de l'article 10 il s'agissait de refuser à celle des particuliers.

Il y a toujours intérêt à poser un problème sur sa base. La difficulté de l'extension de la convention de Genève à la guerre maritime était dans la saisissabilité sur mer de la propriété privée ennemie. Supprimez cette règle du droit maritime, aussitôt tous les obstacles s'évanouissent. Les navires des particuliers peuvent sans crainte d'être saisis s'approcher du théâtre des hostilités pour recueillir les blessés et les naufragés après le combat. Il n'est pas nécessaire, puisque les particuliers peuvent s'approcher ainsi du lieu de la lutte, que les navires-hôpitaux militaires, paralysés par la crainte d'une capture, s'en approchent également. Par cela même qu'aucune critique n'est plus possible contre l'article 10, l'article 9 devient acceptable. Veut-on élargir cet article jusqu'à l'immunité complète des navires-hôpitaux militaires ? Il n'y a là rien de choquant, puisque les navires des particuliers jouissent de la même immunité. Ainsi toutes les difficultés élevées sur l'Acte additionnel de 1868 ne tiendraient pas contre la proclamation du respect soit de la propriété privée ennemie sous pavillon ennemi, soit tout au moins du navire privé ennemi. Cela est si vrai qu'en toutes les guerres où la propriété privée ennemie a été reconnue insaisissable on n'a jamais hésité à admettre, par *modus vivendi*, l'applicabilité des articles additionnels. Ainsi, pendant la guerre sino-japonaise de 1894-1895. De même, en 1870, le *modus vivendi* franco-allemand, puis, en 1898, le *modus vivendi* hispano-américain ont été facilités par le sentiment favorable de l'Allemagne et des États-Unis à la propriété privée, la France et l'Espagne étant de ces nations qui n'opposent jamais une mesquine raison commer-

uniquement approprié à leur destination spéciale » (Communiqué par le Conseil fédéral, circulaire du 16 décembre 1868).

Suivant une curieuse observation de M. Georges Cauwès, *L'extension des principes de la convention de Genève à la guerre maritime*, 1899, p. 183, note 2, les auteurs anglais donnent même ce projet d'amendement comme le texte officiel de l'article 9.

(1) L'Angleterre, à proprement parler, ne demandait que des explications sur les obscurités prétendues de l'article 10, où elle croyait voir un échec à la théorie de la contrebande de guerre et à celle du blocus. Mais, pour soulever ces objections, il lui fallait d'autres raisons que l'obscurité prétendue du texte, car, pendant trente ans à partir de ce moment, elle a toujours refusé d'accepter ce texte, auquel tous les signataires se déclaraient prêts à donner pourtant le même sens qu'elle relativement à la contrebande et au blocus. Il est visible que l'Angleterre songeait surtout à garder dans son intégrité le droit de capture des navires ennemis. Comp. Comte de Clarendon au Prince de la Tour d'Auvergne, 21 janvier 1869, et Note française sur l'interprétation de l'article 10, dans Van Varick, *Actes et documents relatifs au programme de la Conférence*, p. 32-34.

ciale à de puissantes considérations d'humanité. Inversement, pendant la guerre gréco-turque de 1897, où la propriété privée n'a pas été respectée sur mer, les deux belligérants n'ont pas déclaré se soumettre aux articles additionnels de 1868. Bref, l'extension de la convention de Genève à la guerre maritime et le respect de la propriété privée ennemie sous pavillon ennemi sont dans un rapport étroit. La solution la meilleure, la plus complète et la plus simple des difficultés relatives à l'assistance maritime est assurément dans la proclamation de ce respect.

C'est en vain qu'on s'est efforcé d'en chercher d'autres, par un intéressant effort de combinaisons, souvent utiles, parfois ingénieuses, mais toujours incomplètes. Pour concilier l'assistance maritime avec le droit de capture des navires ennemis, les procédés étaient multiples, mais tous restaient au-dessous du but. D'abord, puisque les navires de commerce ennemis risquaient seuls d'être pris, on pouvait penser à développer, en cas de guerre, le champ d'activité des navires neutres. Ce fut l'objet des efforts constants des Sociétés de la Croix-Rouge. A la Conférence de Rome (1892), l'article 9 du projet présenté par le Comité central italien propose l'intervention de navires Croix-Rouge neutres (1). Pendant la guerre gréco-turque de 1897, le Comité central autrichien offre aux belligérants une ambulance navale ; la Croix-Rouge de Trieste se déclare prête à mettre à la mer un navire hospitalier. Bref, l'effort des neutres a tenté de suppléer à l'impuissance où la crainte d'une capture réduit les ennemis. Dans le même sens, au-dessus de cet effort pratique, s'est dégagé, sous son inspiration, un intéressant essai de construction théorique : dans une ingénieuse conception, qui a été présentée pendant que délibérait la Conférence de la Haye, c'est aux neutres seuls ou plus exactement à un corps spécial « innational » que devrait appartenir, dans la guerre maritime, le soin de recueillir les naufragés et les blessés (2). Or, quant à cette dernière idée, elle est, sinon trop neuve ou trop hardie (peu importe, quand l'idée est juste), mais d'une application irréalisable, parce qu'elle suppose une fédération universelle des Sociétés de la Croix-Rouge portées à un degré de perfection que leur développement est loin d'atteindre, et parce qu'en dénationalisant les navires elle méconnaît ce grand principe d'ordre public qu'à tout vaisseau, pour la police du bord, doit correspondre un pavillon, c'est-à-dire une nationalité. Quant à l'idée, moins large, moins ingénieuse, mais aussi plus pratique, d'appeler les neutres à l'assistance maritime, elle se heurte à de nom-

(1) *Compte-rendu de la Conférence de Rome*, p. 145 et suiv. V. Georges Cauwès, *L'extension des principes de la convention de Genève aux guerres maritimes*, Paris, 1899, p. 187.

(2) Paul Fauchille, *Les secours aux blessés, malades et naufragés dans les guerres maritimes*, dans la *Revue générale de dr. int. public*, t. VI (1899), p. 291 et suiv., spécialement p. 297.

breuses difficultés. La proximité des neutres et leur collaboration humanitaire excitent souvent, chez les belligérants, des sentiments d'ombrage ou de défiance (1) ; les neutres sont tenus de garder leurs blessés et naufragés jusqu'à l'issue de la guerre, sans quoi ils fourniraient des combattants à l'ennemi, ce qui serait indubitablement contraire aux obligations de la neutralité; généralement plus éloignés du théâtre de la guerre, ils s'y rendront plus tard que les co-nationaux des belligérants ; mais surtout, ils seront, par une inversion malheureuse, d'autant plus rares que la guerre sera plus grande et plus générale, car, plus il y aura de belligérants, moins il y aura de neutres. Si, de ce côté, l'on peut chercher des résultats utiles, personne n'y peut trouver de résultats complets. Dans une autre voie, l'on pouvait proposer, pour tout concilier, que des navires spéciaux, aménagés à l'avance dès le temps de paix, fussent, à raison de leur mission, immunisés en temps de guerre. Que craignait-on ? Qu'un navire ennemi ne profitât de quelques blessés, recueillis par hasard, pour s'assurer contre le risque d'une prise. Si le navire, spécialement aménagé pour l'œuvre d'assistance, est dès la paix notifié comme tel aux puissances, un tel danger n'est plus à craindre. Le gouvernement français proposait ce système, par amendement à l'article 9 des articles de 1868, pour les navires de guerre; il n'y avait qu'à l'étendre aux navires de commerce ; l'harmonie s'établissait ainsi dans les deux branches du problème ; les fraudes, qu'on pouvait craindre, étaient écartées. Le projet du Comité central italien de 1897 (2) fait de cette affectation exclusive (art. 2) préalablement communiquée (art. 5) la condition même de l'immunité (art. 13). Mais restreindre à des navires désignés d'avance et préparés avant la guerre l'immunité nécessaire, c'est insuffisant, parceque ces navires spéciaux, immobilisés dès leur affectation, seront trop souvent inutiles et toujours trop coûteux pour que leur nombre réponde aux exigences du service. Pour y remédier, une conception intéressante, dont le germe premier se trouve dans les délibérations (1889) du Conseil

(1) Pendant la guerre sino-japonaise, par exemple. V. *Bulletin international des Sociétés de la Croix-Rouge*, 1895, p. 77.

(2) *Archives diplomatiques*, septembre 1897, p. 360-362. En appendice dans Georges Cauwès, *op. cit.*, p. 238 et suiv. — Voici ces textes : « Art. 2. Les navires de tous les types et de toutes les dimensions ayant exclusivement pour but de sauver les naufragés, et de recueillir les blessés et les morts, que les commandants des navires belligérants croiront devoir leur confier, seront admis à leurs risques et périls, sur les théâtres de l'action, pourvu qu'ils satisfassent aux conditions imposées par l'article 4. Ces navires s'appelleront navires Croix-Rouge ». — « Art. 5. Les noms et les distinctifs caractéristiques des navires Croix-Rouge d'un État, destinés à agir en pleine mer, sont communiqués officiellement à tous les autres États signataires de l'Acte international, qui admettra l'activité maritime de la Croix-Rouge ». — « Art. 13. Les navires Croix-Rouge seront respectés et protégés par les belligérants des puissances signataires ».

d'amirauté français, propose que les belligérants puissent appeler les bâtiments de commerce de toutes nationalités à concourir à l'évacuation des malades et des blessés. « Les commandants des flottes belligérantes pourraient prononcer la réquisition d'office, de gré ou de force, des bâtiments de commerce présents, neutres ou belligérants, appartenant à la nationalité d'un des États signataires de la convention. Comme contre-partie du service rendu ou imposé, il serait équitable d'établir en faveur du navire neutre le principe d'une indemnité correspondant au dommage commercial causé par le changement de direction et le retard ; quant au navire de nationalité belligérante, on pourrait très raisonnablement admettre à son profit, avec la délivrance d'un sauf-conduit, l'exemption de capture jusqu'au port où les blessés et les malades seront débarqués » (1). L'idée, quoique d'abord séduisante, a de nombreux inconvénients. Elle met le commerce neutre, sous couleur ou sous forme de réquisition, à la discrétion des puissances belligérantes, seules juges de l'indemnité. Elle écarte du théâtre de la lutte les navires de commerce qui craignent, en s'approchant par humanité, de se voir entraver dans leurs mouvements par la réquisition humanitaire des puissances : l'assistance libre et sans contrainte sera toujours supérieure à l'autre ; au point de vue pratique, ce système a tort de l'oublier. Au point de vue proprement juridique, l'idée est inadmissible. Si les réquisitions, dans la guerre terrestre, peuvent frapper les étrangers, venus d'eux-mêmes se placer sous la souveraineté locale d'un belligérant, dans la guerre maritime au contraire elles ne peuvent plus les atteindre, puisque la mer est commune à toutes les souverainetés. De plus, si les réquisitions tombent sur des co-nationaux du requérant, de deux choses l'une : ou bien le sauf-conduit ne les protège pas contre l'ennemi, et alors ils risquent d'être capturés ; ou bien le sauf-conduit vaut contre l'ennemi, et alors les deux belligérants peuvent trop aisément protéger leurs navires de commerce par des réquisitions de pure complaisance. Enfin, si les réquisitions tombent sur des navires privés ennemis, le droit de prise est tout indiqué pour remplir le même but sans indemnité, c'est-à-dire sans recourir à la réquisition proposée. Ce n'est pas encore avec ce système qu'on peut trancher toute la difficulté. Le seul moyen de résoudre aisément cet épineux problème, c'est sans aucun doute de proposer hardiment le respect, sur mer comme sur terre, de la propriété privée ennemie, ce qui permet aux navires, non porteurs de contrebande ni forceurs de blocus, d'intervenir sans crainte d'être capturés.

B. *Système de la Conférence.* — La deuxième Commission était préci-

(1) Georges Cauwès, *op. cit.*, p. 189.

sément saisie de cette question de la propriété privée par la délégation américaine (1). De tout temps partisans du respect de la propriété privée

(1) Question d'abord isolément soulevée par M. le délégué Crozier (V. le *Times* du 6 juin 1899), puis par la délégation des États-Unis (*Lettre adressée à S. E. M. de Staal, Président de la Conférence de la Haye*, 20 *juin* 1899, (Imprimé sans numéro, ni date, 4 p. in-4°). Voici le texte de cette lettre de la délégation des États-Unis à M. de Staal :

« Ce 20 juin 1899.

Excellence. — Conformément aux instructions de son gouvernement, la délégation des États-Unis désire présenter à la Conférence de la Paix, par l'intermédiaire de Votre Excellence, en sa qualité de Président, une proposition concernant l'inviolabilité sur mer, en temps de guerre, de toute propriété privée, excepté la contrebande de guerre. — Nous rappellerons à Votre Excellence, ainsi qu'à la Conférence, qu'en soulevant cette question, nous agissons non seulement d'après les instructions du gouvernement actuel des États-Unis, mais aussi en conformité avec une politique que le gouvernement de notre pays a soutenue pendant plus d'un siècle auprès des différentes puissances, en toutes les occasions qui se sont présentées. — Dans le traité conclu avec les États-Unis et la Prusse en 1785 on trouve la clause suivante : « Tous les vaisseaux marchands et commerçants, employés à l'échange des productions de différents endroits et par conséquent destinés à faciliter et à répandre les nécessités, les commodités et les douceurs de la vie, passeront librement et sans être molestés... Et les deux puissances contractantes s'engagent à n'accorder aucune commission à des vaisseaux armés en course, qui les autorise à prendre ou à détruire ces sortes de vaisseaux marchands ou à interrompre le commerce » (article 23). — En 1823, M. Monroe, Président des États-Unis, après avoir discuté les droits et devoirs des neutres, a mis en avant la proposition suivante : « Aucune des parties contractantes n'autorisera des vaisseaux de guerre à capturer ou à détruire lesdits navires (de commerce ou de transport), ni n'accordera ou ne publiera aucune commission à aucun vaisseau de particulier armé en course pour lui donner le droit de saisir ou détruire les navires de transport ou d'interrompre leur commerce ». — En 1854, le Président Pierce a fait une proposition analogue, dans un Message au Congrès des États-Unis. — En 1856, à la Conférence de Paris, le gouvernement des États-Unis s'est déclaré prêt à adhérer à la proposition des grandes puissances européennes d'abolir la course, à condition toutefois que l'inviolabilité de toute propriété privée, sauf la contrebande de guerre, fût admise par rapport à la guerre maritime, de même qu'elle l'était déjà par rapport à la guerre sur terre. — En 1858, sous la présidence de M. Buchanan, un traité fut conclu entre les États-Unis et la Bolivie, dans lequel fut insérée une clause visant une entente ultérieure à l'effet de renoncer au droit de capturer la propriété privée sur mer. — En 1871, dans leur traité avec l'Italie, les États-Unis ont encore une fois adhéré au même principe. L'article 12 de ce traité est conçu en ces termes : « The High Contracting Parties agree that, in the unfortunate event of a war between them, the private property of their respective citizens and subjects, with the exception of contraband of war, shall be exempt from seizure or capture, on the high seas or elsewhere, by the armed vessels or by the military forces of either party : it being understood that this exemption shall not extend to vessels and their cargoes which may attempt to enter a port blockaded by the naval forces of either party ». — Il y a lieu de constater ici qu'à plusieurs occasions diverses puissances représentées à la Conférence ont manifesté aux États-Unis leur volonté de conclure des arrangements, sous certaines conditions, pour exempter de capture la propriété privée sur mer. — Il est, en outre, opportun de mentionner ici que la doctrine du traité de 1871 entre l'Italie et les États-Unis avait été sanctionnée antérieurement dans le code italien de la marine marchande en ces termes : « La capture et la prise des navires marchands d'un État ennemi, par les navires de guerre, seront abolies par voie de réciprocité à l'égard des États qui adoptent la même mesure envers la marine marchande italienne. La réciprocité devra résulter de lois locales, de conventions diplomatiques ou

dans la guerre maritime, les États-Unis en ont été plus pénétrés que jamais après la guerre hispano-américaine. Le Président Mac-Kinley,

de déclarations faites par l'ennemi avant le commencement de la guerre » (art. 211). — De plus, le Comte de Nesselrode, l'éminent homme d'État russe, a mentionné dans sa correspondance avec M. Middleton, représentant les États-Unis près la Cour de Russie, que l'Empereur avait accueilli les désirs et les opinions des États-Unis avec sympathie, et qu'aussitôt que les puissances, dont le concours lui semblait être indispensable, auraient manifesté la même volonté, il ne tarderait pas à autoriser ses ministres à discuter les différents articles d'un acte qui couronnerait de gloire la diplomatie moderne. — Dans cet aperçu rapide de la voie que les États-Unis ont suivie depuis plus d'un siècle, Votre Excellence trouvera une abondante confirmation du fait que nous avons mentionné plus haut. Elle verra que notre gouvernement, en nous donnant les instructions d'après lesquelles nous agissons maintenant, n'a point adopté une nouvelle politique et ne s'est nullement inspiré d'une impulsion populaire momentanée, mais que ces instructions nous ont été données en vertu d'une politique suivie par les États-Unis dès les premiers jours de leur existence nationale, et dont ils se sont rendus depuis les zélés propagateurs. — Votre Excellence voudra bien se rappeler que d'éminents hommes d'État et diplomates au service de différentes grandes puissances ont jugé ces principes dignes d'être discutés en connexité avec la recherche de dispositions plus efficaces pour assurer la paix internationale et atténuer les horreurs de la guerre. Cette doctrine a aussi été approuvée récemment par des autorités éminentes dans le domaine du droit international, comme Bluntschli, Pierantoni, de Martens, Bernard, Massé, de Laveleye, Nys, Calvo, Maine, Hall, Woolsey, Field, Amos et beaucoup d'autres. — Nous nous permettons aussi d'attirer l'attention de Votre Excellence sur le fait qu'à deux reprises l'Institut de droit international s'est prononcé en sa faveur. — La proposition que nous sommes chargés de présenter peut être formulée comme suit : « La propriété privée de tous les citoyens ou sujets des puissances signataires, à l'exception de la contrebande de guerre, sera exempte en pleine mer ou autre part de capture ou de saisie par les navires armés ou par les forces militaires desdites puissances. Toutefois cette disposition n'implique aucunement l'inviolabilité des navires qui tenteraient d'entrer dans un port bloqué par les forces navales des susdites puissances, ni des cargaisons desdits navires ». — En ce qui regarde la soumission de cette question à la Conférence au moment actuel, nous nous permettons d'ajouter les considérations suivantes : A la seconde séance de la Conférence, le 20 mai, il a été décidé, à la suite de la constitution des trois Commissions, entre lesquelles a été répartie la considération des différents paragraphes de la circulaire russe du 30 décembre 1898/11 janvier 1899, ainsi qu'il suit : « Il est entendu qu'en dehors des points mentionnés ci-dessus, la Conférence ne se considère comme compétente pour l'examen d'aucune autre question. En cas de doute, la Conférence aurait à décider si telle proposition émise dans les Commissions rentrerait ou non dans le cadre tracé par ces points ». — Le fait que nous avons reçu du Président des États-Unis les instructions que nous venons de citer prouve que notre gouvernement a considéré le cadre de la Conférence comme assez large pour inclure cette question. — L'invitation du gouvernement des Pays-Bas, en vertu de laquelle nous sommes ici, avait la portée suivante : « Afin de discuter les questions exposées dans la seconde circulaire russe du 30 décembre 1898/11 janvier 1899, ainsi que toutes autres questions se rattachant aux idées émises dans la circulaire du 12/24 août 1898, avec exclusion toutefois des délibérations de tout ce qui touche aux rapports politiques des États ou à l'ordre de choses établi par les traités ». — Nous émettons très respectueusement la considération qu'une règle tendant à atténuer les maux de la guerre maritime se rattache aussi bien aux idées émises dans la circulaire russe du 12/24 août 1898, que le font les stipulations de la convention de Genève ou les lois et coutumes relatives à la guerre sur terre proposées par la Conférence de Bruxelles en 1874. Le gouvernement des États-Unis a supposé que si la circulaire russe du 30 décembre 1898/11 janvier 1899 n'a pas fait une

dans son Message annuel du 6 décembre 1898, en proclamait la nécessité. Après en avoir affirmé l'urgence, il demandait au Congrès d'autoriser l'Exécutif à correspondre avec les gouvernements des principaux pouvoirs maritimes « pour en incorporer le principe à la loi permanente des États civilisés » (1). La convocation de la Conférence de la Haye arrivait juste à point pour aider à la réalisation de ce vœu. Sans doute, la question de la propriété privée dans la guerre maritime ne figurait pas au programme officiel de la seconde circulaire. Mais, sous la réserve des questions purement politiques, rigoureusement bannies de la Conférence, et du respect des traités, absolument maintenu, l'invitation du gouvernement des Pays-Bas ajoutait au programme exposé dans la seconde circulaire russe « toutes questions se rattachant aux idées émises dans la circulaire du 12/24 août 1898 ». Il était clair qu'une règle atténuant les effets commerciaux de la guerre maritime se rattachait aussi bien aux idées émises dans la circulaire russe du 12/24 août 1898 que les stipulations de la convention de Genève ou les lois et coutumes relatives à la guerre. Aussi la délégation américaine avait-elle reçu, du Président des États-Unis, la mission de proposer à la Conférence cette formule : « La propriété privée de tous les citoyens ou sujets des puissances signataires, à l'exception de la contrebande de guerre, sera exempte en pleine mer ou autre part de capture ou de saisie par les navires armés ou par les forces militaires des puissances ; toutefois cette disposition n'implique aucunement l'inviolabilité des navires qui tenteraient d'entrer dans un port bloqué par les forces navales des susdites puissances, ni des cargaisons desdits navires ». Si la Conférence de la Haye avait voté ce principe, le problème de l'assistance maritime se serait trouvé résolu dans sa difficulté fondamentale. Mais c'est en vain que les États-Unis le lui proposent, dans une belle et longue lettre à M. de Staal (20 juin) ; c'est en vain que l'Allemagne, l'Autriche, l'Italie (2), la Hol-

mention spéciale de cette question, cela a été parce que le gouvernement du Tsar désirait laisser à la Conférence le soin de décider si elle serait discutée. — Il ressort certainement de ces considérations qu'il y a ici, pour le moins, un cas de doute qui demande à être soumis à la Conférence comme il est prévu par la résolution adoptée dans la séance du 20 mai. — En vue de cet état de choses, la délégation des États-Unis d'Amérique prie respectueusement Votre Excellence de bien vouloir soumettre la question à la Commission compétente, ou à la Conférence elle-même, afin qu'il soit décidé si notre proposition est de celles pour lesquelles nous avons le droit de revendiquer l'examen de la Conférence. — En présentant cette requête, nous prions Votre Excellence de bien vouloir agréer l'assurance de notre très haute considération ».

(1) Sur l'état de la question dans le monde et l'opinion de l'Amérique, comp. Charles Henry Butler, *Private property at sea in war*, dans la *North American Review*, janvier 1899, p. 54 et suiv.

(2) Henry Butler, *Private property*, *loc. cit.*, p. 60.

lande (1), la Russie, la Chine et le Japon sont favorables. L'Angleterre s'oppose (2), la France s'abstient (3), et c'est assez de cette double attitude pour qu'aussitôt la proposition américaine s'efface dans la forme d'un simple vœu de renvoi à une Conférence ultérieure, que poursuit encore l'opposition de l'Angleterre et que la Conférence vote sans enthousiasme, sachant bien qu'il est sans espérance (4).

Dès lors, le problème de la Croix-Rouge maritime ne pouvait recevoir qu'une solution insuffisante. Entre les seules, qui fussent possibles, la Conférence du moins choisit la plus élégante : celle de l'immunité — le texte évite le terme inexact de neutralité (5) — des navires-hôpitaux, militaires ou privés, ennemis ou neutres, à destination spéciale, dûment notifiée, pour éviter les fraudes. C'est, étendu aux navires de commerce, suivant le vœu de 1897 du Comité central italien, le principe posé par le gouvernement français à titre d'amendement à l'article 9 pour les navires-hôpitaux militaires, avec cette seule différence que, dans ces deux textes, la notification devait précéder la guerre, tandis que, maintenant, elle doit simplement précéder l'emploi. La spécialité du navire hospitalier, dûment régularisée par la notification tant aux belligérants qu'aux neutres, avant la mise en service : voilà le principe que le Comité de rédaction (6) propose à la sous-Commission. C'est celui qu'indiquent les articles 1er, 2 et 3 de la convention. Assurément, ce système est logique, harmonieux et clair. Tandis que la déclaration de 1868 séparait le régime des navires de guerre du régime des navires de commerce, et encore, parmi ceux-ci, le régime des navires neutres du régime des navires ennemis, le texte proposé les ramène tous, avec une élégante simplicité, sous une loi commune : celle de l'immunité complète, sous la condition rigoureuse de l'absolue spécialité, publiée par

(1) Circulaire du ministre des affaires étrangères des Pays-Bas du 13 février 1871, dans Van Varick, *Actes et documents relatifs au programme de la Conférence*, B, n° 12.

(2) « Die stärksten Uberbleibsel barbarischer Kriegführung, welche dem Seekrieg einen stark piratischen Charakter noch immer ausprägen, sind angesichts des von England zu gewärtigenden Widerstandes Zar nicht angerührt worden » (Schäffle, *Die Friedenskonferenz im Haag*, *op. cit.*, p. 716).

(3) Deuxième Commission, n° 4, 4e séance, 5 juillet 1899, p. 4 et 5, et Conférence n° 5, 5 juillet 1899, p. 6.

(4) 5e Vœu. — « La Conférence émet le vœu que la proposition tendant à déclarer l'inviolabilité de la propriété privee dans la guerre sur mer soit renvoyée à l'examen d'une Conférence ultérieure ».

(5) Sur le danger des mots *neutre*, *neutralité*, comp. Rapport Renault, p. 3 et p. 7. Il y a deux Rapports de M. Renault, ou plutôt deux rédactions, légèrement différentes, l'une en projet, à la deuxième Commission au nom du Comité de rédaction de la première sous-Commission (Annexe au compte-rendu sommaire de la séance du 13 juin 1899), l'autre à la Conférence au nom de la deuxième Commission (sans date ni numéro).

(6) Membres : MM. Fisher, Schéine, Siegel, Renault ; Membres adjoints : MM. Charles Court, Ovtchinnikow.

la notification *ad hoc* aux belligérants et aux neutres, assurée par l'exercice du droit de visite, et manifestée de loin par un badigeonnage spécial. Plus de distinctions subtiles pour dire, comme en 1868, que le navire-hôpital militaire est saisissable à charge de lui conserver jusqu'à la paix son affectation, le navire neutre non saisissable hors le cas de contrebande, le navire ennemi insaisissable sur lest et saisissable en tous autres cas. Cette complication subtile et touffue de l'Acte de 1868 fait place à des règles identiques, simples et nettes, qui ramènent au même point les trois cas proposés. Le vieux texte embrouillé, tortueux et subtil de 1868 disparaît devant une rédaction logique et claire. Mais, sous ce réel progrès des formules, y a-t-il progrès d'humanité ? Cette rédaction, dont la symétrie pousse la simplicité jusqu'à l'art, n'est-elle pas imparfaite, au point de vue pratique ? Nous craignons malheureusement que, supérieure dans la forme, elle ne soit inférieure au fond à l'Acte de 1868 et, sinon à aucune des rédactions proposées jusqu'à ce jour, du moins à cette rédaction idéale que la guerre maritime désire.

En exigeant des navires la spécialité de l'affectation hospitalière, notifiée dès avant l'emploi tant aux belligérants qu'aux neutres, et précisée par une commission spéciale, délivrée par l'État d'origine sous sa responsabilité, le texte de la Haye a sur celui de Genève cette grande infériorité de mettre une série de formalités administratives en travers des secours prodigués aux blessés. Or, si ces formalités peuvent être aisément remplies en temps de paix, elles paraîtront longues et paralysantes en temps de guerre. Sans doute, l'inconvénient serait minime, si, dès le temps de paix, la flotte hospitalière, publique ou privée, s'organisait sur de larges bases. Mais il est aisé de prévoir qu'on attendra presque toujours les hostilités pour y songer. Dans toutes les récentes guerres, les Sociétés privées se sont trouvées surprises, sans organisation, par l'ouverture des hostilités : c'est l'histoire des Sociétés japonaises en 1895 (1), du Comité du Croissant-Rouge en 1897 (2), du Comité de Madrid en 1898 (3). Le défaut de préparation dès le temps de paix, malgré ces leçons du passé, sera toujours le danger de l'avenir. La sous-Commission de la Haye l'a si bien compris qu'elle a permis l'affectation hospitalière, même au cours des hostilités. Rien de plus juste. Mais en l'assujettissant à des formalités multiples, délivrance d'une commission d'État, comme au temps des corsaires, vérification et contrôle de l'armement au départ, notification aux belligérants et aux puissances, ce

(1) *Bulletin international des Sociétés de la Croix-Rouge*, n° 101, janvier 1895.

(2) *Bulletin international des Sociétés de la Croix-Rouge*, n° 111, juillet 1897, p. 218 et suiv.

(3) *Bulletin international des Sociétés de la Croix-Rouge*, n° 115, juillet 1898, p. 124.

système encombre de conditions formalistes et de paperasseries administratives, de décrets, d'enquêtes et d'informations, le départ de navires qui devraient prendre au contraire la mer aussi vite que les navires de guerre. Voilà donc un premier inconvénient : le manque de rapidité dans l'organisation des secours. En second lieu, la notification exigée par les délégués pour vérifier l'identité du navire et la sincérité de la commission sera dans la plupart des cas une source de contestations, car, si les navires ennemis doivent au préalable avoir reçu la liste des navires affectés pour les laisser passer, ils risquent fort d'arrêter tous ceux qui sont notifiés après qu'eux-mêmes ont pris la mer ; tout le monde sait que le blocus, notifié par voie diplomatique, n'est pas opposable aux navires de commerce qui sont partis après cette notification ; c'est la même mesure qui s'impose ici ; mais, en matière de blocus, elle trouve un correctif pratique dans l'effectivité (art. 2 de la déclaration de Paris) qui constitue la notification par le fait, tandis qu'ici rien ne permet de suppléer à la notification préalable. A ce danger s'en joint un troisième : celui que l'État belligérant ne délivre à ses nationaux des commissions de pure forme pour les aider à continuer, sous le masque de la Croix-Rouge, des voyages commerciaux, en se bornant, le cas échéant, à rejeter sur les armateurs la responsabilité du fait. Enfin, quand bien même l'État contrôlerait sérieusement, suivant le vœu de la Conférence, l'affectation hospitalière à l'armement et au départ, est-ce que le navire ne peut pas, bien qu'en règle au début, charger plus tard des marchandises et faire le commerce sous patente hospitalière ? Sans doute, il risque la visite ; mais, s'il est pris, la peine est la même, faute de sanction spéciale, que s'il n'avait pas abusé de la Croix de Genève, et souvent les croiseurs, voyant ce navire peint de blanc et de rouge (1), ne l'aborderont pas si facilement ou ne le fouilleront pas si minutieusement, par raison d'humanité, qu'un autre navire, dont la mission ne leur paraîtrait pas, de prime abord, aussi désintéressée. Il y a plus. La fraude est plus commode avec les nouveaux articles qu'avec les anciens. Car, étant donné l'ancien texte, le navire pouvait sans risque faire sur lest un voyage sur deux, mais à la condition de recueillir des blessés ou naufragés, tandis que maintenant, pourvu qu'il ait une commission, il peut le faire sans même en avoir un seul à son bord, ce qui lui permet de circuler loin du théâtre de la lutte, dans les parages où son commerce l'appelle. Ce sont là des inconvénients. Mais le vrai mal, c'est que le navire de

(1) « Tous les bâtiments consacrés exclusivement au service hospitalier doivent avoir une bande verte ou rouge de la largeur indiquée » (Rapport, p. 6). Verte pour les navires-hôpitaux militaires, rouge pour les autres, sur une largeur d'un mètre et demi. Le reste est blanc (art. 5).

commerce, qui passe à portée du combat, ne puisse pas s'approcher pour recueillir des naufragés ou des blessés, puisqu'en s'avançant vers l'ennemi il risque une saisie, et que, s'il recueille ses propres hommes, il peut être pris et conduit en lieu sûr par ceux-là mêmes qu'il aurait recueillis. Les bonnes volontés sont ainsi paralysées, l'assistance et le secours entravés. Sur terre, les maisons ouvrent librement leurs portes aux blessés. Quand le naufrage ajoute ses dangers à la guerre, les navires qui sont les maisons, — les rares maisons de la mer, — ne peuvent s'avancer vers leurs nationaux ni même vers leurs ennemis blessés sous peine d'expier leur charité par la capture. De tels résultats sont-ils conciliables avec les sentiments d'humanité, dont la Conférence de la Haye procède?

Le système s'aggrave par l'omission volontaire du 6e article additionnel de 1868, qui permettait de recueillir et de porter à bord d'un navire soit neutre soit hospitalier les naufragés ou les blessés sans encourir, pendant ces actes, un traitement de guerre, tandis que, par *à contrario*, les embarcations, qui ramèneraient les naufragés ou les blessés sur un navire de combat ou même sur un navire de commerce ennemi, seraient soumises aux lois de la guerre. Le texte était un peu vague, car il ne donnait alors aux embarcations, qui s'approchaient de la lutte, que « la part de neutralité, que les circonstances du combat permettraient » d'appliquer, et, de ces circonstances, « l'appréciation confiée à l'humanité des combattants » — c'est la formule du texte — était trop large et trop élastique pour sembler aux combattants gênante. Le Comité de rédaction en a jugé autrement. La pensée qu'une embarcation, même légère, pourrait se détacher d'un navire saisissable pour recueillir des naufragés lui paraît inadmissible. « Si ces embarcations dépendent du navire neutre ou hospitalier, elles participent, dit M. Renault, du caractère du navire auquel elles se rattachent; elles ne pourront être capturées d'après les règles précédemment admises. S'il s'agit d'embarcations ennemies, qu'elles dépendent d'un bâtiment de guerre ou d'un bâtiment de commerce d'un belligérant, elles pourront être capturées par l'autre » (1). L'article 6 additionnel, qui faisait pourtant l'objet d'un chef distinct des propositions Mouravieff, a donc disparu. Mais le raisonnement sur lequel le Comité s'appuie est-il juste? La conséquence à laquelle il arrive est-elle humaine? Sur ces deux points, plus d'un fera, croyons-nous, des réserves : 1° sur le raisonnement, car il semble croire que l'article 6 n'a pour but que d'empêcher la saisie du bateau, tandis qu'il a pour but d'empêcher, autant que possible, toute

(1) Annexe à la séance du 13 juin 1899, p. 7.

mesure de guerre, même autre que la capture, l'abordage d'un de ces bateaux, ou la fusillade des naufragés, par exemple ; 2° sur le résultat, car, pour la vaine logique de la saisissabilité de la propriété privée ennemie, il expose à toutes mesures de guerre, et tout au moins à la capture, les embarcations ennemies qui se détachent pour établir un va-et-vient vers les navires-hôpitaux. C'est mal récompenser le courage et la charité de dévoués sauveteurs. Que ce soit la conséquence logique du droit de capture de la propriété privée ennemie, poussée jusqu'au bout, c'est incontestable. Mais on attendait tant de la Conférence de la Haye, qu'on reste encore ici surpris d'avoir à louer une fois de plus sa logique, quand on espérait louer son humanité.

Guidée par la crainte de porter une atteinte, si légère fût-elle, au principe maritime du non-respect de la propriété privée, la Conférence de la Haye a été trop fortement conduite à professionnaliser l'assistance. Les libres actes de dévouement sont paralysés. Tout est combiné pour que seul le navire-hôpital, badigeonné, suivant les cas, de vert ou de rouge, commissionné, puis notifié suivant les formes, approche seul du théâtre de la guerre, soit pendant, soit après le combat pour en recueillir les victimes. Au sein du Comité de rédaction s'est formée peu à peu cette idée, qui caractérise ses tendances et qui unifie son œuvre, à savoir que l'assistance maritime n'est permise qu'aux professionnels. Ayant dégagé cette formule pour les belligérants, la symétrie l'a fait étendre aux neutres. De là l'article 3 : « Les bâtiments hospitaliers, équipés en totalité ou en partie aux frais des particuliers ou des sociétés officiellement reconnues de pays neutres, sont respectés et exempts de capture, si la puissance neutre dont ils dépendent leur a donné une commission officielle et en a notifié les noms aux puissances belligérantes avant toute mise en usage ». Mais si l'unité du système appelait, pour les neutres, la même formule, c'était une unité factice, vide de toute raison sérieuse, et que la symétrie commandait seule. Aussi le Comité de rédaction, un peu plus loin, n'hésite pas à s'en affranchir. De là l'article 6, ainsi conçu : « Les bâtiments de commerce, yachts ou embarcations neutres, portant des blessés, des malades ou des naufragés des belligérants, ne peuvent être capturés par le fait de ce transport, mais ils restent exposés à la capture pour les violations de neutralité qu'ils auraient commises ». Entre l'article 3 et l'article 6 s'élève une contradiction. D'une part, il est certain, en lisant le Rapport du Comité de rédaction, véritable Exposé des motifs de la convention, qu'à l'article 6 « il s'agit de bâtiments neutres affectés occasionnellement au transport des blessés, malades ou naufragés, *qu'ils aient été spécialement affrétés dans ce but* ou *qu'ils aient été fortuitement en situation de recueillir des victimes de la guerre.*

Dans la rigueur du droit, ces bâtiments, portant des blessés, malades ou naufragés de l'un des belligérants et rencontrant un bâtiment de guerre de l'autre, pourraient être considérés comme s'étant rendus les auxiliaires du belligérant, dont ils transportent les nationaux et comme étant, par suite, passibles de la prise. Tout le monde est d'accord pour écarter cette conséquence extrême et pour décider que ces bâtiments ne doivent pas être punis pour leur assistance charitable, mais être laissés libres » (1). Tout bâtiment neutre insusceptible de capture peut donc s'approcher sans obstacle. Hors la violation de blocus et le transport de contrebande de guerre, il est inattaquable par ce seul fait qu'il a recueilli des blessés ou des naufragés. Mais alors à quoi bon la commission, la notification, l'affectation, la vérification à l'armement et au départ, que l'article 3 impose aux bâtiments hospitaliers neutres, pour les faire respecter et exempter de capture ? Entre les réguliers de l'article 3 et les irréguliers de l'article 6, il est impossible, d'après les explications du rapporteur, de trouver une différence quelconque : les uns et les autres sont soumis au droit de visite ; « il va sans dire, déclare le Comité dans son Rapport, que les belligérants doivent avoir le droit de contrôle et de visite sur tous les bâtiments hospitaliers sans exception ». Les uns et les autres ne peuvent transporter de contrebande de guerre : « il faut qu'il soit bien entendu que ces navires ne serviront à aucun autre but, qu'ils ne pourront, sous aucun prétexte, être directement ou indirectement utilisés pour une opération militaire quelconque, informations à recueillir, dépêches à transmettre, combattants, armes ou munitions à transporter ». Les uns et les autres enfin doivent respecter le blocus : « tout en s'en tenant scrupuleusement à leur rôle charitable, les bâtiments hospitaliers ne devront en rien gêner les mouvements des belligérants » (2). A quoi bon subordonner (art. 3) le respect et l'exemption de la capture, ainsi limités (art. 4) par le droit commun de la neutralité, à des conditions compliquées et formalistes qui, tout à coup, disparaissent (art. 6) ? Il y a là une antinomie qui jette, sur ce point important, une obscurité fâcheuse. Est-ce à l'article 3, est-ce à l'article 6 qu'est la véritable pensée de la Conférence ? Il y a là une contradiction fâcheuse. Si l'article 6 l'emporte sur l'article 3, la Conférence a tout au moins manqué de logique. Si l'article 3, ce qui paraît plus raisonnable, doit l'emporter sur l'article 6, elle a tout au moins manqué d'humanité.

Même en lisant l'article 6 à la lettre, il reste encore un danger : c'est

(1) Rapport Renault, p. 7, Annexe à la séance du 13 juin 1899, et Rapport définitif (document isolé et sans date), p. 7.

(2) Sous cette rubrique : *Règles communes aux bâtiments hospitaliers*. Rapport annexé à la séance du 13 juin 1899, p. 5.

que les belligérants n'empêchent les neutres de recueillir, sinon les blessés, du moins les simples naufragés, pendant l'action. A la différence des malades et des blessés, les naufragés en effet ne sont pas hors de combat par cela seul qu'ils sont naufragés, mais par cela seul qu'ils sont noyés. En les recueillant, les neutres arrêtent les effets de la guerre. Il est donc à craindre que les belligérants ne leur reprochent alors de violer leur neutralité. Qu'ils puissent transporter les naufragés, soit ; qu'ils puissent les recevoir après l'action, soit encore. Mais qu'ils puissent les recueillir au cours de la lutte, quand la bataille s'achève sans encore prendre fin, cette intervention en pleine lutte n'a-t-elle pas un caractère actif qui manque au simple transport ou à la simple réception après le combat, quand les résultats sont définitivement acquis ? Les neutres peuvent-ils en plein combat aller chercher, avant la fin, les naufragés, comme ils pourraient, dans la guerre terrestre, aller ramasser les blessés sous les balles ? Voilà la question. Elle n'est pas réglée par l'article 6, qui vise le simple cas du transport : « Les bâtiments de commerce, yachts ou embarcations neutres portant ou recueillant des blessés, des malades ou des naufragés des belligérants, ne peuvent être capturés pour le fait de ce transport ». Le transport et le recueil sont visés dans l'hypothèse, le transport seul dans la solution : lui seul, donc, a l'immunité ; il n'est question que du transport dans l'Exposé des motifs de M. Renault (1), et l'article 6 ajoute que ces navires « restent exposés à la capture pour les violations de neutralité qu'ils auraient commises ». Le fait de recueillir les blessés peut donc, dans certaines circonstances, exposer à la capture : le transport est toujours innocent ; l'origine du transport, c'est-à-dire la réception des combattants, peut être un délit de neutralité. Tel est le sens de l'article 6. Quand bien même il innocenterait parfois le recueil des naufragés par des navires neutres, il ne précise d'aucune façon qu'il innocente la réception des naufragés en toute circonstance, car il réserve le cas où cette réception peut être une violation de neutralité : or, ou elle ne l'est jamais ou elle l'est quand elle se produit pendant l'action. Saisissant bien cette conséquence de l'article 6, le capitaine Mahan a tenté d'y remédier. Pourquoi les naufragés seraient-ils autrement traités que les blessés ? Pourquoi ne pourrait-on, comme eux, les recueillir pendant l'action? Parce que, sur les vaisseaux neutres, les belligérants ne pourraient rechercher leurs adver-

(1) « En un mot, le *transport* des blessés, malades ou naufragés, par un bâtiment neutre, n'entraîne ni aggravation, ni amélioration de sa condition de neutre » (Rapport, p. 7). M. Renault ajoute : « C'est probablement ce qu'avait voulu dire l'article 10 additionnel, 2° ». Or l'article 10 ne visait pas notre question, prévue par l'article 6 des articles additionnels.

saires afin de les mettre définitivement hors de combat. De là les deux propositions suivantes : 1° le neutre sera tenu de les livrer à l'ennemi, ce qui vaudra mieux pour lui que de subir alors la capture ; 2° le neutre devra les empêcher de rentrer au combat et les gouvernements intéressés devront les empêcher de reprendre du service. La seconde mesure manquait peut-être de commodité pratique et de sincérité d'exécution. La première était très simple et certainement suffisante pour assurer aux belligérants les effets loyaux du combat. Le capitaine Mahan, qui à plusieurs reprises a développé ces idées, fixées dans une proposition en trois articles (sous-Commission, 13 juin et 15 juin ; Commission plénière, 20 juin 1899) (1), n'a pas malheureusement pu faire prendre à la Conférence ces mesures de conciliation entre les exigences de la guerre et la raison d'humanité. Produites un peu tard, les propositions Mahan avaient le tort grave de retarder une Conférence trop pressée d'aboutir (2). Pendant qu'elle les renvoie, sans discussion, au Comité de rédaction de la première sous-Commission, la deuxième Commission vote le reste du texte, puis la Conférence plénière l'adopte (5 juillet), sous réserve, il est vrai, des modifications à apporter par suite de l'examen de l'amendement Mahan (3). Mais, trop pressée d'aboutir pour retarder son vote, elle était aussi trop impatiente du succès pour revenir sur lui (4). Le vide est ainsi fait, pendant le combat, autour des naufragés : ni les vaisseaux privés ennemis, ni les vaisseaux privés neutres, qui passent alentour, n'oseront s'approcher pendant l'action, les premiers par crainte d'être pris parce qu'ils sont ennemis, les seconds par crainte d'être pris parce qu'en

(1) Première sous-Commission, 13 juin 1899, n° 4, p. 3 ; 15 juin 1899, n° 5, p. 3. Deuxième Commission, n° 3, séance du 20 juin 1899, p. 4.

(2) Voici le texte des trois articles de la proposition Mahan :

« I. Les navires neutres, hospitaliers *ou autres*, se trouvant sur le théâtre d'un engagement naval et qui par humanité recueillent des hommes en danger de se noyer à la suite du combat, ne seront pas considérés comme ayant par ce seul fait violé leur neutralité. Ils agiront dans cette circonstance à leurs risques et périls.

II. Dans le cas où un bâtiment de guerre demanderait la reddition des hommes ainsi recueillis, ces derniers ne seront pas considérés comme couverts par le pavillon neutre, mais ils seront susceptibles d'être capturés ou recapturés. Si cette demande se produit, les hommes dont il s'agit pourront être livrés et ils se trouveront dans les mêmes conditions que s'ils n'avaient pas été sous pavillon neutre.

III. Dans le cas où ces hommes ayant ainsi échappé aux conséquences du combat par l'intervention d'un neutre ne seraient pas réclamés par un navire belligérant, ils seront considérés comme étant hors de combat et ne pourront servir pendant le reste de la guerre sauf s'ils ont été dûment échangés. Les gouvernements contractants, qui auront la qualité de belligérants, s'engagent à interdire à ces hommes de servir pendant la durée de la guerre, sauf le cas d'échange ».

(3) Séance plénière, 5 juillet 1899.

(4) Le capitaine Mahan, voyant cela, retire sa proposition, 21 juillet 1899.

intervenant pendant l'action, même à leurs risques et périls, ils violent la neutralité.

Notre conclusion est que les navires neutres non hôpitaux (art. 6) ne peuvent pas recueillir de naufragés pendant l'action, parce que ce serait un délit de neutralité. Du moins les navires-hôpitaux neutres (art. 3) le peuvent-ils ? Au premier abord, on serait tenté de croire qu'ils le peuvent, car ce serait le moyen de concilier l'article 3 et l'article 6, les neutres commissionnés ayant sur les non-commissionnés l'avantage de pouvoir recueillir les naufragés pendant le combat. Mais, quand on y réfléchit, on s'aperçoit bien vite que cette conciliation est impossible. A supposer d'abord qu'elle existât en droit, elle dépendrait en fait du bon plaisir des belligérants, qui peuvent (art. 4) « leur enjoindre de s'éloigner », de sorte qu'il leur serait difficile, contre la volonté d'un des deux partis, d'opérer le sauvetage des naufragés. Mais cette impossibilité, relative en fait, est absolue en droit, parce que le motif opposable aux non-commissionnés — qui est leur qualité de neutre — se retrouve chez les commissionnés, qui sont obligés de respecter les devoirs de la neutralité. D'autre part, si les naufragés recueillis par les navires-hôpitaux belligérants peuvent être faits prisonniers par application du droit commun (art. 9 de la Haye), il n'en est pas de même de ceux qui sont recueillis par les neutres, pour lesquels il n'y a rien, ni dans le texte, ni dans le Rapport, de sorte que, conformément aux principes, ceux qu'ils recueillent ne peuvent être faits prisonniers par l'ennemi. Or l'assistance n'est tolérable que sous réserve à l'ennemi du pouvoir de faire prisonniers les naufragés recueillis (art. 2 de l'amendement Mahan). Tandis que les belligérants pourront pendant l'action, à leurs risques, recueillir les naufragés, puisque sur eux l'ennemi peut les reprendre, les neutres ne peuvent jamais les recueillir qu'après l'action, puisque sur eux on ne peut les reprendre. Non seulement l'antinomie de l'article 3 et de l'article 6 persiste, ce qui, après tout, n'est qu'une *inelegantia juris*, mais les navires neutres, même commissionnés, ne peuvent, à la différence des belligérants, recueillir les naufragés pendant l'action. Ainsi les belligérants ne pourront se plaindre d'être gênés par des tiers pendant le combat. Mais n'a-t-on pas laissé trop de place aux préoccupations techniques dans une Conférence, qui n'avait que des marins, pas un médecin, parmi ses délégués ? N'a-t-on pas étouffé trop vite toutes les discussions désirables pour la netteté des idées ? Surtout n'a-t-on pas, pour aboutir, trop aisément sacrifié aux exigences de la guerre les plus hautes raisons d'humanité ? La Conférence de la Haye, qui devait être la Conférence de la Paix, a-t-elle été suffisamment celle de la Pitié ?

Maintes fois les auteurs avaient proposé que les blessés transportés et recueillis par les navires-hôpitaux ne pussent pas être faits prisonniers par les combattants, à condition toutefois de ne plus servir pendant la durée de la guerre. L'on avait aussi demandé que les belligérants pussent, sans violation de neutralité, les débarquer dans un port neutre. C'étaient les articles 7 et 11 d'un intéressant projet formulé dans le remarquable Mémoire présenté par le capitaine de frégate Houette à l'Union des femmes de France (1). De ces deux propositions, pourtant très libérales, la Conférence, qui s'inspire parfois de ce travail, écarte la première. Recueilli par un navire-hôpital neutre, le marin, qui d'autre part ne peut reprendre du service, ne peut être capturé ; mais, recueilli par un navire-hôpital de sa nation, il peut reprendre du service, et par conséquent être capturé par un navire de guerre ennemi, dont la visite mentionnée sur le livre de bord du bâtiment hospitalier vaut capture (art. 9). Tel est le système de la Conférence, système plus conforme aux principes, puisque le navire-hôpital est *respecté*, non *neutralisé* (art. 1er), mais en même temps système moins libéral, parce qu'alors les navires-hôpitaux ennemis, craignant de laisser prendre leurs réfugiés nationaux, se préoccuperont plutôt de les mettre à l'abri que d'en chercher d'autres. Les articles 10-1° et 13 alinéa final additionnels rendaient les recueillis incapables de servir pendant la durée de la guerre. Le texte de la sous-Commission, adopté par la Conférence, en les rendant capables de servir, fournit de nouvelles ressources au combat — ce qui est assez piquant pour une Conférence de paix, — en les rendant capables de prise, engage les belligérants à porter en lieu sûr les recueillis plutôt qu'à continuer le sauvetage — ce qui est assez illogique pour une Conférence d'humanité. Cette décision est encore aggravée par ce fait que le navire ennemi n'a pas à craindre, pour opérer cette prise, de se charger des recueillis : il n'a qu'à inscrire à bord leurs noms et sa visite (qui dit visite dit ici capture), puis à donner au navire la direction qu'il veut, fût-ce celle d'un port ennemi, sans que, même dans ce cas, les prisonniers pussent servir pendant la durée de la guerre (art. 9). — Trop facile à la prise ennemie pour être vraiment libéral, le texte de la Commission est mieux inspiré, quand, reprenant une des idées les plus originales du Mémoire Houette (2), il facilite le secours des naufragés par les vaisseaux ennemis en permettant à ceux-ci de s'en désencombrer dans un port neutre. « Le doute vient, dit le Rapport, de ce que, dans certains cas, un belligérant trouvera grand

(1) Houette, *Mémoire présenté au concours ouvert par l'Union des femmes de France sur la question des secours aux victimes des guerres maritimes et combats sur mer*, Paris, 1892, p. 30 et Appendice.

(2) Houette, *Mémoire*, p. 30.

avantage à se débarrasser ainsi des blessés et des malades, qui le gênent pour ses opérations ; le territoire neutre lui servira à mieux exécuter son entreprise hostile. La Conférence a fait prédominer l'idée que le territoire neutre servirait d'asile aux deux catégories de belligérants, puisque les navires-hôpitaux doivent pratiquer l'assistance (art. 4) sans distinction de nationalité » (1). Ce n'est pas nous qui reprocherons à la Commission d'avoir fait fléchir les règles de la neutralité devant la raison d'humanité. Nous regretterons au contraire que la mesure reste incomplète, parce qu'en imposant aux neutres l'obligation de garder les blessés et naufragés (2), ainsi abandonnés (art. 10), le texte est de nature à effrayer les neutres qui refuseront alors de les laisser débarquer. Ne pouvait-on, puisque les bénéficiaires de cette mesure peuvent appartenir aux deux camps, leur donner la liberté, dès qu'ils arriveraient en territoire neutre ? N'étant pas obligés de les garder, ni responsables de leur reprise de service, les neutres les eussent plus facilement reçus, et, plus sûr de s'en voir débarrasser, le belligérant s'en fût plus aisément chargé. L'extension de la convention de Genève à la guerre maritime n'en eût été que plus facilement reçue, car les lois de certains pays, comme l'Angleterre, sur la liberté individuelle (*habeas corpus*) peuvent s'opposer à un pareil internement et par conséquent faire obstacle à l'application de l'article 10. Souvent humaine et charitable, — ici notamment, — la Conférence de la Haye, même dans ses meilleurs moments d'humanité, suit plutôt les principes d'un droit rigoureux que les conseils d'une large pitié.

Au lieu de penser à l'humanité, les délégués pensent à leur pays, à ses intérêts, et jusqu'à ses préjugés. Quelquefois, c'est à l'humanité tout entière que ces préoccupations intéressées profitent. Éclairé par l'exemple de la guerre sino-japonaise de 1895, le délégué naval du Japon, M. Motono, fait remarquer l'absence, dans le texte de 1868, d'une précision pour les victimes de la guerre terrestre transportées par mer, ce qui crée pour les pays insulaires, le Japon et l'Angleterre, une infériorité vis-à-vis des pays continentaux. Rien de plus juste que cette observation. Déjà le texte de la sous-Commission lui donnait satisfaction, en parlant de « malades, blessés ou naufragés », sans jamais employer l'expression plus étroite de « victimes de la guerre maritime ». De même que, sur terre, la convention de Genève s'applique aux marins blessés, la convention de la Haye pour la

(1) Un amendement de M. Asser réserve le cas de convention contraire avec les belligérants (20 juin 1899, première Commission, n° 3, p. 3). Il est adopté. V. texte définitif.

(2) Rapport Renault, p. 10.

guerre maritime s'applique aux soldats transportés par mer après avoir été frappés sur terre. Telle est la précision formelle, dont l'insertion dans le remarquable Rapport de M. Renault donne satisfaction à la délégation japonaise (1). Ici du moins la pensée de son intérêt propre a amené le Japon à une vue humanitaire. Mais trop souvent la pensée des délégués se rapporte à des choses mesquines et vaines. Au lieu de songer à l'humanité, ils ne pensent qu'à leurs préventions étroites. Personne n'essaie d'élargir le cercle trop limité des navires qui peuvent prêter aux blessés leur assistance. En revanche, de longues réclamations s'engagent sur la couleur et la nature de l'emblème (2). La croix de Genève, qui n'est qu'un pavillon national, soulève des scrupules religieux. La Turquie réclame un croissant, la Perse un soleil, le Siam un insigne de sa religion. Le capitaine Mahan propose de remplacer la Croix-Rouge par une enseigne neutre. Rien de tout cela n'aboutit. Mais ces discussions mesquines sur la forme d'un emblème, à côté de ce silence gardé sur tant de questions d'humanité, forment un contraste pénible. Il n'est pas jusqu'au vœu de convoquer une nouvelle Conférence, sans passer, malgré l'usage, par l'intermédiaire du gouvernement fédéral (3), qui n'ait un caractère attristant d'intrigue et de rivalité. Quand les événements auront pris le recul nécessaire aux jugements définitifs, on pensera peut-être qu'il y a eu un souffle de pitié plus large en 1864 et en 1868 qu'en 1899 et qu'il y a pour l'humanité plus de reconnaissance à garder vis-à-vis de Genève que vis-à-vis de la Haye (4).

(1) Déclaration de M. Motono (Conférence, 4e séance, n° 4, 20 juin, p. 4 et antérieurement, première sous-Commission, 15 juin 1899, n° 5, p. 3).

(2) Observations de Noury-Bey, de M. Rolin et de M. Mahan (n° 4, séance du 13 juin de la première sous-Commission, p. 2). — Mirza Riza Khan réclame pour la Perse le drapeau blanc à soleil rouge (20 juin 1899, deuxième Commission plénière, n° 3, p. 2).

(3) Vœu n° 1 de l'Acte final : « La Conférence, prenant en considération les démarches préliminaires faites par le gouvernement fédéral suisse pour la révision de la convention de Genève, émet le vœu qu'il soit procédé à bref délai à la réunion d'une Conférence spéciale ayant pour objet la révision de cette convention » (Voté à l'unanimité). — Or, en deuxième Commission, le 20 juin (n° 3, 2e Commission, p. 4), un amendement de M. Beldiman (Roumanie) intercalant dans ce texte « et par les soins du Conseil fédéral suisse » est repoussé ; le texte est adopté sans l'amendement par 22 voix et 4 abstentions (*ibid.*, p. 5).

(4) Voici le texte adopté par la Conférence de la Haye :

« Article 1er. — Les bâtiments-hôpitaux militaires, c'est-à-dire les bâtiments construits ou aménagés par les États spécialement et uniquement en vue de porter secours aux blessés, malades et naufragés, et dont les noms auront été communiqués, à l'ouverture ou au cours des hostilités, en tout cas avant toute mise en usage, aux puissances belligérantes, sont respectés et ne peuvent être capturés pendant la durée des hostilités. — Ces bâtiments ne sont pas non plus assimilés aux navires de guerre au point de vue de leur séjour dans un port neutre.

Art. 2. — Les bâtiments hospitaliers, équipés en totalité ou en partie aux frais des

§ II. — *Deuxième sous-Commission. Lois de la guerre sur terre.*

Quel que soit le désir d'aboutir de la première sous-Commission, les simplifications et les restrictions que, dans ce but, elle apporte à son œuvre, ne sont rien auprès des véritables mutilations que la deuxième

particuliers ou des sociétés de secours officiellement reconnues, sont également respectés et exempts de capture, si la puissance belligérante dont ils dépendent leur a donné une commission officielle et en a notifié les noms à la puissance adverse à l'ouverture ou au cours des hostilités, en tout cas avant toute mise en usage. Ces navires doivent être porteurs d'un document de l'autorité compétente déclarant qu'ils ont été soumis à son contrôle pendant leur armement et à leur départ final.

Art. 3. — Les bâtiments hospitaliers, équipés en totalité ou en partie aux frais des particuliers ou des sociétés officiellement reconnues de pays neutres, sont respectés et exempts de capture, si la puissance dont ils dépendent leur a donné une commission officielle et en a notifié les noms aux puissances belligérantes à l'ouverture ou au cours des hostilités, en tout cas avant toute mise en usage.

Art. 4. — Les bâtiments qui sont mentionnés dans les articles 1, 2 et 3 porteront secours et assistance aux blessés, malades et naufragés des belligérants sans distinction de nationalité. — Les gouvernements s'engagent à n'utiliser ces bâtiments pour aucun but militaire. — Ces bâtiments ne devront gêner en aucune manière les mouvements des combattants. — Pendant et après le combat, ils agiront à leurs risques et périls. — Les belligérants auront sur eux le droit de contrôle et de visite, ils pourront refuser leur concours, leur enjoindre de s'éloigner, leur imposer une direction déterminée et mettre à bord un Commissaire, même les détenir, si la gravité des circonstances l'exigeait. — Autant que possible, les belligérants inscriront sur le journal de bord des bâtiments hospitaliers les ordres qu'ils leur donneront.

Art. 5. — Les bâtiments-hôpitaux militaires seront distingués par une peinture extérieure blanche avec une bande horizontale verte d'un mètre et demi de largeur environ. — Les bâtiments qui sont mentionnés dans les articles 2 et 3 seront distingués par une peinture extérieure blanche avec une bande horizontale rouge d'un mètre et demi de largeur environ. — Les embarcations des bâtiments qui viennent d'être mentionnés, comme les petits bâtiments qui pourront être affectés au service hospitalier, se distingueront par une peinture analogue. — Tous les bâtiments hospitaliers se feront reconnaître en hissant, avec leur pavillon national, le pavillon blanc à croix rouge prévu par la convention de Genève.

Art. 6. — Les bâtiments de commerce, yachts ou embarcations neutres, portant ou recueillant des blessés, des malades ou des naufragés des belligérants, ne peuvent être capturés pour le fait de ce transport, mais ils restent exposés à la capture pour les violations de neutralité qu'ils pourraient avoir commises.

Art. 7. — Le personnel religieux, médical et hospitalier de tout bâtiment capturé est inviolable et ne peut être fait prisonnier de guerre. Il emporte, en quittant le navire, les objets et les instruments de chirurgie qui sont sa propriété particulière. — Ce personnel continuera à remplir ses fonctions tant que cela sera nécessaire et il pourra ensuite se retirer lorsque le commandant en chef le jugera possible. — Les belligérants doivent assurer à ce personnel tombé entre leurs mains la jouissance intégrale de leur traitement.

Art. 8. — Les marins et les militaires embarqués blessés ou malades, à quelque nation qu'ils appartiennent, seront protégés et soignés par les capteurs.

Art. 9. — Sont prisonniers de guerre les naufragés, blessés, ou malades d'un belligérant, qui tombent au pouvoir de l'autre. Il appartient à celui-ci de décider, suivant les circonstances, s'il convient de les garder, de les diriger sur un port de sa nation,

sous-Commission fait subir, dans l'espérance d'un vote unanime, à la révision de la déclaration de Bruxelles de 1874 relative aux lois de la guerre. Tout ce qui, dans le texte de 1874 (1), était controversé, c'est-à-dire indispensable à régler, se trouve soigneusement écarté par une tactique artificielle qui, voulant forcer le succès, écarte à dessein toutes les questions délicates pour trouver un accord aussi facile que banal dans des points de détail, sur lesquels la pratique était, le plus souvent, depuis longtemps fixée. Dès la réunion de la deuxième sous-Commission, le travail est habilement préparé de manière que toutes les difficultés soient rejetées à la fin. Suivant une gradation savante, la deuxième sous-Commission, dès la première séance (25 mai), arrête ainsi l'ordre de ses travaux : 1° des prisonniers de guerre ; 2° des capitulations et de l'armistice ; 3° des parlementaires ; 4° du pouvoir militaire à l'égard des personnes privées et des contributions et des réquisitions ; 5° des malades et blessés ; 6° des espions ; 7° des moyens de nuire à l'ennemi et des sièges et bombardements ; 8° des belligérants internés et des blessés soignés chez les neutres ; 9° de l'autorité militaire sur le territoire de l'État ennemi ; 10° qui doit être reconnu comme partie belligérante des

sur un port neutre ou même sur un port de l'adversaire. Dans ce dernier cas, les prisonniers ainsi rendus à leur pays ne pourront servir pendant la durée de la guerre.

Art. 10. — Les naufragés, blessés ou malades, qui sont débarqués dans un port neutre, du consentement de l'autorité locale, devront, à moins d'un arrangement contraire de l'État neutre avec les États belligérants, être gardés par l'État neutre de manière qu'ils ne puissent pas de nouveau prendre part aux opérations de la guerre. — Les frais d'hospitalisation et d'internement seront supportés par l'État dont relèvent les naufragés, blessés ou malades.

Art. 11. — Les règles contenues dans les articles ci-dessus ne sont obligatoires que pour les puissances contractantes, en cas de guerre entre deux ou plusieurs d'entre elles. — Lesdites règles cesseront d'être obligatoires du moment où, dans une guerre entre des puissances contractantes, une puissance non contractante se joindrait à l'un des belligérants.

Art. 12. — La présente convention sera ratifiée dans le plus bref délai possible. — Les ratifications seront déposées à la Haye. Il sera dressé du dépôt de chaque ratification un procès-verbal, dont une copie, certifiée conforme, sera remise par la voie diplomatique à toutes les puissances contractantes.

Art. 13. — Les puissances non signataires, qui auront accepté la convention de Genève du 22 août 1864, sont admises à adhérer à la présente convention. Elles auront, à cet effet, à faire connaître leur adhésion aux puissances contractantes, au moyen d'une notification écrite, adressée au gouvernement des Pays-Bas et communiquée à toutes les puissances contractantes.

Art. 14. — S'il arrivait qu'une des Hautes Parties Contractantes dénonçât la présente convention, cette dénonciation ne produirait ses effets qu'un an après la notification faite par écrit au gouvernement des Pays-Bas et communiquée immédiatement par celui-ci à toutes les autres puissances contractantes. — Cette dénonciation ne produira ses effets qu'à l'égard de la puissance qui l'aura notifiée ».

(1) On trouvera le texte de la déclaration de Bruxelles de 1874 dans Pillet, *Les lois actuelles de la guerre*, p. 414-422.

combattants et des non-combattants (1). Cet ordre est significatif. Ce n'est pas celui de l'Acte de 1874. Ce n'est pas non plus celui du Manuel adopté par l'Institut de droit international dans sa session d'Oxford (2). Il est si artificiel que, dans le texte définitif proposé par elle, la sous-Commission doit en revenir à l'Acte de Bruxelles. Aucun ordre, aucune liaison logique dans ce plan de travail dont le seul but est d'amener les délégués à l'entente sur les points faciles, avant qu'ils ne soient entrés en conflit sur les autres, et de retarder, jusqu'à l'extrême limite, le heurt des systèmes opposés et le choc des intérêts contraires. Rien de plus prudent en apparence qu'une telle méthode. Rien de plus dangereux en réalité. Après avoir abordé un certain nombre de questions faciles, avec l'heureux résultat d'une entente aisée, les délégués, craignant de compromettre ce premier succès par une insistance déplacée, se séparent sans oser nettement résoudre les questions importantes, réservées pour la fin, et se retirent ainsi sans avoir rien fait de véritablement utile. C'est le danger qu'avec une telle méthode courait la Conférence. Malheureusement elle n'a pu l'éviter.

A. *Première question : les prisonniers de guerre.* — La question des prisonniers de guerre, abordée la première, n'offrait aucun écueil. Sans rapport avec la situation militaire et l'intérêt particulier des puissances, elle fournissait la matière d'un débat rigoureusement académique. La Conférence l'a traitée avec un soin, une minutie, une précision incontestables. Cette question, longuement examinée par la Conférence de Bruxelles (art. 23-34), est reprise à fond dans tous ses détails. Certaines dispositions inutiles disparaissent comme superflues. L'article 30 portait que « l'échange des prisonniers de guerre est réglé par une entente mutuelle entre les parties belligérantes » ; il est supprimé, sur l'initiative du colonel de Schwarzhoff, car « il va de soi qu'un échange peut toujours résulter d'une entente mutuelle entre les belligérants » (3). L'article 28 du projet de Bruxelles déclarait « permis, après sommation, de faire usage des armes contre un prisonnier de guerre en fuite ». Sans contester ce droit, la Commission n'a pas voulu, par le maintien de cette rédaction, paraître encourager spécialement cette mesure extrême (4). L'article 6 nouveau réunit dans une rédaction combinée, proposée par M. Beernaert, les articles 25 et 26 du projet de Bruxelles. Le sens de l'article 34, de Bruxelles, devenu l'article 13 de la Haye, a été notablement remanié (5).

(1) Rapport E. Rolin, 1er juillet 1899, p. 1.

(2) V. le texte de ce Manuel dans Pillet, *op. cit.*, p. 423-436 et dans l'*Annuaire de l'Institut de droit international*, t. V (1882), p. 157-174.

(3) Rapport E. Rolin, p. 6.

(4) Rapport, p. 7.

(5) Annexe à la séance du 27 mai 1899 : « Proposition de MM. Odier et Lammasch, de

L'ancienne rédaction semblait dire que les individus visés par l'article et qui accompagnent l'armée sans en faire partie (correspondants de journaux, vivandiers, fournisseurs) seront faits prisonniers s'ils sont munis d'une autorisation régulière, de sorte qu'il suffirait de n'avoir pas d'autorisation pour être laissé libre. L'article 13 nouveau, s'inspirant de l'article 22 du Manuel d'Oxford, permet de les « détenir », quand et aussi longtemps que les nécessités de la guerre l'exigent, mais ne leur promet le traitement des prisonniers de guerre que s'ils sont « munis d'une légitimation de l'autorité militaire de l'armée qu'ils accompagnent ». Enfin, dans sept articles nouveaux (14 à 20), proposés par M. Beernaert (1), la Conférence organise, conformément aux vœux de M. Edouard Romberg (2), des Bureaux de renseignements sur les prisonniers, analogues à celui qui fut créé en Prusse, dès 1866, et qui rendit les plus grands services en 1870-1871 (art. 9) (3). Ces Bureaux (art. 14), dont les Sociétés de secours pour les prisonniers de guerre, facilitées par l'article 15, doivent être les précieux auxiliaires, jouissent de la franchise postale et de la franchise douanière (art. 16). Ce dernier point est le seul qui ait été un peu vivement discuté, à cause de son effet sur les conventions postales et autres, qui devront être modifiées conformément à cette disposition. Le payement aux officiers de l'intégrité de leur solde, sauf remboursement par leur gouvernement, fait l'objet d'un autre article (art. 17). L'exercice par les prisonniers de leur religion est absolument libre (art. 18). Leurs testaments sont reçus et dressés dans les mêmes conditions que ceux des militaires de l'armée nationale (art. 19). Enfin leur rapatriement doit, après la conclusion de la paix, s'effectuer le plus vite possible (art. 20). Il y a là un certain nombre de mesures heureuses, qui rappellent en les complétant les six articles relatifs aux Sociétés de secours proposés en

réassumer (*sic*) la discussion de l'article 23 (Bruxelles), en proposant (à sa place) le texte suivant :

« Les individus qui font partie des forces armées belligérantes, s'ils tombent au pouvoir de l'ennemi, doivent être traités comme prisonniers de guerre.— Il en est de même des porteurs de dépêches officielles accomplissant ouvertement leur mission et des aéronautes civils chargés d'observer l'ennemi ou d'entretenir les communications entre les diverses parties de l'armée ou du territoire. — Les personnes qui suivent une armée, sans en faire partie, telles que les correspondants des journaux, les vivandiers, les fournisseurs et autres individus de condition analogue, s'ils sont munis d'une autorisation émanant du pouvoir compétent et d'un certificat d'identité, seront de même traitées comme prisonniers de guerre.

L'article 23 (Bruxelles) deviendra l'article 24 ; l'article 34 sera biffé ».

(1) N° 2, Annexe au compte-rendu de la séance du 27 mai 1899. V. articles 14-20 du texte définitif, *infrà*.

(2) Comp. *Congrès international des œuvres d'assistance en temps de guerre*, 20 juillet 1889, p. 93-95 ; Edouard Romberg, *Des belligérants et des prisonniers de guerre*, 1894, p. 88 et suiv.

(3) Edouard Romberg, *Des belligérants et des prisonniers de guerre*, p. 30.

1874 par le Baron Lambermont, suivis même d'un ordre du jour favorable, mais non incorporés dans l'Acte final de Bruxelles (1). En deux séances, exactement en une séance et demie (2e, 27 mai ; 3e, 30 mai), ce groupe de questions se trouvait être heureusement et rapidement réglé par la Commission. Mais, sauf la franchise des envois, dons et secours attribuée aux prisonniers, y avait-il là rien de nouveau ?

B. *Deuxième, troisième, cinquième et sixième questions : les capitulations et l'armistice ; les parlementaires ; les malades et les blessés ; les espions.* — Sauf la question n° 4, reliée par la suite à la 9e, les questions nos 2 à 6, simples, banales et faciles, ne devaient pas longtemps retenir la Commission, pas plus que marquer, au point de vue des résultats, dans l'œuvre de la Conférence. Le régime des capitulations est tracé, sauf quelques changements de détail, sur le modèle du projet de Bruxelles. L'ancien article 46 disait que « les conditions des capitulations ne doivent pas être contraires à l'honneur militaire » (2). Le texte correspondant (art. 35) donne simplement une formule plus impérative en déclarant que les « capitulations doivent tenir compte des règles de l'honneur militaire » (3). L'armistice est aisément réglé par six articles (art. 36-41), qui reproduisent à peu près les termes des articles 47-52 du projet de Bruxelles. Sur la proposition de M. Beernaert (4), les hostilités qui, à Bruxelles, cessaient dès la notification de l'armistice, peuvent cesser « à un terme ultérieurement fixé » (ancien art. 49 de Bruxelles, art. 38 actuel). Sur les observations du colonel de Gross de Schwarzhoff (5), il est admis qu'en cas de violation *grave* de l'armistice par un des belligérants, l'autre a le droit, non seulement de le dénoncer, mais même, en cas d'urgence, de reprendre immédiatement les hostilités (art. 51 de Bruxelles, art. 40 actuel), tandis que la violation des clauses de l'armistice par les particuliers, agissant de leur propre initiative, donne droit seulement à la punition des coupables et, s'il y a lieu, à une indemnité pour les pertes éprouvées. Au chapitre des parlementaires (art. 32-34, correspondant aux articles 43 à 45 du projet de Bruxelles), on peut signaler l'insertion dans l'article 43 (devenu art. 32) du droit pour le parlementaire de se faire accompagner, non seulement d'un trompette, mais d'un interprète, et la suppression du droit d'annoncer d'avance

(1) Comp. Conférence de Bruxelles, séance du 24 août 1874.

(2) Conférence de Bruxelles, séance du 3 août 1874.

(3) Séance du 30 mai 1899.

(4) 3e séance du 30 mai 1899, *in fine*.

(5) 3e séance du 30 mai 1899 et Rapport Rolin, p. 12. Comp. aussi art. 39 de la Haye et 50 du projet de Bruxelles. L'armistice règle les rapports non seulement *entre* les populations mais *avec* les populations, pourvu seulement que ce soit sur le théâtre de la guerre. Comp. Rapport Rolin, p. 12.

qu'on ne recevra pas de parlementaires (art. 44 devenu art. 33), immédiatement tempérée par la faculté de refuser ceux qui se présentent, de sorte que l'Allemagne, qui avait fait passer l'ancienne règle à Bruxelles (1), n'hésite pas à consentir à sa suppression à la Haye (2) : ce sont là des modifications qui n'en sont pour ainsi dire pas, des variantes sur le même thème. La réunion des articles 19 et 22 anciens en un seul et nouvel article 29 sur les espions, parce qu'ils ont trait à une idée unique, la définition de l'espion par les agissements clandestins et l'éclaircissement de cette définition par des exemples ; la déclaration plus explicite dans le nouveau texte que l'espion pris sur le fait ne pourra être puni sans jugement préalable (art. 30), ni être recherché pour actes d'espionnage antérieurs (art. 31) : ce sont encore là des textes faciles que la fin d'une séance et le commencement de la suivante suffisent à arrêter rapidement. Il n'y avait là rien de nouveau, rien d'original, rien d'utile. Mais les difficultés allaient bientôt commencer.

C. *Septième question* : *des moyens de nuire à l'ennemi, des sièges et des bombardements.* — Sur les moyens généraux de nuire à l'ennemi, se posaient une série de questions spéciales, qui n'avaient qu'une importance réduite. Sont rigoureusement interdits : le poison ; le meurtre d'un individu ennemi ou d'un ennemi rendu à discrétion : la déclaration qu'il ne sera pas fait de quartier ; l'emploi de moyens propres à causer des maux superflus ; l'abus du pavillon parlementaire ; celui des insignes ennemis, ou de la Croix-Rouge ; toute destruction ou saisie de la propriété privée ennemie, qui ne serait pas commandée par les nécessités de la guerre (art. 13, nouvel art. 23). Les ruses de guerre sont licites (art. 14, nouvel art. 24). Tout ceci est voté rapidement, en fin de séance (4e séance, 1er juin 1899) (3). Puis, au début de la 5e séance (3 juin 1899) (4), la sous-Commission arrive au principe, depuis longtemps reconnu, que les villes, villages, habitations ou bâtiments qui ne sont pas défendus ne peuvent être ni attaqués, ni bombardés (ancien art. 15, nouvel art. 25). Et alors une question se pose, sur laquelle la pratique est loin d'être fixée. Le bombardement par les forces navales sera-t-il interdit au même titre que le bombardement par les forces terrestres ? Le problème est double : 1° Peut-on bombarder une ville ouverte, qui n'est pas un port, quand elle est assez proche de la mer pour être attaquée du large ?

(1) L'article 44-3° de Bruxelles avait été voté pour donner satisfaction au délégué allemand, général de Voigts-Rhetz (Protocole n° 4, 3 août 1874). Le colonel de Gross de Schwarzhoff, se rangeant à l'observation du Comte Nigra, vote au contraire avec toute la sous-Commission son abrogation (3e séance du 30 mai 1899, *in fine* et Rapport E. Rolin, p. 11).

(2) 4e séance. Sur la proposition du général Mounier.

(3) Deuxième sous-Commission de la deuxième Commission, n° 4.

(4) *Ibid.*, n° 5.

2° Peut-on bombarder un port ouvert ? De ces deux questions, la première était tout à fait intéressante et neuve. La Conférence qui se tenait à la Haye n'avait qu'à penser au sort de cette ville en cas de guerre pour en comprendre la réelle utilité pratique. Holland a prévu le cas : « La Haye est une ville ouverte, contenant une population inoffensive, de beaux édifices publics et des collections d'art. Bien qu'en dedans d'une portée de canon, elle est hors de la vue d'une flotte sur mer. Dans ces conditions je pense, dit-il, qu'elle doit être exemptée d'un bombardement naval, sauf au cas où elle refuserait d'obtempérer aux réquisitions absolument nécessaires à la flotte, ou, par mesure de rétorsion, en cas d'infraction grave au droit des gens par la Hollande » (1). Les membres de la Conférence ne pouvaient s'empêcher de songer à ce problème. La Hollande était désireuse de le voir traiter. Le général den Beer Portugael y pensait en émettant le vœu que « le bombardement par les forces navales fût interdit sous les mêmes conditions que le bombardement par les forces terrestres » (2). Si, par une raison supérieure de convenance et de tact, les délégués voulaient éviter d'aborder cette difficulté, trop directement applicable à la ville même de leurs séances, ils pouvaient tout au moins examiner la possibilité d'assimiler les ports ouverts aux villes non défendues. M. Beernaert demande d'introduire le mot « port » dans l'article 15. Mais la Russie craignant que, sur cette question, l'entente ne se brise, s'empresse aussitôt de la faire ajourner. Le colonel Gilinsky propose que la question soit renvoyée à la Commission en séance plénière, ce qui est un moyen très simple d'écarter toutes difficultés et de gagner du temps. Puis, quand arrive la séance plénière (4e séance de la deuxième Commission, 5 juillet 1899) (3), le Comte Nigra (Italie) reprend la question, en vertu de ses instructions spéciales, au triple point de vue du bombardement *a*) d'un port par des forces terrestres, *b*) d'un port par des forces navales, *c*) d'une ville de terre par des forces maritimes. Sur le premier point, le rapporteur de la deuxième sous-Commission, M. E. Rolin, n'hésite pas à déclarer que, s'il s'agit d'un bombardement par des forces terrestres, les ports sont compris dans la catégorie des « villes, villages, habitations ou bâtiments » qu'énumère l'article 15. Sur les deux autres, oubliant les propositions den Beer Portugael et Beernaert, il déclare qu'aucune n'a encore été faite, et, quand le Comte Nigra répond que, s'il n'y en a pas, il en formule une, le Président, M. F. de Martens (4), essaie comme le colonel Gilinsky, de faire écarter la question, sinon par un

(1) Holland, *Studies in international Law*, p. 98-99.
(2) N° 5, *ibid*.
(3) Deuxième Commission, n° 4, p. 2-3.
(4) *Ibid*., p. 3.

artifice de procédure — car le moment en est passé — mais par une raison de fond : celle-ci, que la question est trop complexe, qu'en 1896, à la session de Venise, l'Institut de droit international n'a pu arriver qu'à un compromis insuffisant (1). Raison de plus alors pour combler cette insuffisance. Mais ce serait dangereux pour l'entente. N'oublions pas qu'il faut aboutir, qu'on ne discute pas ces questions pour elles-mêmes, mais pour donner des résultats à la Conférence. Avec cette raison tacite, tout s'explique. A demi-mot, les délégués ont compris. Le Comte Nigra s'incline ; M. Beldiman (Roumanie), qui l'avait suivi dans son projet, l'imite. Tout le monde sait que l'Angleterre est hostile à toute restriction mise au bombardement, seul moyen qu'elle ait, ne pouvant débarquer, de lutter contre l'Europe continentale. Au moins les autres puissances, qui n'ont pas les mêmes raisons, pourraient chercher à s'entendre. La question, ainsi serait réglée vis-à-vis d'elles. Mais, pour que la Conférence de la Haye aboutisse, ce n'est pas trop de l'effort de toutes les bonnes volontés. Il ne faut donc pas, sur ce point, isoler l'Angleterre. Dans un esprit de conciliation, M. F. de Martens se borne à proposer de renvoyer ce problème à une Conférence qui se réunirait ultérieurement. L'artifice est visible C'est le classement définitif et, pour tout dire, l'enterrement de cette question, mais un enterrement décent, auquel du moins la rhétorique ne refuse pas les fleurs d'usage. La Grande-Bretagne, qui devrait cependant saisir vis-à-vis d'elle la courtoisie du procédé, proteste. Sir Julian Pauncefote ne peut même pas s'associer à ce vœu : « Ainsi que l'a déclaré précédemment sir John Ardagh, le gouvernement britannique ne pourra consentir à adhérer aux articles de Bruxelles que si les questions navales restent en dehors des délibérations » (2). Vainement le Président fait-il observer « que le vœu dont il s'agit n'est que l'expression d'un désir qui n'engage à rien ». Sir Julian Pauncefote s'abstient et demande acte de son abstention au procès-verbal. L'Angleterre, qui ne veut pas laisser discuter ce sujet à la Conférence de la Haye, ne veut pas même y tolérer le vœu platonique « qui n'engage à rien » d'une Conférence ultérieure. A cette attitude cassante, la Commission, justement (3) froissée de tant d'exigences, répond en maintenant son vœu. La Conférence plénière le conserve. Mais ni la Commission, ni la Conférence n'osent aller plus loin, car le concours de l'Angleterre est nécessaire au succès (4). Docilement

(1) *Annuaire de l'Institut de droit international*, t. XV (1896), p. 311-312. Comp. Dupuis, *Le droit de la guerre maritime d'après les doctrines anglaises contemporaines*, p. 89 et suiv., avec une très belle discussion de la question du bombardement des côtes, p. 93-95.

(2) *Ibid.*, p. 4.

(3) Conférence plénière, 5e séance, no 5, p. 2.

(4) « 6e Vœu. — La Conférence émet le vœu que la proposition de régler la question

donc, on avait écarté cette question : la seule qui fît vraiment doute. A tant chercher l'entente, la Conférence perd toute utilité.

D. *Huitième question : des belligérants internés et des blessés soignés chez les neutres.* — Les belligérants entrés sur le territoire neutre doivent être internés aussi loin que possible du théâtre de la guerre ; les neutres peuvent autoriser sur leur territoire le passage des blessés ou malades ; la convention de Genève s'applique aux blessés soignés chez les neutres : telle était en substance la rédaction arrêtée sur ce point par la Conférence de Bruxelles. Au premier abord, on dirait qu'il s'agit d'articles insignifiants, susceptibles d'un vote rapide. En les rejetant à cette place, par ordre de difficulté, la deuxième sous-Commission ne s'était cependant pas trompée. Il y avait à craindre ici que les belligérants désignés, c'est-à-dire les grandes puissances, ne fussent en désaccord avec les neutres éventuels, c'est-à-dire avec les petits États, et plus particulièrement avec ceux d'entre eux auxquels des conventions internationales imposent perpétuellement ce rôle. Les neutres, qui trouvent fort lourdes les charges de la neutralité, tendent toujours à les réduire au strict minimum, tandis que les belligérants cherchent toujours à les étendre à leur profit. L'obligation d'interner les armées belligérantes entrées sur territoire neutre peut être, en certains cas, impossible à exécuter ; aussi, dès l'ouverture de la discussion, M. Eyschen, premier délégué du Luxembourg, fit-il observer que, désarmé par le traité de Londres (art. 2, 3 et 5) du 11 mai 1867, le Luxembourg n'était pas en état d'assumer cette obligation (1). D'autre part, l'article 55 de la déclaration de Bruxelles oblige l'État neutre à s'assurer que les convois de blessés, dirigés à travers son territoire par les belligérants, ne transportent ni personnel, ni matériel de guerre ; aussitôt les neutres de protester qu'une servitude de passage aussi dangereuse à cause des responsabilités qu'elle entraîne et de la surveillance qu'elle provoque ne saurait être obligatoire ; sur l'initiative de M. Beernaert, la sous-Commission décide d'insérer au procès-verbal une explication destinée à préciser le caractère purement facultatif de ce passage, que les neutres sont libres de consentir ou de refuser pourvu que leur attitude soit la même à l'égard des deux armées belligérantes (2). Cette motion, approuvée par le général Mounier, délégué de la France, et le Comte Nigra, est adoptée (3). Mais n'y a-t-il pas à craindre que les belligérants ne se servent du territoire neutre pour évacuer non seule-

du bombardement des ports, villes et villages par une force navale soit renvoyée à l'examen d'une Conférence ultérieure ».

(1) Séance du 6 juin 1899, n° 6.

(2) V. Rapport Rolin à la deuxième Commission, 1er juillet 1899, p. 18.

(3) Séance du 8 juin 1899, n° 7.

ment leurs blessés et malades, mais encore leurs prisonniers malades ou blessés ? Aussi les neutres, autant pour assurer l'indépendance morale de leur territoire vis-à-vis des belligérants que pour réduire en même temps le nombre des passages, demandent-ils qu'une fois admis sur le territoire neutre les malades ou blessés ne puissent être rendus qu'à leur pays d'origine (amendement Beernaert à l'article 55 de la déclaration de Bruxelles), sachant bien que, dans ces conditions, les belligérants hésiteraient à se servir de leurs territoires pour les convois de prisonniers. Même, les blessés ou malades ennemis, qui resteraient sur le territoire neutre, ne peuvent, d'après le désir des neutres (proposition Beernaert), être assimilés à ceux qui transitent, ce qui veut dire qu'ils ne peuvent reprendre les armes, mais doivent être internés sur le territoire neutre jusqu'à la fin des hostilités : puisque les belligérants se priveraient, une fois guéris, de leurs services, les neutres savent bien qu'alors les belligérants éviteront de les leur laisser.

Tel est l'ensemble des combinaisons à l'aide desquelles, non sans quelque hésitation, la Conférence a tranché la question dans un sens toujours favorable aux neutres. Il le fallait pour obtenir leur consentement à des articles, qui, constituant pour eux des charges, devaient être acceptés par eux. Mais l'humanité n'y trouve satisfaction que d'une manière incomplète. D'abord, avec cette rédaction, les belligérants ne feront jamais passer des blessés prisonniers par des territoires neutres, dans la crainte de voir ces prisonniers immédiatement perdus pour eux. Sans doute le Comité de rédaction a pris soin de bien expliquer que les neutres ne devaient les rendre à l'État d'origine qu'à la fin de la guerre ; mais il n'en subsiste pas moins qu'ils sont perdus pour le belligérant, insusceptibles une fois guéris d'échange, incapables de produire dans le pays capteur l'effet moral habituel, moins sévèrement gardés après guérison, chez le neutre, qui n'y met pas le même zèle que l'ennemi, et plus coûteusement entretenus, puisque, quelle que soit l'issue de la guerre, le neutre est toujours sûr de se faire rembourser ses frais. Bref, les belligérants éviteront d'évacuer les blessés ennemis par territoire neutre, alors que souvent des considérations d'hygiène l'exigeraient, sans parler de cette raison d'humanité qui veut que le blessé trouve secours plutôt chez le neutre, qui l'accueille comme un frère, que chez le co-belligérant, qui l'accueille comme un prisonnier, c'est-à-dire comme un ennemi. D'autre part, les belligérants ne peuvent laisser leurs malades sur territoire neutre, sans les voir interner jusqu'à la fin de la guerre, c'est-à-dire sans perdre l'espérance de les voir, une fois guéris, servir : dès lors, ils hésiteront à laisser en territoire neutre, malgré la proximité, des blessés qui s'y trouveraient peut-être plus rapidement secourus. Quand un train chargé de blessés traversera le territoire neutre, personne, sauf les mourants, n'en descendra, puisque l'immunité de ceux qui passent n'appartient pas à ceux qui demeurent. Pour le reste, la convention est plus humaine, sans l'être encore absolument, puisque les neutres peuvent refuser tout passage aux convois de belligérants blessés. Mais, alors qu'elle devient plus humaine, la rédaction cesse en revanche d'être logique. Pourquoi le transit des blessés convoyés par territoire neutre leur laisse-t-il, une fois guéris, le droit de reprendre les armes, tandis que de ce droit, laissé par le passage, le séjour les prive ? Dans la notion juridique de la neutralité, comment trouver les éléments d'une distinction à cet égard ? Est-ce que, dans les deux cas, le fait d'avoir emprunté le territoire neutre ne doit pas conduire aux mêmes conséquences ? Pourquoi donc cette rédaction contradictoire et fuyante, qui ne donne pas plus satisfaction à l'humanité qu'à la logique ? Cette *inelegantia juris* a frappé plus d'un délégué. Le général Zuccari (Italie), voulant respecter absolument la neutralité, s'opposait à toute mesure qui pourrait faire sortir les neutres de leur impartialité. De même, le général Mounier (France) (1) voulait tout d'abord demander l'interdiction de tout passage de malades ou de blessés. Ces avis, qui tenaient compte de la logique, ne tenaient malheureusement pas assez compte de l'humanité. Ne pouvait-on établir entre elles une harmonie parfaite en déclarant qu'en tous les cas les neutres devaient laisser passer ou séjourner les blessés non prisonniers sans que, de ce passage ou de ce séjour, résultât une modification juridique de leur régime ? Sans doute, ce serait pratiquement accumuler sur les neutres une plus grande obligation d'assistance. Mais qu'importe, si l'humanité l'exige ? N'était-ce pas la raison d'humanité qui motivait la Conférence de la Haye ? Pourquoi donc ici les raisons étroites, tirées de l'intérêt des neutres, y tiennent-elles tant de place, tandis que les raisons plus larges, tirées de l'humanité, en tiennent si peu ? Notez d'ailleurs que, même au cas où les neutres n'assument qu'une faible charge en consentant simplement au passage des trains, sans séjour des blessés, ils sont maîtres d'accorder ou de refuser ce passage : redoutable faculté, dont le non-exercice prête à toutes les critiques au point de vue de l'humanité, l'exercice à tous les reproches au point de vue de la neutralité. Mais les délégués ne s'y sont pas arrêtés. L'essentiel, pour eux, était d'aboutir, c'est-à-dire de faire accepter par les neutres les articles qu'ils avaient rédigés. Et, parce qu'on voulait aboutir, les quelques réserves faites se perdirent dans cette fièvre du résultat, qui, du commencement à la fin de ses travaux, domine la Conférence

(1) N° 7, séance du 8 juin 1899, et Rapport Rolin, p. 18.

et la conduit sans cesse à des votes imparfaits. Aussi bien, sur la proposition de M. Eyschen (1), la Conférence devait-elle plus tard voter que la question des droits et devoirs des neutres fût inscrite au programme d'une prochaine Conférence (2). Renvoi de la question du bombardement des côtes à une Conférence ultérieure, renvoi de l'inviolabilité de la propriété privée, renvoi des questions relatives aux fusils et aux canons de marine, sans parler des vœux pour la révision de la convention de Genève et la limitation des armements, jamais Conférence n'avait pratiqué d'une façon plus active le renvoi, l'ajournement et le vœu.

E. *Quatrième et neuvième questions : du pouvoir militaire à l'égard des personnes privées et des contributions et des réquisitions ; de l'autorité militaire sur le territoire de l'État ennemi.* — La sous-Commission, qui avait d'abord séparé ces deux questions (art. 1-8 et 40-42 de Bruxelles), a tout de suite compris qu'elle devait les réunir, tant à cause de leur liaison logique qu'à raison de leurs communes difficultés (3). Sous ses divers aspects, c'est un problème unique : celui de l'occupation militaire et de ses effets. Ici deux courants se manifestent : l'un, chez les petits États, qui craignent de jouer toujours en cas de guerre le rôle d'occupés ; l'autre, chez les grands États, qui tous espèrent avoir, dans la même hypothèse, le rôle d'occupants. Par crainte de fournir eux-mêmes des armes à leurs futurs adversaires, les petits États ne veulent pas ici se lier par des textes. Dès la 6e séance (6 juin), la Belgique exprime officiellement, par l'organe de son premier délégué, M. Beernaert, toute son antipathie pour un accord quelconque, portant sur ces questions. « Par le projet de Bruxelles, dit M. Beernaert, le pays vaincu, le pays envahi, reconnaît d'avance des droits sur son territoire à l'envahisseur. Celui-ci conservera les lois existantes, ou il les changera, et il les appliquera (art. 3). Les

(1) Deuxième Commission, deuxième sous-Commission, séance du 3 juin 1899, n° 5, et Extrait d'une lettre adressée, le 5 juin 1899, par M. Eyschen à M. F. de Martens. « Ces articles (53 à 55) ne visent que le traitement des belligérants internés et des blessés soignés chez les neutres. Dans cet ordre d'idées, on pourrait peut-être déterminer l'inviolabilité des neutres et les principes y relatifs, préciser l'obligation de l'État neutre de ne recevoir aucun des belligérants sur son territoire, prévoir les cas de violation de ces principes et les conséquences, qui en peuvent résulter vis-à-vis des belligérants et des États neutres. En entrant dans les détails de rédaction j'ai dû me convaincre que, si cette matière se rattache bien quelque peu aux articles 53 à 55 de la convention de Bruxelles, elle se rattache bien plus cependant à d'autres principes généraux de la neutralité dont la discussion simultanée ne saurait être évitée. Je persiste à croire qu'un examen général des questions relatives à la neutralité s'impose pour l'avenir. C'est pourquoi je serais heureux si quelque chose pouvait se faire dans ce sens, et en tout cas si, conformément à la proposition de son honorable Président, la Commission voulait bien exprimer le vœu que cette question soit inscrite au programme du prochain Congrès ».

(2) « Vœu n° 2. — La Conférence émet le vœu que la question des droits et des devoirs des neutres soit inscrite au programme d'une prochaine Conférence ».

(3) Rapport Rolin, p. 12.

fonctionnaires du pays sont autorisés à se mettre au service du vainqueur, si cela leur convient, et même en vue de ce cas on stipule en leur faveur quelques garanties (art. 4). L'envahisseur est autorisé à prélever à son profit les impôts existants (art. 5), à établir de nouveaux impôts, à faire des réquisitions et même à frapper le pays envahi d'amendes... Semblable engagement conventionnel ne me paraît vraiment pas admissible... Le pays occupé subit la loi du vainqueur, c'est un fait, c'est la force et une force majeure, mais on ne peut pas d'avance légitimer l'usage de cette force. Il n'est pas possible que le vainqueur légifère, administre, punisse, prélève des impôts avec le consentement anticipé et écrit du vaincu... On a invoqué l'intérêt du pays occupé et spécialement celui des petits pays... Eh bien, parlant au nom d'un petit pays, souvent foulé et cruellement foulé par l'invasion, j'aime mieux le maintien de la situation actuelle, au péril des incertitudes qui en résultent » (1). En conséquence de cette déclaration, le premier délégué de Belgique demande la suppression des articles 3, 4, 5, 40, 41, 42 de Bruxelles, et propose seulement deux articles, l'un pour fixer les impôts d'après l'assiette et la répartition en vigueur avant l'occupation, l'autre pour soumettre les réquisitions à la triple condition d'être en nature, sur l'ordre écrit de l'officier commandant, contre indemnité ou reçu (2). De contributions extraordinaires ou d'amendes, il n'est plus question. Sur les points abordés, en matière de réquisitions par exemple, les droits de l'occupant ne sont pas tracés ; seules, quelques limites à ces droits sont posées ; le reste flotte dans l'ombre. « Il y a, disait M. Beernaert, des situations qu'il vaut mieux abandonner au domaine du droit des gens, si vague qu'il soit » (3). C'est l'imprécision voulue, l'incertitude élevée à la hauteur d'un principe. Après avoir fait du platonisme, par une série de vœux, une création juridique, la Conférence de la Haye allait-elle donc placer dans l'indécision son but et dans l'incertitude son critérium ? Après l'impuissance, le vague, cette autre forme de l'impuissance ! Voilà, dès la 6e séance, à quels dangers marchait la Commission. Malgré son désir d'aboutir à tout prix, la Conférence ne pouvait entrer dans cette voie. Le Président, M. F. de

(1) Deuxième Commission, deuxième sous-Commission, n° 6, Annexe à la séance du 6 juin 1899, p. 1-2.

(2) Voici le texte de ces deux articles nouveaux, proposés par M. Beernaert :

« A. L'armée d'occupation ne pourra prélever d'impôts sur le territoire occupé, que d'après une décision et sous la responsabilité soit du général en chef, soit de l'autorité civile supérieure instituée par lui. — Ces impôts seront autant que possible établis d'après les règles de l'assiette et de la répartition en vigueur dans les territoires occupés.

B. L'armée d'occupation ne pourra faire de réquisitions en nature que sur l'ordre écrit de l'officier commandant la localité occupée. — Pour toute réquisition, il sera accordé une indemnité ou délivré un reçu ».

(3) Annexe à la 6e séance, 6 juin 1899, p. 2.

Martens essaie de conjurer le danger. Dans un magistral discours, qui est un acte d'habileté, mais surtout de fermeté conciliante et logique, il ramène la question à ces termes : « L'incertitude est-elle profitable au faible ? Le faible devient-il plus fort, parce que les devoirs du fort ne sont pas déterminés ? Le fort devient-il plus faible, parce que ses droits sont précisés et par conséquent limités ?... A vous, Messieurs, de résoudre la question : à qui sera avantageux le doute et l'incertitude : au faible ou au fort » (1) ? A la suite de cette énergique mise en demeure, les petits États comprirent qu'il fallait sortir du vague où, par une erreur de tactique, M. Beernaert voulait les entrainer, sans se douter qu'il faisait par là le jeu des grands et des forts. Mais, tout en consentant à rédiger des formules précises, les petits États entendent que ces formules soient limitatives. L'article 4 de Bruxelles est écarté, comme renfermant un encouragement pour les fonctionnaires à continuer leurs services à l'occupant. Il est décidé (art. 5) que les impôts, levés autant que possible suivant les formes locales, rendront l'occupant responsable de l'administration du pays. Joignant son effort à la Belgique, la Suisse (2) insiste pour que, en dehors des impôts légaux, l'occupant ne puisse prélever d'autres contributions *qu'en cas de nécessité absolue* pour les besoins de l'armée ou de l'administration (art. 5 A) et à condition de délivrer aux contribuables un reçu donnant à la paix droit au remboursement de la somme versée. Les contributions en argent, autres que les impôts, devaient donc présenter le caractère et les effets des réquisitions. C'était une disposition très grave, parce qu'elle faisait de la contribution une avance que l'occupant devait rendre, tandis que l'usage de la guerre a toujours été jusqu'ici que la contribution, comme l'impôt, ne fût pas restituée par celui qui l'a levée. C'était paralyser trop profondément les droits de l'occupant. Qu'un reçu fût délivré aux contribuables pour se faire ensuite indemniser, par l'État occupé, du payement de la contribution, soit ; mais ce n'est pas contre l'occupant que ce reçu peut créer un droit. Telle était l'objection des grands États, futurs occupants, aux petits, futurs occupés, dont la délégation

(1) *Ibid.*, p. 5, 6 et 7.

(2) Amendements proposés aux articles 5 A et suivants par la délégation suisse :

« Art. 5 A. — Si, en dehors des impôts visés à l'article précédent, l'occupant prélève d'autres contributions en argent dans le territoire occupé, ce ne pourra être *qu'en cas de nécessité absolue* et pour les besoins de l'armée ou de l'administration de ce territoire.

Art. 5 C. — Rédiger ainsi le dernier paragraphe : Pour toutes contributions il sera délivré aux contribuables un reçu donnant droit lors du rétablissement de la paix au remboursement de la somme versée.

Art. 5 D. — Ajouter : Par des reçus donnant droit à une juste indemnité.

Art. 5 E nouveau. — Il ne pourra être exercé de représailles sur la population du territoire occupé pour avoir pris ouvertement les armes contre l'envahisseur »

helvétique, insuffisamment rassurée par la neutralité de la Suisse, était ici le porte-parole. Pour concilier les rédactions diverses, issues du conflit des intérêts en présence, il fut décidé (9e séance, 12 juin) qu'on aurait recours à un Comité de rédaction composé de MM. de Gross de Schwarzhoff, Lammasch, Renault, Court, Zuccari, Beldiman, Gilinsky et Rolin, comme rapporteur. Sur le désir de la sous-Commission, M. Léon Bourgeois prend part à ces travaux (13 juin) (1). Le Comité adopte l'article 5 A de la délégation suisse, sous réserve d'une modification légère : la suppression des mots « en cas de nécessité absolue ». Mais à l'article 5 C, tout en reconnaissant que toute contribution, en dehors des impôts, motive un reçu, le Comité n'admet pas que le remboursement soit, comme en matière de réquisition, exigé plus tard du vainqueur, sans quoi la contribution, perdant son caractère, ne serait plus qu'un prêt. Ce sont là, dit-il, questions de droit interne à débattre avec l'occupé. L'observation était sage. Mais la Suisse, s'entêtant dans sa formule, refuse cette rédaction et vote *non* au sein du Comité (2). Du moment qu'on prétendait résoudre un problème à fond, c'était toujours au prix de quelque dissentiment.

Aussi, ces questions tranchées, le Comité de rédaction et la sous-Commission écartent-ils toutes les autres. Les propositions sans difficulté comme sans importance sont accueillies avec empressement, car elles grossissent les résultats sans porter ombrage à personne ; quant aux autres, elles sont écartées sous les prétextes les plus divers. Tout le monde se trouve d'accord pour voter d'emblée le principe de la mainmise de l'occupant sur les biens mobiliers de l'État (art. 6-1° de Bruxelles ; art. 53-1° de la Commission). Mais, quand on arrive au matériel des chemins de fer (alinéa 2 des mêmes textes), la question s'obscurcit, l'opinion se divise. Fidèle à sa tactique de toujours restreindre les droits de l'occupant, la Belgique propose de donner à la saisie de ce matériel le caractère d'un séquestre (3), sans déroger, dans ce cas, au principe du respect de la propriété privée. Les grands États au contraire estiment que la mobilisation des chemins de fer doit entraîner leur assimilation au matériel de guerre (4). Il y avait là un point très intéressant à trancher. Mais, précisément parce qu'il semblait d'une solution difficile, il fut écarté. La Commission, satisfaite de la procédure inaugurée le 13 juin, renvoie le texte de l'alinéa et les amendements au Comité de rédaction ins-

(1) 9e séance, 12 juin 1899, n° 9.
(2) Rapport Rolin à la deuxième Commission, p. 13-15.
(3) Proposition Beernaert : « A l'article 6, § 2, marquer qu'il ne pourrait s'agir que d'un séquestre » (Annexe à la 6e séance, 6 juin 1899, p. 4).
(4) Rapport Rolin, p. 16.

titué par elle. Le Comité comprend que, si l'on insiste ici, l'entente va se rompre. Il passera donc à côté de la question sans la résoudre en disant simplement des chemins de fer, en termes vagues, qu'« ils peuvent ne pas être laissés à la disposition de l'ennemi ». Ici l'imprécision est voulue. Si étrange que l'observation puisse paraître, cette imprécision a été cherchée de la façon la plus précise. M. E. Rolin, qui était membre du Comité, le déclare dans son Rapport : « Le Comité a émis l'avis que, si l'on donnait plus de précision à cette disposition, il serait probablement impossible d'arriver à une entente. Toutefois, la rédaction a été condensée en une seule phrase dans un but de précision » (1). Avec cet étrange soin de précision dans la forme et d'imprécision dans le fond, la Conférence de la Haye pousse jusqu'aux derniers raffinements un système, qui fuit la discussion par crainte du désaccord et, voulant aboutir, ne trouve son succès que dans l'insignifiance ou dans le vague du résultat. Le texte de Bruxelles assimilait aux chemins de fer les télégraphes ; M. Lammasch propose et obtient de mentionner aussi les téléphones d'autant plus facilement que le vague du texte s'étend à ces additions. A ce moment M. de Bille, premier délégué du Danemark, soulève une question aussi neuve qu'intéressante : celle des câbles d'atterrissage établis dans les limites du territoire maritime de l'État (2). Mais, comme sur ce point les délégués pouvaient avoir des vues divergentes, certains États fixant à trois milles, d'autres, comme la Norvège, à quatre (3), la limite de la mer territoriale, comme personnellement aussi certains délégués préféraient dix milles, d'autres six (4), on s'empressa de supprimer cette dernière phrase dans la crainte de voir s'élever un désaccord, même incident, sur cette question accessoire, et les mots « dans les limites du territoire maritime de l'État » disparurent, ce qui est un non-sens, car si les câbles d'atterrissage ne sont pas dans les limites du territoire maritime, on peut se demander où la Conférence les place. Mais même dans cette mesure étroite où l'amendement de Bille avait été voté par la Commission, la Conférence ne devait pas l'admettre. L'Angleterre, qui s'était juré de ne laisser aborder, en dehors de l'assistance aux blessés,

(1) Rapport Rolin, *ibid.*

(2) Amendement proposé par M. de Bille, délégué du Danemark, à l'article 6 du projet de la déclaration de Bruxelles : « Ajouter à l'article 6, second alinéa, après les mots : « *les télégraphes de terre* », ceux de : « y compris les fils d'atterrissage établis dans les limites du territoire maritime de l'État ».

(3) Aubert, *La mer territoriale de la Norvège*, dans la *Revue générale de dr. intern. public*, t. I (1894), p. 432.

(4) *Annuaire de l'Institut de droit international*, t. XIII (1894). Parmi les délégués, un certain nombre, ayant pris part aux travaux de la session de Paris de l'Institut, avaient manifesté, les uns en faveur de la limite de six milles, les autres en faveur de la limite de dix, et parmi ces derniers se trouvait M. F. de Martens.

aucune question maritime, eut soin, en séance plénière, de demander le retrait total de cette addition, pourtant bien modeste et déjà mutilée (1). La prétention était singulière. Une fois de plus, l'attitude anglaise était à l'excès impérieuse et cassante. Mais, comme il fallait, pour le succès, l'entente, la Conférence s'inclina, sans même obtenir de sir Julian Pauncefote la promesse formelle que, pour sa récompense, la seconde Commission serait assurée de l'adhésion de l'Angleterre. Toujours dans le même esprit d'entente, la Commission oppose, avec une infatigable constance, toute une série de fins de non-recevoir aux propositions qui lui sont apportées. Suivant la tendance constamment restrictive, qui est celle des petits États vis-à-vis de l'occupant, la Suisse voulait faire dire que « le matériel des chemins de fer, même appartenant à l'État ennemi, serait restitué à la paix ». Le Comité de rédaction, qui craint les discussions, évite celle-ci, non sans adresse, par la raison commode que « cette question est du nombre de celles que doit régler le traité de paix » (2). Mais un peu plus loin, toujours dans l'idée neutre de limiter l'occupation dans ses effets, MM. Beernaert et Eyschen demandent que « le matériel de chemins de fer, provenant d'États neutres, qu'il appartienne à ces États ou à des sociétés ou personnes privées, leur soit renvoyé immédiatement, avec interdiction de l'employer pour les besoins de la guerre ». Cette rédaction est claire ; elle est conforme à la pure notion de neutralité, qui ne permet pas au belligérant d'utiliser dans une fin stratégique l'appui d'un tiers ; mais, conforme aux intérêts des petits États, neutres éventuels, la proposition est en désaccord avec celui des grands, belligérants futurs. Sa précision la condamne, parce qu'elle prend parti pour les premiers contre les seconds ; ainsi formulée, elle échouerait ; or la Commission veut l'entente, l'entente unanime, rapide, qui seule peut assurer aux yeux de l'opinion le succès de la Conférence. D'accord avec le Comité de rédaction, qui n'est pas formé pour préciser les textes et les raidir, mais pour les estomper et pour les assouplir, la sous-Commission se contente de poser le principe de la restitution *aussitôt que possible* (3), formule qui plaît par son manque de netteté, mais qui laisse place à tous les abus, puisqu'à un retour sans délai, elle substitue une restitution dont l'époque dépend d'une possibilité toujours incertaine et facilement discutable. Ainsi, quand la volonté d'aboutir ne mène pas au rejet des questions, elle mène au vague des formules.

F. *Dixième question : qui doit être reconnu comme partie belligérante?*

(1) Constater la disparition complète de l'amendement de Bille, en suite de ces observations, dans le texte définitif, art. 53.

(2) Rapport Rolin, p. 17.

(3) Deuxième Commission, 11e séance, 20 juin 1899.

— Enfin, la sous-Commission, touchant au terme de ses travaux, arrive à la question redoutable entre toutes : qui traiter comme combattants réguliers, aptes à revendiquer le bénéfice des lois de la guerre ? C'est ici qu'à la Conférence de Bruxelles avaient éclaté lesdis sentiments les plus graves. D'un côté, les grands États, où le service obligatoire enrôle toute la population valide, voudraient réglementer très étroitement la qualité de belligérants, tandis qu'au contraire les petits États, où l'armée proprement dite est faible, voudraient donner à la population le droit de se soulever devant l'ennemi, sans perdre aucun des attributs de la qualité de belligérants, par cela seul qu'elle ne contrevient pas aux lois de la guerre. « La Belgique est neutre. Elle a des limites restreintes, ce qui l'expose, dès le début de la guerre, à être occupée aussitôt qu'envahie. En conséquence, disait en 1874 le Baron Lambermont, je ne pourrai voter aucune clause, qui affaiblirait la défense nationale ou qui délierait les citoyens devant l'ennemi » (1). « Si l'on se reporte à l'histoire de la Suisse, déclarait à son tour le colonel fédéral Hammer, on y voit des vallées entières, sans être organisées ou commandées, se lever en masse pour marcher contre l'ennemi ». Le délégué de la Hollande, celui de Suède et Norvège avaient aussi protesté (2). En fin de compte, les articles 9 et 10 de la déclaration de Bruxelles organisaient un compromis. Suivant le vœu des grandes puissances, les conditions de la belligérance étaient étroitement réglementées (art. 9). Suivant le vœu des États secondaires, « la population d'un territoire non occupé, qui, à l'approche de l'ennemi, prend spontanément les armes pour combattre les troupes d'invasion, sans avoir eu le temps de s'organiser conformément à l'article 9, sera considérée comme belligérante si elle respecte les lois et coutumes du la guerre » (art. 10). Or, tandis que les grands États militaires trouvent ce texte excessif, les États militaires de second ordre le trouvent insuffisant. Ils veulent que les citoyens aient le droit de prendre les armes à l'approche de l'ennemi sans se conformer à l'article 9 alors qu'ils en auraient le temps ; ils veulent pouvoir le faire alors même que leur territoire est déjà occupé ; ils veulent surtout que la population pacifique puisse se soulever, dans tous les cas, sans encourir de représailles ; pour concilier la levée en masse des États secondaires avec l'intérêt des grands pays militaires, on pouvait entrevoir un système qui, sans faire tomber sous la loi martiale les citoyens soulevés, donnerait en ce cas au belligérant des droits plus étendus, par exemple celui de détruire les habitations, d'incendier les villages, de prélever, à titre d'amendes, de lourdes

(1) G.-F. de Martens et Stœrk, *Nouveau recueil général de traités*, 2e série, t. IV (1879), p. 20.
(2) *Ibid.*, p. 28 à 110.

contributions (1) ; en accordant aux citoyens soulevés en masse, sans répondre aux conditions de l'article 9, la qualité de belligérants, l'article 10 restait muet sur cette question. Suppression des conditions de l'article 9, droit de soulèvement du pays occupé, absence en tous cas de représailles : tel était le vœu des petits États. Sur les deux premiers points, l'article 10 était expressément contraire ; sur le troisième, son silence avait le même sens. Les grands États militaires, qui, en 1874, repoussaient l'article 10, n'y pouvaient maintenant consentir, par esprit de conciliation, qu'en le maintenant dans ses anciennes limites. Telles étaient, autant qu'on en peut juger par les procès-verbaux, les Instructions données en 1899 par l'Allemagne à sa délégation. En principe, elle devait s'opposer au vote de l'article 10; elle pouvait le voter par esprit de conciliation ; « mais ici, dit très catégoriquement le colonel de Schwarzhoff, ici mes concessions s'arrêtent ; il m'est absolument impossible de faire un pas de plus, et d'accorder une absolue liberté pour la défense » (2). Or c'est une absolue liberté que réclamaient les États secondaires.

Désireux de l'obtenir, M. Beernaert propose purement et simplement d'écarter les articles 9 et 10 (6e séance, 6 juin) (3), préférant, déclare-t-il, le droit des gens, qui est douteux, à la convention, qui est précise. M. F. de Martens sent qu'avec cette suppression c'est toute la réglementation de la guerre qui s'effondre et tout le succès pratique de la Conférence qui s'évanouit. « Le résultat serait au plus haut degré fatal et désastreux, répond-il, pour notre œuvre, car alors les gouvernements belligérants et les chefs militaires se diraient : « Par deux fois, en 1874 et en 1899, deux Conférences internationales ont réuni les hommes les plus compétents et les plus éminents du monde civilisé en la matière. Ils n'ont pas réussi à déterminer les lois et coutumes de la guerre. Ils se sont séparés en laissant exister le vague complet sur toutes ces questions. Ces hommes éminents, en discutant ces questions des droits et des devoirs des territoires envahis, n'ont trouvé aucune autre solution que de laisser tout dans le vague et dans le domaine du droit des gens ! Comment nous, les commandants en chef des armées, nous, qui sommes dans le feu de l'action, trouverions-nous le temps de résoudre ces controverses, alors qu'ils ont été impuissants à le faire en temps de paix » (4) ? Ce langage énergique, qui forçait la Commission à sortir du

(1) Pillet, *Le droit de la guerre*, t. I, p. 130 et suiv.
(2) Rapport Rolin, p. 3-4, et deuxième sous-Commission, n° 11, 20 juin 1899, p. 3.
(3) Deuxième Commission, deuxième sous-Commission, n° 6, 6 juin 1899. Discours Beernaert, 2e partie, p. 3 et suiv.
(4) *Ibid.*, p. 5 et suiv.

vague, suscite alors chez les petits États, désireux de conserver leur liberté, une combinaison nouvelle que, deux séances plus tard, le 10 juin, propose l'Angleterre. M. F. de Martens avait dit que la déclaration des lois de la guerre devait être, plus encore qu'une convention *un acte d'éducation* international. Habilement sir John Ardagh propose « de n'accepter la déclaration que comme une base générale pour les instructions des troupes, sans aucun engagement d'accepter tous les articles » (1). C'était donner à la déclaration des lois et coutumes de la guerre la valeur platonique d'un texte non obligatoire, qui servirait de manuel ou de guide aux États, sans jamais s'imposer à eux comme une loi. Si l'Angleterre avait besoin d'un conseil de ce genre, elle pouvait le trouver, soit dans le projet de Bruxelles, soit dans le Manuel d'Oxford. Il était inutile d'adjoindre à la Conférence de la Paix une section des lois de la guerre pour « faire ici constater toutes les opinions pour et contre ». En vain sir John Ardagh alléguait-il que son gouvernement adopterait volontiers cette idée au lieu de l'abstention communiquée au gouvernement impérial (russe) à la fin de la Conférence de 1874 par lord Derby. Sous cette apparente différence d'attitude, il n'y avait en réalité que deux formes, l'une franche et l'autre déguisée, d'une même abstention. La Conférence de la Haye voulait aboutir, mais ne pouvait, sans se déshonorer, entrer dans cette voie platonique. Avec infiniment d'énergie, M. F. de Martens, dont la présidence fut tout à fait remarquable, répondit que l'Angleterre restait libre. « Il est bien entendu que la déclaration n'aura force obligatoire que pour les États contractants ou accédants..... Pour exprimer clairement quel est, dans l'esprit du gouvernement russe, le but de la Conférence en ce qui concerne cette matière, je ne saurais trouver une meilleure image que celle d'une « Société d'assurance mutuelle contre les abus de la force en temps de guerre ». Eh bien, on est libre de participer ou non à cette société ; mais, pour qu'elle existe, il lui faut des statuts » (2), c'est-à-dire une convention obligatoire. Il ne restait donc aux petits États militaires, Angleterre en tête, qu'une seule ressource : entrer dans la société, pour en rédiger les statuts à leur bénéfice. C'est en effet la tactique qu'ils adoptèrent aussitôt.

D'une part, sir John Ardagh propose, à la suite des articles 9 et 10, l'article additionnel suivant : « Rien dans ce chapitre ne doit être considéré comme tendant à amoindrir ou à supprimer le droit qui appartient à la population d'un pays envahi de remplir son devoir d'opposer aux envahisseurs par tous moyens licites la résistance patriotique la plus

(1) Deuxième Commission, deuxième sous-Commission, Annexe au compte-rendu sommaire de la séance du 10 juin 1899, p. 1.
(2) *Ibid.*, p. 2.

énergique » (1). D'autre part, la délégation suisse apporte à l'article 5 de la Commission un amendement E ainsi conçu : « Il ne pourra être exercé de représailles sur la population du territoire occupé pour avoir pris ouvertement les armes contre l'invasion » (2). Le sens de ces propositions est manifeste. Non seulement les citoyens pris les armes à la main seront traités en prisonniers de guerre, mais encore les belligérants ne pourront punir les résistances collectives ni par le pillage, ni par les amendes, ni par l'incendie, ni par aucune espèce de représailles. Quel est le grand État militaire qui voudrait se désarmer d'avance contre les nations non-militarisées ? Le conflit est imminent. Il va se produire. Mais M. F. de Martens a vu quel danger courait l'entente. Il va, par une manœuvre habile, tenter d'éviter le conflit.

Le 20 juin (11e séance), avant d'ouvrir directement la discussion sur les articles 9 et 10, le Président, désireux d'obtenir l'adhésion des petites puissances à ces articles, fait d'office la déclaration « qu'il n'a pas été possible de concerter, dès maintenant, des stipulations s'étendant à tous les cas qui se présentent dans la pratique », que, « d'autre part, il n'a pas pu entrer dans les intentions de la Conférence que les cas non prévus fussent, faute de stipulation écrite, laissés à l'appréciation arbitraire de ceux qui dirigent les armées », « qu'en attendant qu'un code tout à fait complet des lois de la guerre puisse être édicté, les populations et les belligérants restent sous la sauvegarde des principes du droit des gens, tels qu'ils résultent des usages établis entre nations civilisées, des lois de l'humanité et des exigences de la conscience publique » (3). Ou cette déclaration ne veut rien dire, ou elle signifie que si la population d'un territoire occupé se soulève, c'est au droit des gens à dire si elle est belligérante, car la convention, par son silence, n'entend pas lui refuser cette qualité, mais simplement réserver la question. De même, forcé par l'article 10 de traiter les citoyens du territoire non encore occupé comme belligérants quand à son approche ils se sont soulevés, l'envahisseur ne peut-il au moins se venger sur leurs biens, par le pillage, l'incendie, les contributions pécuniaires ? C'est encore, d'après M. F. de Martens, une question flottante, laissée au droit des gens. Par ces réserves, la Conférence arrive à rendre douteuse en fait la question même qu'elle veut régler. Aussi M. Beernaert, qui proposait de la laisser dans le vague des principes généraux, s'empresse-t-il de s'y rallier. Il lui suffit que, suivant la proposition de M. de Bille (Danemark), le texte de la

(1) Deuxième Commission, deuxième sous-Commission, n° 11, p. 3.
(2) *Ibid.*, p. 3.
(3) N° 11, 20 juin 1899, p. 2.

déclaration du Président figure au procès-verbal (1). Alors, dans une suprême tentative de conciliation, le Président demande à sir John Ardagh et au colonel Künzli (2) si l'insertion de sa déclaration au procès-verbal ne leur suffit pas. Ce n'est pas, comme on pourrait le croire, comme certains même semblent l'avoir cru (3), que la Conférence donnât par cette insertion l'équivalent de ces deux amendements. Elle laissait seulement dans le vague la question des représailles et celle du soulèvement postérieur du pays occupé, graves problèmes qu'ils voulaient résoudre en faveur de la défense nationale et que la déclaration présidentielle faisait entrer dans le domaine, de plus en plus large, des questions réservées. Mais cette simple réserve était, à la rigueur, suffisante. Déjà la délégation suisse s'était ralliée très vite à la très large proposition anglaise ; à son tour sir John Ardagh retire sa proposition, sur la promesse que la déclaration de M. F. de Martens serait officiellement inscrite au protocole. Encore une fois, pour ne pas compromettre l'harmonie, la Conférence refusait de parti pris les éclaircissements et les précisions nécessaires à la pratique. A la recherche de l'entente, elle s'enfonçait de plus en plus dans le vague. L'habileté de M. F. de Martens, son courage, sa fermeté, sont dignes des plus grands éloges. Mais, après avoir refusé d'entrer dans les vues de M. Beernaert, qui voulait tout laisser dans l'ombre, n'y revenait-il pas en couvrant officiellement d'incertitude les points les plus discutés de la question (art. 9 et 10 anciens, 1 et 2 nouveaux)? Volontiers, on serait tenté de reprendre contre l'éminent Président et surtout contre les délégués (4) ces belles paroles de M. de Martens lui-même : « Ils n'ont pas réussi à déterminer les lois et coutumes de la guerre. Ils se sont séparés en laissant exister le vague complet sur toutes ces questions. Ces hommes éminents, en discutant ces questions des droits et des devoirs des territoires envahis, n'ont trouvé aucune autre solution que de laisser tout (nous dirons presque tout) dans le vague domaine du droit des gens » (5).

(1) *Ibid.*, p. 3. La déclaration de M. F. de Martens figure au préambule de la convention, dont le texte a été arrêté, pour les lois de la guerre, par l'Acte final. V. *infrà*.

(2) *Ibid.*, p. 3-4.

(3) V. l'échange de vues entre MM. Léon Bourgeois, Beernaert, Miyatovitch, de Bille, Bildt, Künzli, etc., *ibid.*, p. 4.

(4) Annexe à la 6e séance, 6 juin 1899, p. 6.

(5) Voici le texte de la convention concernant les lois et coutumes de la guerre sur terre :

« Les Souverains ou chefs d'États des pays représentés à la Conférence (*suivent les noms*) ; considérant que, tout en recherchant les moyens de sauvegarder la paix et de prévenir les conflits armés entre les nations, il importe de se préoccuper également du cas où l'appel aux armes serait amené par des événements que leur sollicitude n'aurait pu détourner ; animés du désir de servir encore, dans cette hypothèse extrême, les in-

III

TROISIÈME COMMISSION. — SOLUTION PACIFIQUE DES CONFLITS INTERNATIONAUX (1).

Dans sa première circulaire, le Tsar ne parlait que du désarmement. Il songeait au fardeau de la paix armée bien plus qu'aux cruautés de la guerre. Dans la seconde circulaire, il élargit son horizon. A côté du désarmement, il préconise, en terminant, au 8e et dernier chef de son programme, la recherche des moyens propres à prévenir la guerre par la

térêts de l'humanité et les exigences toujours progressives de la civilisation ; estimant qu'il importe à cette fin de réviser les lois et coutumes générales de la guerre, soit dans le but de les définir avec plus de précision, soit afin d'y tracer certaines limites destinées à en restreindre autant que possible les rigueurs ; s'inspirant de ces vues recommandées aujourd'hui, comme il y a vingt-cinq ans, lors de la Conférence de Bruxelles, de 1874, par une sage et généreuse prévoyance ; ont, dans cet esprit, adopté un grand nombre de dispositions qui ont pour objet de définir et de régler les usages de la guerre sur terre. Selon les vues des Hautes Parties Contractantes, ces dispositions, dont la rédaction a été inspirée par le désir d'adoucir les maux de la guerre autant que les nécessités militaires le permettent, sont destinées à servir de règle générale de conduite aux belligérants dans leurs rapports entre eux et avec les populations. Il n'a pu entrer dans l'intention des Hautes Parties Contractantes que les cas non prévus fussent, faute de stipulation écrite, laissés à l'appréciation arbitraire de ceux qui dirigent les armées. En attendant qu'un code plus complet des lois de la guerre puisse être édicté, les Hautes Parties Contractantes jugent opportun de constater que, dans les cas non prévus, les populations et les belligérants restent sous la sauvegarde et sous l'empire du droit des gens, tel qu'il résulte des usages établis entre nations civilisées, des lois de l'humanité et des exigences de la conscience publique. Elles déclarent que c'est dans ce sens que doivent s'entendre notamment les articles 1 et 2 du Règlement adopté :

ARTICLE 1er. — Les Hautes Parties Contractantes donneront à leurs forces armées de terre des Instructions qui seront conformes au *Règlement concernant les lois et coutumes de la guerre sur terre*, annexé à la présente convention.

ART. 2. — Les dispositions contenues dans le Règlement visé à l'article 1er ne sont obligatoires que pour les puissances contractantes, en cas de guerre entre deux ou plusieurs d'entre elles. Ces dispositions cesseront d'être obligatoires du moment où, dans une guerre entre des puissances contractantes, une puissance non contractante se joindrait à l'un des belligérants.

ART. 3. — La présente convention sera ratifiée dans le plus bref délai possible. Les ratifications seront déposées à la Haye. Il sera dressé du dépôt de chaque ratification un procès-verbal, dont une copie, certifiée conforme, sera remise par la voie diplomatique à toutes les puissances contractantes.

ART. 4. — Les puissances non signataires sont admises à adhérer à la présente convention. Elles auront, à cet effet, à faire connaître leur adhésion aux puissances contractantes, au moyen d'une notification écrite, adressée au gouvernement des Pays-Bas et communiquée par celui-ci à toutes les autres puissances contractantes.

ART. 5. — S'il arrivait qu'une des Hautes Parties Contractantes dénonçât la présente convention, cette dénonciation ne produirait son effet qu'un an après la notification faite par écrit au gouvernement des Pays-Bas et communiquée immédiatement par

(1) Troisième Commission : M. Léon Bourgeois, Président ; le Chevalier Descamps, rapporteur.

solution pacifique des conflits internationaux. Ici sa généreuse initiative se montrait, plus qu'ailleurs, désintéressée. Si la Russie pouvait paraî-

celui-ci à toutes les autres puissances contractantes. Cette dénonciation ne produira ses effets qu'à l'égard de la puissance qui l'aura notifiée.

Annexe a la convention.

Règlement concernant les lois et coutumes de la guerre sur terre.

Section I. — *Des belligérants.*

Chapitre Ier. — De la qualité de belligérant.

Article 1er. — Les lois, les droits et les devoirs de la guerre ne s'appliquent pas seulement à l'armée, mais encore aux milices et aux corps de volontaires réunissant les conditions suivantes : 1° d'avoir à leur tête une personne responsable pour ses subordonnés ; 2° d'avoir un signe distinctif fixe et reconnaissable à distance ; 3° de porter les armes ouvertement ; 4° de se conformer dans leurs opérations aux lois et coutumes de la guerre. — Dans les pays où les milices ou des corps de volontaires constituent l'armée ou en font partie, ils sont compris sous la dénomination d'armée.

Art. 2. — La population d'un territoire non occupé qui, à l'approche de l'ennemi, prend spontanément les armes pour combattre les troupes d'invasion sans avoir eu le temps de s'organiser conformément à l'article 1er, sera considérée comme belligérante si elle respecte les lois et coutumes de la guerre.

Art. 3. — Les forces armées des parties belligérantes peuvent se composer de combattants et de non combattants. En cas de capture par l'ennemi, les uns et les autres ont droit au traitement des prisonniers de guerre.

Chapitre II. — Des prisonniers de guerre.

Art. 4. — Les prisonniers de guerre sont au pouvoir du gouvernement ennemi, mais non des individus ou des corps qui les ont capturés. — Ils doivent être traités avec humanité. — Tout ce qui leur appartient personnellement, excepté les armes, les chevaux et les papiers militaires, reste leur propriété.

Art. 5. — Les prisonniers de guerre peuvent être assujettis à l'internement dans une ville, forteresse, camp ou localité quelconque, avec obligation de ne pas s'en éloigner au delà de certaines limites déterminées ; mais ils ne peuvent être enfermés que par mesure de sûreté indispensable.

Art. 6. — L'État peut employer, comme travailleurs, les prisonniers de guerre, selon leur grade et leurs aptitudes. Ces travaux ne seront pas excessifs et n'auront aucun rapport avec les opérations de la guerre. — Les prisonniers peuvent être autorisés à travailler pour le compte d'administrations publiques ou de particuliers, ou pour leur propre compte. — Les travaux faits pour l'État sont payés d'après les tarifs en vigueur pour les militaires de l'armée nationale exécutant les mêmes travaux. — Lorsque les travaux ont lieu pour le compte d'autres administrations publiques ou pour des particuliers, les conditions en sont réglées d'accord avec l'autorité militaire. — Le salaire des prisonniers contribuera à adoucir leur position, et le surplus leur sera compté au moment de leur libération, sauf défalcation des frais d'entretien.

Art. 7. — Le gouvernement au pouvoir duquel se trouvent les prisonniers de guerre est chargé de leur entretien. — A défaut d'une entente spéciale entre les belligérants, les prisonniers de guerre seront traités, pour la nourriture, le couchage et l'habillement, sur le même pied que les troupes du gouvernement qui les aura capturés.

Art. 8. — Les prisonniers de guerre seront soumis aux lois, règlements et ordres en vigueur dans l'armée de l'État au pouvoir duquel ils se trouvent. — Tout acte d'insubordination autorise, à leur égard, les mesures de rigueur nécessaires. — Les prisonniers évadés, qui seraient repris avant d'avoir pu rejoindre leur armée ou avant de quitter le territoire occupé par l'armée qui les aura capturés, sont passibles de peines

tre chercher son profit personnel dans la limitation des budgets de la guerre, alors qu'elle avait, plus que tout autre État, besoin d'argent pour ses budgets de paix, personne du moins ne pouvait la soupçonner d'ar-

disciplinaires. — Les prisonniers qui, après avoir réussi à s'évader, sont de nouveau faits prisonniers, ne sont passibles d'aucune peine pour la fuite antérieure.

Art. 9. — Chaque prisonnier de guerre est tenu de déclarer, s'il est interrogé à ce sujet, ses véritables noms et grade et, dans le cas où il enfreindrait cette règle, il s'exposerait à une restriction des avantages accordés aux prisonniers de guerre de sa catégorie.

Art. 10. — Les prisonniers de guerre peuvent être mis en liberté sur parole, si les lois de leur pays les y autorisent, et, en pareil cas, ils sont obligés, sous la garantie de leur honneur personnel, de remplir scrupuleusement, tant vis-à-vis de leur propre gouvernement que vis-à-vis de celui qui les a faits prisonniers, les engagements qu'ils auraient contractés. — Dans le même cas, leur propre gouvernement est tenu de n'exiger ni accepter d'eux aucun service contraire à la parole donnée.

Art. 11. — Un prisonnier de guerre ne peut être contraint d'accepter sa liberté sur parole ; de même le gouvernement ennemi n'est pas obligé d'accéder à la demande du prisonnier réclamant sa mise en liberté sur parole.

Art. 12. — Tout prisonnier de guerre, libéré sur parole et repris portant les armes contre le gouvernement envers lequel il s'était engagé d'honneur, ou contre les alliés de celui-ci, perd le droit au traitement des prisonniers de guerre et peut être traduit devant les tribunaux.

Art. 13. — Les individus qui suivent une armée sans en faire directement partie, tels que les correspondants et les reporters de journaux, les vivandiers, les fournisseurs, qui tombent au pouvoir de l'ennemi et que celui-ci juge utile de détenir, ont droit au traitement des prisonniers de guerre, à condition qu'ils soient munis d'une légitimation de l'autorité militaire de l'armée qu'ils accompagnaient.

Art. 14. — Il est constitué, dès le début des hostilités, dans chacun des États belligérants et, le cas échéant, dans les pays neutres qui auront recueilli des belligérants sur leur territoire, un Bureau de renseignements sur les prisonniers de guerre. Ce Bureau, chargé de répondre à toutes les demandes qui les concernent, reçoit des divers services compétents toutes les indications nécessaires pour lui permettre d'établir une fiche individuelle pour chaque prisonnier de guerre. Il est tenu au courant des internements et des mutations, ainsi que des entrées dans les hôpitaux et des décès. — Le Bureau de renseignements est également chargé de recueillir et de centraliser tous les objets d'un usage personnel, valeurs, lettres, etc., qui seront trouvés sur les champs de bataille ou délaissés par des prisonniers décédés dans les hôpitaux et ambulances, et de les transmettre aux intéressés,

Art. 15. — Les Sociétés de secours pour les prisonniers de guerre, régulièrement constituées selon la loi de leur pays et ayant pour objet d'être les intermédiaires de l'action charitable, recevront, de la part des belligérants, pour elles et pour leurs agents dûment accrédités, toute facilité, dans les limites tracées par les nécessités militaires et les règles administratives, pour accomplir efficacement leur tâche d'humanité. Les délégués de ces Sociétés pourront être admis à distribuer des secours dans les dépôts d'internement, ainsi qu'aux lieux d'étapes des prisonniers rapatriés, moyennant une permission personnelle délivrée par l'autorité militaire, et en prenant l'engagement par écrit de se soumettre à toutes les mesures d'ordre et de police que celle-ci prescrirait.

Art. 16. — Les Bureaux de renseignements jouissent de la franchise de port. Les lettres, mandats et articles d'argent, ainsi que les colis postaux destinés aux prisonniers de guerre ou expédiés par eux, seront affranchis de toutes taxes postales, aussi bien dans les pays d'origine et de destination que dans les pays intermédiaires. — Les dons et secours en nature destinés aux prisonniers de guerre seront admis en franchise de

rière-pensée, quand elle proposait aux peuples l'étude des moyens pro pres à la solution pacifique des conflits. Précisément parce qu'ici l'invi tation défiait le soupçon, la généralité des puissances était plus disposé à coopérer à l'entreprise. Quelque nouvelles que fussent les proposition

tous droits d'entrée et autres, ainsi que des taxes de transport sur les chemins de f exploités par l'État.

Art. 17. — Les officiers prisonniers pourront recevoir le complément, s'il y a lieu de la solde qui leur est attribuée dans cette situation par les règlements de leurs pays à charge de remboursement par leur gouvernement.

Art. 18. — Toute latitude est laissée aux prisonniers de guerre pour l'exercice d leur religion, y compris l'assistance aux offices de leur culte, à la seule condition de s conformer aux mesures d'ordre et de police prescrites par l'autorité militaire.

Art. 19. — Les testaments des prisonniers de guerre sont reçus ou dressés dans le mêmes conditions que pour les militaires de l'armée nationale. — On suivra égalemen les mêmes règles en ce qui concerne les pièces relatives à la constatation des décès ainsi que pour l'inhumation des prisonniers de guerre, en tenant compte de leur grad et de leur rang.

Art. 20. — Après la conclusion de la paix, le rapatriement des prisonniers de guerr s'effectuera dans le plus bref délai possible.

Chapitre III. — Des malades et des blessés.

Art. 21. — Les obligations des belligérants concernant le service des malades et de blessés sont régies par la convention de Genève du 22 août 1864, sauf les modification dont celle-ci pourra être l'objet.

SECTION II. — *Des hostilités.*

Chapitre Ier. — Des moyens de nuire à l'ennemi, des sièges et des bombardements.

Art. 22. — Les belligérants n'ont pas un droit illimité quant au choix des moyens d nuire à l'ennemi.

Art. 23. — Outre les prohibitions établies par des conventions spéciales, il est notamment interdit : *a*) d'employer du poison ou des armes empoisonnées ; *b*) de tuer ou de blesser par trahison des individus appartenant à la nation ou à l'armée ennemie ; *c*) de tuer ou de blesser un ennemi qui, ayant mis bas les armes ou n'ayant plus les moyens de se défendre, s'est rendu à discrétion ; *d*) de déclarer qu'il ne sera pas fait de quartier ; *e*) d'employer des armes, des projectiles ou des matières propres à causer des maux superflus ; *f*) d'user indûment du pavillon parlementaire, du pavillon national ou des insignes militaires et de l'uniforme de l'ennemi, ainsi que des signes distinctifs de la convention de Genève ; *g*) de détruire ou de saisir des propriétés ennemies, sauf les cas où ces destructions ou ces saisies seraient impérieusement commandées par les nécessités de la guerre.

Art. 24. — Les ruses de guerre et l'emploi des moyens nécessaires pour se procurer des renseignements sur l'ennemi et sur le terrain sont considérés comme licites.

Art. 25. — Il est interdit d'attaquer ou de bombarder des villes, villages, habitations ou bâtiments qui ne sont pas défendus.

Art. 26. — Le commandant des troupes assaillantes, avant d'entreprendre le bombardement, et sauf le cas d'attaque de vive force, devra faire tout ce qui dépend de lui pour en avertir les autorités.

Art. 27. — Dans les sièges et bombardements, toutes les mesures nécessaires doivent être prises pour épargner, autant que possible, les édifices consacrés aux cultes, aux arts, aux sciences et à la bienfaisance, les hôpitaux et lieux de rassemblement de malades et de blessés, à condition qu'ils ne soient pas employés en même temps à un but

du Tsar, elles trouvaient sur ce point, dans les milieux diplomatiques, une franche sympathie, dont les délégués russes ont pris tout d'abord une encourageante impression. L'œuvre avait de plus, ici, dans la pratique antérieure, un fondement positif. Il n'y a pas de mouvement historique en faveur du désarmement (en dehors des idées), tandis que ce

militaire. — Le devoir des assiégés est de désigner ces édifices ou lieux de rassemblement par des signes visibles spéciaux qui seront notifiés d'avance à l'assiégeant.

Art. 28. — Il est interdit de livrer au pillage même une ville ou localité prise d'assaut.

Chapitre II. — Des espions.

Art. 29. — Ne peut être considéré comme espion que l'individu qui, agissant clandestinement ou sous de faux prétextes, recueille ou cherche à recueillir des informations dans la zone d'opérations d'un belligérant, avec l'intention de les communiquer à la partie adverse. Ainsi, les militaires non déguisés qui ont pénétré dans la zone d'opérations de l'armée ennemie, à l'effet de recueillir des informations, ne sont pas considérés comme espions. De même, ne sont pas considérés comme espions : les militaires et les non-militaires, accomplissant ouvertement leur mission, chargés de transmettre des dépêches destinées soit à leur propre armée, soit à l'armée ennemie. A cette catégorie appartiennent également les individus envoyés en ballon pour transmettre les dépêches, et, en général, pour entretenir les communications entre les diverses parties d'une armée ou d'un territoire.

Art. 30. — L'espion pris sur le fait ne pourra être puni sans jugement préalable.

Art. 31. — L'espion qui, ayant rejoint l'armée à laquelle il appartient, est capturé plus tard par l'ennemi, est traité comme prisonnier de guerre et n'encourt aucune responsabilité pour ses actes d'espionnage antérieurs.

Chapitre III. — Des parlementaires.

Art. 32. — Est considéré comme parlementaire, l'individu autorisé par l'un des belligérants à entrer en pourparlers avec l'autre et se présentant avec le drapeau blanc. Il a droit à l'inviolabilité, ainsi que le trompette, clairon ou tambour, le porte-drapeau et l'interprète qui l'accompagneraient.

Art. 33. — Le chef auquel un parlementaire est expédié n'est pas obligé de le recevoir en toutes circonstances. — Il peut prendre toutes les mesures nécessaires afin d'empêcher le parlementaire de profiter de sa mission pour se renseigner. — Il a le droit, en cas d'abus, de retenir temporairement le parlementaire.

Art. 34. — Le parlementaire perd ses droits d'inviolabilité, s'il est prouvé, d'une manière positive et irrécusable, qu'il a profité de sa position privilégiée pour provoquer ou commettre un acte de trahison.

Chapitre IV. — Des capitulations.

Art. 35. — Les capitulations arrêtées entre les parties contractantes doivent tenir compte des règles de l'honneur militaire. — Une fois fixées, elles doivent être scrupuleusement observées par les deux parties.

Chapitre V. — De l'armistice.

Art. 36. — L'armistice suspend les opérations de guerre par un accord mutuel des parties belligérantes. Si la durée n'en est pas déterminée, les parties belligérantes peuvent reprendre en tout temps les opérations, pourvu toutefois que l'ennemi soit averti en temps convenu, conformément aux conditions de l'armistice.

Art. 37. — L'armistice peut être général ou local. Le premier suspend partout les opérations de guerre des Etats belligérants ; le second, seulement entre certaines fractions des armées belligérantes et dans un rayon déterminé.

Art. 38. — L'armistice doit être notifié officiellement et en temps utile aux autorités

mouvement existe en faveur de l'arbitrage, à titre de faits. Aujourd'hui nul peuple ne pratique le désarmement. Les bons offices, la médiation, l'arbitrage sont au contraire d'un usage, qui, pour être toujours trop rare, n'en est pas moins de plus en plus fréquent. Les précédents se multiplient, la tendance au développement s'accentue chaque jour. Il

compétentes et aux troupes. Les hostilités sont suspendues immédiatement après la notification ou au terme fixé.

Art. 39. — Il dépend des parties contractantes de fixer, dans les clauses de l'armistice, les rapports qui pourraient avoir lieu, sur le théâtre de la guerre, avec les populations et entre elles.

Art. 40. — Toute violation grave de l'armistice, par l'une des parties, donne à l'autre le droit de le dénoncer et même, en cas d'urgence, de reprendre immédiatement les hostilités.

Art. 41. — La violation des clauses de l'armistice, par des particuliers agissant de leur propre initiative, donne droit seulement à réclamer la punition des coupables et, s'il y a lieu, une indemnité pour les pertes éprouvées.

SECTION III. — *De l'autorité militaire sur le territoire de l'État ennemi.*

Art. 42. — Un territoire est considéré comme occupé lorsqu'il se trouve placé de fait sous l'autorité de l'armée ennemie. — L'occupation ne s'étend qu'aux territoires où cette autorité est établie et en mesure de s'exercer.

Art. 43. — L'autorité du pouvoir légal ayant passé de fait entre les mains de l'occupant, celui-ci prendra toutes les mesures qui dépendent de lui en vue de rétablir et d'assurer, autant qu'il est possible, l'ordre et la vie publics en respectant, sauf empêchement absolu, les lois en vigueur dans le pays.

Art. 44. — Il est interdit de forcer la population d'un territoire occupé à prendre part aux opérations militaires contre son propre pays.

Art. 45. — Il est interdit de contraindre la population d'un territoire occupé à prêter serment à la puissance ennemie.

Art. 46. — L'honneur et les droits de la famille, la vie des individus et la propriété privée, ainsi que les convictions religieuses et l'exercice des cultes, doivent être respectés. — La propriété privée ne peut pas être confisquée.

Art. 47. — Le pillage est formellement interdit.

Art. 48. — Si l'occupant prélève, dans le territoire occupé, les impôts, droits et péages établis au profit de l'État, il le fera, autant que possible, d'après les règles de l'assiette et de la répartition en vigueur, et il en résultera pour lui l'obligation de pourvoir aux frais de l'administration du territoire occupé dans la mesure où le gouvernement légal y était tenu.

Art. 49. — Si, en dehors des impôts visés à l'article précédent, l'occupant prélève d'autres contributions en argent dans le territoire occupé, ce ne pourra être que pour les besoins de l'armée ou de l'administration de ce territoire.

Art. 50. — Aucune peine collective, pécuniaire ou autre, ne pourra être édictée contre les populations à raison de faits individuels dont elles ne pourraient être considérées comme solidairement responsables.

Art. 51. — Aucune contribution ne sera perçue qu'en vertu d'un ordre écrit et sous la responsabilité d'un général en chef. — Il ne sera procédé, autant que possible, à cette perception que d'après les règles de l'assiette et de la répartition des impôts en vigueur. — Pour toute contribution, un reçu sera délivré aux contribuables.

Art. 52. — Des réquisitions en nature et des services ne pourront être réclamés des communes ou des habitants que pour les besoins de l'armée d'occupation. Ils seront en rapport avec les ressources du pays et de telle nature qu'ils n'impliquent pas pour

n'y avait plus qu'à canaliser la pratique pour la fixer, à recueillir parmi les progrès réalisés ceux qui paraissaient justifiés par l'expérience. Une base solide de précédents diplomatiques et de travaux antérieurs offrait à la Conférence le point d'appui nécessaire à toute construction nouvelle. En même temps il s'agissait ici, comme à la première Commission, d'une

les populations l'obligation de prendre part aux opérations de la guerre contre leur patrie. — Ces réquisitions et ces services ne seront réclamés qu'avec l'autorisation du commandant dans la localité occupée. — Les prestations en nature seront, autant que possible, payées au comptant ; sinon elles seront contatées par des reçus.

Art. 53. — L'armée qui occupe un territoire ne pourra saisir que le numéraire, les fonds et les valeurs exigibles appartenant en propre à l'État, les dépôts d'armes, moyens de transport, magasins et approvisionnement et, en général, toute propriété mobilière de l'État de nature à servir aux opérations de la guerre. — Le matériel des chemins de fer, les télégraphes de terre, les téléphones, les bateaux à vapeur et autres navires, en dehors des cas régis par la loi maritime, de même que les dépôts d'armes et en général toute espèce de munitions de guerre, même appartenant à des sociétés ou à des personnes privées, sont également des moyens de nature à servir aux opérations de la guerre, mais devront être restitués, et les indemnités seront réglées à la paix.

Art. 54. — Le matériel des chemins de fer provenant d'États neutres, qu'il appartienne à ces États ou à des sociétés ou personnes privées, leur sera renvoyé aussitôt que possible.

Art. 55. — L'État occupant ne se considérera que comme administrateur et usufruitier des édifices publics, immeubles, forêts et exploitations agricoles appartenant à l'État ennemi et se trouvant dans le pays occupé. Il devra sauvegarder le fonds de ces propriétés et les administrer conformément aux règles de l'usufruit.

Art. 56. — Les biens des communes, ceux des établissements consacrés aux cultes, à la charité et à l'instruction, aux arts et aux sciences, même appartenant à l'État, seront traités comme la propriété privée. — Toute saisie, destruction ou dégradation intentionnelle de semblables établissements, de monuments historiques, d'œuvres d'art et de science, est interdite et doit être poursuivie.

Section IV. — *Des belligérants internés et des blessés soignés chez les neutres.*

Art. 57. — L'État neutre qui reçoit sur son territoire des troupes appartenant aux armées belligérantes, les internera, autant que possible, loin du théâtre de la guerre. — Il pourra les garder dans des camps, et même les enfermer dans des forteresses ou dans des lieux appropriés à cet effet. — Il décidera si les officiers peuvent être laissés libres en prenant l'engagement sur parole de ne pas quitter le territoire neutre sans autorisation.

Art. 58. — A défaut de convention spéciale, l'État neutre fournira aux internés les vivres, les habillements et les secours commandés par l'humanité. — Bonification sera faite, à la paix, des frais occasionnés par l'internement.

Art. 59. — L'État neutre pourra autoriser le passage sur son territoire des blessés ou malades appartenant aux armées belligérantes, sous la réserve que les trains qui les amèneront ne transporteront ni personnel ni matériel de guerre. En pareil cas, l'État neutre est tenu de prendre les mesures de sûreté et de contrôle nécessaires à cet effet. — Les blessés ou malades amenés dans ces conditions sur le territoire neutre par un des belligérants, et qui appartiendraient à la partie adverse, devront être gardés par l'État neutre, de manière qu'ils ne puissent pas de nouveau prendre part aux opérations de la guerre. Celui-ci aura les mêmes devoirs quant aux blessés ou malades de l'autre armée qui lui seraient confiés.

Art. 60. — La convention de Genève s'applique aux malades et aux blessés internés sur territoires neutres ».

œuvre de paix. Pour s'assurer le succès, comme garantie contre un échec, la Russie, désireuse d'aboutir, avait introduit dans le programme de la Conférence les questions anciennes de Genève (1868) et de Bruxelles (1874) ; mais elle sentait bien ce qu'il y avait de choquant à voir dans la réglementation de la guerre le seul résultat d'une Conférence qui, d'un nom magnifiquement large, s'appelait Conférence de la Paix. En cherchant un résultat du côté de l'arbitrage, la proposition russe trouvait un aboutissement plus facile, tout en restant dans les limites de son programme de paix. Enfin, tandis que la deuxième Commission évoluait à la suite de Conférences antérieures, la troisième s'ouvrait elle-même son chemin : or, les délégués, par un sentiment naturel, s'intéressaient surtout à la partie nouvelle de leur œuvre. C'est ainsi qu'autour du 8e chef et dernier de la circulaire Mouravieff s'est peu à peu concentré tout l'effort de la Conférence. D'une proposition perdue, reléguée dans l'ombre d'un alinéa final de son programme, la Conférence de la Haye a fait son thème fondamental. Du désarmement elle a, comme le projet russe, peu à peu dévié vers l'arbitrage. La troisième Commission, chargée de la solution pacifique des conflits internationaux, est rapidement devenue, par l'importance de sa tentative et l'intérêt de son œuvre, la première de toutes. Soutenu par l'habile autorité d'un Président sympathique au projet russe tant par nationalité que par humanité, l'effort des délégués s'est rapidement porté sur ce point.

Tandis qu'en matière de désarmement il n'y avait qu'un seul projet, le projet russe, en matière de médiation et d'arbitrage les projets se multiplient. L'Italie, l'Angleterre et les États-Unis collaborent avec la Russie (1). Même ils apportent dans cette collaboration plus de zèle et d'ardeur que la Russie. L'Italie, terre classique du droit, se croit tenue par son passé de servir la cause de la médiation et de l'arbitrage (2). Le 24 novembre 1873, Mancini proposait et développait à la Chambre des députés « le vœu que le gouvernement du Roi, dans ses relations étrangères, s'efforçât de rendre l'arbitrage un moyen accepté et fréquent de résoudre, selon la justice, les controverses internationales ». Motion qui, mise aux voix, fut adoptée à l'unanimité (3). Après avoir, de 1879 à 1898,

(1) Prof. Stengel (délégué allemand), dans les *Münchener Neuesten Nachrichten* : « Es wurden der Konferenz in dieser Frage nicht bloss von russischer, sondern auch von englischer, amerikanischer und italienischer Seite Vorschläge unterbreitet und sehr bald erschien die Lösung der Schiedsgerichtsfrage als ausschlaggebend für das Schiksal der Konferenz » (Cité par A. Schäffle, *Die Friedenskonferenz im Haag*, *loc. cit.*, p. 735).

(2) Corsi, *Arbitrati internazionali*, p. 5 et suiv., développe très bien cette idée que l'arbitrage est avant tout un moyen de droit.

(3) *Rendiconti del Parlamento italiano*, sessione del 1873-74, *Camera dei deputati*, I, p. 27-36.

admis dans dix-neuf traités la clause compromissoire (1), elle venait le 23 juillet 1898, de passer avec la République argentine un traité général d'arbitrage (2). Un tel passé faisait d'elle, au Congrès de la Haye, l'un des champions tout désignés de la cause arbitrale. L'Angleterre a de tout temps manifesté des sympathies profondes en faveur des modes pacifiques de solution des conflits internationaux. Dans la patrie de Cobden (3) et d'Henry Richard (4) de tels projets répondaient à cette âme pacifique qui, malgré la fausse excitation d'une diplomatie chauvine, reste au fond celle du peuple anglais. A la suite du premier Message du Tsar, l'un des plus ardents apôtres de la paix, W. Stead, avait institué par toute l'Angleterre une série de conférences dans plus de deux cents villes (5) ; partout la proposition d'un règlement pacifique des conflits avait trouvé le plus favorable accueil. Aux États-Unis, où l'absence du militarisme a de tout temps favorisé le recours à l'arbitrage, un sentiment identique animait l'opinion. L'un des délégués, W. Holls, a dit lui-même, depuis la Conférence, quel intérêt l'opinion américaine apportait à ses travaux relatifs à l'arbitrage (6). L'Angleterre et les États-Unis s'y montraient

(1) Liste des traités italiens, renfermant la clause compromissoire : 1° *Italie et Uruguay*. Convention d'extradition du 14 avril 1879, art. 16 ; 2° *Italie et Roumanie*. Convention consulaire du 17 août 1880, art. 32 ; 3° *Italie et Grèce*. Convention consulaire du 27 novembre 1880, art. 25 ; 4° *Italie et Belgique*. Traité de commerce du 11 décembre 1882, art. 20 ; 5° *Italie et Monténégro*. Traité de commerce du 28 mars 1883, art. 17 ; 6° *Italie et Grande-Bretagne*. Traité de commerce du 15 juin 1883, protocole annexé ; 7° *Italie et Pays-Bas*. Convention pour le patronage gratuit du 9 janvier 1884, art. 4 ; 8° *Italie et Corée*. Traité d'amitié, de commerce et de navigation du 26 juin 1884, art. 1er ; 9° *Italie et Uruguay*. Traité de commerce du 19 septembre 1885, art. 27 ; 10° *Italie et République Sud africaine*. Traité de commerce du 6 octobre 1886, art. 9 ; 11° *Italie et République de Saint-Domingue*. Traité de commerce du 18 octobre 1886, art. 28 ; 12° *Italie et Grèce*. Traité de commerce du 1er avril 1889, protocole annexé ; 13° *Italie et État libre d'Orange*. Traité de commerce du 9 janvier 1890, art. 9 ; 14° *Italie et Mexique*. Traité de commerce du 16 avril 1890, art. 27 ; 15° *Italie et Suisse*. Traité de commerce du 19 avril 1892, art. 14 ; 16° *Italie et Colombie*. Traité de commerce du 27 octobre 1892, art. 27 ; 17° *Italie et Monténégro*. Convention d'extradition du 29 octobre 1892, art. 18 ; 18° *Italie et Paraguay*. Traité de commerce du 22 août 1893, art. 23 ; 19° *Italie et République argentine*. Traité général d'arbitrage du 23 juillet 1898. — V. tous ces textes dans les Annexes du Rapport à la Conférence sur la convention pour le règlement pacifique des conflits internationaux, par le Chevalier Descamps, p. 93-95. *Adde* Catellani, *Realtà ed utopie della pace*, p. 13.

(2) Corsi, *Un nouveau traité d'arbitrage permanent*, dans la *Revue générale de dr. intern. public*, t. VI (1899), p. 1 et suiv.

(3) Œuvres de Bastiat, *Cobden et la Ligue*, édit. Guillaumin, p. 86.

(4) Motion au Parlement anglais, 8 juillet 1873, dans cette *Revue*, t. V (1898), p. 629.

(5) Stead, *M. Balfour and the waning of war* (avec une carte des meetings sur le rescrit du Tsar dans le Royaume-Uni), dans la *Rewiew of Reviews* du 15 avril 1899, p. 329 et suiv.

(6) Holls, *The Peace Conference and the Monroe doctrine*, dans la *American monthly Review of Reviews*, novembre 1899, p. 560.

d'autant plus favorables que l'Angleterre n'avait rien à y perdre au point de vue politique et qu'au même point de vue les États-Unis, non seulement n'avaient rien à perdre, mais encore avaient tout à gagner. L'Angleterre en effet sait, par des stratagèmes multiples, assouplir l'arbitrage au gré de son intérêt : quand un différend s'élève entre elle et les États-Unis, comme dans l'affaire de l'*Alabama*, comme dans celle, plus récente, du Vénézuéla (1), elle trouve dans le recours à l'arbitrage un moyen commode d'éviter une grande guerre, qui porterait à son commerce des coups terribles ; mais, quand elle cherche aux peuples dont elle convoite les territoires de mauvaises querelles, elle sait trouver des prétextes pour éviter les propositions d'arbitrage, en prétendant, comme au Transvaal, que le conflit s'agite, non pas entre deux États indépendants, mais entre souverain et vassal (2), de sorte que l'arbitrage, moyen international, ne saurait jouer un rôle quelconque dans ces rapports d'ordre intérieur. Avec une telle souplesse d'argumentation, l'arbitrage peut couvrir certaines retraites sans cependant empêcher certains coups de force : toute la difficulté consiste à l'agencer pour ce double usage, simple question de détails et de mesure. Enfin les États-Unis, de tout temps favorables à l'arbitrage, n'avaient, d'une part, rien à craindre et, de l'autre, avaient tout à gagner avec lui. C'est aux États-Unis qu'en 1783 John Adams sollicitait les représentants du Massachusetts au Congrès nord-américain de s'employer pour qu'à l'avenir les conflits internationaux fussent résolus par l'arbitrage ; c'est aux États-Unis qu'en 1816 est née la première Société des Amis de la paix, sur l'initiative de Channing et sous l'inspiration de Noe Worcester (3) ; dès 1835, le Sénat américain approuvait une pétition présentée par l'Association d'arbitrage américaine en vue d'établir une *Court of nations* (4). Les États-Unis, qui trouvaient ces traditions dans leur passé, pouvaient d'autant mieux les suivre qu'elles servaient profondément leurs desseins. Dans toutes les questions où le peuple américain se trouve actuellement engagé, — limi-

(1) Mérignhac, *La doctrine de Monroe au XIXe siècle*, dans la *Revue du droit public et de la science politique en France et à l'étranger*, t. V (1896), p. 216 et suiv. ; H. Whates, *The Venezuelan award*, dans la *Fortnightly Review*, novembre 1899, p. 793 et suiv.

(2) V. sur cette question Despagnet, *L'union de la République Sud africaine et de l'État libre d'Orange*, dans la *Revue générale de dr. intern. public*, t. V (1898), p. 555 et suiv. *Adde* Karl Blind, *Transvaal independence and England's future*, dans la *Fortnightly Review*, novembre 1899, p. 860 et suiv. ; Eugelenburg, *A Transvaal view of the South African question*, dans la *North American Review*, octobre 1899, p. 480 et suiv. ; Karl Blind, *The Transvaal war and european opinion*, dans la *North American Review*, décembre 1899, p. 767. Comp. sur le refus d'arbitrage, de Lapradelle, *Chronique internationale*, dans la *Revue du droit public et de la science politique en France et à l'étranger*, t. X (1898), p. 323.

(3) Catellani, *Realtà ed utopie della pace*, p. 29-30.

(4) Mérignhac, *Traité théorique et pratique de l'arbitrage international*, p. 371.

tation de la frontière de l'Alaska vis-à-vis du Canada (1), — extinction ou maintien du traité Clayton-Bulwer, qui place le futur canal de Nicaragua sous le double contrôle de l'Angleterre et des États-Unis (2), — le gouvernement de Washington n'a pas à craindre de se voir imposer l'arbitrage, car il l'écarte alors par cet argument tout spécial que la doctrine de Monroe, *rule of policy*, *ignis fatuus* (3) du peuple américain, ne permet pas à l'Europe de lui fournir des arbitres, tandis que la prépondérance des États-Unis en Amérique ne permet pas à l'Europe d'accepter, dans ces mêmes questions, un arbitrage américain (4). Or, tandis que les États-Unis peuvent, avec la doctrine de Monroe, se débarrasser des arbitrages gênants, ils peuvent au contraire se servir de l'arbitrage pour aider au développement de leur influence, soit en jouant le rôle d'arbitres entre les petits États de l'Amérique, soit en rappelant, dans leurs rapports avec eux, comme dans l'affaire du Vénézuéla, les grands États d'Europe, comme l'Angleterre, au respect de l'arbitrage. Tandis que la pure doctrine de Monroe, prise dans son sens exact : « l'Amérique aux Américains », sert de prétexte aux États-Unis pour esquiver, quand ils le craignent, l'arbitrage, inversement cette même institution de l'arbitrage leur sert à développer la doctrine de Monroe, prise dans son sens altéré, mais très populaire : « l'Amérique aux Américains ». La médiation peut aussi concourir au même but. Et dès lors on comprend comment, à côté de l'initiative russe, plutôt ralentie sur le terrain de l'arbitrage, celles de l'Italie, de l'Angleterre et surtout celle des États-Unis devaient, pour des raisons diverses, plutôt théoriques chez les premières, plutôt pratiques chez la dernière, entrer dans la mêlée des projets et des amendements avec une émulation d'autant plus ardente qu'elle avait toujours peu d'inconvénients et parfois beaucoup d'avantages.

En face de ces puissances, fécondes en projets favorables à la solution des conflits, mais surtout à l'extension des influences politiques par le moyen de la médiation et de l'arbitrage, le groupe des petits États reste plutôt inquiet. Si les petites puissances d'Amérique avaient été largement représentées au sein de la Conférence, le jeu des États-Unis aurait été sans doute plus franchement démasqué. Néanmoins les propositions américaines et russes ont presque toujours trouvé contre elles les petites na-

(1) J. B. Moore, *The Alaskan boundary*, dans la *North American Review*, octobre 1899, p. 501 et suiv. (avec une carte).

(2) Keasbey, *The Nicaragua canal and the Monroe doctrine*, 1896, p. 585-589.

(3) Tucker, *The Monroe doctrine*, p. 1 « *a patriotic principle* » ; J. B. Moore, dans la *Political science Quarterly*, 1896, p. à « *ignis fatuus* ».

(4) Townsed, *The ataskan boundary*, dans la *Fornigthly Review*, septembre 1899, p. 498.

tions, qui, pauvres d'armées, riches de droits, semblaient nées au contraire pour ce genre de projets. A maintes reprises, ce sont les petits États balkaniques, la Serbie, la Roumanie, qui protestent contre les systèmes les plus ingénieux et les plus féconds au point de vue pacifique, parce que, sous ces projets, à chaque instant, ils craignent de construire un abri favorable à l'intervention. Trop faibles pour ébranler à eux seuls les volontés de la Conférence, ils se groupent dans leur résistance autour de l'Allemagne qui, confiante dans la puissance de ses armes, imbue des idées les plus absolues et par conséquent les plus fausses en matière de souveraineté (1), fait à l'arbitrage la même opposition qu'au désarmement. Et rien n'est plus curieux que ce spectacle où l'on voit les petites nations sans armée s'associer à la plus militaire de toutes les grandes, parce qu'elles doutent de la franchise des propositions pacifiques où, dans leur frayeur de l'intervention, elles voient partout des pièges adroitement dressés contre elles. Même quand les propositions pacifiques émanent de puissances purement désintéressées comme la France, les petits États ont peine à faire taire leurs scrupules. Toute l'histoire des travaux de la troisième Commission n'est qu'une lutte entre ces deux courants : le désir de se créer des rôles et des influences politiques chez les uns, la crainte chez les autres de les subir. Il ne faut pas chercher ailleurs les causes de certaines propositions, ni la raison de certaines résistances. Sur le fond général du problème, les combinaisons et les arrière-pensées politiques tissent la trame subtile de leurs intrigues. Malheureusement les calculs et les combinaisons politiques devaient être plus nuisibles qu'utiles à la cause impartiale du droit.

§ Ier. — *Médiation et Commissions internationales d'enquête.*

A. *Théorie de la médiation* (2). — L'institution de l'arbitrage se prête moins facilement aux influences politiques que la théorie de la médiation. Dans le premier cas, le litige est porté devant des juges, sur le terrain juridique. Dans le second, au contraire, il est porté devant des puissances politiques, sur le terrain proprement diplomatique. Tandis qu'un jugement arbitral ne peut pas augmenter l'influence d'un ou

(1) Sur l'arbitrage, dans les idées allemandes, comp. von Boguslawski, dans la *Deutsche Rundschau*, novembre 1898 ; Stengel, *Der ewige Friede*, *passim* ; H. Delbrück, *Zukunftskrieg und Zukunftsfriede*, dans les *Preussische Jahrbücher*, 1899, p. 220 ; et, dans un sens opposé, L. Stein, *Die Philosophie des Friedens*, dans la *Deutsche Rundschau*, juillet 1899, p. 98.

(2) La distinction faite entre les « bons offices » et la « médiation » est d'une portée exclusivement théorique. Ces moyens d'action sont identiques par leur nature juridique et ne se distinguent que par le degré d'intensité de leur caractère, ainsi que par l'importance de leurs résultats. V. Note russe et Rapport Descamps.

de plusieurs États, mais tout au plus l'autorité d'un ou de plusieurs magistrats, l'exercice d'une médiation peut être la source d'un accroissement de puissance politique pour la nation médiatrice. Tandis que l'arbitrage, exercé par des hommes entre des États, ne peut pas permettre à ces hommes de prendre barre sur ces États, la médiation, exercée par des nations entre des nations, permet aux unes de s'introduire dans les affaires des autres et de prendre autorité sur elles, soit à raison de cette connaissance de leurs affaires, soit à raison des services rendus. Sans doute, ce danger n'est pas à redouter quand la médiation émane d'une puissance de même ordre que les puissances en conflit. Mais chaque fois qu'elle émane d'un État fort entre deux États faibles, il est à craindre qu'elle ne soit le germe d'une intervention, d'une tutelle ou d'un protectorat. C'est pourquoi, dans le domaine classique de l'intervention, c'est-à-dire dans la question d'Orient, la médiation fonctionne à demeure, à titre obligatoire, entre la Porte et les grandes puissances (art. 8 du traité de Paris du 30 mars 1856) (1). C'est pourquoi, dans la terre classique des protectorats, l'Afrique, la médiation est obligatoire pour les puissances signataires de l'Acte de Berlin (26 février 1885) (2), en cas de différend relatif au Congo (art. 12). Poussée jusqu'au dernier terme de son développement, c'est-à-dire jusqu'à son caractère obligatoire, sur le terrain propice de l'intervention et du protectorat, la médiation montre ainsi l'affinité qu'elle présente, soit avec l'un, soit avec l'autre. Entre les mains d'une puissance habile, envahissante, ce peut être un précieux instrument d'action. C'est pour avoir joué le rôle de médiateur entre la Chine et le Japon, aux préliminaires de Shimonoseki (17 avril 1895), que l'Allemagne, la France et la Russie se sont fait réciproquement consentir de la Chine les premières cessions à bail qui ont marqué l'ébranlement du grand Empire jaune. C'est pour avoir joué le rôle de médiateur entre l'Angleterre et le Vénézuéla, dans l'affaire des frontières de Guyane, que les États-Unis ont augmenté leur influence, et commencé de fonder ce qu'on peut appeler leur protectorat moral sur l'Amérique du Sud. Favoriser la médiation, c'est donc accroître les moyens d'action des États forts vis-à-vis des États faibles.

Toutes les grandes puissances devaient donc se trouver ici d'accord pour développer une institution aussi favorable à leurs vues personnelles qu'utile à la paix du monde. Dans les diverses propositions, émanées

(1) Livre jaune, *Congrès de Paris*, 1856, p. 81.
(2) Protocole nº 9, dans Oppelt, *Textes relatifs à l'État du Congo*, Bruxelles. 1885, p. 150-151.

soit de la Russie (1), soit de l'Italie (2), la médiation joue son rôle. L'Italie, qui propose dans certains cas l'arbitrage obligatoire, propose, par

(1) Projet russe. Bons offices et médiation:

« Article 1er.— A l'effet de prévenir, autant que possible, le recours à la force dans les rapports internationaux, les puissances signataires sont convenues d'employer tous leurs efforts pour amener, par des moyens pacifiques, la solution des conflits qui pourraient surgir entre elles.

Art. 2. — En conséquence, les puissances signataires ont décidé qu'en cas de dissentiment grave ou de conflit, avant d'en appeler aux armes, elles auront recours, en tant que les circonstances l'admettraient, aux bons offices ou à la médiation d'une ou de plusieurs puissances amies.

Art. 3. — En cas de médiation, acceptée spontanément par des États se trouvant en conflit, le but du gouvernement médiateur consiste dans la conciliation des prétentions opposées et dans l'apaisement des ressentiments qui peuvent s'être produits entre ces États.

Art. 4. — Le rôle du gouvernement médiateur cesse du moment que la transaction proposée par lui ou les bases d'une entente amicale qu'il aurait suggérées ne seraient point acceptées par les États en conflit.

Art. 5. — Les puissances jugent utile que, dans les cas de dissentiment grave ou de conflit entre États civilisés concernant des questions d'intérêt politique — indépendamment du recours que pourraient avoir les puissances en litige aux bons offices ou à la médiation des puissances non impliquées dans le conflit — ces dernières offrent de leur propre initiative, en tant que les circonstances s'y prêteraient, aux États en litige leurs bons offices ou leur médiation, afin d'aplanir le différend survenu, en leur proposant une solution amiable qui, sans toucher aux intérêts des autres États, serait de nature à concilier au mieux les intérêts des parties en litige.

Art. 6. — Il demeure bien entendu que la médiation et les bons offices, soit sur l'initiative des parties en litige, soit sur celle des puissances neutres, ont strictement le caractère de conseil amical, et nullement force obligatoire ».

(2) Amendement au projet russe de stipulations sur la médiation et l'arbitrage déposé par S. E. le Comte Nigra :

« Dans le but de prévenir ou de faire cesser les conflits internationaux, la Conférence de la Paix, réunie à la Haye, a résolu de soumettre aux gouvernements qui y sont représentés les articles suivants, destinés à être convertis en stipulations internationales.

Article 1er. — En cas d'imminence d'un conflit entre deux ou plusieurs puissances, et après l'insuccès de toute tentative de conciliation au moyen de négociations indirectes, les parties en litige sont obligées de recourir à la médiation ou à l'arbitrage dans les cas indiqués par le présent Acte.

Art. 2. — Dans tous les autres cas, la médiation ou l'arbitrage sont recommandés par les puissances signataires, mais demeurent facultatifs.

Art. 3. — Chacune des puissances signataires du présent Acte, non impliquées dans le conflit, a, en tout cas, et même pendant les hostilités, le droit d'offrir aux parties contendantes ses bons offices ou sa médiation, ou de leur proposer de recourir à la médiation d'une autre puissance également neutre ou à l'arbitrage. — Cette offre ou cette proposition ne peut être considérée par l'une ou l'autre des parties en litige comme un acte peu amical, même dans le cas où la médiation et l'arbitrage, n'étant pas obligatoires, seraient récusés.

Art. 4. — La demande ou l'offre de médiation a la priorité sur la proposition d'arbitrage. — Mais l'arbitrage peut ou doit être proposé selon les cas, non seulement lorsqu'il n'y a pas de demande ou offre de médiation, mais aussi lorsque la médiation aurait été récusée ou n'aurait pas abouti à la conciliation.

Art. 5. — La proposition de médiation ou d'arbitrage, tant qu'elle n'est pas formellement acceptée par toutes les parties en litige, ne peut avoir pour effet, sauf convention

une déduction toute logique, dans les mêmes cas, la médiation obligatoire : ici la médiation est considérée pour elle seule, sous un aspect franchement théorique, par une nation qu'anime un traditionnel culte du droit. Dans les autres cas, le projet déposé, pour l'Italie, par le Comte Nigra, se borne à dire que chacune des puissances signataires a le droit d'offrir sa médiation, sans que cette proposition soit considérée comme un acte peu amical. Tandis que l'Italie s'occupe peu de la médiation, parce qu'elle la considère sous un point de vue strictement juridique, l'article 2 du projet russe fait de la demande de médiation une obligation pour les puissances signataires en cas de dissentiment grave ou de conflit, et — à la différence du projet italien — dans des cas où il n'y a pas place pour l'arbitrage obligatoire (art. 2). Réciproquement, dans le projet italien (art. 3), l'offre d'une médiation est reconnue comme un droit dont l'exercice ne peut être regardé par aucune des parties en cause comme un acte peu amical ; dans le projet russe (art. 5), au contraire, elle n'est plus seulement permise, mais encouragée : « *Les puissances la jugent utile*... en tant que les circonstances s'y prêteraient ». En passant d'un projet fait de traditions juridiques à la proposition d'une puissance, qui n'est pas — si peu que ce soit — sans arrière-pensée politique, la médiation prend plus de force et de largeur. Mais les États-Unis savent l'utilité de ce moyen pour augmenter leur influence dans un continent dont, étant la seule grande puissance, ils sont, avec la doctrine de Monroe, les médiateurs désignés. Et dès lors c'est avec eux que le système de la médiation va s'accentuer et se perfectionner. C'est eux qui vont porter l'institution à son dernier degré d'ampleur, par la création d'un mécanisme original. Ce n'est pas à dire qu'en le proposant les États-Unis n'aient eu en vue que leur intérêt ; mais ils s'y sont d'autant plus attachés que leur intérêt politique se trouvait ici d'accord avec la raison d'humanité. Au sein du Comité d'examen, chargé d'étudier les divers projets, M. Holls, d'accord avec ses collègues américains, dépose (31 mai) une proposition tendant à faire choisir par les États en conflit une puissance à laquelle ils donneraient mission d'entrer en rapport avec l'autre puissance choisie par l'adversaire, chacun désignant la sienne comme dans une affaire d'honneur chacun désigne son témoin (1).

contraire, d'interrompre, retarder ou entraver la mobilisation et autres mesures préparatoires, ainsi que les opérations militaires en cours.

Art. 6. — Le recours à la médiation ou à l'arbitrage conformément à l'article 1er est obligatoire : — 1°. . . — 2°. . .».

(1) Proposition de M. Holls, délégué des États-Unis d'Amérique :

« Art. 7. — Les puissances signataires sont tombées d'accord de recommander l'application, dans les circonstances qui peuvent le permettre, d'une médiation spéciale, sous

Tandis que les grandes puissances s'occupaient de perfectionner une institution où plus d'une espérait trouver un jour une source d'influence, peut-être même un principe d'action, les petites puissances redoutaient au contraire que, de la médiation, ne sortît contre elles une arme. Pour les rassurer, elles avaient d'abord la promesse de l'article 6 du projet russe (article 6 du texte définitif): « Il demeure bien entendu que la médiation et les bons offices, soit sur l'initiative des parties en litige, soit sur celle des puissances neutres, ont strictement le caractère de conseil amical, et nullement force obligatoire ». A la différence de l'arbitrage, qui est un jugement, et de l'intervention, qui est un acte d'autorité, la médiation n'est qu'un simple conseil. Mais, quoi qu'en dise le texte de l'article 6, il y a des médiations qui sont des ordres : celle des puissances entre la Grèce et la Turquie après la guerre gréco-turque en est un exemple. D'autre part, la médiation, alors même qu'elle reste un conseil, noue des rapports de reconnaissance entre le médiateur et celui dont il a soutenu les intérêts. Ces rapports sont d'autant plus étroits que le médiateur, spécialement chargé, comme dans le projet Holls, des intérêts d'une seule des deux parties, a plus fortement épousé sa cause. Il y a là une source d'influence qui peut, malgré les protestations de l'article 6, devenir dangereuse pour les petits États. Aussi s'efforcent-ils de diminuer le rôle et l'ampleur de la médiation, afin d'assurer leur liberté contre toute entreprise. Ces craintes apparaissent même sur l'article 2 du projet russe, qui, rendant la médiation obligatoire pour toutes les puissances signataires, *en tant que les circonstances le permettent*, ne pose la règle de l'obligation, que pour la reprendre aussitôt. Les grandes puissances, auxquelles cet article 2 risque de s'appliquer comme aux petites, s'efforcent ici, malgré les protestations du droit pur, représenté par M. le Conseiller Asser (1), de maintenir à cette médiation, soi-disant obligatoire, un caractère hautement facultatif, sans même consentir à dire, malgré l'invitation de M. Lammasch, que la médiation serait la règle et la non-médiation l'exception. Même en neutralisant ainsi, par des réserves insidieuses, le soi-disant principe de la médiation obligatoire, les grandes puissances effraient encore les petites. Tandis que les

la forme suivante : — En cas de différend grave menaçant la paix, les États en litige choisissent respectivement une puissance neutre, avec la mission d'entrer en rapport direct à l'effet de prévenir la rupture des relations pacifiques. — Pendant une durée de vingt jours, sauf stipulation d'un autre délai, la question en litige est considérée comme déférée exclusivement à ces puissances. Elles doivent appliquer tous leurs efforts à régler le différend et à rétablir autant que possible le *statu quo ante*. — En cas de rupture effective des relations pacifiques, ces puissances demeurent chargées de la mission commune de profiter de toute occasion pour rétablir la paix ».

(1) Rapport Descamps, p. 7-8.

grands États pourront toujours prétendre que « *les circonstances ne permettent pas* » la demande d'un médiateur, les petits États le pourront-ils toujours ? Auront-ils l'autorité nécessaire pour l'affirmer ? A ce premier sujet de crainte s'en ajoute un second. Tandis que l'article 2 du projet russe prévoit la médiation sollicitée par les parties en cause, l'article 3 prévoit la médiation offerte par une ou plusieurs puissances étrangères au conflit. Or, tandis que le projet russe, se plaçant au point de vue des grandes puissances, médiateurs habituels, insiste sur leur droit d'offrir les bons offices ou la médiation (art. 3, § 2) sans que l'exercice de ce droit puisse être considéré par l'une ou l'autre des parties en litige comme un acte peu amical (art. 3, § 3), le représentant de la Serbie, M. Veillcovitch (1), se préoccupe du refus d'acceptation, que les petits États désireront souvent opposer à des médiations tendancieuses, sans toujours oser l'exercer par crainte de déplaire. Afin d'assurer à cet égard leur liberté, M. Veillcovitch propose de mettre sur le même pied, dans le texte de la convention, l'offre des bons offices et le « refus d'acceptation », en déclarant que semblablement celui-ci ne peut jamais être considéré comme un acte peu amical ; et la Commission en convient, sans consentir cependant à l'affirmer dans son texte. De même, craignant de voir, au moindre conflit, des médiateurs plus ou moins intéressés surgir pour chercher leur profit dans l'arrangement des affaires d'autrui, le délégué de Serbie demande qu'à l'expression vague de « puissances en conflit » (art. 3, § 2) soit substituée celle plus précise et par conséquent plus restreinte de « puissances entre lesquelles a surgi un conflit grave pouvant amener la rupture des relations pacifiques ». Et la Commission constate que la médiation offerte (art. 5 russe, art. 3 définitif) se réfère bien au même cas que la médiation demandée (art. 2 russe, art. 2 du texte définitif), c'est-à-dire à l'hypothèse d'un conflit susceptible d'entraîner la guerre, et non pas à des différends d'ordre inférieur. Rien n'est plus démonstratif au sujet du rôle politique de la médiation, que de voir ainsi les grandes puissances travailler à l'extension de la médiation offerte, tandis que les petits États s'efforcent au contraire de la faire limiter.

Les grandes puissances n'admettent pas d'ailleurs que la médiation, même acceptée, puisse les arrêter dans la préparation des hostilités. A la différence de l'arbitrage, qui est un jugement, la médiation, qui est la recherche d'une transaction, peut ne pas aboutir. Le rôle du médiateur (art. 3 russe, art. 4 définitif), qui consiste dans la conciliation des prétentions opposées et dans l'apaisement des ressentiments, est non seulement délicat dans sa tâche, mais douteux dans son issue. Souvent,

(1) Rapport Descamps, p. 9-10.

comme le remarque la Conférence (art. 4 russe, art. 5 définitif), il prendra fin avant le conflit, en vertu de la constatation, soit par les puissances en conflit, soit par le médiateur, de l'insuccès du procédé. Cette différence de la médiation, par rapport à l'arbitrage, devait nécessairement entraîner cette autre que les grandes puissances ne consentiraient jamais à cesser pendant la médiation, qui pouvait ne pas aboutir, leurs préparatifs de combat. Suivant la très juste remarque du Comte Nigra (Italie), « si l'acceptation de la médiation devait impliquer, avant l'ouverture des hostilités, la suspension des mesures préparatoires à l'action militaire, et, après l'ouverture des hostilités, la suspension du cours des opérations de guerre, certaines puissances pourraient être peu disposées à entrer dans cette voie ; les grandes puissances militaires surtout ne consentiraient pas à enchaîner à ce point leur action ». Sauf convention contraire (art. 7 définitif) pendant que le médiateur agit, si les hostilités sont déjà commencées, la guerre continue ; si elles ne le sont pas, la mobilisation se poursuit, et, bien que le texte ne le dise pas, il est dans son esprit qu'à la mobilisation puisse succéder la guerre, auquel cas la médiation continue, mais en devenant, de préparatoire à la guerre, préparatoire à la paix. Bref, il n'y a rien dans la médiation qui puisse porter ombrage aux grandes puissances militaires, mais seulement aux petites. A tous égards, elle reste après la Conférence de la Haye ce qu'elle était avant : facultative pour les intéressés (art. 2), facultative pour les tiers (art. 3), sans effet sur la poursuite des préparatifs de guerre ou sur la continuation des hostilités (art. 7). Quand les délégués eurent terminé leurs travaux relatifs à la médiation (1), son mécanisme était précisé,

(1) Voici le texte définitif, arrêté par la Conférence :

TITRE Ier. — *Du maintien de la paix générale.*

Article 1er. — En vue de prévenir autant que possible le recours à la force dans les rapports entre les États, les puissances signataires conviennent d'employer tous leurs efforts pour assurer le règlement pacifique des différends internationaux.

TITRE II. — *Des bons offices et de la médiation.*

Art. 2. — En cas de dissentiment grave ou de conflit, avant d'en appeler aux armes, les puissances signataires conviennent d'avoir recours, en tant que les circonstances le permettront, aux bons offices ou à la médiation d'une ou de plusieurs puissances amies.

Art. 3. — Indépendamment de ce recours, les puissances signataires jugent utile qu'une ou plusieurs puissances étrangères au conflit offrent de leur propre initiative, en tant que les circonstances s'y prêtent, leurs bons offices ou leur médiation aux États en conflit. — Le droit d'offrir les bons offices ou la médiation appartient aux puissances étrangères au conflit, même pendant le cours des hostilités. — L'exercice de ce droit ne peut jamais être considéré par l'une ou l'autre des parties en litige comme un acte peu amical.

Art. 4. — Le rôle du médiateur consiste à concilier les prétentions opposées et à

son rôle éclairé ; une bonne contribution théorique s'y trouvait apportée ; mais la Conférence de la Haye n'avait pas eu plus d'utilité qu'une sage monographie sur la médiation, car elle avait simplement précisé ce qu'était celle-ci, librement offerte, librement acceptée, suspensive ou non suivant la volonté des parties en cause, sans introduire à aucun degré du système, dans la nature ou dans les effets de la médiation, un caractère de nécessité, qui seul eût pu faire avancer la cause de la paix en transformant la pratique antérieure.

Le projet Holls (art. 8) n'est pas de nature à modifier cette impression : d'abord, parce qu'il se borne à recommander aux puissances, sans l'imposer, la médiation spéciale qu'il décrit (art. 8, § 1) ; ensuite, parce qu'il repose sur une erreur, qui est d'avoir comparé la guerre au duel, la constitution d'un médiateur à la constitution de témoins. Dans la médiation spéciale de Holls, les États en conflit choisissent respectivement une puissance, à laquelle ils confient la mission d'entrer en rapport direct avec la puissance choisie d'autre part, à l'effet de prévenir la rupture des relations ; pendant la durée de ce mandat, dont le terme, sauf stipulation contraire, ne peut excéder trente jours, les États en litige cessent tout rapport direct au sujet du conflit ; en cas de rupture effective des relations pacifiques, ces puissances demeurent chargées de la mission commune de profiter de toute occasion pour rétablir la paix. Il y a dans ce projet des tendances intéressantes, comme celle de limiter en principe à trente jours l'effort des médiateurs, comme celle de charger les médiateurs

apaiser les dissentiments qui peuvent s'être produits entre les États en conflit.

Art. 5. —Les fonctions du médiateur cessent du moment où il est constaté, soit par l'une des parties en litige, soit par le médiateur lui-même, que les moyens de conciliation proposés par lui ne sont pas acceptés.

Art. 6. — Les bons offices et la médiation, soit sur le recours des parties en conflit, soit sur l'initiative des puissances étrangères au conflit, ont exclusivement le caractère de conseil et n'ont jamais force obligatoire.

Art. 7. — L'acceptation de la médiation ne peut avoir pour effet, sauf convention contraire, d'interrompre, de retarder ou d'entraver la mobilisation ou autres mesures préparatoires à la guerre. — Si elle intervient après l'ouverture des hostilités, elle n'interrompt pas, sauf convention contraire, les opérations militaires en cours.

Art. 8. — Les puissances signataires sont d'accord pour recommander l'application, dans les circonstances qui le permettent, d'une médiation spéciale sous la forme suivante : — En cas de différend grave compromettant la paix, les États en conflit choisissent respectivement une puissance à laquelle ils confient la mission d'entrer en rapport direct avec la puissance choisie d'autre part, à l'effet de prévenir la rupture des relations pacifiques. — Pendant la durée de ce mandat dont le terme, sauf stipulation contraire, ne peut excéder trente jours, les États en litige cessent tout rapport direct au sujet du conflit, lequel est considéré comme déféré exclusivement aux puissances médiatrices. Celles-ci doivent appliquer tous leurs efforts à régler le différend. — En cas de rupture effective des relations pacifiques, ces puissances demeurent chargées de la mission commune de profiter de toute occasion pour rétablir la paix.

acceptés avant les hostilités de continuer leur mission en vue de la paix après la déclaration de guerre. Ce sont des propositions utiles, ingénieuses et fines qu'on ne saurait trop louer. Mais, si dans les détails de l'article 8 il y a des idées utiles, cela n'empêche pas cet article, dans sa pensée maîtresse, de reposer sur une erreur.

Désireux de favoriser la médiation, aussi utile à la paix qu'aux progrès de leur influence, les États-Unis ont voulu, par ce système, supprimer la nécessité d'une entente parfois très difficile quant au choix d'un médiateur commun. Quand on ne peut pas s'accorder sur ce médiateur (art. 2 et 3) il reste la ressource de l'article 8 : celle de constituer un second. Comme l'a fait observer M. Holls (1), avant de se dire : « Encore un pas, et c'est la guerre » les États pourront se dire : « Encore un pas, et je vais être obligé de constituer un second ». Tel est le fondement du système Holls. En apparence, il s'ajoute à la médiation ordinaire. En réalité, il la remplace. Précisément parce qu'il est difficile de choisir un médiateur unique, la faculté de constituer des seconds (art. 8) sera tout de suite employée par les États, qui se montreront d'autant moins conciliants dans la recherche du médiateur unique que l'article 8 leur offre « la médiation de concert ». Cela suffit pour que le système Holls, qui sans cela serait simplement inutile, devienne dangereux, car, s'il est plus facile d'arriver à la médiation de concert qu'à la médiation unique, il est plus facile de réussir à la médiation unique qu'à la médiation de concert. Quand un ami commun s'efforce de nous concilier, il peut y aboutir ; quand nous mettons en rapport deux personnes différentes, choisies par nous dans nos amis personnels, elles prennent en main notre propre querelle. L'intervention d'un ami commun peut empêcher un duel ; la constitution de seconds n'y arrive généralement pas. La médiation de concert, plus facile que la médiation unique, est en même temps moins utile, de sorte que le système Holls est d'autant plus défavorable à la paix qu'il est de nature à plaire davantage aux intéressés. Au lieu de donner aux puissances en conflit un ami pour les apaiser, il aura simplement pour résultat de leur donner deux seconds pour épouser leurs querelles. Non seulement la Conférence de la Haye, qui se borne à tracer ici des règles non obligatoires, n'a que la valeur d'une intéressante monographie ; mais les vues qu'elle contient, quand elles sont originales, cessent d'être justes et deviennent dangereuses ; car, ici, au lieu de favoriser la paix par la médiation, elle favorise la médiation aux dépens de la paix.

Il aurait fallu cependant peu de chose pour perfectionner le système

(1) Rapport Descamps, *loc. cit.*

de l'article 8 et remédier aux inconvénients politiques de la médiation, tout en développant largement sa portée pacifique. Il eût suffi que les deux puissances choisies en nommassent une troisième médiateur unique, par analogie de ce qui se passe en matière d'arbitrage. Dès lors nous rentrions, de la médiation de concert, où l'on épouse les querelles, dans la médiation unique, où on les apaise. D'autre part, la puissance choisie, ne s'étant pas offerte elle-même, ne nouait avec les parties en conflit que des rapports politiques lointains : elle ne prenait pas sur elles la forte influence des médiateurs du premier degré. Précisément parce que le nombre des médiateurs augmentait, le prix de la médiation, courtage politique, diminuait avec l'accroissement des courtiers ; car la valeur d'un service baisse avec la multiplicité de ceux qui concourent à le rendre. Mais les grandes puissances n'avaient pas d'intérêt à ce système ; elles ne se souciaient pas de travailler à la médiation pour la paix, au risque de briser entre leurs mains un instrument politique utile. Et voilà pourquoi le projet Holls, qui, avec ce perfectionnement, fût devenu très utile à la cause pacifique, est resté sur ce point incomplet, heureusement pour les États qui veulent faire de la médiation un moyen d'influence, mais non pour l'humanité qui réclame la paix.

B. *Commissions internationales d'enquête.* — Le malheur est qu'ici tout effort tenté vers la paix risque de donner une arme aux grandes puissances contre les petites. Le danger, encore lointain dans le domaine de la médiation, se précise et s'approche quand la Russie suggère un moyen nouveau, dont le double caractère, pacifique et politique, soulève l'enthousiasme des uns et les craintes des autres : la création des Commissions internationales d'enquête. M. F. de Martens a lui-même expliqué, dans la *North American Review* (1), de quelle pensée procédait cette création, l'une des propositions les plus heureuses du projet russe (2). Il a rappelé de quelle manière il avait été amené à démontrer à la Conférence

(1) Novembre 1899, p. 612-613.

(2) § 3. — Commissions internationales d'enquête (Projet russe).

« Art. 14. — Dans les cas où se produiraient entre les États signataires des divergences d'appréciation par rapport aux circonstances locales ayant donné lieu à un litige d'ordre international qui ne pourrait pas être résolu par les voies diplomatiques ordinaires, mais dans lequel ni l'honneur, ni les intérêts vitaux de ces États ne seraient engagés, les gouvernements intéressés conviennent d'instituer une Commission internationale d'enquête, afin de constater les circonstances ayant donné matière au dissentiment et d'éclaircir sur les lieux par un examen impartial et consciencieux toutes les questions de fait.

Art. 15. — Ces Commissions internationales sont constituées comme suit : chaque gouvernement intéressé nomme deux membres et les quatre membres réunis choisissent le cinquième membre, qui est en même temps le Président de la Commission. S'il y a partage de voix pour l'élection d'un Président, les deux gouvernements intéressés s'a-

de la Haye la valeur pratique de cette proposition. Elle est faite pour le cas où des conflits éclatent entre deux Etats, à propos d'un incident de frontière, comme dans l'affaire Schnoebelé, ou à l'occasion d'un fait supposé criminel, comme la destruction du vaisseau de guerre le *Maine* dans le port de la Havane. Les faits relatifs aux incidents de frontière ne sont pas toujours clairs ; il n'est pas toujours possible de décider si le fait s'est passé d'un côté de la frontière ou de l'autre ; il y a doute sur le point de savoir si l'on est en présence d'un cas de violation de la souveraineté territoriale par les autorités d'un État voisin ; alors l'opinion publique s'échauffe d'autant plus rapidement qu'un tel événement la prend toujours par surprise ; elle est mal informée, elle ne peut pas connaître l'origine ni les causes exactes du conflit ; elle est à la merci des impressions du moment; de cette ignorance naît une irritation qui rend difficile le maintien des relations diplomatiques et suscite les causes de guerre ; il est absolument nécessaire, pour le maintien des relations pacifiques, que les causes exactes de l'incident soient éclaircies et, dans ce cas, il est du devoir des puissances, entre lesquelles ces difficultés se sont élevées, de les soumettre à l'examen d'une Commission composée de membres choisis par les deux parties. Cette Commission ne doit avoir qu'un seul objet : le rétablissement des faits et la rédaction d'un Rapport aux gouvernements intéressés, qui seuls auront à décider des suites que ce Rapport comporte (1). Telle est, expliquée par M. F. de Martens lui-même, cette ingénieuse institution, sur laquelle le projet russe fondait, pour le succès final, beaucoup d'espérances (art. 14 à 18 du projet russe). Aussi, tandis qu'en matière de médiation aucune obligation véritable ne contraignait les puissances signataires, le projet russe faisait, de la nomination de ces Commissions, une obligation absolue, non pas, comme en matière de médiation, « si les circonstances le permettent »,

dressent d'un commun accord, soit à un gouvernement tiers, soit à une personne tierce qui nommera le Président de la Commission.

Art. 16. — Les gouvernements entre lesquels s'est produit un dissentiment grave ou un conflit, dans les conditions indiquées plus haut, s'engagent à fournir à la Commission d'enquête tous les moyens et toutes les facilités nécessaires pour une étude approfondie et consciencieuse des faits qui y ont donné matière.

Art. 17. — La Commission d'enquête internationale, après avoir constaté les circonstances dans lesquelles le dissentiment ou le conflit s'est produit, présente aux gouvernements intéressés un Rapport signé par tous les membres de la Commission.

Art. 18. — Le Rapport de la Commission d'enquête n'a nullement le caractère d'une sentence arbitrale ; il laisse aux gouvernements en conflit entière faculté, soit de conclure un arrangement à l'amiable sur la base du rapport sus-mentionné, soit de recourir à l'arbitrage en concluant un accord *ad hoc*, soit enfin de recourir aux voies de fait admises dans les rapports mutuels entre les nations ».

(1) *International arbitration, a russian view*, dans la *North American Review*, novembre 1899, p. 612-613. Comp. Rapport Descamps, p. 12.

mais dans tous les cas, « où ni l'honneur, ni les intérêts vitaux ne seraient engagés » (art. 14). Le caractère obligatoire, sans lequel les projets pacifiques restent dans les limbes, manquait à la médiation ; mais il appartenait, dans le projet russe, aux Commissions internationales d'enquête.

Malheureusement les petites souverainetés voyaient dans cette institution des Commissions d'enquête un moyen pour les grands États de s'immiscer dans leurs affaires et de leur imposer leurs volontés. Au sein du Comité d'examen (1), le caractère obligatoire des Commissions internationales d'enquête est à peine attaqué, parce que les petits États n'y sont pas représentés. Le délégué de la Roumanie, M. Beldimann, devait plus tard en faire amèrement la remarque (2). Néanmoins, dès ce moment, il se produit des résistances qui conduisent le Comité à atténuer par une réserve importante le caractère obligatoire de l'institution (3). L'article 9 du projet préparé par le Comité modère ce caractère obligatoire

(1) Ce Comité, constitué dès la 1re séance, 23 mai 1899, pour préparer un projet d'organisation de la solution pacifique des conflits, a terminé ses travaux le mardi 4 juillet, à raison de quatorze séances, en moyenne deux par semaine, mais des séances bien remplies (Lettre au *Temps*,11 juillet 1899).Il comprenait à l'origine huit membres : MM. Asser, Odier, Descamps, Zorn, Lammasch, Holls, d'Estournelles et de Martens. Mais, ce Comité ne préparant rien moins que l'œuvre de la paix, beaucoup de délégués regrettèrent de n'avoir pas deviné son importance et essayèrent d'y pénétrer. MM. Bourgeois, Pauncefote, Nigra, de Staal, en leur qualité de Présidents, et M. de Karnebeek, vice-Président de la Conférence, purent seuls y pénétrer.

(2) « Ce projet, dit-il, n'a été soumis à aucune discussion générale. Un Comité restreint s'est chargé immédiatement de l'étudier, et les premiers délégués n'ont eu aucun moyen de participer à cette étude, ni de communiquer les vues de leurs gouvernements ». Discours de M. Beldimann, troisième Commission, 6e séance, 19 juillet 1899, no 6, p. 6.

(3) Projet présenté par le Comité d'examen à la Commission :

§ 3. — *Des Commissions internationales d'enquête.*

Art. 9. — Dans les litiges d'ordre international provenant d'une divergence d'appréciation sur des faits qui peuvent être l'objet d'une constatation locale, et n'engageant d'ailleurs ni l'honneur ni les intérêts vitaux des puissances intéressées, ces puissances, pour le cas où elles ne pourraient se mettre d'accord par les voies diplomatiques ordinaires, conviennent de recourir, en tant que les circonstances le permettent, à l'institution de Commissions internationales d'enquête, afin d'éclaircir sur place, par un examen impartial et consciencieux, toutes les questions de fait.

Art. 10. — Les Commissions internationales d'enquête sont constituées, sauf stipulation contraire, de la manière déterminée par l'article 31 de la présente convention.

Art. 11. — Les puissances intéressées s'engagent à fournir à la Commission internationale d'enquête, dans la plus large mesure qu'elles jugeront possible, tous les moyens et toutes les facilités nécessaires pour la connaissance complète et l'appréciation exacte des faits en question.

Art. 12. — La Commission internationale d'enquête présente aux puissances intéressées son Rapport signé par tous les membres de la Commission.

Art. 13. — Le Rapport de la Commission internationale d'enquête n'a nullement le caractère d'une sentence arbitrale. Il laisse aux puissances en litige entière faculté soit de conclure un arrangement amiable sur la base de ce Rapport, soit de recourir ultérieurement à la médiation ou à l'arbitrage.

par la clause de style, « *en tant que les circonstances le permettent* ». Nous connaissons cette réserve : c'est elle que nous avons déjà rencontrée dans le texte relatif à l'obligation pour les puissances de recourir à la médiation (art. 2 du texte russe, du projet du Comité d'examen, et du texte définitif). Mais cette réserve, à peine acceptée lorsqu'il s'agissait de la médiation, n'est plus même jugée suffisante, pour des raisons faciles à dégager : d'abord, parce que les Commissions internationales d'enquête, institution nouvelle, avaient plus de difficultés à se faire jour que la médiation, institution ancienne, depuis longtemps connue ; ensuite, parce que la médiation, en cas de réussite, donne satisfaction aux deux parties, en cas d'échec ne préjuge en aucune manière le bon droit des parties en cause, tandis que les Commissions internationales d'enquête, terminées par un Rapport, qui donne tort à l'une des deux parties, raison à l'autre, ne laissent plus, comme la médiation, toutes choses entières ; enfin, tandis que la médiation favorise les États forts, en leur donnant plus d'influence, les Commissions internationales d'enquête ne peuvent pas augmenter leur ascendant politique, puisqu'elles ne leur laissent qu'une place individuelle, celle du Président, les autres membres appartenant aux États en conflit. Dès lors, les Commissions internationales d'enquête devaient subir l'assaut des petites puissances, sans recevoir, comme la médiation, le secours des grandes. Le texte du Comité d'examen, qui pourtant prive l'institution de tout caractère réellement obligatoire, en la subordonnant aux circonstances, est l'objet, devant la Commission, des attaques les plus ardentes et les plus vives, qui communiquent aux séances du 19 et du 22 juillet (6e et 8e séances) (1) une allure de bataille. Les petits États sont à l'avant-garde pour donner l'assaut. Ils ont de multiples raisons : d'abord, une exception d'incompétence, invoquée dès le début par le délégué de la Roumanie, M. Beldimann (2), qui soutient que les Commissions internationales d'enquête, absentes dans l'énumération des travaux proposés par la circulaire Mouravieff, sont par cela même en dehors des limites de la Conférence ; puis, des arguments juridiques, dont les principaux sont : 1° l'atteinte portée par ce contrôle international à la souveraineté individuelle des États (Beldimann) (3) ; 2° le doute, plus ou moins direct, qu'il renferme au sujet de l'impartialité de l'enquête qui serait faite par les seules autorités nationales de l'État

(1) Comp. Desjardins, *La Conférence de la Haye et l'arbitrage international*, dans la *Revue des Deux-Mondes* du 1er septembre 1899, p. 11 ; Rapport Descamps, p. 13, et surtout les très importants procès-verbaux de ces deux séances, troisième Commission, nos 6 et 8.

(2) Troisième Commission, n° 6, p. 1.

(3) *Ibid.*

(Veillcovitch) (1) ; 3° l'impossibilité de rendre obligatoire une institution nouvelle, qui n'a pas encore fait ses preuves dans la pratique (Beldimann) (2) ; 4° la crainte que l'obligation d'accepter la Commission d'enquête ne conduise, par une pente naturelle, à l'arbitrage obligatoire, de telle sorte que le compromis devrait être préalable à la nomination de la Commission (E. Rolin) (3). Tous ces arguments juridiques, qui forment le gros du raisonnement, marchent à l'avant-garde des raisons politiques, qui forment le corps principal de la résistance. Les petits États craignent que les Commissions internationales d'enquête ne deviennent un instrument entre les mains des puissances. Par une crainte peut-être exagérée, mais réelle, ils ont cru voir, derrière cette institution, se dresser le danger de l'intervention. Même aux États-Unis, dans l'opinion et dans la presse, cette inquiétude s'est manifestée que, sous le couvert des Commissions d'enquête, l'intervention de l'Europe ne s'exerçât en Amérique (4). Si, dans l'opinion populaire, il en a été ainsi aux États-Unis, qui sont, actuellement, une grande puissance, à plus forte raison devait-il en être de même chez les petits États, principalement chez les puissances balkaniques, qui savent que, dans la question d'Orient, l'intervention est la règle et non pas l'exception. Loin de se trouver rassurées par le tempérament « *en tant que les circonstances le permettent* », ces petites puissances s'en alarmaient au contraire, parce qu'à leur sens il exagérait les inconvénients de cette première réserve : « dans les litiges où ne se trouvent engagés ni l'honneur national ni les intérêts vitaux des États ». Comme le disait M. Veillcovitch : « Cette formule est sans doute excellente en théorie. Et même, au point de vue pratique, il n'y a rien à y reprendre pour les rapports des grands États entre eux. Mais, pour les rapports des grandes puissances, d'un côté, avec les petites puissances, de l'autre, il nous semble permis de nous demander si en pratique les grandes puissances se montreront toujours disposées à reconnaître aux petites puissances les mêmes susceptibilités en matière d'honneur et d'intérêts vitaux qu'elles ne manqueront certainement pas d'avoir elles-mêmes. Les petites puissances ne seront-elles pas quelquefois entraînées dans des discussions humiliantes sur la question de savoir si, dans tel ou tel cas, leur honneur national est réellement engagé ; tandis qu'au contraire il suffira le plus souvent aux grandes puissances d'invoquer l'argument de l'honneur national pour mettre immédiatement les petites puissances dans l'impos-

(1) *Ibid.*, p. 2-3.
(2) *Ibid.*, p. 1.
(3) *Ibid.*, p. 4.
(4) R. M. Johnston, *In the Clutch of the Harpy Powers*, dans la *North American. Review*, octobre 1899, p. 448-453, spécialement p. 451 et suiv.

sibilité morale de provoquer décemment une discussion à ce sujet » (1). Mais ce n'est pas tout, car « même lorsqu'il sera avéré et réciproquement reconnu que, ni l'honneur, ni les intérêts vitaux ne seront en jeu, il reste toujours la clause en vertu de laquelle les puissances auraient la faculté de ne recourir aux Commissions internationales d'enquête que « *si les circonstances le permettent* ». Or il n'est pas nécessaire d'être très initié à la vie politique internationale pour savoir que les circonstances permettent bien souvent beaucoup de choses aux grands et aux forts, *uniquement* parce qu'ils sont grands et forts » (2) (Veillcovitch). Là-dessus, M. Delyannis fait cause commune, pour la Grèce, avec les orateurs de la Serbie et de la Roumanie. Le délégué bulgare, Dr Stancioff, désireux de témoigner sa reconnaissance aux grandes puissances qui ont aidé la Bulgarie à prendre part à la Conférence, apporte au projet russe une adhésion de pure apparence, nuancée de réserves qui en font une opposition, car il demande que le Rapport des Commissaires (art. 13) puisse être considéré comme non avenu. Le Siam (E. Rolin) commence par déclarer : « les articles 9 à 13 seront l'objet d'un vote favorable de notre part » ; mais il se déjuge en ajoutant : « le gouvernement siamois sera sans doute amené à considérer l'accord en vue d'un arbitrage éventuel, ou, en d'autres termes, la conclusion préalable d'un compromis comme la principale circonstance qui lui permettrait de consentir à ce qu'une Commission internationale d'enquête vienne s'enquérir des faits litigieux sur son territoire » ; puis il demande acte de cette déclaration, ce qui revient à dire que la Commission d'enquête n'est pas plus obligatoire que le compromis. Les plus modérés, comme M. Eyschen (Luxembourg), sollicitent des garanties de procédure. Quant à M. Beldimann, il demande hardiment la suppression de toute la partie du projet relative aux Commissions internationales d'enquête (art. 9 à 13) (3).

En vain, M. F. de Martens, l'auteur du projet russe, et M. Descamps, rapporteur du projet du Comité d'examen, s'efforcent-ils de les défendre (4). Sans doute, ils n'ont pas de peine à démolir l'argumentation purement juridique de leurs adversaires ; mais, dès qu'ils touchent à la raison politique, leurs arguments s'émoussent, leur raisonnement hésite et bientôt ils s'arrêtent en sentant — nous verrons bientôt pourquoi — le terrain fléchir et l'argumentation trembler. Au point de vue juridique, l'exception d'incompétence, opposée par M. Beldimann, est rapidement écartée. « Il faut voir toute la circulaire du Comte Mouravieff ; ce qu'elle propose,

(1) Veillcovitch, séance du 19 juillet 1899, n° 6, p. 2.
(2) *Ibid.*, p. 2.
(3) *Ibid.*, p. 3, 4 et 7.
(4) *Ibid.*, p. 5 et 6.

ce sont des thèmes généraux, et non une solution *ne varietur* ; en outre il est nécessaire de tenir compte également de la circulaire de M. de Beaufort, qui soumet à l'examen de la Conférence « toutes les autres questions qui se rattachent au programme tracé » (Descamps). A l'objection que le contrôle d'une Commission internationale porterait atteinte à la souveraineté des États, une réponse facile est que la Commission clôt ses opérations (art. 17 russe et 12 du Comité) par un Rapport, qui n'ayant nullement le caractère d'une sentence arbitrale, laisse aux puissances en litige l'entière faculté,soit de conclure un arrangement amiable sur la base de ce Rapport, soit de recourir ultérieurement à la médiation ou à l'arbitrage. A l'argument qu'il en résulte un doute désobligeant sur l'impartialité de l'enquête conduite par les autorités locales, il est vite répliqué que les puissances en litige forment chacune, dans la même proportion de deux membres, la Commission d'enquête qui choisit à son tour (art. 15 russe, 10 et 31 du Comité) soit le Président chargé de diriger les opérations et de départager les voix, soit, en cas de non-entente, le gouvernement tiers ou la personne chargés de le nommer (art. 11 et 32 du texte définitif). A la crainte de voir tout à coup sanctionner, à titre obligatoire, une institution qui ne s'est encore jamais présentée dans les faits, fût-ce à titre facultatif, il n'y avait qu'à opposer le précédent des Commissions mixtes, telle que celle qui fonctionnait presque au même moment entre les États-Unis d'Amérique et le Canada, telle que celle qu'avait réclamée l'Espagne dans l'affaire du *Maine* (1). « L'honorable délégué de Roumanie a dit que ces Commissions constituent une innovation. Il faut s'entendre. Les Commissions mixtes existent et fonctionnent depuis longtemps. On cherche à les améliorer (par l'intervention d'un élément neutre). Toutefois les anciennes Commissions mixtes et l'institution constituent des organes de même espèce » (Descamps). Enfin, le danger que l'obligation des Commissions d'enquête ne conduisît à celle de l'arbitrage était visiblement exagéré. Les Commissions d'enquête portent sur la question de fait, l'arbitrage sur la question de droit. « Pour les cas où des questions de droit ou des questions de fait soulèvent des différends entre les États, on a prévu l'arbitrage et subsidiairement les Commissions internationales d'enquête. La mission des Commissions d'enquête est simplement d'élucider les circonstances locales. Si cette mission devait entraîner d'autres conséquences, cela irait à l'encontre du but proposé » (Descamps). Il ne faut pas établir de confusion entre le

(1) Comp. Seth Low (délégué), *International arbitration*, dans la *North American Review*, novembre 1899, p. 635.

fonctionnement de l'arbitrage et celui des Commissions d'enquête » (Holls) (1).

Les objections juridiques élevées contre le projet du Comité d'examen se trouvaient dès lors écartées. Restait la plus tenace de toutes les objections : l'objection politique. Ici la défense du projet hésite et fléchit. Les adversaires des Commissions d'enquête leur reprochaient d'être des instruments d'intervention, auxquels, par la clause « si les circonstances le permettent », les grandes puissances échapperaient à leur gré sans jamais laisser vis-à-vis d'elles les petits États s'y soustraire. A cet argument politique, les défenseurs du projet russe répondaient que « ses auteurs n'ont pas eu d'idée politique », qu'ils ne pouvaient pas en avoir : « La politique, on le sait bien, est exclue des débats, elle n'est pas à l'ordre du jour, les circulaires du Comte Mouravieff et de M. de Beaufort en font foi » (de Martens). Comme s'il suffisait que la Conférence n'eût pas le droit de s'occuper de politique pour ne pas en faire ! Comme si, privée du droit d'examiner directement des questions politiques, elle ne gardait pas celui d'agir indirectement, par le droit, sur elles ! Pour rassurer les petits États, les défenseurs de l'institution sont d'autant plus embarrassés qu'un certain nombre d'entre eux, les États-Unis par exemple, estiment que l'élément neutre n'y est pas assez représenté. Il est décidé que les Commissions seront composées de deux membres par puissance en litige, avec Président nommé par eux ou par le neutre qu'ils désignent ; mais le Comité d'examen réserve toute stipulation contraire et M. Holls (2), délégué des États-Unis, fait constater au procès-verbal les inconvénients qu'il peut y avoir à composer la Commission de membres appartenant aux États intéressés, en se bornant à les départager par un Président neutre ; il expose que la présence de trois Commissaires neutres serait, selon lui, de nature à donner une plus grande autorité aux résultats de la Commission. En présence de ces tendances intéressées, comment rassurer les petits États contre le danger des Commissions mixtes, c'est-à-dire de l'élément neutre ? Pour les rassurer, le Comité tempère par cette réserve « dans la plus large mesure qu'elles jugeront possible » l'obligation de fournir à la Commission « tous les moyens et toutes les facilités nécessaires pour la connaissance complète et l'appréciation exacte des faits en question » (modifications à l'article 16 du projet russe, en vertu de l'article 12 du Comité). Les termes de cette réserve, empruntés à l'article 81 de l'Acte de Bruxelles (2 juillet 1890) (3), trahissaient plus de craintes qu'elles ne

(1) 6e séance, n° 6, p. 7.
(2) Comité d'examen, et Rapport Descamps, p. 15.
(3) Rapport Descamps, p. 15.

procuraient de confiance. Les Commissions internationales d'enquête malgré ces précautions, et peut-être même à cause de ces précautions, restaient suspectes. Leurs côtés politiques étaient mauvais pour elles. Il y avait cependant une défense aisée de l'institution. Aux petits États qui s'opiniâtraient à voir dans les Commissions d'enquête obligatoires un piège, il était aisé de répondre qu'au contraire ils y trouveraient un appui dans leurs démêlés vis-à-vis des grandes puissances. Mais, énoncer un tel argument pour ramener aux Commissions d'enquête les petites puissances, c'était risquer de s'aliéner les grandes : car, si l'instrument profitait aux uns, il devait nuire aux autres, et réciproquement. Et voilà pourquoi, sans aucun doute, l'argumentation des défenseurs de l'institution reste incomplète. Voilà pourquoi aussi les petites puissances réussirent à grouper autour d'elles les grandes. Après la séance du 19 juillet (6e séance), le Comité remet son texte sur le métier et ramène l'institution au caractère d'un simple vœu. Dans le premier texte (russe) obligatoires, dans le second (Comité) obligatoires « en tant que les circonstances le permettent », les Commissions internationales sont, dans ce troisième texte (22 juillet), simplement *jugées utiles*. Mais la Roumanie demande davantage encore ; elle veut que dans le nouveau texte reviennent, à côté de cette formule, toute facultative, les deux réserves des deux premiers textes : 1° celle des cas n'engageant ni l'honneur, ni les intérêts vitaux des puissances intéressées ; 2° la clause « en tant que les circonstances le permettent ». Non seulement M. Beldimann veut atténuer la simple déclaration d'utilité par ces deux réserves qui jadis tempéraient une formelle nécessité, mais encore il ne trouve pas la réserve des « intérêts vitaux » assez large, et demande le remplacement du mot « vitaux » par le mot « essentiels » (1). L'Angleterre (Pauncefote), l'Italie (Nigra), l'Autriche (Lammasch) appuient la proposition Beldimann, car les grandes puissances ont compris que les Commissions internationales peuvent être plus gênantes encore pour les grands États que pour les petits. MM. Rolin (Siam), Macedo (Portugal), Delyannis (Grèce) ne peuvent alors que faire cause commune avec le hardi délégué de la Roumanie (2). Tandis que la Serbie, liée par une étroite interprétation de ses Instructions, veut adhérer au texte du Comité sans y rien modifier, le désir de l'entente amène toutes les autres puissances à voter l'amendement Beldimann (3). La hardiesse

(1) Troisième Commission, 8e séance, 22 juillet 1899, n° 8.

(2) *Ibid.*

(3) Texte définitif du Projet de convention pour la solution pacifique des conflits internationaux :

Titre III. — *Des Commissions internationales d'enquête.*

Art. 9. — Dans les litiges d'ordre international n'engageant ni l'honneur ni des intérêts

d'un petit État, son énergie à combattre à l'avant-garde pour le droit des faibles, la circonstance aussi que les forts avaient peut-être ici plus d'intérêt qu'eux, venaient de faire échec au projet russe, à la suite d'une campagne vivement menée. Le texte en sortait si remanié, si profondément dépouillé de son caractère obligatoire, qu'il tombait de lui-même. On avait réglé avec soin les détails de l'institution : le caractère contradictoire de l'enquête (art. 10), la nomination des Commissaires suivant les formes de la procédure arbitrale (art. 11) et la limite des investigations de la Commission (art. 12). A quoi bon ces détails, tous atténués par la faculté de stipulations contraires, pour une création, qui elle-même n'était plus qu'une pure faculté? A quoi bon ce luxe de réglementations pour habiller de règles facultatives une institution qui n'ayant plus en elle, à aucun degré, la force d'une obligation, n'avait même pas obtenu sans réserve une platonique déclaration d'utilité?

§ II. — *L'arbitrage obligatoire.*

Les bons offices ou la médiation, qui s'exercent sur le terrain de la transaction, laissent place, soit à côté d'eux, soit après eux, à l'arbitrage, qui, dans l'ensemble des moyens pacifiques, occupe une place distincte et conserve une physionomie marquée. « L'arbitrage international a pour objet le règlement de litiges entre les États par des juges de leur choix et sur la base du respect du droit ». Telle est la définition de la Conférence (art. 15). « La justice arbitrale internationale règle, c'est-à-dire

essentiels et provenant d'une divergence d'appréciation sur des points de fait, les puissances signataires jugent utile que les parties qui n'auraient pu se mettre d'accord par les voies diplomatiques instituent, en tant que les circonstances le permettront, une Commission internationale d'enquête chargée de faciliter la solution de ces litiges en éclaircissant, par un examen impartial et consciencieux, les questions de fait.

Art. 10. — Les Commissions internationales d'enquête sont constituées par convention spéciale entre les parties en litige. — La convention d'enquête précise les faits à examiner et l'étendue des pouvoirs des Commissaires. — Elle règle la procédure. — L'enquête a lieu contradictoirement. — La forme et les délais à observer, en tant qu'ils ne sont pas fixés par la convention d'enquête, sont déterminés par la Commission elle-même.

Art. 11. — Les Commissions internationales d'enquête sont formées, sauf stipulation contraire, de la manière déterminée par l'article 32 de la présente convention.

Art. 12. — Les puissances en litige s'engagent à fournir à la Commission internationale d'enquête, dans la plus large mesure qu'elles jugeront possible, tous les moyens et toutes les facilités nécessaires pour la connaissance complète et l'appréciation exacte des faits en question.

Art. 13. — La Commission internationale d'enquête présente aux puissances en litige son Rapport signé par tous les membres de la Commission.

Art. 14. — Le Rapport de la Commission internationale d'enquête, limité à la constatation des faits, n'a nullement le caractère d'une sentence arbitrale. Il laisse aux puissances en litige une entière liberté pour la suite à donner à cette constatation.

ɪrmine définitivement, les litiges internationaux qui lui sont soumis ; lle règle ces litiges sur la base du respect du droit, conformément aux xigences de la justice ; elle les règle par l'organe de juges choisis en ertu de l'accord des États eux-mêmes : tels sont, dit excellemment I. Descamps (1), les traits fondamentaux de la justice arbitrale ». Moins ouple que la médiation, puisqu'elle n'est pas une transaction, mais un ɪgement, l'institution est juridiquement préférable, puisqu'elle fonde la aix sur le droit ; moins large que l'action diplomatique, puisqu'elle e peut trancher que les conflits susceptibles d'être formulés en droit art. 16), elle rachète cet inconvénient par la précision toute juridique vec laquelle elle opère. De plus en plus développée, la convention d'ar-ɔitrage n'attend pas toujours que la difficulté soit née ; comme devait le onstater facilement la Conférence (art. 17), elle peut être aussi conclue our des contestations éventuelles, soit pour un groupe de contestations, soit même pour la généralité des litiges. Les clauses limitées d'arbitrage e multiplient dans de nombreux traités, spécialement dans les traités de ommerce. Les clauses générales, quoique plus rares, accusent un grand léveloppement. La Belgique en compte six (2) : avec les îles Hawaï (4 octo-

(1) Rapport Descamps, p. 16.

(2) La Belgique a conclu onze traités renfermant des clauses d'arbitrage. Six de ces lauses sont générales et concernent tous les différends éventuels. Les cinq autres ont ine portée limitée.

Les clauses générales d'arbitrage sont les suivantes : 1° *Belgique et îles Hawaïennes*. Traité d'amitié, de commerce et de navigation du 4 octobre 1862, article 26 : « Si, par un concours de circonstances malheureuses, des différends entre les parties contractantes pouvaient devenir le motif d'une interruption de relations d'amitié entre elles, et qu'après avoir épuisé les moyens d'une discussion amicale et conciliante, le but de leur désir mutuel n'eût pas été complètement atteint, l'arbitrage d'une troisième puissance, également amie des parties, sera invoqué d'un commun accord, pour éviter, par ce moyen, une rupture définitive ».

2° *Belgique et Siam*. Traité d'amitié et de commerce du 29 août 1868, art. 24 : « Dans le cas où un différend s'élèverait entre les deux pays contractants, qui ne pourrait pas être arrangé amicalement par correspondance diplomatique entre les deux gouvernements, ces derniers désigneront, d'un commun accord, pour arbitre une puissance tierce neutre et amie et le résultat de l'arbitrage sera admis par les deux parties ».

3° *Belgique et République Sud africaine*. Traité d'amitie, d'établissement et de commerce du 3 février 1876, article 14 (Même texte que celui du traité avec les îles Hawaïennes, ci-dessus, 1°).

4° *Belgique et Vénézuéla*. Traité d'amitié, de commerce et de navigation du 1er mars 1884, article 2 : « S'il surgissait entre la Belgique et le Vénézuéla un différend quelconque, qui ne pût être réglé à l'amiable, les deux Hautes Parties Contractantes conviennent de soumettre la solution du litige à l'arbitrage d'une puissance amie, proposée et acceptée de commun accord ».

5° *Belgique et Équateur*. Traité d'amitié, de commerce et de navigation du 5 mars 1887, article 2 (Même texte que celui du traité avec le Vénézuéla, ci-dessus, 4°).

6° *Belgique et État libre d'Orange*. Traité d'amitié, d'établissement et de commerce du 27 décembre 1894, article 14 (Même texte que celui du traité avec les îles Havaïennes, ci-dessus, 1°).

bre 1862, art. 26) ; avec le Siam (29 août 1868, art. 24) ; avec la République Sud africaine (3 février 1876, art. 14) ; avec le Vénézuéla (1er mars 1884, art. 2) ; avec l'Équateur (5 mars 1887, art. 2) ; avec l'État libre d'Orange (27 décembre 1894, art. 14). Le Danemark en compte une (1) : avec le Vénézuéla (19 décembre 1862, art. 26). L'Espagne (2) en a quatre : avec le Vénézuéla (20 mai 1882, art. 14) ; avec l'Équateur (23 mai 1888, art. 5) avec la Colombie (28 avril 1894, art. 1er) ; avec le Honduras (19 novembre 1894, art. 2). L'Italie (3) en a une : avec la République argentine (traité

(1) *Danemark et Vénézuéla.* Traité de commerce et de navigation du 19 décembre 1862, article 26 : « Si, par un concours de circonstances malheureuses, des différends entre les deux Hautes Parties Contractantes occasionnaient une interruption dans leurs relations d'amitié, et qu'après avoir épuisé les moyens d'une discussion amicale et conciliante le but de leurs prétentions respectives n'eût pas été complètement atteint, l'arbitrage d'une troisième puissance amie et neutre sera invoqué d'un commun accord avant de pouvoir en appeler au funeste usage des armes. — Est excepté le cas où la partie qui se croirait offensée n'obtiendrait pas que l'autre, dans le terme de trois mois, à compter du jour de l'invitation qui lui sera faite à cet effet, convînt du choix de l'arbitre d'un commun accord, ou à défaut de cet accord, par la voie du sort ».

(2) Voici les traités conclus par l'Espagne avec insertion de la clause générale d'arbitrage :

1° *Espagne et Vénézuéla.* Traité de commerce et de navigation du 20 mai 1882, article 14 : « Si, contre toute attente, il venait à surgir entre l'Espagne et le Vénézuéla une difficulté quelconque qui ne pourrait pas être résolue à l'amiable par les moyens usuels et ordinaires, les deux Hautes Parties Contractantes conviennent de soumettre la solution du différend à l'arbitrage d'une tierce puissance, amie des deux parties, proposée et acceptée de commun accord ».

2° *Espagne et Équateur.* Traité additionnel de paix et d'amitié du 23 mai 1888, article 5 : « Toutes les contestations et tous les différends entre l'Espagne et l'Équateur sur l'interprétation de traités existants ou sur un point quelconque qui n'y est pas prévu s'ils ne peuvent être résolus à l'amiable, seront soumis à l'arbitrage d'une puissance amie, proposée et acceptée de commun accord ».

3° *Espagne et Colombie.* Traité additionnel au traité de paix et d'amitié de 1881 signé à Bogota le 28 avril 1894, article 1er : « Toutes les contestations et tous les différends qui surgiront entre l'Espagne et la Colombie au sujet de l'interprétation des traités en vigueur ou qui le seront à l'avenir, seront tranchés par la décision sans appel d'un arbitre, proposé et accepté de commun accord. Les contestations qui pourront se présenter sur des points non prévus dans lesdits traités ou pactes seront également soumises à l'arbitrage ; mais si l'accord n'existe pas quant à l'adoption de cette mesure, parce qu'il s'agit d'affaires affectant la souveraineté nationale ou qui d'une autre manière sont par leur nature incompatibles avec l'arbitrage, les deux gouvernements sont obligés, en tout cas, d'accepter la médiation ou les bons offices d'un gouvernement ami pour la solution amiable de tout différend. — Lorsqu'un différend entre l'Espagne et la Colombie sera soumis au jugement d'un arbitre, les Hautes Parties Contractantes établiront, de commun accord, la procédure, les délais et les formalités que le juge et les parties devront observer dans le cours et à la fin du jugement arbitral ».

4° *Espagne et Honduras.* Traité de paix et d'amitié du 19 novembre 1894, article 2 (Texte identique à celui du n° 2°).

(3) *Italie et République argentine.* Traité général d'arbitrage du 23 juillet 1898, article 1er : « Les Hautes Parties signataires s'engagent à soumettre au jugement arbitral toutes les controverses, quelles qu'en soient la nature et la cause, qui pourraient surgir entre elles, dans la période d'existence du présent traité, et pour lesquelles on n'aurait pu obtenir

néral d'arbitrage du 23 juillet 1898). Les Pays-Bas (1) en ont avec le rtugal (5 juillet 1894) ; la Suisse (2) avec les îles Hawaï (20 juillet 1864, t. 12), le Salvador (30 octobre 1883, art. 13), le Transvaal, l'Équateur le Congo. Ces précédents, relevés par M. Descamps pour la Conférence diquaient la tendance de l'arbitrage à se généraliser (3). Le traité an-

e solution amiable par des négociations directes. — Il n'importe que les controverses nt leur origine dans des faits antérieurs à la stipulation du présent traité.
Art. 2, etc... (Ces articles sont relatifs à la procédure ; il est donc inutile de les mennner ici. — V. Corsi, *Un nouveau traité d'arbitrage permanent*, dans la *Revue générale dr. intern. public*, t. VI (1899), p. 9. V. le texte du traité *ibid.*, t. V (1898), p. 868, note) ».

(1) *Pays-Bas et Portugal.* Ces deux États se sont liés réciproquement par une clause arbitrage, d'abord limitée, puis généralisée dans les conditions suivantes : *a*) Clause arbitrage limité. La convention conclue à Lisbonne le 11 juin 1893 entre les Pays-Bas le Portugal pour régler d'une façon exacte les relations entre les deux pays dans rchipel de Timor et Solor, renferme, dans son article 7, la clause arbitrale suivante : Dans le cas où quelque difficulté surgirait par rapport à leurs relations internationas dans l'archipel de Timor et Solor, ou au sujet de l'interprétation de la présente contion, les Hautes Parties Contractantes s'engagent à se soumettre à la décision d'une mmission d'arbitres. Cette Commission sera composée d'un nombre égal d'arbitres oisis par les Hautes Parties Contractantes et d'un arbitre désigné par ces arbitres ». Clause d'arbitrage général. La déclaration échangée à Lisbonne le 5 juillet 1894 entre deux gouvernements au sujet du règlement provisoire des relations commerciales, nferme la clause suivante : « Toutes questions ou tous différends sur l'interprétation l'exécution de la présente déclaration et de même toute autre question qui pourrait rgir entre les pays, pourvu qu'elle ne touche ni à leur indépendance ni à leur automie, s'ils ne peuvent être réglés à l'amiable, seront soumis au jugement de deux bitres dont un sera nommé par chacun des deux gouvernements. En cas de différnce d'opinion entre les deux arbitres, ceux-ci désigneront de commun accord un troième qui décidera ».

(2) 1° *Suisse et îles Hawaïennes.* Traité d'amitié, d'établissement et de commerce du juillet 1864, article 12 (Texte semblable à celui du traité de la Belgique avec les îles waïennes. reproduit sous la rubrique : Belgique).

2° *Suisse et Salvador.* Traité d'amitié, d'établissement et de commerce du 30 octobre 83, article 13 : « Dans le cas où un différend s'élèverait entre les deux pays contracnts et ne pourrait être arrangé amicalement par correspondance diplomatique entre deux gouvernements, ces derniers conviennent de le soumettre au jugement d'un bunal arbitral, dont ils s'engagent à respecter et à exécuter loyalement la décision. — tribunal arbitral sera composé de trois membres. Chacun des deux États en désignera , choisi en dehors de ses nationaux et des habitants du pays. Les deux arbitres nomront le troisième. S'ils ne peuvent s'entendre pour ce choix, le troisième arbitre sera mmé par un gouvernement désigné par les deux arbitres, ou, à défaut d'entente, r le sort ».

3° *Suisse et République Sud africaine.* Traité d'amitié, d'établissement et de commerce 6 novembre 1885, article 11 (Texte identique à celui du n° 2°).

4° *Suisse et Equateur.* Traité d'amitié, d'établissement et de commerce du 22 juin 8, article 4 (Texte identique à celui du n° 2°).

° *Suisse et État indépendant du Congo.* Traité d'amitié, d'établissement et de commrce du 16 novembre 1889, article 13 (Texte identique à celui du n° 2°).

(3) Mérignhac, *Chronique pacifique*, dans la *Revue du droit public et de la science poque en France et à l'étranger*, t. VIII (1897), p. 304 ; Féraud-Giraud, *Les traités d'arrage général et permanent*, dans la *Revue de droit intern. et de lég. comparée*, t. XXIX 897), p. 333.

glo-américain, signé le 12 janvier 1897, bien que non ratifié, établissait aussi l'arbitrage général(1). Résumant et développant cette tendance (2), la Conférence ne pouvait-elle poser en principe l'obligation générale de l'arbitrage et faire signer aux États réunis une vaste clause compromissoire ?

Telle était peut-être l'espérance des apôtres de la paix, de M. Stead ou de la Baronne de Suttner ; mais aucun jurisconsulte n'y pouvait sérieusement penser. La clause générale d'arbitrage, développée surtout chez les États neutres, Belgique et Suisse, fonctionnant toujours, sauf un cas, celui du Portugal et des Pays-Bas, d'un pays d'Europe à un pays d'Amérique, d'Afrique ou d'Asie, n'avait pas encore fait ses preuves ; développée sur des terrains exotiques, de continent à continent, elle n'était pas mûre, malgré le précédent du Portugal et des Pays-Bas, pour se faire accepter de l'Europe à l'Europe ; formée de petite puissance à petite puissance, elle n'était pas encore prête pour s'introduire dans les relations de grande puissance à petite (malgré le cas du traité italo-argentin), et, comme le montrait l'échec du traité anglo-américain de 1897, elle était absolument incapable de s'élever jusqu'à la hauteur des rapports de deux grandes puissances entre elles. L'arbitrage général obligatoire apparaissait donc aux délégués comme un rêve encore irréalisable, comme un idéal lointain dont ils devaient encourager le rapprochement et formuler le vœu (art. 19), mais qu'ils n'étaient pas en mesure de réaliser dans la pratique. Dès le début, le projet russe lui-même avait compris que, de ce côté, nulle tentative n'était possible.

Mais, à défaut de l'arbitrage général, fallait-il absolument renoncer à l'idée de consacrer à la Haye, dans certains cas spéciaux, l'arbitrage obligatoire ? Dans une Note confidentielle, numérotée et distribuée à raison de deux exemplaires seulement par délégation, le gouvernement russe s'est efforcé de faire triompher cette idée. Le propre de l'arbitrage général est de s'appliquer sans réserve, même dans les cas qui intéressent l'honneur et l'indépendance des nations (en ce sens traité italo-argentin, du 23 juillet 1898, art. 1er). Comme tous les traités d'arbitrage général ne vont pas jusque là (telle la déclaration hollando-portugaise du 5 juillet 1894), le gouvernement russe écarte ces questions d'honneur et d'autonomie, les seules où précisément l'arbitrage soit propre à prévenir les guerres, et se contente de proposer l'arbitrage, en dehors de ces questions réser-

(1) V. *Revue générale de dr. intern. public*, t. IV (1897), p. 418 et suiv.

(2) *Adde* le précédent du traité purement américain de Washington du 28 avril 1890, qu'on trouvera très nettement, et d'une façon absolument précise, rapporté dans Gaspar Toro, *Notas sobre arbitraje internacional en las Republicas latino-americanas*, p. 29-56. Ce traité n'a pas empêché, comme on sait, le Salvador et le Guatémala de se battre peu de temps après.

vées, dans un petit nombre de cas déterminés. Tel est le modeste point de départ des suggestions russes. « Il va de soi, dit la Note explicative se rapportant à l'article 10 du projet russe (1), que l'arbitrage obligatoire ne peut s'appliquer à tous les cas et à tous les genres de conflits. Il n'est pas de gouvernement, qui consentirait à prendre sur lui *à l'avance* l'obligation de soumettre à la décision d'un tribunal d'arbitrage tout différend qui se produirait dans le domaine international, s'il touchait à l'honneur national de l'État, à ses intérêts supérieurs et à ses biens imprescriptibles ». D'autre part, tous les grands débats politiques se posent beaucoup plus sur l'abrogation que sur l'application des traités, de sorte qu'ils sont extra-juridiques, et par conséquent échappent à l'arbitrage. « En thèse générale, dit la Note, les conflits qui surgissent sur le terrain des traités politiques se rapportent dans la plupart des cas, non pas autant à une différence d'interprétation de telle ou telle norme, qu'aux changements à apporter à celle-ci ou à son abrogation complète. Les puissances, qui ont une part active dans la vie politique de l'Europe, ne peuvent donc soumettre les conflits surgissant sur le terrain des traités politiques à l'examen d'un tribunal d'arbitrage aux yeux duquel la norme établie par le traité serait tout aussi obligatoire, tout aussi inviolable que la norme établie par la loi positive aux yeux d'un tribunal national quelconque. Au point de vue de la politique pratique, l'impossibilité d'un arbitrage obligatoire universel apparaît donc comme évidente ». Telle est la précision par laquelle débute la Note russe. En même temps l'article 9 du projet russe met en principe que « chaque État reste seul juge de la question de savoir si tel ou tel cas doit être soumis à l'arbitrage ».

Ceci posé, la Russie propose l'arbitrage obligatoire dans quelques cas isolés où depuis longtemps, il est partout pratiqué, c'est-à-dire dans les quelques questions secondaires où il s'est constitué son domaine, telles que (2) : la violation des devoirs de neutralité (affaire du *général Armstrong*, 1851 (3) ; affaire de l'*Alabama*, 1872 (4)), l'atteinte portée au droit des États neutres (blocus de Portendik 1843 (5), etc.), l'arrestation illicite d'un sujet étranger (affaire du capitaine White, 1864 (6) ; affaire

(1) Elle a été publiée en annexe à la suite du Rapport Descamps, p. 67 et suiv. Nous en donnons au texte, en l'expliquant et en la commentant, tous les passages importants.

(2) Tous ces cas sont expressément indiqués par la Note russe.

(3) Rouard de Card, *L'arbitrage international*, p. 58 ; Kamarowsky, *Le tribunal international*, p. 198 ; Calvo, *Le droit international théorique et pratique*, t. II, p. 560.

(4) Kamarowsky, *op. cit.*, p. 215 et suiv.

(5) Rouard de Card, *op. cit.*, p. 57 ; Kamarowsky, *op. cit.*, p. 200 ; Calvo, *op. cit.*, t. II, p. 552 ; Revon. *L'arbitrage international*, p. 303 ; Mérignhac, *Traité théorique et pratique de l'arbitrage international*, p. 51.

(6) Revon, *op. cit.*, p. 312 ; Calvo, *op. cit.*, t. II, p. 556 ; Kamarowsky, *op. cit.*, p. 188.

Doundonald, 1873 (1)), les pertes causées à un ressortissant étranger par la faute d'un État (affaire Butterfield, 1888 (2) ; conflit entre le Mexique et les États-Unis (3), 1872), la saisie de la propriété privée d'un belligérant sur terre ferme (affaire du *Macedonian* (4)), la saisie illégale de navires (affaire des bâtiments *Veloz*, *Victoria* et *Vigie*, 1852 (5) ; affaire du *Phare*, 1879 (6)), la violation du droit de pêche (7), et d'une façon générale tous les cas où il s'agit d'une indemnisation pour dommages et pertes (8). Ici, sauf des cas exceptionnels où la question pécuniaire touche à des intérêts vitaux (la Note russe prévoit le cas d'une faillite d'État), l'arbitrage est dans ses limites, sur le sol même de sa naissance, dans le domaine classique de son histoire. Aussi la Note russe n'hésite pas à proposer dans ces cas spéciaux l'arbitrage obligatoire. L'article 9 du projet russe excepte de l'arbitrage facultatif « les cas énumérés dans l'article suivant et dans lesquels les puissances signataires du présent Acte considèrent l'arbitrage comme *obligatoire*, pour elles ». Et, au premier rang de ces cas, « en tant qu'ils ne touchent ni aux intérêts vitaux, ni à l'honneur national des États contractants », l'article 10 cite : « 1° le cas de différends ou de contestations se rapportant à des dommages pécuniaires éprouvés par un autre État, ou ses ressortissants, à la suite d'actions illicites ou de négligence d'un autre État ou des ressortissants de ce dernier ».

A ce premier cas, où l'application de l'arbitrage obligatoire est toujours possible, la Russie, sentant aussi combien il est modeste, voudrait, pour amplifier le résultat, en joindre un autre, moins classique et plus

(1) Kamarowsky, *op. cit.*, p. 197 ; Revon, *op. cit.*, p. 314.

(2) V. sur cette question de préférence, parce qu'il a eu en main, grâce à M. Frédéric Bajer, les documents originaux, Revon, *op. cit.*, p. 321.

(3) Mérignhac, *op. cit.*, p. 329.

(4) Mérignhac, *op. cit.*, p. 57.

(5) Kamarowsky, *op. cit.*, p. 194 ; Mérignhac, *op. cit.*, p. 61.

(6) Rouard de Card, *op. cit.* p. 112 et suiv. ; Mérignhac, *op. cit.*, p. 111 et suiv.

(7) Question des pêcheries de Behring et sentence du 15 août 1893 (V. Fromageot, *L'arbitrage de la mer de Behring*, dans le *Journal du droit intern. privé*, t. XXI (1894), p. 36 et suiv. — Question très délicate des pêcheries de Terre-Neuve, sur laquelle il y aurait plus d'une réserve à faire. Comp. Revon, *op. cit.*, p. 323 ; Paul Fauchille, *La question de Terre-Neuve*, dans la *Revue des Deux-Mondes* du 15 février 1899, p. 871 ; Moncharville, *La question de Terre-Neuve*, dans la *Revue générale de dr. intern. public*, t. VI (1899), p. 141-168 ; notre *Chronique internationale*, *Questions franco-anglaises*, dans la *Revue du droit public et de la science politique en France et à l'étranger*, t. XI (1899), p. 304 et suiv.

(8) *Adde*, comme exemples récents : affaire Cerruti (Bureau, *Le conflit italo-colombien*; Darras, *De certains dangers de l'arbitrage international : affaire Cerruti entre la Colombie et l'Italie*, dans la *Revue générale de dr. intern. public*, t. VI (1899), p. 533 et suiv.) ; affaire du Costa-Rica Packet (Regelsperger, *L'arbitrage de M. de Martens dans l'affaire du Costa-Rica Packet*, *ibid.*, t. IV (1897), p. 735 et suiv.) ; affaire Ben Tillet (*ibid.*, t. VI (1899), p. 46) ; etc.

difficile d'accès, où l'arbitrage tend à pénétrer sans y être encore bien établi : c'est le cas où « un État demande à un autre d'exercer ou de ne pas exercer certaines attributions déterminées du pouvoir souverain, de faire ou de ne pas faire certains actes déterminés ne touchant pas à des intérêts d'ordre matériel »; c'est, en un mot, le terrain de l'interprétation et de l'exécution des traités. Ici, « la Conférence doit limiter l'arbitrage, dit la Note russe, à un nombre déterminé de questions de droit surgissant sur le terrain de l'interprétation des traités existants, qui sont dépourvus de toute signification politique » : ainsi tous les traités, qui ont un caractère universel, et qui ont constitué un système de moyens internationaux (Union postale et télégraphique, Union pour la défense internationale de la propriété littéraire, etc.), puis tous les traités à caractère universel qui, exprimant la concordance d'intérêts *identiques et communs*, ne peuvent pas donner naissance, comme les traités à caractère particulier, *compromis factices d'intérêts opposés*, à des conflits sérieux et inextricables (1). C'est déjà le système appliqué par l'article 16 du traité d'Union postale de 1874, où l'on voit l'arbitrage obligatoire institué pour l'interprétation et l'application du traité. Enhardie par ce précédent, la Note russe suggère d'étendre le procédé à tous les autres traités à caractère universel, suivant l'énumération de l'article 10 (projet) : 1° traités et conventions postales et télégraphiques, de chemins de fer, ainsi que ceux ayant trait à la protection des câbles télégraphiques sous-marins ; règlements concernant les moyens destinés à prévenir les collisions de navires en pleine mer ; conventions relatives à la navigation des fleuves internationaux et canaux interocéaniques ; 2° conventions concernant la protection de la propriété littéraire et artistique, ainsi que la propriété industrielle (brevets d'invention, marques de fabrique ou de commerce et nom commercial); conventions monétaires et métriques ; conventions sanitaires, vétérinaires et contre le phylloxéra ; 3° conventions de succession, de cartel et d'assistance judiciaire mutuelles ; 4° conventions de démarcation en tant qu'elles touchent aux questions purement techniques et non politiques (art. 10, projet russe). « Telles sont, disait la Note russe, les limites dans lesquelles il serait possible et désirable de fixer la sphère d'action de l'arbitrage obligatoire » (2).

(1) Note russe, *loc. cit.*

(2) Proposition russe. — Troisième Commission. Secret (exemplaires numérotés de 1 à 200), p. 2-3. Arbitrage international, art. 7-13 (les articles 1-6 sont relatifs aux bons offices, les articles 14-20 sont relatifs aux Commissions internationales d'enquête) :

« Art. 7. — En ce qui regarde les cas de litige se rapportant à des questions de droit, et, en premier lieu, à celles qui concernent l'interprétation ou l'application des traités en vigueur, l'arbitrage est reconnu par les puissances signataires comme étant le

Suivant la pittoresque expression de Schæffle, le projet russe avait mis, on le voit, « beaucoup d'eau dans le vin de l'arbitrage général obligatoire » (1).

Or, précisément parce qu'il réduisait ainsi les cas d'arbitrage obliga-

moyen le plus efficace et en même temps le plus équitable pour le règlement à l'amiable de ces litiges.

Art. 8. — Les puissances contractantes s'engagent par conséquent à recourir à l'arbitrage dans les cas se rapportant à des questions de l'ordre mentionné ci-dessus, en tant que celles-ci ne touchent ni aux intérêts vitaux, ni à l'honneur national des parties en litige.

Art. 9. — Chaque État reste seul juge de la question de savoir si tel ou tel cas doit être soumis à l'arbitrage, excepté ceux énumérés dans l'article suivant et dans lesquels les puissances signataires du présent Acte considèrent l'arbitrage comme obligatoire pour elles.

Art. 10. — A partir de la ratification du présent Acte par toutes les puissances signataires, l'arbitrage est obligatoire dans les cas suivants, en tant qu'ils ne touchent ni aux intérêts vitaux, ni à l'honneur national des États contractants : — I. En cas de différends ou de contestations se rapportant à des dommages pécuniaires éprouvés par un autre État ou ses ressortissants, à la suite d'actions illicites ou de négligence d'un autre État ou des ressortissants de ce dernier. — II. En cas de dissentiments se rapportant à l'interprétation et l'application des traités et conventions ci-dessous mentionnés : 1° Traités et conventions postales et télégraphiques, de chemins de fer, ainsi qu'ayant trait à la protection des câbles télégraphiques sous-marins ; règlements concernant les moyens destinés à prévenir les collisions de navires en pleine mer, conventions relatives à la navigation des fleuves internationaux et canaux interocéaniques. 2° Conventions concernant la protection de la propriété littéraire et artistique, ainsi que la propriété industrielle (brevets d'invention, marques de fabrique ou de commerce et nom commercial) ; conventions monétaires et métriques ; conventions sanitaires, vétérinaires et contre le phylloxéra. 3° Conventions de succession, de cartel et d'assistance judiciaire mutuelles. 4° Conventions de démarcation, en tant qu'elles touchent aux questions purement techniques et non politiques.

Art. 11. — L'énumération des cas mentionnés dans l'article ci-dessus pourra être complétée par des accords subséquents entre les puissances signataires du présent Acte. — En outre, chacune d'elles pourra entrer en accord particulier avec une autre puissance, afin de rendre l'arbitrage obligatoire pour les cas susdits avant la ratification générale, ainsi que pour étendre sa compétence à tous les cas qu'elle jugera possible de lui soumettre.

Art. 12. — Pour tous les autres cas de conflits internationaux, non mentionnés dans les articles ci-dessus, l'arbitrage, tout en étant certainement très désirable et recommandé par le présent Acte, n'est cependant que purement facultatif, c'est-à-dire ne peut être appliqué que sur l'initiative spontanée de l'une des deux parties en litige et avec ce consentement exprès et de plein gré de l'autre ou des autres parties.

Art. 13. — En vue de faciliter le recours à l'arbitrage et son application, les puissances signataires ont consenti à préciser, d'un commun accord, pour les cas d'arbitrage international, les principes fondamentaux à observer pour l'établissement et les règles de procédure à suivre pendant l'instruction du litige et le prononcé de la sentence arbitrale. — L'application de ces principes fondamentaux, ainsi que de la procédure arbitrale, indiquée dans l'Appendice au présent article (V. *infrà*, § IV), pourrait être modifiée en vertu d'un accord spécial entre les États qui auraient recours à l'arbitrage ».

(1) A Schæffle, *Die Friedenskonferenz im Haag*, *loc. cit.* p. 736 : « Der russische Vorschlag goss bereits viel Wasser in den Wein des obligaten Universalschiedsverfahrens ».

toire, il retirait à l'institution toute vertu pacifique. Désireuse d'aboutir, la Conférence de la Haye cherchait, une fois de plus, son résultat en dehors de la paix. Après avoir constaté l'impossibilité de l'arbitrage dans tous les cas politiques où peuvent naître les *casus belli*, après avoir reconnu que « les conflits les plus importants et les plus menaçants pour la paix générale » sont ceux auxquels « il semble que l'arbitrage obligatoire ne pourrait pas être appliqué » (1), c'est par une inconséquence criante que le projet russe maintient, dans une Conférence de paix, un arbitrage obligatoire, qui vise des questions d'indemnité pécuniaire, d'union postale, de poids et mesures, ou de droit international privé. En s'orientant de ce côté pour chercher le succès, la proposition russe se détourne du noble but que le Tsar, dans ses deux Messages, fixait à la Conférence. Quand même les propositions russes auraient abouti, il n'en serait pas moins choquant de voir, au point d'aboutissement de la Conférence, une menue question de droit au lieu d'un grand problème politique et d'y trouver le triomphe de la justice dans un petit problème obscur au lieu du triomphe de la paix dans la mêlée des peuples. La Note russe en est trop profondément pénétrée pour se faire aucune illusion à cet égard. Mais comme il faut quand même rattacher à l'œuvre ces questions étrangères pour donner à la Conférence l'apparence d'un résultat, la Note russe use d'un artifice. « Bien évidemment (2), dit-elle, les questions d'ordre secondaire auxquelles est exclusivement applicable ce moyen d'action (l'arbitrage) constituent très rarement une cause de guerre. Néanmoins des conflits fréquents entre les États, ne fût-ce que par rapport à des questions d'ordre secondaire, tout en ne constituant pas une menace directe pour le maintien de la paix, altèrent cependant les bons rapports entre les États et créent une atmosphère de méfiance et d'hostilité, dans laquelle peut plus facilement, par un incident quelconque, comme par une étincelle fortuite, éclater une guerre ». Ainsi, dans cette mesure réduite, où, d'après le projet russe, peut vivre l'arbitrage obligatoire, il servirait encore la cause de la paix, puisque, sans diminuer le chiffre des *casus belli* proprement dits, il éclaircirait l'atmosphère politique et détendrait les rapports entre les puissances. Telle est tout au moins l'insinuation par laquelle la Note russe essaie de justifier l'extension à ces cas d'arbitrage, qui ne touchent pas la guerre, d'une Conférence faite pour assurer la paix. Directement, ils ne sont pas de sa compétence, mais indirectement ils y rentrent, puisqu'en se résolvant ils améliorent la situation générale et dissipent l'électricité dont se chargeait déjà l'atmosphère. Telle est l'argumentation russe. On la trouvera plus spécieuse qu'exacte. Deux

(1) Note explicative se rapportant à l'article 10 du projet russe.
(2) Note explicative.

personnes ont une difficulté, qu'elles portent devant les tribunaux. Sont-elles moins irritées après le procès qu'avant ? La partie condamnée n'est-elle pas plus excitée vis-à-vis de son adversaire après l'humiliation de la défaite ? La partie gagnante ne garde-t-elle pas, malgré la victoire, l'irritation du procès soulevé ? S'il en est ainsi des particuliers par rapport aux jugements, pourquoi donc en serait-il autrement des États par rapport à l'arbitrage ? Sans doute, à la différence des juges, qui se bornent à dire le droit, les arbitres ont une tendance à jouer le rôle de conciliateurs, et la Note russe y pouvait d'autant mieux penser qu'en plus d'un arbitrage et même à la Conférence, dans la question de la procédure arbitrale (1), M. F. de Martens s'est constamment dirigé vers ce point de vue. Mais ce point de vue est inexact. Il dénature l'arbitrage et détourne de lui les parties qui, confiantes en leur droit, réclament un jugement, non une transaction. En attribuant à l'arbitrage, dans ces cas secondaires, une influence quelconque, même indirecte, sur la paix, le projet russe pousse les arbitres à sortir de leur rôle de juges pour devenir des médiateurs et fausse ainsi le mécanisme du procédé, sous prétexte d'en perfectionner le système. Ces raisons rendaient impossible le rattachement des cas d'arbitrage obligatoire, prévus par la Note russe, à l'œuvre plus spécialement pacifique de la Conférence. Dans les proportions modestes où l'arbitrage obligatoire est possible, il fait figure de hors-d'œuvre et de digression. En vain la Russie se flatte-t-elle « qu'avec le temps il deviendra possible d'étendre l'arbitrage obligatoire aux cas non prévus actuellement » (2) de sorte que, sans servir immédiatement la cause de la paix, le projet actuel lui frayerait le chemin. Les peuples auront beau s'habituer à faire trancher par l'arbitrage les petites questions, ils n'en arriveront pas à lui livrer les grandes, celles qui font les *casus belli*, puisqu'entre les unes et les autres il existe un fossé que rien ne peut combler : celui de l'honneur et de la susceptibilité nationale.

Si donc la proposition russe avait abouti, ce serait en marge du programme et par hors-d'œuvre. Mais, au lieu d'aboutir comme on l'espérait, l'arbitrage obligatoire, pourtant très limité, n'en a pas moins complètement échoué. En vain le projet russe le faisait-il entrer, aussi timidement que possible, dans les questions les plus modestes. En vain, pour arriver à un résultat, la Russie, qui l'avait fait sortir des *casus belli*, le fit-elle par surcroît (art. 10) sortir du droit public, pour viser les questions de droit international privé, civil et criminel. Il ne faut pas croire que les grandes questions du droit international privé, bien qu'elles n'aient rien à démêler avec la guerre, soient déjà mûres pour un semblable accord :

(1) V. *infrà*, § IV.
(2) Note explicative, *in fine*.

l'Angleterre avait d'ailleurs montré qu'il ne fallait pas, à cet égard, compter sur elle quand, en 1893, s'ouvrit, à la Haye même, la première des Conférences de ce genre (1). Aussi les questions de droit privé furent éliminées tout de suite. Restaient les autres questions, à caractère universel, auxquelles la Russie voulait étendre l'arbitrage obligatoire. Mais ici, par une énumération maladroite, elle éveillait des susceptibilités nombreuses. Non seulement elle y faisait rentrer « les traités ayant en vue la protection internationale d'intérêts intellectuels et moraux, comme les conventions relatives à la propriété littéraire et industrielle, les conventions sanitaires et jusqu'aux mesures à prendre contre le phylloxéra », mais encore elle y faisait figurer en première ligne « les traités ayant en vue la protection internationale des grandes artères de la circulation universelle », rubrique très large où se trouvaient comprises « les conventions postales, télégraphiques, de chemins de fer, les conventions pour la protection des câbles sous-marins, les conventions relatives à la navigation sur les fleuves internationaux et les canaux interocéaniens » (2). Avec ces trois dernières, la proposition russe abordait les plus hautes questions politiques. Elle inquiétait l'Angleterre, vivement intéressée dans la question des câbles, l'Autriche qui considère comme nationale la question du Danube moyen ; surtout elle effrayait les États-Unis d'Amérique qui n'admettent pas que les questions relatives au canal américain soient soumises à l'arbitrage, et ce fut par là que le projet russe commença à s'ébranler (Comité d'examen, séance du 3 juin).

Après avoir, en 1850, imprudemment partagé le contrôle du canal de Nicaragua, ou de tout autre semblable, avec l'Angleterre, au traité Clayton-Bulwer (3), les États-Unis n'ont cessé de chercher, suivant le mot fameux du Président Grant, « un canal américain, sur le sol américain, par le peuple américain ». A l'Angleterre, qui proteste en invoquant le texte de 1850, les États-Unis essaient d'opposer un double argument : l'un, tiré de la doctrine de Monroe d'après laquelle aucun pouvoir européen ne peut s'immiscer dans les affaires d'Amérique, et réciproquement, de sorte que les États-Unis n'ont pas pris part à la détermination du régime de Suez, canal quasi-européen, et que semblablement l'Angleterre n'a pas le droit de participer au contrôle (c'est-à-dire au monopole) d'un canal américain (4) ; l'autre argument, tiré de la clause *rebus sic stantibus,* en ce que,

(1) Lainé, *La Conférence de la Haye,* dans le *Journal du droit international privé* t. XXI (1894), p. 5 et suiv.

(2) Projet russe, art. 10.

(3) Keasbey, *The Nicaragua canal and the Monroe doctrine,* 1896, *passim.*

(4) Tucker, *The Monroe doctrine,* p. 43-76.

par suite de leur développement vers l'Ouest, c'est-à-dire vers le Pacifique, les États-Unis sont dans la nécessité de s'assurer le contrôle exclusif du canal pour pouvoir aisément joindre, de l'Est à l'Ouest, leurs flottes de guerre, auxquelles, dans un des tracés proposés, le lac de Nicaragua prêterait un utile refuge. Avec ces deux raisons fondamentales, la question du canal du Pacifique à l'Atlantique est devenue pour les États-Unis une question éminemment nationale. Peu de temps avant la Conférence, les États-Unis venaient d'affirmer à nouveau ce point de vue par le vote sénatorial du 21 janvier 1899, qui, réorganisant la *Maritime canal Company*, plaçait le canal de Nicaragua sous le contrôle de l'Union, en lui attribuant 925 mille actions de cent dollars sur un total d'un million. Au moment où « pas un enfant de l'Union, suivant le mot des Américains, n'ignore la nécessité d'un canal purement national », alors que la question du canal est de celles qui retiennent les deux Impérialismes anglais et américain au bord de l'alliance, comment admettre que les délégués d'Amérique eussent pu laisser la question des canaux à l'arbitrage obligatoire ? « Dans l'affaire de l'*Alabama*, dit M. L. M. Keasbey (1) (*in the matter of Geneva*), nous avons accepté l'arbitrage international. Mais alors il s'agissait d'une pure question de dommages, ici c'est d'une question de vitalité qu'il s'agit. La doctrine de Monroe, sur laquelle reposent les prétentions américaines, est trop fortement nationale pour pouvoir jamais faire l'objet d'un arbitrage »... « Nous devons, dit-il, garder une attitude sceptique sur la puissance de l'arbitrage, en cette question des canaux, aussi longtemps que les réclamations des États-Unis vis-à-vis de l'Angleterre ne seront pas écoutées ». Telle était aux États-Unis l'opinion commune, aussi bien l'opinion éclairée des diplomates, des hommes politiques et des jurisconsultes que celle des masses. Les délégués des États-Unis à la Haye n'y pouvaient contredire. En introduisant maladroitement, par une énumération dangereuse, cette question dans son projet, pourtant bien timide, la Russie en compromettait la réussite (2). L'opposition des États-Unis, qui s'imposait ici, devait en provoquer d'autres. Leur protestation sur ce point devait servir d'encouragement sur d'autres aux mauvaises volontés en quête d'un exemple. A peine M. Holls, au nom des États-Unis (3), avait-il déclaré que son gou-

(1) *The Nicaragua canal and the Monroe doctrine*, p. 585-589.

(2) En rendant compte des travaux de la Conférence de la Haye sur l'arbitrage international dans une grande Revue des États-Unis, M. F. de Martens s'est bien gardé de citer la question des canaux interocéaniques parmi les chefs, qu'il énumère, de la Note russe sur l'arbitrage obligatoire (F. de Martens, *International arbitration*, dans la *North American Review*, novembre 1899, p. 615).

(3) Comité d'examen, séance du 3 juin 1899 ; Holls, *The Peace Conference and the Monroe doctrine*, *loc. cit.*, p. 565.

vernement n'accepterait pas l'arbitrage obligatoire pour les conventions relatives aux canaux interocéaniques et (crainte de l'analogie) pour les conventions relatives aux fleuves internationaux, qu'aussitôt le Dr Zorn, au nom de l'Allemagne, insista dans le même sens, bien qu'ici pour l'Allemagne il n'y eût pas, de l'aveu même de son délégué, « un intérêt aussi grave que pour les États-Unis » (1).

Une fois cette brèche ouverte dans le projet russe, la masse compacte de ses dispositions se trouvait ébranlée, ses articles successifs allaient s'émietter peu à peu. En même temps qu'ils demandent la suppression de l'arbitrage obligatoire dans la question des canaux, les délégués américains en demandent la disparition en matière monétaire. Les États-Unis, grands producteurs d'argent, font, depuis la baisse du métal argent, qui en paralyse la frappe, les plus grands efforts pour obtenir des États de l'Union latine, qui s'y refuse, la reprise de la frappe des écus d'argent (2). En 1881, en 1892, ils ont eu à deux reprises l'initiative de Conférences, qui n'aboutirent pas. Séparés de l'Europe par une opposition d'intérêts dont l'échec de la Conférence de Bruxelles, en 1892, a donné la mesure, les États-Unis font de cet ordre de questions, où se joue leur intérêt économique, une dépendance de celles qui intéressent la vitalité même de la nation. Ils insistent donc pour faire rayer de l'article 10 les questions monétaires (3). En vain la Belgique et la Russie protestent. L'Italie n'a garde d'insister, par souvenir des difficultés qu'elle eut en 1893 avec la Suisse, quand elle prétendait faire acquitter les droits de douane non pas en billets mais en monnaie métallique (4). En mémoire du refus persistant qu'elle opposait alors à l'arbitrage, elle se sentait plutôt sympathique à la proposition américaine. En faisant entrer dans l'arbitrage obligatoire les questions monétaires, la Russie, sans prendre garde au précédent de 1893, venait ainsi d'effrayer, non seulement les États-Unis, mais encore l'Italie, qui, sans intervenir sur ce point d'une façon directe, n'en prenait pas moins vis-à-vis de la proposition russe une attitude des plus tièdes. Enfin, au sein du Comité d'examen (7 juin) l'idée de soumettre les questions d'indemnité pécuniaire à l'arbitrage souleva de nombreuses difficultés. Les uns voulaient lui donner la cause même de la réclamation, c'est-à-dire le principe de l'indemnité, les autres lui

(1) Comp. Desjardins, *loc. cit.*, p. 16 et suiv.
(2) Poinsard, *Études de droit international conventionnel*, p. 426.
(3) Comité d'examen, 3 juin 1899 ; Holls, *loc. cit.*, p. 565.
(4) V. *Revue générale de droit intern. public*, t. I (1894), p. 81 et 279. V. aussi Contuzzi, *Des limites que les traités de commerce imposent aux États contractants dans l'adoption des mesures financières d'ordre intérieur*, dans la *Revue du droit public et de la science politique en France et à l'étranger*, t. I (1894), p. 257 et suiv.

confiaient tout au plus son quantum. Et ici d'autres divisions se produisaient encore, les uns fixant un maximum à l'indemnité, les autres non (1). Tout ce qu'on put obtenir, c'est que l'arbitrage obligatoire pût déterminer le quantum de l'indemnité, une fois posée. Mais, libre de fixer le quantum, l'arbitre peut, en le réduisant à l'extrême, connaître indirectement du principe de l'indemnité. La contradiction entrait dans le projet russe à la suite des exceptions. Les partisans de l'arbitrage obligatoire le voyaient avec peine cantonné dans des questions insignifiantes. Les quelques cas d'application, qui lui restaient, leur paraissaient mesquins et misérables. En vain, pour réparer les brèches faites au projet russe, le parti de l'arbitrage essaya-t-il d'y réincorporer autant de chefs nouveaux que ses adversaires en supprimaient d'anciens ; une telle œuvre était impossible. En ajoutant les téléphones aux télégraphes (proposition Asser), en introduisant à la suite des conventions sanitaires les traités relatifs à l'assistance réciproque des indigents (Italie) (2), les conventions concernant les secours aux malades et blessés en temps de guerre (rédaction Asser et Louis Renault), enfin les mesures prophylactiques contre le phylloxéra et les autres fléaux de l'agriculture (3), le Comité d'examen (séances des 3 et 7 juin) n'arrive pas à combler les vides et montre simplement la pauvreté, pour l'idée pacifique, des cas où l'arbitrage obligatoire est possible (4). Les remplaçants ont d'ailleurs parfois même accueil que les remplacés. Ainsi le Dr Zorn, au nom de l'Allemagne, obtient (7 juin) la suppression de l'alinéa qui soumet

(1) En faveur du projet, qui soumettait à l'arbitrage la cause même de la réclamation et le principe de la responsabilité, le Comité d'examen ne comptait que quatre voix : celles de MM. Asser (Pays-Bas), Descamps (Belgique), Odier (Suisse), Nigra (Italie).

(2) Comité d'examen, 3 juin 1899.

(3) Comité d'examen, 7 juin 1899 ; Desjardins, *loc. cit.*, p. 18.

(4) A la suite des observations échangées, au sein du Comité d'examen, dans la séance du 3 juin, voici le nouveau texte qui fut apporté par MM. Asser et Renault : « L'arbitrage est obligatoire entre les puissances signataires dans les cas suivants, en tant qu'ils ne touchent ni à l'honneur national, ni aux intérêts vitaux de ces puissances : — I. En cas de différends ou de contestations se rapportant à des dommages pécuniaires. — II. En cas de différends ou de contestations touchant l'interprétation ou l'application des conventions ci-dessous mentionnées : 1° conventions postales, télégraphiques et téléphoniques ; 2° conventions concernant la protection des câbles télégraphiques sous-marins ; 3° conventions concernant les transports par chemins de fer ; 4° conventions et règlements concernant les moyens destinés à prévenir les collisions de navires en mer ; 5° conventions concernant les secours aux malades et blessés en temps de guerre ; 6° conventions concernant la protection des œuvres littéraires et artistiques et la propriété industrielle (brevets d'invention, marques de fabrique ou de commerce, nom commercial) ; 7° conventions concernant le système des poids et mesures ; 8° conventions concernant l'assistance gratuite réciproque des malades indigents ; 9° conventions sanitaires ; 10° conventions contre les épizooties et le phylloxéra ; 11° conventions d'extradition ; 12° conventions de délimitation en tant qu'elles touchent aux questions techniques et non politiques ».

à l'arbitrage obligatoire « les conflits suscités par l'application des conventions concernant les secours aux malades et blessés en temps de guerre »(1). Malgré ces soutiens, tout-à-fait insuffisants, le projet, très ébranlé, restait débile. Il allait rapidement tomber, car il avait contre lui l'hostilité de l'Allemagne, qui n'en devait rien laisser debout.

L'Allemagne est résolument hostile à l'arbitrage obligatoire, pour plusieurs raisons : d'abord parce que, puissance militaire, elle affecte de mettre son droit à l'abri de ses armes plutôt que sous la protection d'un tribunal ; ensuite parce qu'au point de vue du droit public allemand, l'existence de l'arbitrage obligatoire est incompatible avec la souveraineté (2), pouvoir absolu que rien, hors lui-même, ne saurait lier ou limiter ; puis parce que l'arbitrage soumet à la critique d'un juge les actes pour lesquels le Souverain, imbu des vieilles idées du droit divin (3), n'entend admettre d'autre juge que Dieu ; enfin parce qu'au point de vue pratique il est trop douteux et trop lent à venger le droit lésé des citoyens allemands, ce qui l'a fait rejeter en mainte occasion, notamment dans l'affaire Lüders (1897) (4) où précisément il s'agissait d'un de ces cas d'indemnité où, d'après le projet russe, l'arbitrage devait être obligatoire. Hans Delbrück l'avait dit dans les *Preussische Jahrbücher* (5) : « Quel est le droit dont se prévalent aujourd'hui les États ? La guerre a donné à la Prusse la Silésie, le Schleswig et le Hanovre : où finit le droit, où commence la force ?... Dans les vingt-cinq dernières années, les puissances d'Europe se sont partagées l'Afrique : de quel droit ? Au prochain siècle, elles se partageront l'Asie : de quel droit ? Que peut donc faire un arbitrage, là où il n'est pas question de droit ? » Tandis que la Russie dit aux peuples : « commencez par l'arbitrage obligatoire dans quelques cas et bientôt, s'étendant de proche en proche, il tranchera tous les grands différends des peuples », l'Allemagne, militaire et brutale, mais franche, répond qu'il n'y aura pas place ici pour l'arbitrage parce qu'il n'y aura jamais entre les peuples place pour le droit.

Le 4 juillet, le Dr Zorn déclarait au Comité d'examen que l'Allemagne

(1) Comité d'examen, 7 juin 1899.

(2) V. sur ce point : A. von Boguslawski, dans la *Deutsche Rundschau*, novembre 1898, et les auteurs cités par Ludwig Stein, *Die Philosophie des Friedens*, dans la *Deutsche Rundschau*, juillet 1899, p. 98.

(3) Allusion à ce motif par le capitaine Mahan, *The Peace Conference and the moral aspect of War*, *loc. cit.*, p. 439 : « Much humor has been expended *upon the Emperor of Germany's* supposed carefulness to reject arbitration because an infringement of his divine rights ».

(4) Solon Ménos, *L'affaire Lüders*, Port au Prince, 1898, p. 209. V. *Revue générale de dr. intern. public*, t. V (1898), p. 103.

(5) *Zukunftskrieg und Zukunftsfriede*, *loc. cit.*, mai 1899, p. 220.

« n'était pas en état d'accepter l'arbitrage obligatoire ». Vaguement il expliquait que, sans s'opposer au développement des conventions d'arbitrage obligatoire, l'Allemagne craignait qu'une extension immédiate et générale de ces conventions ne fût imprudente et plutôt nuisible qu'utile à la cause de la paix (1). Cependant, il était bien forcé de convenir que l'Allemagne avait dans quelques cas admis le principe de l'arbitrage obligatoire : en signant l'Acte général de la Conférence de Bruxelles, elle avait accepté l'institution d'une juridiction arbitrale concernant la traite africaine (Acte général de Bruxelles, 2 juillet 1890, art. 55, 56, 58) ; de même elle avait accepté l'institution d'une juridiction arbitrale en vertu de l'Union postale universelle (convention du 4 juillet 1891, art. 23, § 1) ; sans parler de l'institution d'un Office d'arbitrage facultatif, en vertu de l'Union internationale pour le transport des marchandises par chemin de fer (convention du 14 octobre 1890, art. 57, § 1). Groupant ces cas où le gouvernement allemand avait accueilli l'arbitrage dans des conventions particulières, M. F. de Martens tente de faire reconnaître, dans ces hypothèses, l'arbitrage comme obligatoire, et, dans les autres cas, énumérés à l'article 10, comme simplement désirable. Mais cette tentative de transaction échoue devant la fermeté de l'opposition allemande qui, tout en demeurant courtoise dans la forme, reste nébranlable dans le fond. « Suivre la rédaction proposée, ce serait, en fait, reconnaître certains cas d'arbitrage comme quasi-obligatoires. Les Instructions de la délégation allemande ne lui permettent pas d'accepter l'arbitrage même dans les cas où elle l'a précédemment reconnu ». Il n'y avait plus qu'à s'incliner devant l'obstruction allemande. Mais fallait-il la regretter ? Un certain nombre de délégués le pensaient (MM. Léon Bourgeois, de Karnebeek) (2), et depuis certains auteurs se sont associés à ces regrets (3). Mais, comme l'avait expliqué le Comte Nigra (4 juillet) (4), les cas d'arbitrage obligatoire énoncés dans l'article 10 étaient « si misérables qu'il ne valait pas la peine d'en parler ». D'autre part, comme l'a très bien observé la délégation américaine, en réduisant à quelques maigres cas le patrimoine de l'arbitrage obligatoire, la Conférence semblait dire par *à contrario* qu'ailleurs il était impossible ; elle nuisait donc plus à l'arbitrage qu'elle ne lui servait (5). Le pro-

(1) Comp. Holland, *Some lessons of the Peace Conference*, *loc. cit.*, p. 954.

(2) Comité d'examen, 4 juillet 1899.

(3) Desjardins, *La Conférence de la Haye et l'arbitrage international*, *loc. cit.*, p. 18.

(4) La même réflexion est faite par Seth Low, *The international Conference of Peace*, *loc. cit.*, p. 635.

(5) « In any event, the subjects for compulsory arbitration upon wich an agreement could have been reached would have been trivial in their nature, of a kind wich could not conceivably ever lead to war between civilized nations, and the argument might

jet déjà très amendé de la Russie n'était plus, après l'épreuve du Comité d'examen, que l'ombre de lui-même. L'opposition de l'Allemagne fut plutôt le signal que la cause de sa chute. Toujours inquiète de voir l'Europe se mêler de ses affaires, la Turquie se range à l'avis de l'Allemagne. Les délégués les plus favorables à l'arbitrage, comme ceux des Etats-Unis, s'empressent, de leur propre aveu, d'appuyer chaudement la motion allemande de supprimer l'article 10 (at the second reading America warmly supported the motion of Germany to strike out the entire list). C'est M. Holls lui-même qui nous le dit. L'Italie, pourtant favorable à l'arbitrage, et même, dans le principe, à quelques cas d'arbitrage obligatoire (projet Nigra), bat également en retraite, et l'arbitrage obligatoire, abandonné par les autres, soit découragement, soit conciliation, soit plutôt impuissance, se retire vaincu d'une lutte, dans laquelle il avait montré, d'abord son insuffisance, ensuite son impossibilité. Même dans la mesure très étroite, et tout à fait étrangère à la paix, où la Conférence cherchait l'arbitrage obligatoire, elle n'avait, au bout d'une digression, trouvé qu'un échec. Il n'y avait plus, suivant la juste réflexion de Holland (1), qu' « à masquer cet échec par une illusoire réserve (art. 19) (2) du droit que personne n'a contesté aux puissances de passer individuellement des conventions d'arbitrage obligatoire ». Mais cette petite manœuvre ne pouvait trom-

well have been advanced that by enumerating certain classes of questions as being peculiary fit for arbitration the Conference has discredited the use of this means in settling larger and greater questions » (Holls, *The Peace Conference*, *loc. cit.*, p. 565).

(1) Holland, *Some lessons of the Peace Conference*, *loc. cit.*, p. 957.

(2) Texte définitif, substitué au projet russe :

« Titre IV. — *De l'arbitrage international.* — Chapitre Ier. — *De la justice arbitrale.*

Art. 15. — L'arbitrage international a pour objet le règlement des litiges entre les États par des juges de leur choix et sur la base du respect du droit.

Art. 16. — Dans les questions d'ordre juridique, et en premier lieu dans les questions d'interprétation ou d'application des conventions internationales, l'arbitrage est reconnu par les puissances signataires comme le moyen le plus efficace et en même temps le plus équitable de régler les litiges qui n'ont pas été résolus par les voies diplomatiques.

Art. 17. — La convention d'arbitrage est conclue pour des contestations déjà nées ou pour des contestations éventuelles. — Elle peut concerner tout litige ou seulement les litiges d'une catégorie déterminée.

Art. 18. — La convention d'arbitrage implique l'engagement de se soumettre de bonne foi à la sentence arbitrale.

Art. 19. — Indépendamment des traités généraux ou particuliers qui stipulent actuellement l'obligation du recours à l'arbitrage pour les puissances signataires, ces puissances se réservent de conclure, soit avant la ratification du présent Acte, soit postérieurement, des accords nouveaux, généraux ou particuliers, en vue d'étendre l'arbitrage obligatoire à tous les cas qu'elles jugeront possible de lui soumettre ».

per personne. Jamais, à plus modeste effort, n'avait répondu plus brutal insuccès.

§ III. — *La Cour permanente d'arbitrage.*

A. *Le principe.* — Puisqu'il était impossible d'instituer un seul cas d'arbitrage obligatoire, c'est vers l'arbitrage facultatif qu'il fallait se tourner. Un hommage à sa valeur, sous la forme d'un vœu pour son développement, devait rallier aisément les suffrages. L'article 16 de la convention (texte définitif) déclare que « l'arbitrage est reconnu par les puissances signataires comme le moyen le plus efficace et en même temps le plus équitable de régler les litiges, qui n'ont pas été résolus par les voies diplomatiques ». Au lieu d'enfermer cette règle dans un article de la convention relative à la solution pacifique des conflits, la Conférence eût aussi bien pu l'en détacher pour la réunir aux vœux si nombreux, dont elle est si féconde. Après avoir terminé par un vœu sur la limitation des armements les travaux de la première Commission, la Conférence risquait de terminer par un vœu sur l'extension de l'arbitrage les travaux de la troisième, quand les délégués s'aperçurent qu'il leur restait une ressource : celle de réglementer l'arbitrage, pour le cas où les États voudraient y recourir. La première Commission ne s'était pas avisée qu'à défaut du désarmement obligatoire elle pouvait discuter les conditions dans lesquelles le désarmement facultatif pouvait se produire. La troisième vit tout de suite quel parti l'on pouvait tirer de cet ordre de recherches pour prolonger la Conférence et donner aux travaux des délégués la sanction d'un texte qui, purement facultatif, ne porterait ombrage à personne et, très développé, procurerait à l'opinion l'illusion d'un résultat. Craignant de travailler sur le vif des intérêts, pour des réalisations pratiques, la Conférence fut immédiatement séduite par cette idée d'avancer sur le papier, en travaillant dans le vide des résolutions facultatives. Tournant de plus en plus à la discussion académique, elle s'attache à déterminer, pour le cas où les parties voudraient y recourir, les règles de l'arbitrage facultatif ; mais, comme il ne faut pas décourager les parties, il n'est pas plus question de leur imposer ces règles qu'il n'est question de leur imposer l'arbitrage ; elles demeurent toujours libres d'en arrêter d'autres, de sorte qu'ici, traçant les règles facultatives de l'arbitrage facultatif, la Conférence greffe faculté sur faculté.

Dépouillant de plus en plus tout caractère obligatoire, la Conférence pouvait, de ce côté, se développer d'autant plus qu'elle tournait davantage au platonisme. Mais elle avait cette heureuse chance, qu'ici le platonisme pouvait n'être pas stérile. Les railleurs, qui reprocheraient à la Conférence de s'agiter ici dans le vide, se tromperaient s'ils confondaient ce platonisme avec la stérilité. Avant de rendre l'arbitrage obligatoire, il fallait en perfectionner le système en inspirant aux parties, c'est-à-dire aux États, une pleine confiance dans la justesse de la procédure et dans la régularité de l'institution. D'autre part, ce n'est pas en pleine crise, au moment d'un conflit, que les États ont la liberté d'esprit, le temps et la bonne volonté nécessaires pour mener à bien la réglementation des mille détails d'une procédure, ou la constitution d'un tribunal arbitral. Suivant la juste observation d'Emile de Laveleye (1), il en coûte aux États beaucoup de temps et d'efforts pour arriver à soumettre leurs différends à l'arbitrage. Plus d'un échoue, faute d'avoir sous la main une juridiction organisée longtemps avant le conflit, toute prête à fonctionner au premier appel. En même temps, la mauvaise foi des États hostiles à l'arbitrage trouve aisément un refuge dans cette échappatoire qu'il n'y a pas de tribunal permanent, qu'engager des pourparlers pour sa constitution, ce serait trop long, trop incertain, trop délicat : pour couper court à ces mauvais prétextes, il n'y a pas de meilleur moyen que d'organiser d'avance un tribunal tout prêt, avec une procédure toute tracée. C'est un principe, non seulement que la fonction crée l'organe, mais encore que l'organe crée la fonction. Instituer une Cour permanente toujours prête à juger les conflits, c'était adresser une invitation perpétuelle en faveur de l'arbitrage et faciliter son application en épargnant aux États la peine et l'ennui d'une organisation arbitrale, que sans doute ils peuvent rejeter, modifier ou retoucher à leur guise en vertu de leurs conventions, mais qu'ils trouvent prête à fonctionner en l'absence même de toute convention particulière (2).

De très bonne heure, cette idée d'une Cour facultative et permanente d'arbitrage s'était dégagée. Elle se trouvait au point de convergence de trois efforts différents : celui de la doctrine, celui des Sociétés de propagande pacifique et celui de l'Union interparlementaire de la paix.

Après avoir eu l'ambitieuse idée d'une Cour d'arbitrage à compétence obligatoire, avec sentence également obligatoire, la doctrine est progressivement descendue, de degré en degré, d'abord à l'idée d'une Cour obligatoire avec sentence facultative, puis à l'idée d'un tribunal à compétence et à sentence facultatives : des systèmes absolus d'Emeric de

(1) De Laveleye, *Des causes actuelles de guerre en Europe et de l'arbitrage*, 1873, p. 195.

(2) Comp. Descamps, *Essai sur l'organisation de l'arbitrage international, Mémoire aux puissances*, dans la *Revue de droit intern. et de lég. comparée*, t. XXVIII (1896), p. 40.

Crucé (1), de l'abbé de Saint-Pierre (2), de Kant (3), elle en est venue aux projets plus modestes de Ladd (4), de Laveleye (5), de Dudley-Field (6) qui prévoient l'arbitrage obligatoire, sans sentence suivie d'exécution forcée; puis, de ces systèmes, aux projets de Kamarowsky (7), de Sumner Maine (8), où tout est facultatif : le recours au tribunal comme l'exécution de la sentence; tandis que Lorimer (9), Fiore (10) continuent, par des moyens divers, à rêver une justice parfaite, sans craindre de réclamer toute une réorganisation de la société internationale, il est très remarquable qu'à l'opposé de ces conceptions larges, qui s'envolent à tire d'ailes au-dessus des réalités présentes, d'autres systèmes de plus en plus modestes, mais aussi de plus en plus pratiques, se substituent peu à peu aux anciens, de sorte que l'évolution doctrinale, du XVIIIe au XIXe siècle, ne se fait pas dans le sens de l'élargissement, mais dans le sens du rétrécissement des programmes et des projets, plus désireux d'être pratiques que d'être absolus, plus soucieux d'être accessibles que d'être complets. Avec sa grande pénétration historique, c'est à cette idée que s'arrête Sumner Maine. Elle est le point d'aboutissement d'un mouvement doctrinal nouveau qui descend peu à peu des hauteurs, où les premières doctrines, plus audacieuses, s'étaient tout d'abord élancées. C'est aussi — fait caractéristique — le point d'arrivée de la propagande pacifique, telle qu'elle est menée par le zèle ardent et l'ingéniosité féconde des Sociétés de paix. Née sur le sol d'Amérique, en 1783 avec John Adams, puis reprise

(1) Nys, *Les théories politiques et le droit international*, p. 115 et suiv.

(2) *Projet pour perfectionner le gouvernement des États*, Rotterdam, 1755. V. l'analyse dans P. Janet, *Histoire de la science politique*, t. II, p. 313. V. aussi Siegler-Pascal, *Les projets de l'abbé de Saint-Pierre*, 1900, p. 21 et suiv.

(3) *Zum ewigen Frieden*, dans *Werke*, éd. Rosenkranz, t. VII, I, § 229.

(4) Ladd, *Prize essays on a Congress of nations*, p. 509 et suiv.

(5) De Laveleye, *Des causes actuelles de guerre en Europe et de l'arbitrage*, 1873, p. 149 et suiv.

(6) Dudley-Field, *Draft outlines of an intern. Code*, 1872, art. 528 et 538. A dire vrai il faut, pour Dudley-Field, marquer ici une nuance : « Quant à la sanction positive, il ne l'admet que d'une manière timide, restreinte, limitée seulement à certains cas et à certaines nations : aussi avons-nous cru devoir ranger cet auteur parmi ceux qui n'inclinent pas à la constitution d'une armée pour assurer les sentences du tribunal international » (Revon, *L'arbitrage international*, p. 361).

(7) « 1° Le tribunal international devrait le plus souvent et surtout s'adresser au sentiment de l'honneur et à la dignité particulière des États. Étant volontaire, il ne s'imposerait pas aux États. 2° Un certain délai serait accordé aux parties pour mettre à exécution les décisions. Si, après l'expiration de ce délai, l'une des parties persistait à refuser d'exécuter la décision, l'autre partie conserverait, dans les cas extrêmes, le droit de lui déclarer la guerre » (Kamarowsky, *Le tribunal international*, trad. française, p. 517-518).

(8) Sumner Maine, *La guerre*, trad. française, p. 286-287.

(9) Lorimer, *Principes de droit international*, trad. Nys, liv. V, ch. XIII, p. 349.

(10) Fiore, *Droit international codifié*, trad. Chrétien, p. 275 et suiv.

vers 1814 avec Noe Worcester, la propagande pacifique se place, en 1816, sous la forme active et féconde de la société. Celui qu'on a appelé le Fénelon américain, Channing, fonde, en 1816, dans l'État du Massachusetts, la Société des Amis de la paix, il prend pour programme, avec l'abolition de l'intervention et le désarmement, l'institution permanente de tribunaux obligatoires ; le mouvement gagne l'Angleterre, où en 1816 se fonde une Société, munie d'un organe, *The Herald of Peace* ; il s'étend et se propage si bien qu'en 1842 quarante Sociétés de paix se réunissent pour la première fois en Congrès (1). Or elles ne veulent pas, à l'exemple des utopies individuelles, bouleverser le monde par un système nouveau d'organisation internationale, et se bornent à réclamer des tribunaux permanents d'arbitrage obligatoire, sans se préoccuper de la force exécutoire de la sentence (2). Parties de la seconde phase qu'a traversée la doctrine, elles arrivent ainsi rapidement à la troisième : non-obligation, ni d'exécution, ni de compétence ; le caractère facultatif, qui devait peu à peu se développer dans l'institution, remonte ainsi de l'exécution du jugement à la compétence du tribunal : matériellement libres de lui obéir, les parties sont aussi libres de le saisir. C'est le système que développe Leone Levi dans un projet approuvé par la Société de la paix de Londres (3). C'est à lui que, peu de temps avant la Conférence de la Haye, se trouvait conduite la Société française de « la Paix par le Droit ». « Le but à poursuivre, disait-elle, se ramène à celui-ci : faire constituer par l'initiative privée un tribunal d'arbitrage que les États n'auront ensuite qu'à sanctionner par voie d'adhésion individuelle » (4). « Il appartient aux Sociétés de la paix de constituer des collèges d'arbitres. Qu'elles dressent des listes. Lorsque les collèges d'arbitres existeront, on s'adressera à eux » (5). Partie de l'arbitrage obligatoire, sans pouvoir sanctionnateur, la propagande des Sociétés de paix termine son mouvement par l'organisation permanente d'un collège non obligatoire, mais tout prêt. « Mettre l'arbitrage à la portée de tous » (6), voilà la formule non ambitieuse, mais aussi pas vaine, à laquelle arrive un mouvement qui, de plus en plus,

(1) Sur toute cette histoire, V. de préférence Catellani, *Realtà ed utopie della pace*, p. 29-31.

(2) Sauf cependant avec la « Ligue internationale de la paix et de la liberté », fondée par Charles Lemonnier, en 1867. Comp. Catellani, *loc. cit.*, p. 32.

(3) Art. 14 du projet de Haute-Cour de Leone Levi : « Aucune force armée ne peut être employée pour contraindre les États en litige à s'en rapporter à la décision de la Haute-Cour ni pour assurer l'exécution de la sentence rendue ». V. Leone Levi, *International law, with materials for a Code of international law* ; Revon, *L'arbitrage international*, p. 362 ; Catellani, *Realtà ed utopie della pace*, p. 35.

(4) *La Paix par le Droit*, janvier 1898, p. 5.

(5) *Ibid.*

(6) *Almanach de la Paix*, 1898, p. 17-18.

descend, pour devenir pratique, des hauteurs auxquelles tout d'abord il tendait. Tel est enfin le point d'aboutissement des Conférences interparlementaires de la paix, qui, tard venues, profitent de l'expérience acquise en plaçant immédiatement leur programme à la troisième étape du mouvement, c'est-à-dire à la phase du tribunal d'arbitrage permanent, mais facultatif, au double point de vue de la compétence et de la sentence. La première Conférence interparlementaire s'ouvrit à Paris, en juin 1889, sous la présidence de J. Simon ; dès la troisième, à Rome, en 1891, la Conférence, qui jusqu'alors s'était occupée surtout de la clause compromissoire, met à l'ordre du jour la création d'une Cour d'arbitrage ; et, à la Haye, dans sa cinquième Conférence, une Commission est nommée pour étudier la question (1). Trois projets étaient en présence : celui de MM. Stanhope (anglais) et Rahusen (hollandais) en faveur d'une Cour arbitrale permanente, mais facultative ; celui de M. Houzeau de Lehaie (belge), avec obligation d'y recourir ; enfin celui de M. Gobat (suisse) (2) qui proposait la constitution, par la Belgique et la Suisse seules, d'une liste de dix arbitres, dont elles devaient extraire, pour les puissances signataires, en cas de conflit, un tribunal de cinq juges. De ces trois propositions, la première fut rapidement préférée par la Conférence, qui consacrait ainsi le système de la Cour à compétence facultative, même pour les États qui l'ont constituée, se bornant à créer l'organe, sans imposer la fonction ; et, l'année suivante, à Bruxelles, la Conférence chargeait son Président, le Chevalier Descamps, de recommander ce système à l'examen des États civilisés (3). Organisation permanente d'un tribunal d'arbitrage facultatif, tel était le résultat, modeste, mais accessible, auquel aboutissait, de trois côtés à la fois, la triple évolution de la doctrine, des Sociétés de paix et de l'Union interparlementaire.

Après la défaite de l'arbitrage obligatoire, la Conférence de la Haye n'avait qu'à recueillir ce triple vœu pour lui donner la sanction, relativement facile, d'un accord international. Dès le début des travaux de la troisième Commission, trois projets, simultanément, l'orientèrent dans ce sens, où le *Mémoire aux puissances* de M. Descamps leur ouvrait brillamment la voie. Dans une proposition supplémentaire, additionnelle à

(1) Descamps, *Essai sur l'organisation de l'arbitrage international, Mémoire aux puissances*, dans la *Revue de droit intern. et de lég. comparée*, t. XXVIII (1896), p. 18 et suiv. ; Catellani, *Realtà ed utopie della pace*, p. 34 ; Mérignhac, *Traité théor. et prat. de l'arbitrage international*, p. 383 et suiv.

(2) Catellani, *Realtà ed utopie della pace*, p. 34.

(3) Descamps, *Essai sur l'organisation de l'arbitrage international*, dans la *Revue de droit intern. et de lég. comparée*, t. XXVIII (1896), p. 1 et suiv.

l'article 13 (1), la Russie proposait d'instituer, pour la durée de (X) ans, un tribunal permanent, auquel seraient soumis les cas d'arbitrage énumérés dans l'article 10. L'arbitrage obligatoire écarté, cette disposition devait encore conserver son utilité, car prudemment la Russie lui donnait pour mission de recevoir, accessoirement, tous les cas d'arbitrage facultatif que les parties pourraient librement lui soumettre. De leur côté, les États-Unis d'Amérique (2) avaient soumis au Comité d'examen (31 mai 1899) le projet

(1) Proposition russe. — Articles qui pourraient remplacer l'article 13 :

« Article Ier. — En vue de consolider, en tant que possible, la pratique de l'arbitrage international, les puissances contractantes sont convenues d'instituer, pour la durée de . . . . . ans, un tribunal d'arbitrage, auquel seraient soumis les cas d'arbitrage obligatoire énumérés dans l'article 10, à moins que les puissances intéressées ne tombent d'accord sur l'établissement d'un tribunal d'arbitrage spécial pour la solution du conflit survenu entre elles. — Les puissances en litige pourront également avoir recours au tribunal ci-dessus indiqué dans tous les cas d'arbitrage facultatif, si un accord spécial à ce sujet s'établit entre elles. — Il est bien entendu que toutes les puissances, sans en excepter celles non contractantes ou celles qui auraient fait des réserves, pourront soumettre leurs différends à ce tribunal en s'adressant au Bureau permanent prévu par l'article . . . . . de l'Appendice A.

Art. II. — L'organisation du tribunal d'arbitrage est indiquée dans l'appendice A au présent article. — L'organisation des tribunaux d'arbitrage institués par des accords spéciaux entre les puissances en litige, ainsi que les règles de procédure à suivre pendant l'instruction du litige et le prononcé de la sentenee arbitrale sont déterminés dans l'Appendice B. — Les dispositions contenues dans ce dernier appendice pourront être modifiées en vertu d'un accord spécial entre les États qui auront recours à l'arbitrage ».

(2) Proposition de la Commission des États-Unis d'Amérique, soumise au Comité d'examen dans la séance du mercredi 31 mai 1899 :

« Il est décidé que, en vue d'aider à prévenir les conflits armés par des moyens pacifiques, les représentants des puissances souveraines assemblés à cette Conférence sont invités par la présente résolution à proposer à leurs gouvernements respectifs d'entrer en négociations aux fins de conclure un traité général qui aura pour objet le plan ci-dessous avec telles modifications qui seraient indispensables pour assurer l'adhésion d'au moins neuf puissances souveraines, desquelles huit au moins devront être des puissances européennes ou américaines, et quatre au moins devront avoir été au nombre des signataires de la convention de Paris, l'Empire d'Allemagne étant considéré comme succédant à la Prusse et le Royaume d'Italie à la Sardaigne.

1° Le Tribunal sera composé de personnes se recommandant par leur haute intégrité et leur compétence dans le droit international qui seront nommées par la majorité des membres de la plus Haute Cour de Justice existant dans chacun des États adhérents. Chaque État signataire du traité aura un représentant au Tribunal. Les membres de celui-ci siégeront jusqu'à ce que des successeurs leur aient été donnés en due forme par le même mode d'élection.

2° Le Tribunal s'assemblera, en vue de s'organiser, à une époque et à un endroit dont conviendront les différents gouvernements. Toutefois il ne faudra pas que ce soit plus de six mois après la ratification du traité général par les neuf puissances mentionnées ci-dessus. Le Tribunal désignera un greffier permanent et tels autres employés qui seront jugés nécessaires. Le Tribunal aura le pouvoir de désigner le lieu où il se réunira et pourra en changer de temps en temps, selon que les intérêts de la justice ou les convenances des litigants sembleront l'exiger. Il fixera les règles de la procédure qu'il suivra.

3° Le Tribunal aura un caractère permanent et sera toujours prêt à accueillir, dans

d'un tribunal international, à caractère permanent (art. 3), qui devait accueillir tous les différends soumis à son jugement par les nations intéressées (art. 4). Enfin l'Angleterre avait, dès le 22 mai, par l'organe de sir Julian Pauncefote (1),au sein du Comité d'examen, exprimé son désir d'un

les limites de ses règles propres de procédure, les cas nouveaux et les cas contraires, soit que ces cas lui soient soumis par les nations signataires, soit qu'ils le soient par toutes autres nations qui désireraient recourir à lui ; tous les cas nouveaux et cas contraires, ainsi que les témoignages et les arguments pour les appuyer ou les combattre, devront être écrits ou imprimés. Tous cas nouveaux et cas contraires, dépositions, arguments et considérants de jugements devront, après que la sentence aura été prononcée, être à la disposition de tous ceux qui seraient disposés à payer les frais de leur transcription.

4° Tout différend quel qu'il soit entre puissances signataires peut, de commun accord, être soumis par les nations intéressées au jugement de ce Tribunal international, mais, dans tous les cas où le tribunal sera saisi, les intéressés devront s'engager, en s'adressant à lui, à accepter sa sentence.

5° Dans chaque cas particulier la Cour sera composée d'après les conventions intervenues entre les nations litigantes, soit que le Tribunal tout entier siège, soit que les nations litigantes désignent quelques-uns seulement de ses membres en nombre impair et non inférieur à trois. Dans le cas où la Cour ne comprendrait que trois juges, aucun d'eux ne pourra être originaire, sujet ou citoyen, des États dont les intérêts sont en cause.

6° Les frais généraux du Tribunal seront répartis également ou en proportion équitable entre les puissances adhérentes, mais les frais occasionnés par chaque cas particulier seront à la charge de ceux que le Tribunal indiquera. Les traitements des juges pourront être fixés de telle façon qu'ils ne soient payables que lorsque lesdits juges rempliront effectivement leurs fonctions au Tribunal.Les cas dans lesquels l'une des parties ou toutes les deux seraient un État non-adhérent ne seront admis qu'à la condition que les États litigants prennent de commun accord l'engagement de payer respectivement telle somme que le Tribunal fixera pour couvrir les frais de la procédure.

7° Tout litigant qui aura soumis un cas au Tribunal international aura droit à une seconde audition de sa cause devant les mêmes juges, ou dans les trois mois après que la sentence aura été notifiée,s'il déclare pouvoir invoquer des témoignages nouveaux ou des questions de droit non soulevées et non tranchées la première fois.

8° Le traité proposé ici entrera en force quand neuf États souverains, dans les conditions indiquées dans la résolution, auront ratifié ses stipulations ».

(1) Troisième Commission. — Proposition de sir Julian Pauncefote :

« M. le Président ! Permettez-moi de vous demander si, avant d'entrer plus loin en matière, il ne serait pas utile et opportun de sonder la Commission au sujet de la question la plus importante selon moi, c'est-à-dire l'établissement d'un tribunal permanent d'arbitrage international, sur laquelle vous avez touché dans votre discours. On a fait beaucoup de codes d'arbitrage et de règlements de procédure, mais la procédure a été réglée jusqu'à présent par les arbitres ou par les traités généraux ou spéciaux. Or, il me semble que de nouveaux codes et règlements d'arbitrage, quel que soit leur mérite, n'avancent pas beaucoup la grande cause qui nous rassemble. Si l'on veut faire un pas en avant, je suis d'avis qu'il est absolument nécessaire d'organiser un Tribunal international permanent qui puisse se réunir immédiatement à la requête des nations contestantes. Ce principe établi, je crois que nous n'aurons pas beaucoup de difficulté à nous entendre sur s détails. La nécessité d'un pareil tribunal et les avantages qu'il offrirait, ainsi que l'encouragement et même l'élan qu'il donnerait à la cause de l'arbitrage, a été démontré avec autant d'éloquence que de force et de clarté par notre collègue distingué M. Descamps dans son intéressant « *Essai sur l'arbitrage* », dont un extrait se trouve parmi les Actes et Documents si gracieusement fournis à la Conférence

tribunal facultatif et permanent, dont elle exposait les grandes lignes dans un projet en sept articles (1). Comme le disait M. Descamps, au sein de la

par le gouvernement néerlandais. Il ne me reste donc plus rien à dire à ce sujet et je vous serai reconnaissant, M. le Président, si, avant de procéder plus loin, vous consentiez à recueillir les idées et les sentiments de la Commission sur la proposition que j'ai l'honneur de vous soumettre touchant l'établissement d'un Tribunal permanent d'arbitrage international ».

(1) Troisième Commission. — Tribunal permanent d'arbitrage. — Proposition de sir Julian Pauncefote :

« 1. — Dans le but de faciliter le recours immédiat à l'arbitrage pour les États qui n'auraient pas réussi à régler leurs différends par la voie diplomatique, les puissances signataires s'engagent à organiser de la manière suivante un « Tribunal permanent d'arbitrage » accessible en tous temps, et qui sera régi par le code d'arbitrage prescrit dans cette convention en tant qu'il serait applicable et conforme aux dispositions arrêtées dans le compromis entre les parties litigantes.

2. — A cet effet un Bureau Central sera établi en permanence à (X), dans lequel les archives du Tribunal seront conservées, et qui sera chargé de ses affaires officielles. Un secrétaire permanent, un archiviste et un personnel suffisant seront nommés, qui habiteront sur les lieux. — Le Bureau sera l'intermédiaire des communications relatives à la réunion du Tribunal à la requête des parties litigantes.

3. — Chaque puissance signataire transmettra aux autres les noms de deux personnes de sa nationalité reconnues dans leur pays comme juristes ou publicistes de mérite et jouissant de la plus haute considération quant à leur intégrité, qui seraient disposées à accepter les fonctions d'arbitre, et posséderaient toutes les qualités requises. Les personnes ainsi désignées seront membres du Tribunal, et seront inscrites comme tels au Bureau central. — En cas de décès ou de retraite d'un membre du Tribunal, il sera pourvu à son remplacement de la même manière que pour sa nomination.

4. — Les puissances signataires désirant avoir recours au Tribunal, pour le règlement pacifique des différends qui pourraient surgir entre elles, notifieront ce désir au secrétaire du Bureau central qui leur fournira sur le champ la liste des membres du Tribunal. Elles choisiront dans cette liste le nombre d'arbitres convenu dans le compromis. Elles auront en outre la faculté de leur adjoindre des arbitres autres que ceux dont les noms seront inscrits dans la liste. Les arbitres ainsi choisis formeront le Tribunal pour cet arbitrage. Ils se réuniront à la date fixée par les parties en litige. — Le Tribunal siégera d'ordinaire à (X) mais il aura la faculté de siéger ailleurs et de changer son siège de temps en temps selon les circonstances et sa convenance ou celle des parties en litige.

5. — Tout État quoique n'étant pas une des puissances signataires pourra avoir recours au Tribunal dans les conditions prescrites par les règlements.

6. — Le gouvernement de (X) est chargé d'installer à (X) au nom des puissances signataires le plus tôt possible après la ratification de cette convention un « Conseil d'administration » permanent qui sera composé de cinq membres, et d'un secrétaire. Ce Conseil aura pour devoir d'établir et d'organiser le Bureau central qui sera sous sa direction et son contrôle. — Il émettra de temps en temps les règlements nécessaires au bon fonctionnement du Bureau central. Il réglera de même toutes les questions qui pourraient surgir touchant le fonctionnement du Tribunal, ou qui lui seraient déférées par le Bureau central. Il aura des pouvoirs absolus quant à la nomination, la suspension ou la démission de tous les fonctionnaires et employés, il fixera leurs salaires et il contrôlera la dépense générale. Le Conseil élira son Président qui aura voix prépondérante. La présence de trois membres suffira pour constituer les séances, et les décisions seront prises à la majorité des voix. Les honoraires des membres du Conseil seront fixés par un accord entre les puissances signataires.

7. — Les puissances signataires s'engagent à supporter par parties égales les frais

troisième Commission (1), « c'était à coup sûr un des faits les plus considérables, qui eussent marqué la réunion de cette Conférence, que le dépôt par trois des plus grands États du monde de trois projets concernant l'institution d'un tribunal permanent d'arbitrage ». Dès le premier jour, au sein du Comité d'examen, cette idée, qui résumait les vœux des pacifiques, sans porter ombrage à personne, reçut le meilleur accueil. Développée sur la triple initiative de trois grandes puissances, elle ne pouvait manquer d'aboutir.

Même ici cependant l'Allemagne essaya tout d'abord quelque résistance. Quand, le 9 juin (2), la proposition anglaise, prise pour base et flanquée des deux autres comme amendements, fut soumise au Comité d'examen, le Dr Zorn laissa nettement pressentir l'opposition de son gouvernement (3). Il y eut alors au sein du Comité d'examen un moment d'émotion et de stupeur. L'Allemagne avait-elle juré de faire échouer tous les projets relatifs à l'arbitrage ? Qu'elle s'opposât à l'arbitrage obligatoire, pour des raisons tirées du droit divin du Prince, qui, responsable directement devant Dieu, ne pouvait admettre que Dieu pour juge ; si étroite, si rétrograde que fût cette conception, elle était de celles qu'une diplomatie courtoise est obligée d'accepter, quand même la raison ne les connaitrait pas. Mais en quoi l'absolutisme impérial pouvait-il s'effrayer d'un tribunal, auquel les parties sont toujours libres ou non de recourir dans des cas où, d'ailleurs, elles peuvent à leur gré soit accepter, soit refuser l'arbitrage ? En quoi cette conception, toute facultative, pouvait-elle, dans quelque système et dans quelque cas que ce fût, limiter la plus absolue des souverainetés ? Pousser si loin la résistance, n'était-ce pas, comme l'indiquait à demi-mot le Comte Nigra, non pas seulement mécontenter l'opinion, mais manquer de courtoisie vis-à-vis de l'Empereur de Russie, par une opposition systématique, qui ne désarmait pas, quand même tout intérêt, comme toute raison, lui manquait ? Devant ces vives protestations, le Dr Zorn finit par donner à entendre qu'il consulterait son gouvernement. Vivement pressé de céder par la délégation américaine, dont le chef, Andrew White, avait, auprès de l'Allemagne, un très grand crédit, M. de Munster résolut d'envoyer à Berlin ses collègues, MM. Zorn et Stengel, pour y faire connaître de vive voix la situation à l'Empereur (18 juin). Le 21 juin, les délégués allemands recevaient l'ordre de continuer leurs travaux. Le 23 juin, le Comité d'examen

du Conseil d'administration et du Bureau central. Les frais se rattachant à chaque arbitrage incomberont aux États en litige en partie égale ».

(1) N° 4, 4e séance, 7 juillet 1899, p. 4.

(2) Comité d'examen, 9 juin 1899.

(3) Comp. le *Times* du 14 juin 1899.

arrêtait la procédure d'arbitrage ; les nouvelles devenaient meilleures ; sans encore avoir d'instructions précises, les délégués allemands montraient bon espoir. Le 24 juin, la rédaction du projet sur le tribunal d'arbitrage était presque terminée. Le 28 juin, le télégraphe apportait la réponse de l'Allemagne et, le 1er juillet, le Comité d'examen pouvait sans crainte aborder en seconde lecture le projet présenté par sir Julian Pauncefote : le Dr Zorn avait informé ses collègues que l'Allemagne, inflexible sur la question de l'arbitrage obligatoire, acceptait l'institution d'un tribunal permanent, mais facultatif, d'arbitrage.

A force d'avoir lutté pour ce résultat, la troisième Commission pouvait s'imaginer qu'elle allait, ici, faire œuvre utile (1). Elle eût été mieux inspirée de croire que, si l'Allemagne cédait sur le principe, c'est qu'elle devinait déjà que, dans les détails d'organisation, la Conférence allait, par des voies détournées, retirer toute valeur pratique à l'institution qu'elle fondait (2).

(1) Comp. *La Paix par le Droit*, p. 362 et suiv. ; Desjardins, *loc. cit.*, p. 21. V. surtout le *Temps* du 19 juin 1899 (communiqué Havas).

(2) Pour la clarté des explications. qui vont suivre, voici, dès maintenant, le texte adopté :

Chapitre 2. — *De la Cour permanente d'arbitrage.*

Article 20. — Dans le but de faciliter le recours immédiat à l'arbitrage pour les différends internationaux qui n'ont pu être réglés par la voie diplomatique, les puissances signataires s'engagent à organiser une Cour permanente d'arbitrage, accessible en tout temps et fonctionnant, sauf stipulation contraire des parties, conformément aux règles de procédure insérées dans la présente convention.

Art. 21. — La Cour permanente sera compétente pour tous les cas d'arbitrage, à moins qu'il n'y ait entente entre les parties pour l'établissement d'une juridiction spéciale.

Art. 22. — Un Bureau international établi à la Haye sert de greffe à la Cour. — Ce Bureau est l'intermédiaire des communications relatives aux réunions de celle-ci. — Il a la garde des archives et la gestion de toutes les affaires administratives. — Les puissances signataires s'engagent à communiquer au Bureau international de la Haye une copie certifiée conforme de toute stipulation d'arbitrage intervenue entre elles et de toute sentence arbitrale les concernant et rendue par des juridictions spéciales. — Elles s'engagent à communiquer de même au Bureau les lois, règlements et documents constatant éventuellement l'exécution des sentences rendues par la Cour.

Art. 23. — Chaque puissance signataire désignera, dans les trois mois qui suivront la ratification par elle du présent Acte, quatre personnes au plus, d'une compétence reconnue dans les questions de droit international, jouissant de la plus haute considération morale et disposées à accepter les fonctions d'arbitres. — Les personnes ainsi désignées seront inscrites, au titre de membres de la Cour, sur une liste qui sera notifiée à toutes les puissances signataires par les soins du Bureau. — Toute modification à la liste des arbitres est portée, par les soins du Bureau, à la connaissance des puissances signataires. — Deux ou plusieurs puissances peuvent s'entendre pour la désignation en commun d'un ou de plusieurs membres. — La même personne peut être désignée par des puissances différentes. — Les membres de la Cour sont nommés pour un terme de six ans. Leur mandat peut être renouvelé. — En cas de décès ou retraite d'un membre de la cour, il est pourvu à son remplacement selon le mode fixé pour sa nomination.

Art. 24. — Lorsque les puissances signataires veulent s'adresser à la Cour perma-

B. *Les détails d'organisation.* — Il était relativement facile d'adhérer au principe d'une juridiction facultative en matière d'arbitrage. Toute la difficulté consistait à l'organiser en détail. Ici, deux dangers se présentaient. D'abord, on pouvait craindre que la Cour permanente ne devînt un instrument politique entre les mains de certaines puissances; d'autre part, il y avait à redouter qu'indépendante elle ne formât, à côté

nente pour le règlement d'un différend survenu entre elles, le choix des arbitres appelés à former le tribunal compétent pour statuer sur ce différend doit être fait dans la liste générale des membres de la Cour. — A défaut de constitution du tribunal arbitral par l'accord immédiat des parties, il est procédé de la manière suivante. — Chaque partie nomme deux arbitres et ceux-ci choisissent ensemble un surarbitre. — En cas de partage des voix, le choix du surarbitre est confié à une puissance tierce, désignée de commun accord par les parties. — Si l'accord ne s'établit pas à ce sujet, chaque partie désigne une puissance différente et le choix du surarbitre est fait de concert par les puissances ainsi désignées. — Le tribunal étant ainsi composé, les parties notifient au Bureau leur décision de s'adresser à la Cour et les noms des arbitres. — Le tribunal arbitral se réunit à la date fixée par les parties. — Les membres de la Cour, dans l'exercice de leurs fonctions et en dehors de leur pays, jouissent des privilèges et immunités diplomatiques.

Art. 25. — Le tribunal arbitral siège d'ordinaire à la Haye. — Le siège ne peut, sauf le cas de force majeure, être changé par le tribunal que de l'assentiment des parties.

Art. 26. — Le Bureau international de la Haye est autorisé à mettre ses locaux et son organisation à la disposition des puissances signataires pour le fonctionnement de toute juridiction spéciale d'arbitrage. — La juridiction de la Cour permanente peut être étendue, dans les conditions prescrites par les règlements, aux litiges existant entre des puissances non signataires ou entre des puissances signataires et des puissances non signataires, si les parties sont convenues de recourir à cette juridiction.

Art. 27. — Les puissances signataires considèrent comme un devoir, dans le cas où un conflit aigu menacerait d'éclater entre deux ou plusieurs d'entre elles, de rappeler à celles-ci que la Cour permanente leur est ouverte. — En conséquence, elles déclarent que le fait de rappeler aux parties en conflit les dispositions de la présente convention, et le conseil donné, dans l'intérêt supérieur de la paix, de s'adresser à la Cour permanente ne peuvent être considérés que comme actes de bons offices.

Art. 28. — Un Conseil administratif permanent, composé des représentants diplomatiques des puissances signataires accréditées à la Haye et du ministre des affaires étrangères des Pays-Bas, qui remplira les fonctions de Président, sera constitué dans cette ville le plus tôt possible après la ratification du présent Acte par neuf puissances au moins. — Le Conseil sera chargé d'établir et d'organiser le Bureau international, lequel demeurera sous sa direction et sous son contrôle. — Il notifiera aux puissances la constitution de la Cour et pourvoira à l'installation de celle-ci. — Il arrêtera son règlement d'ordre ainsi que tous autres règlements nécessaires. — Il décidera toutes les questions administratives qui pourraient surgir touchant le fonctionnement de la Cour. — Il aura tout pouvoir quant à la nomination, la suspension ou la révocation des fonctionnaires et employés du Bureau. — Il fixera les traitements et salaires et contrôlera la dépense générale. — La présence de cinq membres dans les réunions dûment convoquées suffit pour permettre au Conseil de délibérer valablement. Les décisions sont prises à la majorité des voix. — Le Conseil communique sans délai aux puissances signataires les règlements adoptés par lui. Il leur adresse chaque année un rapport sur les travaux de la Cour, sur le fonctionnement des services administratifs et sur les dépenses.

Art. 29. — Les frais du Bureau seront supportés par les puissances signataires dans la proportion établie pour le Bureau international de l'Union postale universelle.

des États, un pouvoir parallèle et rival. Dès le début, on vit rapidement se dessiner cette double inquiétude.

Parmi les projets présentés, deux d'entre eux, celui de la Russie et celui des États-Unis, mettaient la Cour d'arbitrage dans la dépendance des grandes puissances par des dispositions tendancieuses, légèrement voilées de la part des États-Unis, mais à peine déguisées du côté de la Russie. D'après la proposition russe, « la Conférence devait désigner, pour le terme qui s'écoulerait jusqu'à la réunion d'une nouvelle Conférence, cinq puissances afin que chacune d'elles, en cas de demande d'arbitrage, nommât un juge, soit au nombre de ses ressortissants, soit en dehors d'eux » (Appendice A, mentionné dans l'article additionnel de la proposition russe, § 2). A supposer que ces cinq puissances fussent, comme le chiffre choisi paraissait l'indiquer, non pas les États neutres qui ne sont que trois, mais les grandes puissances qui, moins une (pour juger en nombre impair), sont précisément cinq, il en résultait qu'elles devenaient les arbitres des petits États, et se servaient de cette institution, dominée par elles, pour augmenter leur influence. Les États-Unis, à qui ce chiffre de cinq ne convenait pas, parce qu'il les laissait en dehors, suivant la tradition ancienne, mais contrairement à leur situation nouvelle, avaient un autre projet, qui, pour les dissimuler davantage, n'en accusait pas moins les mêmes tendances, en proposant un tribunal nommé par des puissances qui devaient être au moins neuf, dont huit au moins européennes ou américaines et quatre au moins signataires du traité de Paris, de sorte que dans le tribunal arbitral l'Europe et l'Amérique devaient l'emporter sur les autres continents, et les grandes puissances, signataires du traité de Paris, sur les petites. Enfin, jusque dans le projet de l'Angleterre, il y avait une menace cachée. Chaque État signataire devait nommer deux membres du tribunal (art. 3) ; mais (art. 5) tout État, quoique n'étant pas une des puissances signataires, pouvait avoir recours au tribunal dans les conditions prescrites par les règlements. Tous ceux qui avaient été exclus de la Conférence de la Haye, et par exemple le Transvaal, se trouvaient dès lors exposés, en cas de recours au tribunal permanent, à se voir imposer des juges qu'ils n'avaient pas choisis, et, dans le cas contraire, à se voir refuser l'arbitrage, sous prétexte qu'une autre constitution d'arbitres eût été, pour le tribunal permanent, un outrage. Jusque dans le projet anglais, qui, à la différence des autres, mettait sur le même pied toutes les puissances, il y avait, pour les États non représentés à la Conférence de la Haye, une cause de danger et d'infériorité politiques. Mais les absents seuls avaient le droit de s'en plaindre. Les États représentés à la Haye n'y trouvaient rien à redire. Dépouillé vis-à-vis d'eux de toute arrière-pensée politique, ce projet devait l'emporter et former le fond du système adopté. Toutes les nations doivent prendre une part égale dans la constitution de la Cour d'arbitrage, « tribunal libre au sein d'États indépendants » (1). Telle est la formule rapidement acceptée. La crainte qu'un groupe d'États ne se serve de la Cour comme d'un instrument particulier d'influence était dès lors écartée.

Mais un autre danger subsiste. Une crainte fondamentale domine tous les détails d'organisation du système ; c'est que la Cour *permanente* d'arbitrage n'arrive, à l'aide de cette permanence, à se constituer à côté des États comme une puissance parallèle. Scrupuleux et défiants, les délégués des États craignent de dresser, à côté des parties en litige, un pouvoir rival. Ils se souviennent des anciennes luttes des Parlements contre la Royauté. Ils se rappellent que, chez l'abbé de Saint-Pierre, chez Kant et Fichte, le projet d'une juridiction internationale se liait à un système politique spécial : est-ce que la constitution d'un tribunal permanent, fixe et siégeant en tout temps, ne pourrait pas former la base et le nœud d'une fédération politique entre les États qui auraient organisé ce tribunal et s'y trouveraient représentés ? Ils se rappellent aussi que, chez l'Ecossais Lorimer, ce même projet se liait à une réorganisation de la société internationale : en donnant à la Cour un caractère absolu de permanence et de continuité, il était à craindre qu'elle ne devînt le noyau d'une organisation nouvelle, le germe de l'État international, rêvé par Lorimer, et qui pourrait un jour mettre en échec, puis en tutelle, les États nationaux eux-mêmes. A peine le principe d'une juridiction permanente est-il posé, que les délégués s'attachent, dans les détails de sa constitution, à parer dès maintenant ce danger lointain, au risque immédiat d'affaiblir et de paralyser le jeu même de l'institution.

D'abord, les délégués prennent soin de ne pas constituer à demeure leur Cour permanente. Après en avoir fixé le siège à la Haye, ils s'empressent d'en disséminer les juges au loin. Ils repoussent l'idée, présentée par M. Descamps (2), d'un tribunal fixe, qui se réunirait tous les trois mois, élirait son Président et formerait dans son sein une Chambre des vacations. Ce projet est écarté, précisément parce que les États craignent de voir se dresser, ici, à côté d'eux, une puissance rivale (3) ou tout au moins le germe d'une organisation parallèle, avec laquelle il leur faudrait compter. Si par surcroît l'on donnait aux membres de ce tribunal l'immunité diplomatique, il aurait des pouvoirs trop forts. Le

(1) Formule de M. Descamps, *Mémoire aux puissances*, p. 48. Cité dans les *Actes et documents relatifs à la Conférence de la Haye* (dernier texte).

(2) Comité d'examen, 9 juin 1899.

(3) Desjardins, *La Conférence de la Haye et l'arbitrage international*, *loc. cit.*, p. 24.

Comité d'examen, qui la leur concède, « dans l'exercice de leurs fonctions » (art. 23, § dernier du projet présenté à la Commission), entend du moins que ces fonctions soient rares, et pose en principe que la Cour ne se réunira que lorsqu'elle aura été saisie. Il n'y aura de fixe à la Haye qu'un Bureau permanent de quelques membres, choisis en dehors de la Cour. Tel est déjà le vœu du projet Pauncefote (art. 2). Le Comité d'examen n'a garde d'y rien retrancher. Bien au contraire. Il suggère à sir Julian Pauncefote (1) une modification, qu'il apporte lui-même à son premier projet, pour placer ce Bureau, seul permanent pendant les vacations, sous le contrôle, non pas de l'État du siège, mais des représentants des puissances signataires résidant, ou plus exactement accrédités au siège (2), et du ministre des affaires étrangères des Pays-Bas. Pourquoi cette mesure (art. 28 du texte définitif) ? Pour relever encore, répond le rapporteur, M. Descamps, la dignité de la Cour permanente d'arbitrage ; en réalité, pour placer l'organisation sous la surveillance active, bien que purement administrative (3), des puissances. Pleine de défiance contre les pouvoirs de la Cour, la Commission hésite à donner aux arbitres les immunités diplomatiques, contre lesquelles le Comte de Grelle-Rogier (4) élève cette objection que jusqu'ici les arbitres n'en ont pas encore été munis, sans que jamais on en ait ressenti l'absence. A quoi le Chevalier Descamps (5) répond encore qu'on a surtout voulu honorer la fonction d'arbitre. Mais, ici, l'honneur fait aux arbitres ne les met pas en tutelle, comme lorsqu'on leur fait l'honneur d'un Conseil de surveillance formé du corps diplomatique. Ici l'honneur, loin de porter atteinte à leur indépendance, serait de nature à l'augmenter. Aussi de menues difficultés de détail menaçent de faire échouer le projet (7e séance, 20 juil-

(1) Proposition nouvelle de S. E. sir Julian Pauncefote concernant le Conseil permanent. Article 6 nouveau :

« Un Conseil permanent composé des représentants des puissances signataires résidant à la Haye et du ministre des affaires étrangères des Pays-Bas sera constitué dans cette ville le plus tôt possible après la ratification de la présente convention. Ce Conseil aura pour mission d'établir et d'organiser le Bureau central, lequel demeurera sous sa direction et sous son contrôle. Il procédera à l'installation du Tribunal ; il émettra, de temps en temps, les règlements nécessaires au bon fonctionnement du Bureau central. De même, il réglera toutes les questions qui pourraient surgir touchant le fonctionnement du Tribunal, ou il en référera aux puissances signataires. Il aura des pouvoirs absolus quant à la nomination, la suspension ou la révocation des fonctionnaires et employés du Bureau central. Il fixera leurs traitements et salaires, il contrôlera la dépense générale. La présence de cinq membres dans la réunion, dûment convoquée, suffira pour délibérer valablement et les décisions seront prises à la majorité des voix ».

(2) Observation du Baron de Billc.

(3) Ce caractère de l'institution a été nettement précisé sur l'observation du Comte Welsersheimb. V. Rapport Descamps, p. 23.

(4) 5e séance, n° 5, 17 juillet 1899.

(5) *Ibid.*, Compte-rendu sommaire.

let) (1). Le texte du Comité porte que les juges ne doivent avoir cette immunité que « dans l'exercice de leurs fonctions » ; que faut-il entendre par là ? Auront-ils les mêmes privilèges, demande sir Julian Pauncefote, pour se rendre à destination ? Et si l'arbitre est un national du pays où siège le tribunal, aura-t-il encore l'immunité ? Grave question de droit constitutionnel. Ces menues difficultés deviennent des obstacles presque infranchissables, sous l'influence de la crainte, qui saisit les délégués, à la pensée de constituer, au milieu des États, un pouvoir autonome et rival. Finalement, l'immunité projetée passe, mais à grand'peine et sous ces deux réserves : 1° l'immunité ne commencera qu'avec le jugement ; 2° elle n'appartiendra pas aux arbitres dans leur pays (art. 24, *in fine*). Conclusion : La Conférence se soucie plus de restreindre la force et le prestige de la juridiction d'arbitrage que d'augmenter son indépendance et son autorité. A chaque instant, les délégués se préoccupent, en paroles, de fortifier le prestige de l'institution. Mais, dans cet ordre d'idées, ils vont difficilement plus loin que le Dr Zorn, qui, pour relever l'institution, leur propose de l'appeler, non pas « tribunal permanent », mais « Cour permanente ». Immédiatement, le Comité, puis la Conférence, se félicitent, avec M. Descamps (2), « d'une dénomination qui relève encore cette institution ». Refuser les mesures de fond, puis s'arrêter aux mesures de forme, toute la Conférence est là.

Que les délégués appellent leur juridiction « tribunal » ou « Cour », c'est un détail qu'on s'étonne de voir si pompeusement noté ; et ce n'est pas sur ce point que la critique ira leur chercher querelle. Mais il est un point capital, sur lequel aucun mot ne saurait faire illusion. Leur Cour n'est permanente que de nom.

Dès le début, toutes les propositions convergent vers ce résultat.

Dans le projet russe, les États ne nomment pas d'avance, à titre permanent, mais dans chaque cas particulier, à titre passager, les juges. Dans le projet des États-Unis, les plus hautes Cours de justice de chaque État nomment chacune un membre ; mais la juridiction appelée à siéger dans chaque cas particulier dépend des conventions à intervenir entre les États en litige, qui peuvent appeler à siéger tous les membres du tribunal ou quelques-uns en nombre impair, mais au moins trois. Dans le projet anglais, chacun des États signataires nomme un nombre égal d'arbitres, à raison de deux par État, qui sont immédiatement inscrits, à titre de membres de la Cour sur une liste générale, où, dans chaque cas, les parties choisissent les arbitres appelés à former le tribunal en exercice (3). Tous ces systèmes ont ceci de commun que le tribunal d'ar-

(1) 7e séance, 20 juillet 1899, n° 7, p. 5 et 7.

(2) Rapport Descamps, p. 15.

(3) Tous ces textes ont été précédemment cités. V. *suprà*.

itrage, special à chaque cas, est mobile dans un cadre fixe. Singulière Cour permanente, où les juges prennent et quittent leur rôle avec chaque procès, au hasard des désignations individuelles, suivant un procédé comparable, soit au tirage du jury de jugement sur la liste du jury de session, soit plus encore, à cause de la liberté du choix, à la désignation par les plaideurs d'un avocat sur le tableau de l'ordre. Ce n'est pas à la création d'une Cour d'arbitrage, mais à celle d'un corps d'arbitres, qu'arrivent en réalité ces projets. Dès lors, il ne faut pas compter sur l'établissement d'une tradition juridique, incompatible avec le jugement, par des hommes différents, des mêmes affaires ; il ne faut pas non plus compter sur l'indépendance d'arbitres instinctivement plus sympathiques aux puissances qui les désignent qu'à celles qui ne les nomment pas ; enfin, il est difficile de comprendre comment, si les parties doivent choisir leurs arbitres, elles pourront aisément les constituer en nombre impair, puisque c'est précisément cette difficulté de s'accorder, au moment du conflit, sur un seul et même nom, qui fait la raison d'être d'une Cour d'arbitrage. Le seul moyen de la constituer était d'établir un tribunal permanent, composé d'une ou de deux sections, mais donnant toujours les mêmes affaires aux mêmes juges, nommés par la majorité des États signataires, chaque État, grand ou petit, n'ayant qu'une voix. Ce procédé, suivant nous, eût accordé pleine satisfaction au principe de l'égalité des États, puisque chacun aurait également eu, sinon son juge, au moins sa voix dans la nomination des juges. Il eût assuré des traditions de jurisprudence, puisque les affaires auraient trouvé toujours les mêmes magistrats, désignés à l'avance pour tous les cas du même genre et pour un certain nombre d'années. Il eût évité les difficultés d'un accord sur le tiers arbitre, auxquelles risque le plus souvent de se heurter l'arbitrage. Enfin, n'obligeant pas les parties à faire sortir leur tribunal spécial du sein du tribunal général, il leur eût évité des délais, des formalités et des négociations toujours nuisibles à l'institution d'un arbitrage qu'elles paralysent ou qu'elles retardent. Sans être à cet égard absolument parfait, puisqu'il permettait à chaque État de nommer un juge, ce qui faisait extraire ensuite un second tribunal du premier, le projet de la Conférence interparlementaire de Bruxelles était préférable, parce que la désignation du tribunal de jugement était opérée, soit par le Président de la Cour, soit, à la requête des parties, par la Cour elle-même, ce qui préservait les États des difficultés inhérentes au choix des arbitres, et mettait l'impartialité de ceux-ci, pris en dehors des plaideurs par le Président ou par la Cour, à l'abri de toute atteinte. Mais la Conférence de la Haye craignait qu'un tribunal ainsi constitué n'acquît une autorité trop grande, en même temps qu'une indépendance trop forte.

Pour affaiblir cette autorité, le seul moyen était d'augmenter le nombre des membres, de telle sorte que l'influence personnelle de chacun d'eux diminuât. Le projet belge de 1895 (1), beaucoup plus correct, proposait un membre par État signataire. Le projet de sir Julian Pauncefote, déjà plus suspect, en propose deux (2). Le Dr Zorn, délégué de l'Allemagne, franchement hostile au projet, les fait porter à quatre, sous le vague prétexte qu'il faut que tous les ordres de compétence, militaire, politique, scientifique, juridique, soient représentés (3). Rien de plus significatif que de voir la seule puissance, qui se soit opposée à l'institution de la Cour permanente, réclamer l'élévation du nombre de ses membres. C'est la preuve qu'en multipliant celui-ci, l'on affaiblit l'autorité de la Cour, en même temps qu'on complique son jeu. Plus nombreux sont ses membres, et moins souvent ils siègent ; donc, moins ils ont d'influence et d'autorité. Plus nombreux sont ses membres, et, comme ils doivent être peu à peu tous appelés, plus rare devient le jugement des mêmes affaires par les mêmes hommes, ce qui empêche l'établissement des traditions juridiques. Plus nombreux sont ses membres, et plus les États sont embarrassés pour choisir entre eux, au moment où, de cette grande Cour générale, doit sortir, pour chaque cas, un tribunal spécial. Incapable de poursuivre jusqu'au bout une idée juste, la Conférence de la Haye n'entreprend d'organiser la Cour d'arbitrage que pour la compromettre. En vain quelques avertissements lui montrent le danger. Désireuse d'aboutir, elle accueille, malgré les protestations légitimes du Comte Macedo (4), le projet des quatre arbitres, « à titre de transaction et de conciliation », sans prendre garde qu'après avoir ainsi compliqué l'institution, l'Allemagne en fin de compte pouvait ne pas l'adopter. « A titre de transaction et de conciliation », que d'erreurs la Conférence de la Haye ne doit-elle pas à ce désir exagéré de concilier tout le monde ? Bref, elle porte les arbitres à quatre par État, sans même se demander si la proposition émane d'un ami de l'arbitrage ou si ce n'est pas plutôt le perfide présent d'un ennemi.

Ce n'est pas tout ; ce n'est même encore qu'un détail. Le grand défaut du projet Pauncefote est que les parties ont à choisir elles-mêmes leurs arbitres, au moment du conflit, au sein de la Cour : « Les puissances signataires, désirant avoir recours au tribunal pour le règlement pacifique des différends qui pourraient surgir entre elles, choisiront dans la liste

(1) Descamps, *Mémoire sur l'arbitrage*, *loc. cit.*

(2) V. *suprà*, texte cité *in extenso*.

(3) Rapport Descamps, *suprà cit.*

(4) Rapport Descamps, p. 18 et troisième Commission, 7e séance, no 7, 20 juillet 1899, p. 5.

des membres du tribunal le nombre d'arbitres convenus dans le compromis » (art. 4). Or, il arrivera rarement que le tribunal soit constitué d'emblée par l'accord des parties. Le plus souvent, elles s'entendront pour nommer chacune par moitié la totalité, moins un, des arbitres. Mais il y aura difficulté sur la désignation commune du juge qui, pour départager les autres, doit être simultanément désigné par les deux parties Ne pouvant directement le choisir, les parties peuvent s'en remettre aux arbitres du soin de le désigner ; subsidiairement, elles peuvent confier ce soin à un État neutre ; mais les parties peuvent ne pas s'accorder sur le choix unique de cette puissance tierce : très subsidiairement, le Comité, d'accord avec la délégation russe, propose alors la désignation, par chaque partie intéressée, d'une puissance différente, avec mission de nommer le surarbitre. Tel est le système à trois degrés, auquel, après une longue discussion, le Comité d'examen s'arrête, et que la troisième Commission, sur le rapport de M. Descamps, vote sans discussion (art. 24 du texte définitif). S'il ne s'agissait que d'organiser la procédure arbitrale, en fixant, pour l'exécution du compromis, des règles, il serait difficile de marchander à celles-ci l'éloge pour la sagacité de leurs prévisions et l'élégance de leurs solutions ; il y aurait lieu de faire remarquer comment, au troisième degré du système, la désignation de puissances neutres chargées de nommer une puissance tierce rappelle élégamment dans l'ordre de l'arbitrage le procédé suivi pour la médiation spéciale, sur la proposition de M. Holls. Mais, s'agissant d'organiser une Cour permanente d'arbitrage, ce jeu compliqué de règles produit une impression d'étonnement et de surprise. N'est-ce pas pour éviter les trois difficultés successives auxquelles répondent tour à tour les trois solutions échelonnées de l'article 24, que le système des Cours permanentes et facultatives d'arbitrage a été proposé ? Si, malgré l'institution de la Cour permanente. ces dangers ne sont pas évités, à quoi donc va servir celle-ci ? Qu'on relise le Mémoire de M. Descamps sur l'organisation de l'arbitrage international. Il n'est pas de meilleure critique du projet dont il a été rapporteur, et qu'il a fait adopter à la Conférence de la Haye. C'est « des inconvénients résultant de la création pour chaque affaire d'un tribunal occasionnel » qu'il tire un « argument puissant, en faveur de l'établissement d'une Cour internationale d'arbitrage » (1). « Lorsqu'on constitue, dit-il (2), au lieu d'un juge unique, un collège, les embarras ne sont souvent pas moindres. On peut, à la vérité, créer une Commission arbitrale composée de membres nommés en nombre égal par chacune des parties et d'un surarbitre à désigner de concert. Mais la difficulté n'est que reculée. En effet, tout le poids de

(1) V. sur ce point Rapport Descamps, p. 19.
(2) *Mémoire aux puissances, loc. cit.*, p. 41.

la décision devant reposer presque fatalement sur le tiers-arbitre, l'entente quant au choix n'est guère facilitée par cette procédure. Et, si elle ne se produit pas, on se trouve dans l'alternative, ou bien de confier à un tiers la désignation du surarbitre, ou de s'en remettre au sort, à moins que l'on n'en vienne à considérer le compromis comme éteint ». Si telle est la raison d'être des Cours permanentes d'arbitrage, quelle utilité reste donc à l'institution? Ramenée à un simple tableau d'arbitres, duquel les parties doivent extraire leur tribunal, la Cour permanente de la Conférence de la Paix n'échappe à aucun des inconvénients que la Cour permanente de la Conférence interparlementaire de Bruxelles avait pour mission de réparer ou de prévenir. Il suffit que la Conférence de la Haye pose un principe pour qu'immédiatement elle le reprenne par des voies détournées. Ayant à grand'peine accepté l'idée d'une Cour permanente d'arbitrage, à compétence non obligatoire, pour un arbitrage toujours facultatif, elle ne peut même pas laisser ce modeste progrès s'accomplir et, par l'organisation de cette Cour, avec tous les inconvénients habituels de l'arbitrage, auxquels elle joint par surcroît les siens propres, elle brise elle-même les ressorts de l'institution qu'elle crée.

C. *Le fonctionnement.* — La seule utilité que pouvait conserver cette Cour permanente, c'était alors de rappeler, par sa permanence, que l'arbitrage est la voie normale pour la solution des conflits. La seule fonction qui lui restât était de souligner le caractère de moins en moins exceptionnel de l'arbitrage. Mais, faire nommer quatre membres par tous les États représentés à la Conférence de la Haye, instituer un Bureau chargé, sous le contrôle du corps diplomatique, de mettre en relations les parties et la Cour, c'est-à-dire les plaideurs et le tableau d'arbitres, c'était un grand luxe de réglementation, d'organisation et de frais pour un résultat très mince : celui de notifier aux puissances une liste où elles pourraient librement choisir leurs juges, en conservant d'ailleurs le droit d'en prendre ou d'en ajouter d'autres. Tant de commissions et de bureaux, de fonctionnaires et de formalités pour décorer quelques personnalités du titre d'arbitres, c'était vraiment excessif. Pour donner à cette institution une véritable utilité, il fallait tout au moins qu'en cas de conflit elle appelât les intéressés à l'arbitrage, en leur lançant, non par son existence une invitation tacite, mais, par une offre formelle de services, une invitation expresse. La délégation française vit tout de suite qu'à moins d'avoir cette attribution, la Cour permanente d'arbitres ne pouvait être qu'une institution encombrante et vaine. C'est cette idée qui très heureusement anime l'initiative de M. d'Estournelles de Constant. Tout en louant l'organisation de la Cour d'arbitrage, il a laissé lui-même, quoique discrètement, entrevoir dans quelles conditions est n[illegible] son système : « Il n'y avait plus qu'à se séparer, semble-t-il. Tel ne fut pas l'avis de la délégation française. Ardemment, sans compter, elle avait multiplié ses efforts, soit pendant les séances, soit ailleurs (car on devine que les discussions décisives ne furent pas toutes officielles), en faveur de la meilleure organisation possible de la Cour permanente ; elle pouvait se féliciter peut-être, *mais elle n'était pas satisfaite* » (1). Dans la 12e et la 13e séance du Comité, M. Léon Bourgeois exprimait ces craintes : « Prenons garde que notre Cour vive sur le papier ». « Il faudrait trouver quelque chose, dit-il encore, qui conduisît les gouvernements à l'arbitrage et leur forçât doucement la main ». A la 13e séance du Comité (3 juillet), le moyen était proposé. Les puissances signataires *devaient*, en cas de conflit, s'interposer entre les belligérants pour leur rappeler hautement l'existence d'une justice internationale. En même temps, la Cour permanente trouvait une utilité, car c'était elle que, par l'organe de son Bureau, les puissances signataires chargeaient d'exercer en leur nom ce rappel. Telle était la proposition de M. d'Estournelles de Constant (2). Acceptée par l'Angleterre et la Suisse, écartée faute d'instructions par les Pays-Bas, et par les États-Unis au nom de la doctrine de Monroe, qui leur interdit de s'immiscer dans les affaires d'Europe, cette proposition fut repoussée par les délégués d'Allemagne, de Belgique, d'Italie, d'Autriche, de Russie. La délégation française était battue. Non que le Comité d'examen fût hostile à l'idée générale d'un rappel à l'arbitrage. Mais il jugeait qu'en l'espèce l'application en serait incertaine et défectueuse. Le Dr Zorn, M. Descamps objectaient que cette invitation à l'arbitrage par un simple Bureau n'exercerait sur les puissances qu'une médiocre influence. Le mécanisme suggéré par M. d'Estournelles avait, disaient-ils, été mis à l'essai, mais sans résultat : le secrétaire de la Conférence interparlementaire, qui représente quatorze Parlements, est chargé d'adresser un avis semblable à chaque menace de conflit ; les principales Sociétés d'arbitrage agissent de même ; et cet appel, presque toujours, reste sans écho. Le Comité, qui rejetait la proposition d'Estournelles, restait sympathique à son principe, tout en refusant de la suivre sur la question des voies et moyens. Rapidement, M. Léon Bourgeois s'en aper-

(1) Journal le *Temps* du 4 novembre 1899, 4e et dernière lettre sur la Conférence de la Haye.

(2) Proposition de M. d'Estournelles de Constant :

« Les puissances signataires, considérant comme un devoir, dans le cas où un conflit aigu menacerait d'éclater entre deux ou plusieurs d'entre elles, de rappeler à celles-ci que la Cour permanente leur est ouverte, donnent mandat au secrétaire général du Bureau de se mettre, le cas échéant, à la disposition de chacune des parties intéressées, en s'adressant par écrit à leurs représentants dans les Pays-Bas. — L'exercice de ce mandat ne pourra pas être considéré comme un acte non amical ».

çoit. Il remarque que les puissances se sont déjà reconnu le droit d'offrir leurs bons offices et qu'elles ont jugé cette offre utile (art. 3). Il n'y a qu'à faire, à l'offre d'arbitrage, l'application de ces mêmes principes. Le projet déposé dès le début par le gouvernement italien assimilait, à cet égard, l'arbitrage à la médiation. M. Léon Bourgeois insiste pour que le Comité d'examen accepte au moins ce principe, que le Comité vote à l'unanimité. Article 27 : Les puissances considèrent comme un devoir, dans le cas où un conflit aigu menacerait d'éclater entre deux ou plusieurs d'entre elles, de rappeler à celles-ci que la Cour permanente leur est ouverte. Dans cette nouvelle rédaction, les puissances exercent elles-mêmes, directement, par la voie diplomatique, le rappel à l'arbitrage, que le premier texte confiait à la Cour ou plus exactement à son Bureau. Le succès du projet Léon Bourgeois devait donc retirer à la Cour la suprême ressource que la rédaction d'Estournelles tendait à son utilité.

En substituant à l'invitation bureaucratique de la Cour la démarche plus majestueuse et toute diplomatique des puissances, l'éminent Président de la troisième Commission croyait développer les recours au tribunal permanent d'arbitrage, et les obstacles qu'il rencontrait sur son chemin étaient de nature à l'affermir dans cette conviction. Il proposait que, sans sortir de leur neutralité, les puissances tierces, non seulement eussent le droit, mais se reconnussent le devoir, dans le cas où un conflit aigu menacerait d'éclater entre deux ou plusieurs d'entre elles, de rappeler à celles-ci que la Cour permanente leur est ouverte. Tel est l'objet de l'article 27. A peine sorti du Comité d'examen, ce texte a subi, dans le sein de la Commission (1), les plus rudes attaques. Alors les petits États, exclus du Comité, se prétendent menacés comme si, dans ce rappel solennel des puissances aux deux parties en cause, à la veille d'un conflit, il y avait la moindre atteinte à la souveraineté des États, libres d'écouter le rappel et d'accepter ou non l'invitation. Au sein du Comité d'examen, les difficultés portaient, non sur le principe, mais sur l'application, non sur le devoir des puissances, mais sur le mode d'exercice de ce devoir. Dans la Commission, c'est le principe qui est attaqué, c'est le devoir lui-même qui est méconnu. M. Beldimann (Roumanie) veut faire biffer de l'article 27 le mot « devoir » parce qu'il cadre mal avec le caractère facultatif de l'arbitrage : mais en quoi l'obligation de proposer l'arbitrage entraîne-t-elle, pour les parties en cause, l'obligation de l'accepter ? Puis M. Veillcovitch, au nom de la Serbie, déclare que l'article 27 sera pour les grandes puissances l'avant-garde de l'intervention : mais en quoi l'offre d'une juridiction facultative diminue-t-elle le droit ab-

(1) 7e séance, n° 7, 20 juillet 1899 (2e lecture de l'art. 27), p. 8-9.

solu des souverainetés ? « Quant à l'inquiétude exprimée par M. le délégué de Serbie de voir une puissance forte se servir de l'article 27 pour tenter une intervention abusive dans les affaires d'une puissance plus faible, j'affirme simplement, dit le Président, que si une puissance agissait ainsi, loin d'avoir le droit d'invoquer l'article 27, elle me paraitrait agir absolument contre son texte et contre son esprit », et dans une péroraison magnifique, qui soulevait la Conférence, il ajoutait : « Les institutions internationales comme celle-ci seront la garantie des faibles contre les forts. Dans les conflits de la force, quand il s'agit de mettre en ligne les soldats de chair et d'acier, il y a des grands et des petits, des faibles et des forts ; quand, dans les deux plateaux de la balance, il s'agit de jeter des épées, l'une peut être plus lourde et l'autre plus légère ; mais, lorqu'il s'agit d'y jeter les idées et les droits, l'inégalité cesse et les droits du plus petit et du plus faible pèsent dans la balance d'un poids égal au poids des plus grands » (1). Après ces belles paroles, bien dignes de rassurer les petits États contre les craintes d'intervention, les puissances opposantes, la Serbie, la Roumanie, pouvaient calmer leurs appréhensions. En développant cette idée, que les tiers ont le devoir de rappeler l'existence de l'arbitrage aux parties en conflit, M. Léon Bourgeois venait pour la première fois de faire entrer dans le droit positif, suivant la remarque du délégué suisse, M. Odier (2), la notion nouvelle de la neutralité pacifiante. Il ratifiait ainsi la conception profonde par laquelle, dans une théorie saisissante, celle du *pacigérat*, M. Descamps (3) venait, peu de temps auparavant, de retourner, de passive en active, de stérile en féconde, la notion jusqu'alors inerte de la neutralité. La puissance oratoire d'un homme d'État faisait passer, dans cet article 27, soit rencontre de hasard, soit adaptation voulue, la nouvelle et fertile idée d'un penseur. L'article 27 n'est pas seulement un succès personnel pour la délégation française : c'est le triomphe d'une grande idée juridique.

Mais ceux qui ont livré bataille sur l'article 27, entraînés par l'enthousiasme d'un grand débat, n'ont-ils pas oublié dans cette lutte héroïque, l'une des plus ardentes de la Conférence, qu'ils n'étaient pas là pour développer des théories et des formules, plus sûrement écloses dans le silence des méditations individuelles que dans le feu des discussions d'un grand Congrès ? L'article 27, si important, au point de vue théorique, en tant qu'il consacre et confirme la théorie du pacigérat, peut-il donner à la Cour permanente d'arbitrage le souffle de vie que la délégation française voulait lui communiquer ? Peut-il la faire sortir des

(1) 7e séance no 7, 20 juillet 1899, p. 11-12.
(2) *Ibid.*
(3) *Le droit de la paix et de la guerre*, 1898, p. 118.

textes et la dresser toute animée dans l'histoire ? Ici, emporté par son zèle, M. Léon Bourgeois s'est trompé. Il se félicitait que le rappel majestueux des grandes puissances remplaçât le rappel modeste du Bureau de la Haye ; il estimait que la notification diplomatique des tiers aurait plus de prestige aux yeux des États près d'en venir aux mains que la banale circulaire d'un bureau quelconque. Si telle était sa pensée, c'est en cela qu'il se trompait. La circulaire du Bureau interparlementaire d'arbitrage est d'habitude sans effet. La notification diplomatique des puissances ne sera même pas adressée. Dans le projet d'Estournelles, le Bureau de la Haye aurait correctement, à chaque conflit, rappelé son existence aux États en querelle, avec la régularité mécanique et l'exactitude automatique d'un honnête et ponctuel fonctionnaire. Dans le système que M. Léon Bourgeois a fait prévaloir, les puissances chargées de ce soin se garderont prudemment d'adresser un semblable avertissement ; car, tandis que le Bureau n'est qu'un rouage automatique, impersonnel, les puissances chargées du rappel sont des nations, qui hier refusaient l'arbitrage ou qui demain ne voudront pas l'accepter. De quel front l'Angleterre en affirmerait-elle le principe au lendemain des affaires du Transvaal, les Etats-Unis au lendemain de l'affaire de l'Alaska ? Tel État qui rappellerait aux autres l'existence de la juridiction arbitrale l'aurait oubliée la veille ou voudrait se réserver le droit de l'oublier le lendemain. Bien que l'article 27 déclare qu'un tel acte, assimilé aux bons offices (art. 27), n'est jamais, comme eux, contraire à l'amitié (art. 3), il existe entre eux cette différence de fait que le refus d'arbitrage laisse peser sur la justice de la cause un soupçon que le refus des bons offices n'entraîne nullement. Il en résulte que, soit par crainte, soit par amitié politique, soit plus simplement par prudence, afin d'éviter les froissements et les conflits, les nations n'exerceront jamais isolément et directement, au vu des espèces particulières, le devoir et le droit que très vainement l'article 27, llusionné, leur donne.

On pouvait concevoir une Cour d'arbitrage prévenant, par une organisation toute prête, les difficultés d'un choix d'arbitres. La Cour de la Haye ne les évite pas (art. 24). On pouvait concevoir une Cour d'arbitrage mettant d'elle-même les États en mesure d'accepter sa juridiction. La Cour de la Haye ne peut se servir de sa permanence pour ce résultat. On pouvait concevoir, sans aller jusqu'à la création d'un tribunal permanent, la constitution d'un Bureau chargé de rappeler aux parties l'existence de l'arbitrage. La Conférence de la Haye, craignant que ce Bureau ne fût pas écouté, s'est adressée aux puissances tierces qui, ne voulant pas se compromettre, auront soin de rester silencieuses. Beaucoup de textes et d'efforts, des vues ingénieuses et profondes, un grand déploiement de systèmes et d'idées, voilà ce qui sort ici des travaux de la troisième Commission. Mais ce n'est pas assez pour animer d'une vie féconde et pratique la Cour d'arbitrage.

§ IV. — *La procédure arbitrale.*

Après avoir constitué la Cour permanente d'arbitrage de cette façon imparfaite et stérile, la Conférence avait encore à essayer une dernière chance de succès : il lui restait à tracer les règles de la procédure arbitrale. L'utilité d'un tel travail est incontestable. Comme le disait très bien M. Descamps, dans son Rapport (1), il n'existe pas actuellement de règles juridiques générales, acceptées de concert par les États, en matière de procédure arbitrale. De là des lenteurs, des incertitudes, des embarras nuisibles à la bonne et prompte expédition des affaires soumises aux arbitres. Il en résulte des difficultés au moment de la formation du compromis, et par conséquent des hésitations, des discussions, des retards, de nature à l'entraver ; puis, au cours de l'arbitrage, il en résulte, sur tous les points où la convention a gardé le silence, des difficultés de procédure, qui, non seulement retardent la solution, mais encore sont de nature à compromettre l'autorité de la sentence par les récriminations qu'elles soulèvent contre elle. Pour faciliter la conclusion du compromis, et pour en combler, le cas échéant, les lacunes, la constitution d'un Règlement-type, préparé d'avance, était de nature à rendre les plus grands services. En s'engageant dans cette voie, la Conférence, qui aimait les tâches faciles, trouvait le chemin frayé par le *Projet de Règlement pour la procédure arbitrale*, adopté par l'Institut de droit international (2), dans cette même ville de la Haye, le 28 août 1875. Mais, sur ce point où la Conférence pouvait aboutir sans froisser d'intérêt politique ni porter ombrage à personne, elle ne devait qu'imparfaitement réussir ; malgré le projet de l'Institut, qui la soutient, et la longue expérience d'arbitrages, dont elle profite, elle formule un Règlement incomplet, qui trop souvent élude les questions plus qu'il ne les résout et les traite dans un esprit manifestement contraire aux intérêts, au développement et à la fonction de l'arbitrage (3).

(1) Rapport, p. 34.

(2) *Annuaire de l'Institut de droit international*, t. I (1877), p. 126 et suiv.

(3) Texte proposé par le gouvernement russe. Appendice à l'article XIII. Projet de code d'arbitrage :

« Article 1er. — Les puissances signataires ont approuvé les principes et règles ci-dessous pour la procédure d'arbitrage entre nations, sauf les modifications qui pourraient y être introduites dans chaque cas spécial d'un commun accord par les gouvernements en litige.

Art 2. — Les États intéressés, ayant accepté l'arbitrage, signent un acte spécial

S'agit-il de ces questions de pure forme, qui ne peuvent avoir aucun retentissement sur le fond, impossible de les traiter avec un soin plus attentif. Tout ce qui n'est d'aucune difficulté, soit dans la doctrine, soit

(compromis), dans lequel sont nettement précisées les questions soumises à la décision de l'arbitre, l'ensemble des faits et des points de droit qui s'y rattachent et, enfin, se trouve confirmé formellement l'engagement des deux parties contractantes de se soumettre, de bonne foi et sans appel, à la sentence arbitrale qui sera prononcée.

Art. 3. — Les compromis, ainsi conclus de plein gré par les États, peuvent établir l'arbitrage soit pour toutes contestations survenant entre eux, soit pour les contestations d'une catégorie déterminée.

Art. 4. — Les gouvernements intéressés peuvent confier les fonctions d'arbitre au Souverain ou au Chef d'État d'une puissance tierce avec l'assentiment de ce dernier. Ils peuvent également confier ces fonctions soit à une personne seule, choisie par eux, soit à un tribunal d'arbitrage constitué à cet effet. — Dans le dernier cas et en vue de l'importance du litige, le tribunal d'arbitrage pourrait être constitué de la manière suivante : chaque partie contractante choisit deux arbitres et tous les arbitres réunis choisissent le sur-arbitre qui est *de jure* le Président du tribunal d'arbitrage. — En cas de partage des voix, les gouvernements en litige s'adresseront d'un commun accord à un gouvernement tiers ou à une personne tierce qui nommera le sur-arbitre.

Art. 5. — Si les parties en litige n'arrivent pas à un accord sur le choix du gouvernement tiers ou d'une personne tierce mentionnés dans l'article précédent, chacune de ces parties nommera une puissance non impliquée dans le conflit, afin que les puissances, ainsi choisies par les parties en litige, désignent, d'un commun accord, un surarbitre.

Art. 6. — L'incapacité ou la récusation valable, fût-ce d'un seul des arbitres susindiqués, ainsi que le refus d'accepter l'office arbitral après l'acceptation ou la mort d'un arbitre choisi, infirme le compromis entier, sauf les cas où ces faits sont prévus et réglés d'avance d'un commun accord des parties contractantes.

Art. 7. — Le siège du tribunal d'arbitrage est désigné, soit par les États contractants, soit par les membres du tribunal eux-mêmes. Le changement de ce siège du tribunal n'est loisible qu'en vertu d'un nouvel accord entre les gouvernements intéressés ou, en cas de force majeure, sur l'initiative du tribunal même.

Art. 8. — Les États en litige ont le droit de nommer des délégués ou agents spéciaux, attachés au tribunal d'arbitrage avec la charge de servir d'intermédiaires entre le tribunal et les gouvernements intéressés. — Outre ces agents, les susdits gouvernements sont autorisés à charger de la défense de leurs droits et intérêts devant le tribunal d'arbitrage des conseils ou avocats nommés à cet effet.

Art. 9. — Le tribunal d'arbitrage décide dans quelles langues devront avoir lieu ses délibérations et les débats des parties.

Art. 10. — La procédure arbitrale doit généralement parcourir deux phases : préliminaire et définitive. — La première consiste dans la communication aux membres du tribunal d'arbitrage, par les agents des États contractants, de tous les actes, documents et arguments imprimés ou écrits relatifs aux questions en litige. — La seconde — définitive ou orale — consiste dans les débats devant le tribunal d'arbitrage.

Art. 11. — Après la clôture de la procédure préliminaire commencent les débats devant le tribunal d'arbitrage qui sont dirigés par le Président. — De toutes les délibérations sont tenus des procès-verbaux, rédigés par des secrétaires, nommés par le Président du tribunal. Ces procès-verbaux seuls ont force légale.

Art. 12. — La procédure préliminaire étant close, le tribunal d'arbitrage a le droit de refuser tous les nouveaux actes ou documents que les représentants des parties voudraient lui soumettre.

Art. 13. — Toutefois, le tribunal d'arbitrage reste souverainement libre de prendre

dans la jurisprudence, est traité avec une attention, un souci du détail, une minutie dignes d'une meilleure cause. Le projet arrêté par la Commission commence par donner au tribunal le droit de décider du choix

en considération les nouveaux documents ou actes, dont les délégués ou conseils des deux gouvernements en litige ont profité dans leurs explications devant le tribunal. — Ce dernier a le droit de requérir la représentation de ces actes ou documents et d'en donner connaissance à la partie adverse.

Art. 14. — Le tribunal d'arbitrage, outre cela, a le droit de requérir des agents des parties la présentation de tous les actes ou explications dont il aura besoin.

Art. 15. — Les agents et conseils des gouvernements en litige sont autorisés à présenter au tribunal d'arbitrage oralement toutes les explications ou preuves au profit de la cause à défendre.

Art. 16. — Ces mêmes agents et conseils ont également le droit de s'adresser au tribunal avec des motions sur les matières à discuter. — Les décisions du tribunal concernant ces motions sont définitives et ne peuvent donner lieu à aucune discussion.

Art. 17. — Les membres du tribunal d'arbitrage ont le droit de poser aux agents ou conseils des parties contractantes des questions ou de demander des éclaircissements sur des points douteux. — Ni les questions posées, ni les observations faites par les membres du tribunal pendant le cours des délibérations ne sauraient être regardées comme énonciations des opinions du tribunal en général ou de ses membres en particulier.

Art. 18. — Le tribunal d'arbitrage est seul autorisé à déterminer sa compétence par l'interprétation des clauses du compromis, et selon les principes du droit international ainsi que les stipulations des traités particuliers qui peuvent être invoqués dans la matière.

Art. 19. — Le tribunal d'arbitrage a le droit de rendre des ordonnances de procédure sur la direction du procès, de déterminer les formes et délais dans lesquels chaque partie devra présenter ses conclusions et de statuer sur l'interprétation des documents produits et communiqués aux deux parties.

Art. 20. — Les agents et conseils des gouvernements en litige ayant présenté tous les éclaircissements et preuves pour la défense de leurs causes, le Président du tribunal d'arbitrage prononcera la clôture de la discussion.

Art. 21. — Les délibérations des membres du tribunal d'arbitrage sur le fond du litige ont lieu à huis clos. — Toute décision définitive ou provisoire est prise à la majorité des membres présents. — Le refus d'un membre du tribunal de prendre part au vote doit être constaté dans le procès-verbal.

Art. 22. — La sentence arbitrale, votée à la majorité des voix, doit être rédigée par écrit et doit être signée par chacun des membres du tribunal d'arbitrage. — Ceux des membres du tribunal qui sont restés dans la minorité constatent, en signant, leur dissentiment.

Art. 23. — La sentence arbitrale est lue solennellement en séance publique du tribunal et en présence des agents et conseils des gouvernements en litige.

Art. 24. — La sentence arbitrale, dûment prononcée et notifiée aux agents des gouvernements en litige, décide définitivement et sans appel la contestation entre les parties et clôt toute la procédure arbitrale instituée par le compromis.

Art. 25. — Chaque partie supportera ses propres frais et la moitié des frais du tribunal d'arbitrage, sans préjudice de la décision du tribunal touchant l'indemnité que l'une ou l'autre des parties pourra être condamnée à payer.

Art. 26. — La sentence arbitrale est nulle en cas de compromis nul, ou d'excès de pouvoir ou de corruption prouvée d'un des arbitres. — La procédure indiquée ci-dessus concernant le tribunal d'arbitrage s'applique également à partir du paragraphe 7 commençant par les mots : « Le siège du tribunal d'arbitrage », dans le cas où l'arbitrage

des langues, dont il fera usage (observation du Comte Nigra) et dont l'emploi sera autorisé devant lui (art. 38). Le texte ajoute que la procédure arbitrale sera divisée en deux phases : 1° l'instruction, qui consiste dans la communication par les agents respectifs, aux membres du tribunal et à la partie adverse, de tous actes ou documents contenant les moyens invoqués dans la cause ; 2° les débats, qui consistent dans le développement oral des moyens devant le tribunal (art. 39). Il détermine, ce qui est élémentaire, que toute pièce produite par l'une des parties doit être communiquée à l'autre (art. 40), que les débats sont dirigés par le Président, qu'ils sont publics en vertu d'une décision du tribunal prise avec l'assentiment des parties, et consignés dans des procès-verbaux dressés par des secrétaires spéciaux que nomme le Président (art. 41). Le texte précise que le tribunal peut écarter du débat, après la clôture de l'instruction, tous actes ou documents nouveaux qu'une des parties voudrait lui soumettre sans le consentement de l'autre (art. 42), mais demeure libre de prendre en considération les actes ou documents nouveaux sur lesquels les agents ou conseils des parties appelleraient son attention (art. 43), qu'il a le droit de requérir des agents des parties la production de tous actes et de demander toutes explications nécessaires (art. 44), qu'il peut poser des questions et réclamer des éclaircissements (art. 47), enfin qu'il lui appartient d'interpréter le compromis (art. 48), de rendre des ordonnances de procédure pour la direction du procès (art. 49) ainsi que de statuer définitivement sur les exceptions et incidents (art. 46). Tout cela n'a jamais fait doute, et ce n'était guère la peine de réunir à la Haye une centaine de délégués pour leur faire recopier, avec plus ou moins de variantes, les règles posées depuis longtemps sur ce point, sans discussion possible, par l'Institut de droit international suivant les lois de l'usage arbitral et l'incontestable autorité du droit commun. Tant qu'il ne s'agit que de questions banales, sans difficulté comme sans intérêt, l'œuvre de la Conférence de la Haye reste irréprochable, bien qu'on puisse encore faire des réserves sur le caractère facultatif qu'elle imprime à toutes ces règles, car, si l'on voit aisément comment le compromis peut décider que les débats au lieu d'être à huis clos seront publics, on voit mal comment ils seraient dirigés par un autre que le Président, ou comment les parties pourraient convenir que toute pièce produite par l'une d'elles ne devra pas être nécessairement communiquée à l'autre.

est confié à une personne seule au choix des gouvernements intéressés. — Dans le cas où le Souverain ou le Chef d'État se réserverait de prononcer personnellement comme arbitre, la procédure à suivre serait fixée par le Souverain ou le Chef d'État lui-même ».

Mais s'agit-il des questions importantes, qui peuvent exercer un effet sur la marche et la conclusion du procès, de ces questions de forme qui réagissent sur le fond, alors la Conférence les traite superficiellement. Avec cet argument, fait pour tout concilier, que les parties sont toujours libres de changer dans le Règlement proposé, purement facultatif (art. 30), toutes les règles qui ne leur conviendraient pas. Maintes fois, cet argument fondamental revient au cours des discussions les plus graves. Il pousse la Conférence aux demi-mesures et aux controverses incomplètes, en même temps qu'il affaiblit l'autorité de résolutions prises avec l'arrière-pensée que, si elles sont mauvaises, on pourra toujours les écarter. Et cet argument, malheureusement, joue son rôle, chaque fois que le débat roule sur les questions les plus importantes et met aux prises les deux conceptions opposées qui se disputent aujourd'hui l'arbitrage.

A travers la pratique arbitrale, il est facile d'observer une double tendance : tantôt l'arbitrage se comporte comme un jugement ; tantôt, au contraire, comme une transaction ; tantôt l'arbitre cherche à dire le droit ; tantôt, au contraire, il ne tend qu'à concilier les parties ; tantôt il s'attribue le rôle modeste d'un observateur des faits et d'un interprète de la loi des nations ; tantôt, au contraire, il s'arroge le pouvoir suprême d'un législateur qui statue librement, suivant ses inspirations personnelles. Avec l'arrière-pensée de ne mécontenter personne et d'amortir les effets du conflit, l'arbitrage est ainsi devenu peu à peu, dans une certaine tendance, beaucoup plus un moyen de concilier qu'un moyen de trancher les différends. Cette tendance, qui dépend parfois des termes du compromis, tient plus souvent encore à la personne des juges. Elle devait, plus que toute autre, plaire à la Russie : d'abord, parce qu'elle est, personnellement, la tendance et le vœu d'un des plus éminents arbitres de ce temps, que la Russie s'honore de compter parmi ses nationaux, M. F. de Martens ; ensuite, parce que, à concilier les conflits, l'arbitrage, semble-t-il, gagne en pouvoir pacifique ce qu'il perd en correction juridique. Tout ce qui pouvait tourner l'arbitrage, du jugement, vers la médiation, devait donc recevoir, de la délégation russe, le meilleur accueil. Voilà pourquoi, dans le projet de Code d'arbitrage communiqué à la Conférence par la délégation russe (Annexe A, IV), la sentence arbitrale, à la différence du jugement, mais à la ressemblance de la transaction, n'est pas motivée (art. 22). Voilà pourquoi, dans le même projet, nulle révision de la sentence arbitrale n'est prévue, alors que la révision, pour fait nouveau, semble en harmonie parfaite avec la notion du jugement, surtout du jugement sans recours : il faut, en effet, pour que l'arbitrage joue son rôle pacifique, qu'avec la sentence toutes discussions soient fermées, toutes récriminations éteintes, et que le silence fasse la paix sur l'affaire. Le droit peut en souffrir ; mais peut-on mettre en balance la paix et le droit ? Voilà le fond de l'idée russe.

Nulle conception n'est plus funeste à l'arbitrage. En développant les pouvoirs de l'arbitre, laissé libre de ne pas motiver sa décision, en augmêntant l'autorité matérielle de la sentence, à l'abri de la révision pour fait nouveau, le projet russe augmente les dangers de l'arbitrage et par conséquent détourne les parties d'y recourir. Il est nuisible à l'institution, par cela même qu'après avoir réclamé l'arbitrage entre les peuples par la même raison que les jugements entre les individus, il lui donne, une fois créé, une orientation extra-judiciaire. Il prétend racheter ses inconvénients juridiques par sa vertu pacifique ; mais l'histoire nous apprend qu'il n'y a de paix durable que celle qui se fonde sur le droit. Enfin, quand bien même il compenserait en pouvoir pacifique ce qui lui manque en pouvoir juridique, il faudrait protester encore, car, si la paix est désirable, le droit l'est encore plus que la paix. En vain M. F. de Martens invoquait-il des précédents à l'appui de son système. Complaisamment il cite les règles arbitrales arrêtées, pour le jugement du conflit anglo-vénézuélien, par le tribunal de Paris, dont il avait la présidence. Mais aujourd'hui que le Brésil lésé reproche à ce tribunal d'avoir indûment disposé des droits d'un tiers, l'on sent plus que jamais les inconvénients d'une sentence qui, dans sa présomption, n'avait pourtant voulu souffrir, ni révision, ni motifs. Si jamais conception fut fausse et dangereuse, c'est donc celle-là.

Pourtant c'est à grand'peine si la Conférence réussit à s'en préserver.

Elle a d'abord les plus grandes difficultés à faire admettre le principe — purement facultatif d'ailleurs — que toute sentence doit être motivée. Telle est la force de l'idée russe qu'elle tient un instant en échec cette règle si nécessaire et si simple. Les arguments de M. F. de Martens au Comité d'examen, puis au sein de la troisième Commission, sont pourtant faibles. « Si, dit-il, les arbitres, dans un grand tribunal d'arbitrage, sont d'accord pour reconnaître les torts de leur propre gouvernement, ils pourront, suivant leur conscience, se rallier à la sentence de la majorité; mais, si on les oblige à motiver cette sentence et ainsi à critiquer la politique de leur gouvernement, ils se trouveront dans l'impossibilité de signer » (1). Première raison, à laquelle, suivant la juste observation du Président, M. Léon Bourgeois, il était facile de répondre qu'il n'y avait qu'à rédiger autrement les motifs, sans se soustraire à l'obligation d'en formuler. M. F. de Martens ajoute que « des circonstances peuvent se produire où l'obligation de motiver constituerait un obstacle à obtenir une décision absolument juste » :

(1) N° 5, 17 juillet 1899, p. 9.

raisonnement qui signifie catégoriquement que l'arbitre, se sentant embarrassé par le droit dans certaines affaires (celle du *Costa-Rica Packet* (1) sans doute), doit en être affranchi, ce qui supprime du coup non seulement toute espèce de jurisprudence arbitrale mais le droit international tout entier. Enfin M. F. de Martens invoque le précédent du tribunal d'arbitrage anglo-américain, siégeant à Paris, qui n'a pas admis l'obligation dont il s'agit (2) ; mais ce précédent n'est en réalité qu'une autre forme de l'opinion de M. F. de Martens, sous la présidence duquel le tribunal anglo-vénézuélien avait déterminé lui-même ses règles de procédure (3). « Les sentences arbitrales, déclara le Dr Zorn, doivent être des sentences de droit et l'on ne saurait imaginer une sentence de droit, qui ne serait pas motivée ». Même, suivant l'observation de M. Rahusen, « la force d'une décision arbitrale réside plutôt dans les considérants que dans la décision elle-même ». Enfin, avec M. Descamps, il faut remarquer que l'obligation de motiver la sentence est la sauvegarde des parties vis-à-vis du juge (4). Après d'aussi vigoureuses critiques, la proposition russe va-t-elle disparaître ? C'est oublier que la Conférence, désireuse de tout concilier, ne sait même pas occuper un terrain conquis. Toujours soucieuse de joindre et d'harmoniser les pensées les plus divergentes, elle se rappelle avec empressement la faculté fondamentale, qu'elle a mise en tête de sa procédure, à savoir la faculté pour chacun de prendre ou de rejeter, à sa guise, dans le compromis, les règles tracées (art. 30). Malgré les raisons qui conduisent nécessairement à l'obligation de motiver, la Conférence arrive à faire de cette obligation une faculté, ce qui est passablement critiquable.

Autre point, sur lequel les deux tendances de l'arbitrage sont en rivalité : il est admis par la Conférence que tous les arbitres doivent signer, sauf, s'ils font partie de la minorité, à mentionner, en signant, leur dissentiment ; or ce dissentiment peut-il être motivé ? Avec l'idée que l'arbitre, conciliateur et non juge, n'a pas à s'occuper toujours du droit, mais plus souvent de l'ordre et de l'équité, le projet russe est conduit, comme M. F. de Martens, à refuser à la minorité le droit de mettre en face

(1) On se souvient de cette sentence, du 13 février 1897, rendue par M. F. de Martens et des vives critiques qu'elle souleva tout aussitôt dans le monde juridique. Comp. Regelsperger, dans la *Revue générale de dr. intern. public*, t. IV (1897), p. 735 et suiv. ; Valéry, *ibid.*, t. V (1898), p. 57 ; Blès, dans la *Rev. de dr. intern. et de lég. comparée*, t. XXIX (1898), p. 152 ; Tchernoff, *Protection des nationaux*, p. 290.

(2) L'article 19 dit simplement : « The final award, *decided by the majority of votes*, shall be drawn up in English, French and Spanish » (Document communiqué par M. de Martens, Paris, 14 juin 1899, reproduit en Annexe, Rapport Descamps, p. 88 et suiv.).

(3) En vertu du traité de Washington du 2 février 1897.

(4) Même séance, p. 10

de pseudo-motifs tirés de la paix, de vraies raisons, tirées du droit. Puisque, suivant l'observation de M. Rahusen, la force d'une décision réside dans ses considérants, il ne faut pas que les considérants de la minorité puissent mettre en mauvaise posture ceux de la majorité. En vain M. Rolin (1) insiste-t-il pour que, dans la sentence arbitrale, la minorité puisse énoncer les motifs de son dissentiment. L'idée russe triomphe pour cette raison, acceptée par le rapporteur, que motiver un avis contraire au sein même du jugement, c'est affaiblir l'autorité de la sentence rendue. La Conférence ne veut pas voir qu'en soumettant, dans le jugement même, la décision arbitrale aux critiques de la minorité, elle forcerait les arbitres à serrer de plus près leur argumentation et leurs idées pour échapper aux critiques de cette minorité. Sous l'apparence d'affaiblir l'autorité matérielle de la sentence, la Conférence ne comprend pas qu'elle la fortifierait en exigeant d'elle une plus grande valeur morale.

Avec l'idée russe, l'arbitrage, dont la mission n'est plus le droit, mais la paix, ne peut pas non plus tolérer la révision pour fait nouveau, car cette ressource suprême du droit méconnu, laissant la porte ouverte à des débats ultérieurs, permettrait aux parties d'agiter, même après la sentence, de nouvelles causes de conflit. La fonction pacificatrice, que le projet russe entend donner à l'arbitrage, s'oppose à ce qu'ici le droit suive son cours. Qui va l'emporter, du droit ou de la paix ? Le Comité d'examen est perplexe. L'Italie se rappelle qu'elle a inscrit le principe de la révision dans le traité d'arbitrage italo-argentin (art. 13). Les États-Unis ont dans la mémoire le bel arrêt par lequel, le 24 juin 1897, la Court of Claims vient de réviser, en faveur du Mexique, la sentence rendue le 27 décembre 1875, par sir Edward Thornton, dans l'affaire de *La Abra silver mining Company* (2). Les jurisconsultes n'oublient pas que, dans son Règlement de 1875, l'Institut de droit international a favorablement accueilli le principe de la révision (3). Au sein du Comité d'examen, la révision ne l'emporte cependant que d'une voix : quatre d'un côté, cinq de l'autre. Encore la proposition des révisionnistes, formulée par les États-Unis (M. Holls), est-elle bien modeste. Faisant part aux idées nouvelles qui transforment l'arbitrage d'instrument de droit en instrument de paix, elle enferme la possibilité d'une révision pour fait nouveau dans le délai de trois mois à partir de la notification de la sentence. C'est une grande entrave

(1) Même séance, *ibid.*

(2) Comp. Mérignhac, *De l'autorité de la chose jugée en matière de sentence arbitrale*, dans la *Revue générale de dr. intern. public*, t. V (1898), p. 606 et suiv.

(3) Projet de Règlement de 1875. Art. 27 : « La sentence arbitrale est nulle en cas de compromis nul, ou d'excès de pouvoir, ou de corruption prouvée d'un des arbitres, *ou d'erreur essentielle* ». Sur les difficultés relatives au vote de ce texte, comp. Mérignhac, *Traité théorique et pratique de l'arbitrage international*, p. 325.

à la révision, alors que le fait nouveau peut se découvrir beaucoup plus tard, comme dans l'affaire de *La Abra silver mining Company* (1). Et, cependant, M. F. de Martens, non content de cet étroit délai, qui mutile la révision, ne veut même pas la tolérer dans cette limite. Quand le débat vient au sein de la troisième Commission (2), il proteste. La révision diminue, dit-il, le sentiment de responsabilité des arbitres : reproche inexact, car l'arbitre digne de ce nom doit toujours apporter le même soin à son œuvre, qu'elle soit ou non définitive. Autre grief : la révision ferait naître, au lendemain de la sentence et pendant le délai de trois mois, des polémiques, des récriminations et toute espèce d'efforts pour s'y soustraire. Et quand même cela serait ? quand même il faudrait attendre trois mois pour que l'arbitrage soit définitif ? N'y a-t-il pas des années et des années souvent entre la naissance du litige et sa solution ? « Le délai de trois mois ou six mois, répond M. Holls (3), ne serait vraiment que très minime, vu que le différend anglo-vénézuélien, par exemple, existe depuis trois ou quatre ans et, dans une forme plus ou moins occulte, depuis plus de quatre-vingts ans ». Autre critique : le délai de trois mois, suffisant pour aviver l'irritation des parties, est insuffisant pour permettre la découverte du fait nouveau. Mais est-ce à ceux qui repoussent la révision de critiquer un délai dont la brièveté n'a d'autre cause que l'espoir de les concilier ? D'autre part, suivant l'observation de M. Holls (4), c'est immédiatement après la proclamation du jugement que les investigations les plus minutieuses s'opèrent, d'une façon d'autant plus précise et plus active qu'elles se restreignent à l'ordre de faits et d'idées, maintenant connu, qui a déterminé la conviction du tribunal. Enfin M. F. de Martens invoque le précédent du tribunal anglo-vénézuélien : le Comte Nigra répond par l'exemple, tout aussi décisif, du traité italo-argentin (art. 13). L'exemple à invoquer ici, ce n'est pas celui de telle ou telle procédure ; c'est celui des arbitrages viciés par l'erreur, dont la liste est déjà trop longue et que, depuis la Conférence, la décision du tribunal anglo-vénézuélien a encore grossie. L'arbitrage général anglo-américain prévu par le traité non ratifié de 1897, était plus prudent. « Il y a, dit très justement M. Holls, une limite au principe établi par M. F. de Martens que le but principal de l'arbitrage est de liquider pour jamais la question pour laquelle on y a recours ; et, cette limite, c'est le droit : *Nothing is settled until it is settled right* » (5). L'argumen-

(1) Jugement arbitral de sir Edward Thornton, 27 décembre 1875 ; découverte du fait nouveau, 1877.

(2) Troisième Commission, 5e séance, n° 5, 17 juillet 1899, p. 10-11.

(3) *Ibid.*, 17 juillet 1899, p. 13.

(4) *Ibid.*

(5) Holls, *ibid.*, p. 13.

tation était irrésistible. Mais la Conférence ne cherche pas à trancher les questions. Comme l'arbitre du projet russe, elle sacrifie les principes et mutile les solutions par un désir immodéré de tout concilier. Au lieu de se prononcer entre les deux idées en présence, elle cherche un terrain commun, et déjà M. Descamps prépare l'entente en résumant le débat : « Ce qui, dit-il, constitue la difficulté du sujet, c'est le conflit de principes également respectables qui, des deux côtés, sont mis en avant. Il faut qu'on rende justice : comment accepter alors la consécration d'une erreur évidente ? Il faut terminer les procès entre les nations : comment atteindre ce résultat si on laisse la porte ouverte à un nouveau jugement ? » M. Descamps le reconnaît lui-même : d'un côté, avec la révision, c'est le droit ; de l'autre, sans la révision, c'est, croit-il, la paix. Et il n'hésite pas à le dire : « Les défenseurs de la révision ont le côté le plus noble et le plus beau. Leur conception de la justice est plus haute » (1). Gagné cependant par le désir de tout concilier, vaincu, sinon convaincu par l'idée russe, il préfère, bien que moins belle, moins noble et moins haute — c'est lui qui l'a dit. — l'autre conception, moins féconde en justice, mais aussi plus féconde en effets pacifiques. Alors les plus petites difficultés deviennent des obstacles. M. de Karnebeek (2), arrêté par le souci de définir exactement « le fait nouveau », passe à l'idée russe. M. Asser cherche un accommodement et le trouve dans cette idée, dont on use jusqu'à l'abus, que toutes les règles du projet sont purement facultatives. Renversant la proposition Holls (3) et l'article 54 du Comité qui en est la suite, il substitue au principe de la révision le principe de la non-révision, ce qui donne satisfaction à M. F. de Martens ; en même temps il reconnaît aux parties la possibilité d'insérer dans le compromis le principe contraire de la révision : « Les parties peuvent se réserver dans le compromis de demander la révision de la sentence arbitrale » ; ce qui veut dire qu'en principe, sauf convention contraire, la non-révision est la règle et la révision l'exception ; quant au délai de révision, il est, dans la proposition Asser (4), de six mois au lieu de trois, par

(1) *Ibid.*, p. 14.

(2) *Ibid.*, p. 15.

(3) Art. 54 (Projet du Comité) : « A moins de disposition contraire contenue dans le compromis, la révision de la sentence arbitrale peut être demandée au tribunal qui l'a rendue, mais seulement à raison de la découverte d'un fait nouveau qui eût été de nature à exercer une influence décisive sur la sentence et qui au moment de cette sentence a été inconnu du tribunal lui-même et des parties. — La procédure de révision ne peut être ouverte que par une décision du tribunal constatant expressément l'existence du fait nouveau, lui reconnaissant les caractères prévus par le paragraphe précédent et déclarant à ce titre la demande recevable. — Aucune demande en révision ne peut être accueillie trois mois après la notification de la sentence ».

(4) Proposition Asser : « Les parties peuvent se réserver dans le compromis de de-

une concession qui tente d'attirer les révisionnistes au vote de l'amendement. Il y a mieux. On laissera fixer le délai par le compromis sans rien préciser d'avance. De cette façon, le texte réunit toutes les voix : celles de la délégation américaine, d'une part, et celles de MM. F. de Martens et Descamps, de l'autre. Il n'en reste pas moins que la pure doctrine est méconnue, puisque la révision, au lieu d'être obligatoire, n'est que facultative, au lieu d'être un principe, n'est qu'une exception (1). C'est l'évo-

mander la révision de la sentence arbitrale. — Dans ce cas et sauf convention contraire, la demande doit être adressée au tribunal, qui a rendu la sentence et seulement à raison de la découverte d'un fait nouveau, qui eût été de nature à exercer une influence décisive sur la sentence et qui, lorsque le tribunal a statué, a été inconnu du tribunal lui-même et de la partie qui a demandé la révision. — La procédure de révision ne peut être ouverte que par une décision du tribunal constatant expressément l'existence d'un fait nouveau, lui reconnaissant les caractères prévus par le paragraphe précédent, et déclarant à ce titre la demande recevable. — Aucune demande en révision ne peut être accueillie que si elle est formée dans les six mois qui suivent la notification de la sentence ».

(1) Fin du projet de convention relative à la solution pacifique des conflits (texte définitif) :

Chapitre III. — *De la procédure arbitrale.*

Article 30. — En vue de favoriser le développement de l'arbitrage, les puissances signataires ont arrêté les règles suivantes qui seront applicables à la procédure arbitrale, en tant que les parties ne sont pas convenues d'autres règles.

Art. 31. — Les puissances qui recourent à l'arbitrage signent un acte spécial (compromis) dans lequel sont nettement déterminés l'objet du litige ainsi que l'étendue des pouvoirs des arbitres. Cet acte implique l'engagement des parties de se soumettre de bonne foi à la sentence arbitrale.

Art. 32. — Les fonctions arbitrales peuvent être conférées à un arbitre unique ou à plusieurs arbitres désignés par les parties à leur gré, ou choisis par elles parmi les membres de la Cour permanente d'arbitrage établie par le présent Acte. — A défaut de constitution du tribunal par l'accord immédiat des parties, il est procédé de la manière suivante.— Chaque partie nomme deux arbitres et ceux-ci choisissent ensemble un surarbitre. — En cas de partage des voix, le choix du surarbitre est confié à une puissance tierce, désignée de commun accord par les parties. — Si l'accord ne s'établit pas à ce sujet, chaque partie désigne une puissance différente et le choix du surarbitre est fait de concert par les puissances ainsi désignées.

Art. 33. — Lorsqu'un Souverain ou un Chef d'État est choisi pour arbitre, la procédure arbitrale est réglée par lui.

Art. 34. — Le surarbitre est de droit Président du tribunal. — Lorsque le tribunal ne comprend pas de surarbitre, il nomme lui-même son Président.

Art. 35. — En cas de décès, de démission ou d'empêchement, pour quelque cause que ce soit, de l'un des arbitres, il est pourvu à son remplacement selon le mode fixé pour sa nomination.

Art. 36. — Le siège du tribunal est désigné par les parties. A défaut de cette désignation, le tribunal siège à la Haye. — Le siège ainsi fixé ne peut, sauf le cas de force majeure, être changé par le tribunal que de l'assentiment des parties.

Art. 37. — Les parties ont le droit de nommer auprès du tribunal des délégués ou agents spéciaux, avec la mission de servir d'intermédiaires entre elles et le tribunal. — Elles sont en outre autorisées à charger de la défense de leurs droits et intérêts devant le tribunal, des conseils ou avocats nommés par elles à cet effet.

Art. 38. — Le tribunal décide du choix des langues dont il fera usage et dont l'em-

lution de l'arbitrage hors du cadre et de l'idée de justice qui, sous prétexte de paix, ose s'effectuer, comme si la paix pouvait jamais se fonder sur les ruines du droit.

ploi sera autorisé devant lui.

Art. 39. — La procédure arbitrale comprend en règle générale deux phases distinctes : l'instruction et les débats. — L'instruction consiste dans la communication faite par les agents respectifs, aux membres du tribunal et à la partie adverse, de tous actes imprimés ou écrits et de tous documents contenant les moyens invoqués dans la cause. Cette communication aura lieu dans la forme et dans les délais déterminés par le tribunal en vertu de l'article 49. — Les débats consistent dans le développement oral des moyens des parties devant le tribunal.

Art. 40. — Toute pièce produite par l'une des parties doit être communiquée à l'autre partie.

Art. 41. — Les débats sont dirigés par le Président. — Ils ne sont publics qu'en vertu d'une décision du tribunal, prise avec l'assentiment des parties. — Ils sont consignés dans des procès-verbaux rédigés par des secrétaires que nomme le Président. — Ces procès-verbaux ont seuls caractère authentique.

Art. 42. — L'instruction étant close, le tribunal a le droit d'écarter du débat tous actes ou documents nouveaux qu'une des parties voudrait lui soumettre sans le consentement de l'autre,

Art. 43. — Le tribunal demeure libre de prendre en considération les actes ou documents nouveaux sur lesquels les agents ou conseils des parties appelleraient son attention. — En ce cas, le tribunal a le droit de requérir la production de ces actes ou documents, sauf l'obligation d'en donner connaissance à la partie adverse.

Art. 44. — Le tribunal peut, en outre, requérir des agents des parties la production de tous actes et demander toutes explications nécessaires. En cas de refus, le tribunal en prend acte.

Art. 45. — Les agents et les conseils des parties sont autorisés à présenter oralement au tribunal tous les moyens qu'ils jugent utiles à la défense de leur cause.

Art. 46. — Ils ont le droit de soulever des exceptions et incidents. Les décisions du tribunal sur ces points sont définitives et ne peuvent donner lieu à aucune discussion ultérieure.

Art. 47. — Les membres du tribunal ont le droit de poser des questions aux agents et aux conseils des parties et de leur demander des éclaircissements sur les points douteux. — Ni les questions posées, ni les observations faites par les membres du tribunal pendant le cours des débats ne peuvent être regardées comme l'expression des opinions du tribunal en général ou de ses membres en particulier.

Art. 48. — Le tribunal est autorisé à déterminer sa compétence en interprétant le compromis, ainsi que les autres traités qui peuvent être invoqués dans la matière et en invoquant les principes du droit international.

Art. 49. — Le tribunal a le droit de rendre des ordonnances de procédure pour la direction du procès, de déterminer les formes et délais dans lesquels chaque partie devra prendre ses conclusions et de procéder à toutes les formalités que comporte l'administration des preuves.

Art. 50. — Les agents et les conseillers des parties ayant présenté tous les éclaircissements et preuves à l'appui de leur cause, le Président prononce la clôture des débats.

Art. 51. — Les délibérations du tribunal ont lieu à huis clos. — Toute décision est prise à la majorité des membres du tribunal. — Le refus d'un membre de prendre part au vote doit être constaté dans le procès-verbal.

Art. 52. — La sentence arbitrale, votée à la majorité des voix, est motivée. Elle est rédigée par écrit et signée par chacun des membres du tribunal. — Ceux des membres qui sont restés en minorité peuvent constater, en signant, leur dissentiment.

Art. 53. — La sentence arbitrale est lue en séance publique du tribunal, les agents

Dans sa Note sur l'article 10, la Russie reconnaissait pourtant qu'en aucun cas l'arbitrage ne peut empêcher la guerre. Apte à résoudre les questions de pêche, d'expulsion, de saisie de navires, de limites, il ne peut pas sortir de cet horizon étroit. Ceux qui croient à sa vertu pacifique s'imaginent, parce qu'ils l'ont vu peu à peu se propager et se répandre, que ce mouvement se continuera toujours ; ils n'aperçoivent pas que, si l'institution se développe de proche en proche, c'est sur le même

et les conseils des parties présents ou dûment appelés.

Art. 54. — La sentence arbitrale, dûment prononcée et notifiée aux agents des parties en litige, décide définitivement et sans appel la contestation.

Art. 55. — Les parties peuvent se réserver dans le compromis de demander la révision de la sentence arbitrale. — Dans ce cas, et sauf convention contraire, la demande doit être adressée au tribunal qui a rendu la sentence. Elle ne peut être motivée que par la découverte d'un fait nouveau qui eût été de nature à exercer une influence décisive sur la sentence et qui, lors de la clôture des débats, était inconnu du tribunal lui-même et de la partie qui a demandé la révision. La procédure de révision ne peut être ouverte que par une décision du tribunal constatant expressément l'existence du fait nouveau, lui reconnaissant les caractères prévus par le paragraphe précédent et déclarant à ce titre la demande recevable. — Le compromis détermine le délai dans lequel la demande de révision doit être formée.

Art. 56. — La sentence arbitrale n'est obligatoire que pour les parties qui ont conclu le compromis. — Lorsqu'il s'agit de l'interprétation d'une convention à laquelle ont participé d'autres puissances que les parties en litige, celles-ci notifient aux premières le compromis qu'elles ont conclu. Chaçune des puissances a le droit d'intervenir au procès. Si une ou plusieurs d'entre elles ont profité de cette faculté, l'interprétation contenue dans la sentence est egalement obligatoire à leur égard.

Art. 57. — Chaque partie supporte ses propres frais et une part égale des frais du tribunal.

Art. 58. — La présente convention sera ratifiée dans le plus bref délai possible. — Les ratifications seront déposées à la Haye. Il sera dressé du dépôt de chaque ratification un procès-verbal, dont une copie, certifiée conforme, sera remise par la voie diplomatique à toutes les puissances, qui ont été représentées à la Conférence de la Paix de la Haye.

Art. 59. — Les puissances non signataires qui ont été représentées à la Conférence internationale de la Paix pourront adhérer à la présente convention. Elles auront à cet effet à faire connaître leur adhésion aux puissances contractantes au moyen d'une notification écrite adressée au gouvernement des Pays-Bas et communiquée par celui-ci à toutes les autres puissances contractantes.

Art. 60. — Les conditions auxquelles les puissances qui n'ont pas été représentées à la Conférence internationale de la Paix pourront adhérer à la présente convention formeront l'objet d'une entente ultérieure entre les puissances contractantes.

Art. 61. — S'il arrivait qu'une des Hautes Parties Contractantes dénonçât la présente convention, cette dénonciation ne produirait ses effets qu'un an après la notification faite par écrit au gouvernement des Pays-Bas et communiquée immédiatement par celui-ci à toutes les autres puissances contractantes. — Cette dénonciation ne produira ses effets qu'à l'égard de la puissance qui l'aura notifiée.

En foi de quoi, les plénipotentaires respectifs ont signé la présente convention et l'ont revêtue de leurs sceaux.

Fait à la Haye, le
en un seul exemplaire qui restera déposé dans les archives du gouvernement des Pays-Bas et dont les copies, certifiées conformes, seront remises par la voie diplomatique aux puissances contractantes.

domaine : celui des questions de droit, sans jamais pénétrer dans la terre promise qu'ils rêvent : celle des questions de paix. A quoi bon alors modeler ses règles en vue de la paix, c'est-à-dire de l'impossible ? Quand même un jour l'arbitrage irait jusqu'à trancher d'autres questions que de simples questions de droit, ne serait-il pas plus prudent d'attendre ce moment pour transformer ses règles de procédure dans ce nouveau sens ? En dirigeant du droit vers la paix un procédé, qui n'est apte qu'à dire le droit en dehors des *casus belli*, non à tarir la source politique des guerres, la Conférence de la Haye a mutilé dans son principe et faussé dans son jeu l'institution la plus précieuse, mais aussi la plus délicate que le droit moderne ait conquise. En affirmant ici que le droit et la paix ne sont pas toujours d'accord, elle a commis l'erreur la plus dangereuse et la plus grave : elle a laissé entendre aux peuples que la paix peut s'acquérir aux dépens du droit. Singulière morale politique. Sans doute, le droit et la paix ne se confondent pas, et le droit veut quelquefois la guerre. Mais il n'y a de paix désirable que celle du droit, et la voix de l'instinct, qui demande la paix, doit, pour l'honneur de l'humanité, se taire devant la voix de la conscience, qui réclame le droit. En inclinant au contraire la pureté des principes juridiques devant la toute-puissance équivoque du repos à tout prix, la Conférence a-t-elle réfléchi qu'elle enlevait à la paix son fondement et qu'elle la frappait jusqu'en sa dignité ? En élevant entre ces deux principes un aussi terrible conflit, elle agitait avec une imprudence malheureuse la plus redoutable des questions. En donnant à la paix la préférence sur le droit, elle a clôturé ses travaux en enlevant à l'idéal pacifique la noblesse et la force que seul le droit peut lui communiquer. Non seulement, au point de vue pratique, elle se termine sans aucun résultat sérieux ; mais, au point de vue théorique, elle sape jusqu'en ses fondements les plus sacrés l'idée que, ne pouvant réaliser, elle aurait pu du moins ne pas abaisser ni ternir.

IV

Après tant de travaux, tant de concessions et d'efforts, la Conférence restait pourtant inquiète. Elle avait cherché toujours l'entente. Elle voulait, autant que possible, l'unanimité. Si, sur tant de points, son œuvre, primitivement plus ferme, s'était affaiblie, si, sur tant de questions, ses formules, primitivement plus précises, s'étaient effacées dans le vague, si tant de fois ses règles, au lieu d'être amples, furent écourtées, au lieu d'être obligatoires, furent facultatives, tous ces sacrifices n'avaient qu'un but : permettre le vote d'un texte auquel tous les États représentés pussent sans danger se rallier. C'est à ce résultat que la Conférence avait subordonné les discussions et les votes. Mais il ne suffit pas d'élaborer des conventions ; il faut les signer. Malgré tous les efforts tentés pour tout faire accepter de tous, il régnait sur cette question des signatures les plus graves incertitudes. L'Angleterre, en demandant certaines modifications au texte du projet relatif aux lois de la guerre, s'était moralement engagée à le signer ; mais, sollicité, au sein de la Conférence, de donner à cet égard une promesse ferme, sir Julian Pauncefote l'avait refusée (1). L'Allemagne, après avoir exigé le retrait de l'arbitrage obligatoire (art. 10 du projet russe), puis après avoir accepté la Cour permanente d'arbitrage (2), semblait s'être par là même engagée à voter le texte de la troisième Commission, et cependant elle avait montré tant d'hésitations qu'un refus de signature semblait, au dernier moment, toujours à craindre. Un grand nombre d'États refusaient de signer sur le champ les textes arrêtés par les différentes Commissions et votés par la Conférence. Il fallait imaginer une procédure, qui permît à tous de signer dès maintenant, à la clôture des débats, un Acte tel qu'on pût le présenter à l'opinion, comme le résultat unanimement accepté de la Conférence, mais tel aussi qu'il laissât les États libres ou non de signer ensuite les textes adoptés. Le problème posé pouvait s'énoncer ainsi : faire signer les puissances en réservant, vis-à-vis des textes votés, toute leur liberté. C'est de cette pensée qu'est né l'Acte final de la Haye (3).

Très différent de l'Acte final de Vienne, qui contient des règles de droit et des principes obligatoires, l'Acte final de la Haye n'est qu'une nomenclature des textes adoptés, déclarations, vœux, projets de convention, une sorte de procès-verbal des textes, au bas duquel tout le monde peut s'inscrire sans s'engager, puisqu'il n'est qu'une table des matières des projets à accepter, un bordereau des conventions à adopter. Aussi toutes les puissances pouvaient-elles sans difficulté signer cette nomenclature, sauf à refuser ensuite à chacune des conventions énumérées par elle la signature distincte, qui seule pouvait obliger, et pour laquelle l'Acte final lui-même, en laissant le protocole ouvert jusqu'au 31 décembre 1899, donnait aux puissances le délai de cinq mois. Ainsi, par un ingénieux artifice de procédure, les puissances pouvaient se séparer en signant un Acte identique, sans que cependant, de cet Acte, officiel résumé des travaux, sortît pour elles aucune espèce d'obligation. L'Acte final, unanimement signé le 29 juillet, pouvait ainsi donner à la Conférence, et surtout à l'opinion publique l'illusion d'un résultat : il sauvait les apparences et permettait à M. de Staal, dans son discours

(1) A propos de l'amendement de Bille, relatif aux câbles d'atterrissage, V. *suprà*.
(2) V. *suprà*.
(3) Rapporteur, M. Renault.

de clôture (1), de remercier les délégués et de les féliciter de l'entente à laquelle en définitive ils étaient arrivés (2).

(1) Dernière séance, 29 juillet 1899.

(2) Nous donnons ici le texte complet de l'Acte final :

ACTE FINAL.

La Conférence internationale de la Paix, convoquée dans un haut sentiment d'humanité par Sa Majesté l'Empereur de toutes les Russies, s'est réunie, sur l'invitation du gouvernement de Sa Majesté la Reine des Pays-Bas, à la Maison au Bois à la Haye, le 18 mai 1899. — Dans une série de réunions tenues du 18 mai au 29 juillet 1899, où les délégués ont été constamment animés du désir de réaliser, dans la plus large mesure possible, les vues généreuses de l'Auguste initiateur de la Conférence et les intentions de leurs gouvernements, la Conférence a arrêté, pour être soumis à la signature des plénipotentiaires, le texte des conventions et des déclarations énumérées ci-après et annexées au présent Acte :

I. Convention pour le règlement pacifique des conflits internationaux ;

II. Convention concernant les lois et coutumes de la guerre sur terre :

III. Convention pour l'adaptation à la guerre maritime des principes de la convention de Genève du 22 août 1864 ;

IV. Trois déclarations concernant :

1° L'interdiction de lancer des projectiles et des explosifs du haut de ballons ou par d'autres modes analogues nouveaux ;

2° L'interdiction de l'emploi des projectiles qui ont pour but unique de répandre des gaz asphyxiants ou délétères ;

3° L'interdiction de l'emploi de balles qui s'épanouissent ou s'aplatissent facilement dans le corps humain, telles que les balles à enveloppe dure dont l'enveloppe ne couvrirait pas entièrement le noyau ou serait pourvue d'incision.

Ces conventions et déclarations formeront autant d'Actes séparés. Ces actes porteront la date de ce jour et pourront être signés jusqu'au 31 décembre 1899 par les plénipotentiaires des puissances représentées à la Conférence internationale de la Paix à la Haye.

Obéissant aux mêmes inspirations, la Conférence a adopté à l'unanimité la résolution suivante :

La Conférence estime que la limitation des charges militaires qui pèsent actuellement sur le monde est grandement désirable pour l'accroissement du bien-être matériel et moral de l'humanité.

Elle a en outre émis les vœux suivants :

1° La Conférence, prenant en considération les démarches préliminaires faites par le gouvernement fédéral suisse pour la révision de la convention de Genève, émet le vœu qu'il soit procédé à bref délai à la réunion d'une Conférence spéciale ayant pour objet la révision de cette convention.

Ce vœu a été voté à l'unanimité.

2° La Conférence émet le vœu que la question des droits et des devoirs des neutres soit inscrite au programme d'une prochaine Conférence.

3° La Conférence émet le vœu que les questions relatives aux fusils et aux canons de marine, telles qu'elles ont été examinées par elle, soient mises à l'étude par les gouvernements, en vue d'arriver à une entente concernant la mise en usage de nouveaux types et calibres.

4° La Conférence émet le vœu que les gouvernements, tenant compte des propositions faites dans la Conférence, mettent à l'étude la possibilité d'une entente concernant la limitation des forces armées de terre et de mer et des budgets de guerre.

5° La Conférence émet le vœu que la proposition tendant à déclarer l'inviolabilité de

Puis, pour faciliter les signatures, il fut décidé que chaque texte en lui-même ferait l'objet d'une adhésion distincte, hormis les vœux qui, n'engageant personne, n'avaient pas à être signés. Mais les trois déclarations et les trois projets de convention furent détachés les uns des autres, de manière que telle puissance, qui en accepterait quelques-uns seulement, pût le faire en toute liberté. Il ne restait plus qu'à permettre a toutes les puissances, même non représentées à la Conférence, de s'approprier ces résultats. Sans hésiter, la Conférence le reconnaît pour les déclarations et pour deux des trois conventions : celle des lois de la guerre et celle de l'extension de la convention de Genève à la guerre maritime, sous cette réserve que, pour signer l'extension, il fallait au préalable adhérer à la convention de Genève, moyennant quoi toutes les puissances avaient, par une simple notification, le *droit* d'adhérer (art. 11-14 de la convention relative à l'extension de la convention de Genève) (1). Mais, quand on arrive à la convention d'arbitrage, ce droit d'adhésion éveille des scrupules et des susceptibilités.

la propriété privée dans la guerre sur mer soit renvoyée à l'examen d'une Conférence ultérieure.

6° La Conférence émet le vœu que la proposition de régler la question du bombardement des ports, villes et villages par une force navale soit renvoyée à l'examen d'une Conférence ultérieure.

Les cinq derniers vœux ont été votés à l'unanimité sauf quelques abstentions.

En foi quoi les plénipotentiaires ont signé cet Acte et y ont apposé leurs cachets.

Fait à la Haye, le 29 juillet 1899, en un seul exemplaire, qui sera déposé au ministère des affaires étrangères et dont des copies, certifiées conformes, seront délivrées à tous les gouvernements représentés à la Conférence.

(1) Les articles-types en matière d'accession, pour les conventions (hors celle d'arbitrage) et les déclarations, sont les articles 11-14 de la convention relative à l'extension de la convention de Genève, dont nous rappelons le texte :

« Article 11. — Les règles contenues dans les articles ci-dessus ne sont obligatoires que pour les puissances contractantes, en cas de guerre entre deux ou plusieurs d'entre elles. — Les dites règles cesseront d'être obligatoires du moment où, dans une guerre entre des puissances contractantes, une puissance non contractante se joindrait à l'un des belligérants.

Art. 12. — La présente convention sera ratifiée dans le plus bref délai possible. — Les ratifications seront déposées à la Haye. — Il sera dressé du dépôt de chaque ratification un procès-verbal, dont une copie, certifiée conforme, sera remise par la voie diplomatique à toutes les puissances contractantes.

Art. 13. — Les puissances non signataires qui auront accepté la convention de Genève du 22 août 1864, sont admises à adhérer à la présente convention. — Elles auront, à cet effet, à faire connaître leur adhésion aux puissances contractantes, au moyen d'une notification écrite, adressée au gouvernement des Pays-Bas et communiquée par celui-ci à toutes les autres puissances contractantes.

Art. 14. — S'il arrivait qu'une des Hautes Parties Contractantes dénonçât la présente convention, cette dénonciation ne produirait ses effets qu'un an après la notification faite par écrit au gouvernement des Pays-Bas et communiquée immédiatement par celui-ci à toutes les autres puissances contractantes. — Cette dénonciation ne produira ses effets qu'à l'égard de la puissance qui l'aura notifiée.

A la pensée que le Pape et le Transvaal pourraient signer la convention d'arbitrage, l'Italie, qui refusait au Pape la qualité de Souverain, l'Angleterre, qui refusait au Transvaal l'arbitrage, se liguèrent pour réclamer, au lieu de l'accession ouverte, l'accession fermée : dans le premier cas, toute puissance, non participante à la Conférence, eût pu s'en approprier les résultats en communiquant son adhésion au ministre des affaires étrangères néerlandais ; dans le second, il fallait l'assentiment de toutes les puissances signataires. Quand cette question vint devant la Conférence dans la séance plénière du 25 juillet (1), sir Julian Pauncefote et le Comte Nigra, sans d'ailleurs donner les vraies raisons de leur opposition, s'unirent pour réclamer, de préférence à l'accession ouverte, l'accession fermée. Des oppositions énergiques se dessinèrent : comment des résultats purement juridiques, pacifiques, humanitaires, pouvaient-ils rester le patrimoine réservé de certains États ? Mais l'Angleterre et surtout l'Italie, qui auraient refusé de prendre part à la Conférence plutôt que d'y voir siéger le Transvaal et la Papauté, auraient repoussé la convention qu'on leur presentait, plutôt que de signer à côté d'eux. Le Comité d'examen de la troisième Commission avait voté l'accession ouverte pour la convention d'arbitrage, à l'exemple de ce qui avait été décidé pour les autres conventions (2). Au sein du Comité de rédaction de l'Acte final (3), auquel fut décidé le renvoi de la question, plusieurs systèmes se firent jour : 1° droit absolu pour toutes les puissances d'adhérer à la convention au moyen d'une simple déclaration ; 2° droit subordonné à l'assentiment exprès de toutes les puissances ; 3° droit subordonné à l'assentiment tacite qui serait censé exister si, dans un délai déterminé, aucune puissance ne s'opposait à l'adhésion ; 4° droit subordonné à l'assentiment de la majorité, en ce sens que l'adhésion devrait, en cas d'opposition, être sanctionnée par un vote du Conseil permanent, suivant la proposition de M. Asser ; 5° droit limité par la réserve qu'en cas d'opposition à la demande d'adhésion, celle-ci ne porterait ses effets qu'à l'égard des puissances qui auraient donné leur assentiment. Malgré tous ces efforts, le terrain d'entente, au sein du Comité, ne put être trouvé, et la Conférence allait fermer la convention, par cela seul qu'elle n'aurait pas prévu l'adhésion des tiers, quand M. Asser proposa de renvoyer à une entente ultérieure entre les puissances le règlement des conditions d'adhésion. De là, sur les conclusions de M. Renault, Rapporteur de l'Acte final, l'article 60, ainsi conçu : « Les conditions auxquelles les puissances, qui n'ont pas été représentées à la Conférence internationale de la Paix, pourront adhérer

(1) Conférence plénière, 25 juillet 1899.
(2) Déclaration de M. Asser, au sein du Comité de rédaction,
(3) Déclaration de M. Asser, *ibid.* et Rapport Descamps, p. 46-47.

à la présente convention formeront l'objet d'une entente ultérieure entre les puissances contractantes ». Le 28 juillet, en séance plénière, la Conférence acceptait cette transaction, qui renvoyait la difficulté sans la résoudre, suivant un système malheureusement trop familier à la Conférence (1). Mais elle n'en était plus à compter les faiblesses et les sacrifices de ce genre. Il fallait se séparer sur une entente, et l'entente se serait rompue si l'Angleterre et l'Italie n'avaient pu faire prévaloir ici le système étroit qu'exigeait, de l'une, son intérêt, avide d'extension, de l'autre, son orgueil, jaloux de toute souveraineté rivale.

Dans l'après-midi du 29 juillet, la Conférence était terminée. Après les félicitations et les remerciements d'usage, M. de Staal en proclamait officiellement la clôture (2). Le matin même, l'Acte final avait reçu toutes les signatures. En même temps, un grand nombre de nations acceptaient les trois déclarations et les trois conventions (3). Parmi les grandes

(1) Texte adopté pour la convention relative au règlement pacifique des conflits internationaux :

« Article 58.— La présente convention sera ratifiée dans le plus bref délai possible.— Les ratifications seront déposées à la Haye. — Il sera dressé du dépôt de chaque ratification un procès-verbal, dont une copie, certifiée conforme, sera remise par la voie diplomatique à toutes les puissances qui ont été représentées à la Conférence de la Paix de la Haye.

Art. 59. — Les puissances non signataires qui ont été représentées à la Conférence internationale de la Paix pourront adhérer à la présente convention. Elles auront à cet effet à faire connaître leur adhésion aux puissances contractantes au moyen d'une notification écrite adressée au gouvernement des Pays-Bas et communiquée par celui-ci à toutes les autres puissances contractantes.

Art. 60. — Les conditions auxquelles les puissances qui n'ont pas été représentées à la Conférence internationale de la Paix pourront adhérer à la présente convention, formeront l'objet d'une entente ultérieure entre les puissances contractantes.

Art. 61. — S'il arrivait qu'une des Hautes Parties Contractantes dénonçât la présente convention, cette dénonciation ne produirait ses effets qu'un an après la notification faite par écrit au gouvernement des Pays-Bas et communiquée immédiatement par celui-ci à toutes les autres puissances contractantes. — Cette dénonciation ne produira ses effets qu'à l'égard de la puissance qui l'aura notifiée ».

(2) La dernière séance de la Conférence s'est tenue, le 29 juillet 1899, à 3 heures. M. de Staal a prononcé un discours d'adieu et de remerciement. Le Comte de Munster a remercié, au nom de la Conférence, le Président M. de Staal et le vice-Président M. de Karnebeek. Le Baron d'Estournelles a exprimé le vœu que cette Conférence n'eût été qu'un commencement et qu'elle fût suivie de plusieurs autres réunions semblables dans l'intérêt de la civilisation et de la paix. Après quelques mots de M. de Beaufort, ministre des affaires étrangères des Pays-Bas, la Conférence a été déclarée close (Communiqué Havas, *Journ. off. français*, p. 5201).

(3) Voici le tableau des signatures données par les diverses puissances, le 29 juillet, à la Haye :

I. — Acte final, signé par toutes les puissances représentées à la Conférence.

Allemagne, Autriche-Hongrie, Belgique, Chine, Danemark, Espagne, États-Unis d'Amérique, États-Unis du Mexique, France, Grande-Bretagne, Grèce, Italie, Japon,

puissances, la France et la Russie les signaient toutes ; les États-Unis ne signaient qu'une convention, relative à la solution pacifique des conflits internationaux, et qu'une déclaration, concernant l'interdiction de lancer des projectiles du haut des ballons ; l'Allemagne, l'Autriche-Hongrie, la Grande-Bretagne et l'Italie se réservaient. La Perse et le Siam signaient tout. La Chine et le Japon attendaient. La Turquie, n'acceptant que les déclarations, qui ne la touchaient guère, repoussait les conventions qui, seules vraiment importantes, étaient pour elle, à raison de sa situation politique, les seules qui pussent l'intéresser. Les petites puissances d'Europe, hors le Luxembourg, la Suisse et la Serbie, signaient dès le premier jour et, sauf le Portugal, qui repoussait une des déclarations, elles signaient tout. Les trois conventions étaient ainsi présentées : A. Convention pour le règlement pacifique des conflits internationaux ; B. Convention sur les lois et coutumes de la guerre. C. Convention pour l'adaptation à la guerre maritime des principes de la convention de Genève. Sur vingt-six puissances, la première réunit immédiatement seize signatures, la seconde et la troisième, chacune quinze. Quant aux déclarations, la première, concernant l'interdiction de lancer des projectiles du haut des ballons, rassembla dix-sept signatures, la seconde, interdi-

Luxembourg, Monténégro, Pays-Bas, Perse, Portugal, Roumanie, Russie, Serbie, Siam, Suède et Norvège, Suisse, Turquie, Bulgarie.

II. — Conventions.

a) Convention pour le règlement pacifique des conflits internationaux.

Belgique, Danemark, Espagne, États-Unis d'Amérique, États-Unis du Mexique, France, Grèce, Monténégro, Pays-Bas, Perse, Portugal, Roumanie, Russie, Siam, Suède et Norvège, Bulgarie : 16 puissances

b) Convention sur les lois et coutumes de la guerre sur terre.

Belgique, Danemark, Espagne, Mexique, France, Grèce, Monténégro, Pays-Bas, Perse, Portugal, Roumanie, Russie, Siam, Suède et Norvège, Bulgarie : 15 puissances.

c) Convention pour l'adaptation à la guerre maritime des principes de la convention de Genève.

Belgique, Danemark, Espagne, Mexique, France, Grèce, Monténégro, Pays-Bas, Perse, Portugal, Roumanie, Russie, Siam, Suède et Norvège, Bulgarie : 15 puissances.

III. — Déclarations.

a) Concernant l'interdiction de lancer des projectiles du haut de ballons, etc.

Belgique, Danemark, Espagne, États-Unis d'Amérique, États-Unis du Mexique, France, Grèce, Monténégro, Pays-Bas, Perse, Portugal, Roumanie, Russie, Siam, Suède et Norvège, Turquie, Bulgarie : 17 puissances.

b) Concernant l'interdiction d'employer des projectiles à gaz asphyxiant.

Belgique, Danemark, Espagne, États-Unis du Mexique, France, Grèce, Monténégro, Pays-Bas, Perse, Portugal, Roumanie, Russie, Siam, Suède et Norvège, Turquie, Bulgarie : 16 puissances.

c) Concernant l'interdiction des balles qui s'épanouissent.

Belgique, Danemark, Espagne, États-Unis du Mexique, France, Grèce, Monténégro, Pays-Bas, Perse, Roumanie, Russie, Siam, Suède et Norvège, Turquie, Bulgarie : 15 puissances.

sant les gaz asphyxiants, seize, la troisième, prohibant les balles qui s'épanouissent, quinze. C'était la majorité, ce n'était pas encore l'unanimité.

Peu à peu cependant, profitant des délais laissés à la signature par l'Acte final, d'autres adhésions arrivèrent. L'Italie, reconnaissante de l'exclusion du Saint-Siège, et trop engagée par sa proposition relative à l'arbitrage pour reculer ensuite, vint, le 12 octobre, s'inscrire au protocole pour les trois conventions et pour les trois déclarations ; le 17 octobre l'Autriche-Hongrie, le 26 octobre le Luxembourg imitaient son exemple. La Grande-Bretagne était d'avance engagée sur l'arbitrage par le projet Pauncefote, et sur les lois de la guerre par les rectifications qu'elle avait demandées, en Conférence plénière, à l'article relatif aux câbles d'atterrissage : elle les signa donc le 27 octobre (1). Puissance maritime, elle refusait cependant d'accepter le projet de convention relatif à l'extension de la convention de Genève, sous prétexte que l'article 10 de ce texte imposait aux neutres l'obligation d'interner les blessés et naufragés entrés dans leurs ports, et que ce texte était incompatible avec la loi anglaise sur la liberté individuelle (*habeas corpus*). Elle n'offrit donc qu'une acceptation limitée, l'article 10 excepté (2) ? Était-ce possible ? On peut en douter : chaque convention forme un tout, qu'il faut accepter ou rejeter en bloc ; mais peut-être l'argument spécial qu'invoquait si tardivement l'Angleterre n'était-il qu'un prétexte (3) pour esquiver d'une manière honorable l'application d'un texte qu'à raison de son caractère humanitaire elle aurait eu mauvaise grâce à refuser nettement de signer, et, dans ce cas, il était préférable d'accepter sous cette réserve, qui ne vise que l'Angleterre neutre, l'adhésion bien autrement importante qui vise l'Angleterre belligérante : telle est, sur l'avis conforme de l'éminent Rapporteur de l'Acte final et de l'extension de la convention de Genève à la guerre maritime, la solution que, dans un louable esprit d'effet pratique et de prudence, le gouvernement des Pays-Bas devait accepter. L'Angleterre ne signa aucune des déclarations. Enfin, l'Allemagne, si fortement hostile à l'idée russe, si souvent à la tête de l'opposition au sein de la Conférence, devait, elle aussi, finir par adhérer. A la dernière heure, pour mieux faire sentir le caractère hésitant mais courtois de son attitude,

(1) Communication de M. Desjardins à l'Académie des sciences morales et politiques, dans le *Journal officiel français* du 28 octobre 1899 et du 30 octobre 1899, p. 7133. V. aussi Raffalovich, *Mémoire sur la Conférence de la Haye lu à l'Académie des sciences morales et politiques, avec les observations de MM. Desjardins, Frédéric Passy et le Baron de Courcel*, p. 32-33 ; Holland, *Some lessons of the Peace Conference*, *loc. cit.*, p. 947, note 1.

(2) Holland dit simplement, *loc. cit.*, que la Grande-Bretagne a signé deux des trois conventions, mais aucune des déclarations.

(3) L'Angleterre n'a pas invoqué l'*habeas corpus* pour réserver, dans la convention relative aux lois de la guerre terrestre, l'article 57 qui pose le principe de l'internement.

elle a, le 28 décembre, mis sa signature sur le protocole près de se clore. Acceptant la convention des lois de la guerre, — ce qui ne pouvait faire doute, — elle accepte aussi la convention relative à la solution pacifique des conflits. Elle souscrit également aux trois déclarations ; mais elle n'accepte l'extension de la convention de Genève qu'en y mettant, bien qu'elle n'ait pas *l'habeas corpus*, les mêmes réserves que l'Angleterre. Et l'officieux commentaire de la *Gazette de l'Allemagne du Nord* laisse entendre qu'en suivant l'exemple de l'Autriche et de l'Italie elle entend montrer qu'aucun désaccord n'affaiblit l'unité de la Triple alliance, et qu'en répondant au désir de la Russie, elle entend manifester, par une attitude toute courtoise, sa volonté « d'entretenir avec elle des relations amicales et confiantes » (1).

La plupart des autres puissances, qui s'étaient réservées à l'origine sur tout ou partie des signatures, ont également adressé leur adhésion, avant la clôture, au gouvernement des Pays-Bas, pour tout ou partie Les États-Unis ont signé la convention des lois de la guerre terrestre et celle des secours dans la guerre maritime, réserve faite de l'article 10. Sous cette même réserve, la Turquie, qui n'avait d'abord adhéré qu'aux trois déclarations, a souscrit par la suite aux trois conventions. La Suisse a tout signé, même la convention relative à la guerre maritime, mais sauf la convention relative à la guerre terrestre, à cause de l'insuffisance des garanties que lui donnent les textes relatifs à la levée en masse (art. 9 et 10). La Chine suit ici, pour la même raison sans doute, l'exemple de la Suisse. Le Japon a tout accepté.

En définitive, pour la convention d'arbitrage, tout le monde a signé; pour la convention relative à la guerre terrestre, la Chine et la Suisse se sont seules abstenues ; pour l'extension de la convention de Genève, tout le monde a signé, sous réserve de l'article 10 par la Grande-Bretagne, les États-Unis, l'Allemagne et la Turquie. Les trois déclarations ont été signées par toutes les puissances, hors l'Angleterre, qui n'en a signé aucune, les États-Unis, qui n'en ont signé qu'une (ballons) et le Portugal, qui en a rejeté une (balles) (2).

C'est ainsi qu'enrichi d'adhésions puissantes, sans cependant arriver à l'unanimité, s'est clos, le 31 décembre 1899, le protocole de la Haye,

(1) V. le *Temps* du 29 décembre 1899.

(2) Voici le tableau, au 31 décembre 1899, des signatures données par les diverses puissances (26) représentées à la Haye :

I. — Conventions.

a) Convention pour le règlement pacifique des conflits internationaux.

Ont signé : Allemagne, Autriche-Hongie, Belgique, Chine, Danemark, Espagne, États-Unis d'Amérique, États-Unis du Mexique, France, Grande-Bretagne, Grèce, Italie, Japon,

ar des adhésions plus hautes et plus nombreuses qu'au 29 juillet, date e l'Acte final, on n'avait osé l'espérer.

Les puissances qui, le 29 juillet, se réservaient encore, avaient pu dans intervalle se convaincre de l'insuffisance et du peu de portée pratique es textes qu'on leur présentait à signer, sauf peut-être celui de la conention de Genève, le plus important de tous, le plus utile, et par conéquent aussi l'un des moins aisément acceptés. A la pensée que les sinatures se multipliaient, l'opinion, heureuse de ce succès, le monde des acifiques et la presse ne pouvaient manquer de se réjouir. Devant ce ombre inespéré de signatures tardives, peut-être eût-il été plus sage de onclure qu'après mûr examen les puissances retardataires s'étaient asurées de l'impuissance pratique des textes adoptés par la Conférence. lus nombreuses ònt été les signatures tardives, et plus nous y voyons la

ıxembourg, Monténégro, Pays-Bas, Perse, Portugal, Roumanie, Russie, Serbie, Siam, uède et Norvège, Suisse, Turquie, Bulgarie : 26 puissances (*a*).

b) Convention sur les lois et coutumes de la guerre sur terre.

Ont signé : Allemagne, Autriche-Hongrie, Belgique, Danemark, Espagne, États-Unis d'A-érique, États-Unis du Mexique, France, Grande-Bretagne, Grèce, Italie, Japon, Luxemourg, Monténégro, Pays-Bas, Perse, Portugal, Roumanie, Russie, Serbie, Siam, Suède et orvège, Turquie, Bulgarie : 24 puissances.— N'ont pas signé : Chine, Suisse : 2 puissances.

c) Convention pour l'adaptation à la guerre maritime des principes de la convention e Genève.

Ont signé : Autriche-Hongrie, Belgique, Chine, Danemark, Espagne, États-Unis du exique, France, Grèce, Italie, Japon, Luxembourg, Monténégro, Pays-Bas, Perse, Porgal, Roumanie, Russie, Serbie, Siam, Suède et Norvège, Suisse, Bulgarie : 22 puisınces.— N'ont signé que sous réserve de l'article 10 : Allemagne, États-Unis d'Amérique, rande-Bretagne, Turquie : 4 puissances.

II. — Déclarations.

a) Concernant l'interdiction de lancer des projectiles du haut de ballons, etc.

Ont signé : Allemagne, Autriche-Hongrie, Belgique, Chine, Danemark, Espagne, États-nis d'Amérique, États-Unis du Mexique; France, Grèce, Italie, Japon, Luxembourg, Monénégro, Pays-Bas, Perse, Portugal, Roumanie, Russie, Serbie, Siam, Suède et Norvège, uisse, Turquie, Bulgarie : 25 puissances.— N'a pas signé : Grande-Bretagne : 1 puissance.

b) Concernant l'interdiction d'employer des projectiles à gaz asphyxiant.

Ont signé : Allemagne, Autriche-Hongrie, Belgique, Chine, Danemark, Espagne, États-nis du Mexique, France, Grèce, Italie, Japon, Luxembourg, Monténégro, Pays-Bas, Perse, ortugal, Roumanie, Russie, Serbie, Siam Suède et Norvège, Suisse, Turquie, Bulgarie : 4 puissances.— N'ont pas signé : États-Unis d'Amérique, Grande-Bretagne : 2 puissances.

c) Concernant l'interdiction des balles qui s'épanouissent.

Ont signé : Allemagne, Autriche-Hongrie, Belgique, Chine, Danemark, Espagne, États-Unis u Mexique, France, Grèce, Italie, Japon, Luxembourg, Monténégro, Pays-Bas, Perse, Rouıanie, Russie, Serbie, Siam, Suède et Norvège, Suisse, Turquie, Bulgarie : 23 puissances. - N'ont pas signé : États-Unis d'Amérique, Grande-Bretagne, Portugal : 3 puissances.

(*a*) Disons, pour être complet, qu'en signant cette convention sur le règlement des conflits : 1° les États-Unis 'Amérique et la Turquie ont réservé les déclarations qu'ils avaient faites en Conférence plénière le 25 juillet 1899, es premiers concernant la doctrine de Monroe et la seconde touchant le caractère facultatif du recours aux ons offices, à la médiation ou à l'arbitrage (V. *infrà*, p. 196 note); 2° la Roumanie et la Serbie ont maintenu eurs réserves consignées au procès-verbal de la troisième Commission du 20 juillet 1899, la première sur le caactère facultatif du recours à l'arbitrage, la seconde sur la limitation du droit d'intervention des neutres sous orme de bons offices ou de médiation.

preuve qu'à l'examen les textes proposés ont, pour la plupart, paru vides de conséquences sérieuses. Au lieu d'y trouver une cause de force, il serait peut-être plus sage d'y voir, pour l'œuvre, une preuve de faiblesse.

Est-ce à dire que la Conférence de la Haye n'ait pas eu de résultats? Nullement, et ceux qui l'ont nommé « un événement unique « (*a unique event*) (1) ne se sont pas trompés. Pour n'avoir pas atteint le but que le monde pacifique attendait d'elle, la Conférence de la Haye n'en est pas moins féconde en conséquences importantes. Mais, de ces conséquences, les plus importantes ne sont pas les conséquences juridiques. Bien qu'il fût entendu qu'à la Conférence, suivant la lettre de M. de Beaufort (2), les questions non juridiques ne pourraient être abordées, c'est dans ce domaine interdit de la politique que, par une curieuse ironie, sans y être directement entrée, la Conférence a eu lès plus nombreux et les plus remarquables effets.

D'abord, elle a consacré la participation de l'Asie au droit public européen. Le Siam, la Perse, la Chine et le Japon se sont, pour la première fois, mêlés à l'Europe dans un même Congrès. La non-invitation de la Papauté a affaibli la situation internationale du Saint-Siège ; puis l'institution d'une Cour d'arbitrage a restreint le rôle arbitral du Souverain Pontife : celui qui fut le médiateur des Carolines et qui plus récemment s'est vu soumettre le litige de Haïti et de Saint-Domingue est diminué, par la Cour permanente, dans son pouvoir moral en même temps que sa non-invitation met, aux mains des adversaires de sa souveraineté, l'autorité d'un précédent nouveau. S'il est vrai, comme l'a prétendu le *Catholic World* (3) de New-York, que Léon XIII fut l'inspirateur de la Conférence et Mgr Tarnassi, internonce de la Haye, l'agent de cette négociation pacifique avec la Russie, le résultat est douloureux et cruel; car par ce projet, destiné à grandir son rôle, la Papauté se serait elle-même frappée dans son prestige matériel et jusque dans son influence morale (4). D'autre part, la Bulgarie, qui, depuis 1878, n'a cessé de s'é-

(1) Comp. *The Conference and arbitration*, dans l'*Edinburgh Review*, juillet 1899, et la *Review of Reviews*, août 1899, p. 160.

(2) Circulaire d'invitation, 6 avril 1899. V. *suprà*.

(3) *Did the Pope originate the Hague Conference*, reproduit dans la *American monthly Review of Reviews*, septembre 1899, p. 336.

(4) V. cependant la démarche très déférente par laquelle la Reine Wilhelmine a essayé d'atténuer le mauvais effet de la non-invitation du Souverain Pontife (7 mai 1899) et la réponse de Léon XIII (29 mai 1899). Ces documents ont été lus, le 29 juillet, dans la séance de clôture de la Conférence. En voici le texte, tel qu'il a été versé au procès-verbal :

1° Lettre de Sa Majesté Wilhelmina, Reine des Pays-Bas, à S. S. le Pape :

A Sa Sainteté le Pape. — Très Auguste Pontife, Votre Sainteté, dont la parole éloquente s'est toujours élevée avec tant d'autorité en faveur de la paix, ayant tout ré-

manciper, s'est classée beaucoup plus près de la pleine souveraineté, qui est son régime de fait, que de la vassalité, qui était jusqu'alors son régime de droit. Sans doute les deux envoyés bulgares font partie de la délégation turque, sans doute la Bulgarie ne figure qu'à la suite de la Turquie dans l'énumération des puissances, au lieu de prendre

comment, dans son allocution du 11 avril dernier, exprimé des sentiments généreux plus spécialement par rapport aux relations des peuples entre eux, j'ai cru de mon devoir de lui communiquer qu'à la demande et sur l'initiative de S. M. l'Empereur de toutes les Russies, j'ai convoqué une Conférence à la Haye, qui sera chargée de rechercher les moyens propres à diminuer les écrasantes charges militaires actuelles et à prévenir, si possible, les guerres, ou du moins à en adoucir les conséquences. Je suis persuadée que Votre Sainteté verra d'un œil sympathique la réunion de cette Conférence et je serais très heureuse si, en me témoignant l'assurance de cette haute sympathie, elle voulait bien donner son précieux appui moral à la grande œuvre qui, d'après les généreux desseins du magnanime Empereur de toutes les Russies, sera élaborée dans ma résidence. Je saisis avec empressement l'occasion présente, Très Auguste Pontife, pour renouveler à Votre Sainteté l'assurance de ma haute estime et de mon dévouement personnel.

Hausbaden, 7 mai 1899. WILHELMINA.

2o Réponse de S. S. le Pape à Sa Majesté Wilhelmina, Reine des Pays-Bas :

Majesté, Nous ne pouvons qu'avoir pour agréable la lettre par laquelle Votre Majesté, nous faisant part de la réunion, dans la capitale de son Royaume, de la Conférence pour la Paix, a eu l'attention de solliciter pour cette assemblée notre appui moral. Nous nous empressons d'exprimer nos vives sympathies, soit pour l'auguste initiateur de la Conférence et pour Votre Majesté, qui s'est empressée de donner à celle-ci une honorable hospitalité, soit pour le but éminemment moral et bienfaisant auquel tendent les travaux qui déjà y sont inaugurés. Pour de telles entreprises, nous estimons qu'il entre tout spécialement dans notre rôle, non seulement de prêter un appui moral, mais d'y coopérer effectivement, car il s'agit d'un objet souverainement noble de sa nature et intimement lié avec notre auguste ministère, lequel, de par le divin fondateur de l'Église et en vertu de traditions bien des fois séculaires, possède une sorte de haute investiture comme médiateur de la paix. En effet, l'autorité du Pontificat suprême dépasse les frontières des nations ; elle embrasse tous les peuples, afin de les confédérer dans la vraie paix de l'Évangile ; son action pour promouvoir le bien général de l'humanité s'élève au-dessus des intérêts particuliers, qu'ont en vue les divers chefs d'État, et mieux que personne elle sait incliner à la concorde tant de peuples au génie si divers. L'histoire à son tour vient témoigner de tout ce qu'ont fait nos prédécesseurs pour adoucir par leur influence les lois malheureusement inévitables de la guerre, arrêter même quand surgissent des conflits entre Princes tout combat sanguinaire, terminer à l'amiable les controverses les plus aiguës entre nations, soutenir courageusement le droit des faibles contre les prétentions des forts. Mais aussi, malgré l'anormale condition où nous sommes réduits pour l'heure, il nous a été donné de mettre fin à de grands différends entre des nations illustres, comme la Germanie et l'Espagne ; et aujourd'hui même nous avons la confiance de pouvoir bientôt rétablir l'harmonie entre deux nations de l'Amérique du Sud qui ont soumis à notre arbitrage leur contestation. Malgré les obstacles qui peuvent surgir, nous continuerons, puisque le devoir nous en incombe, à remplir cette traditionnelle mission, sans aspirer à d'autre but que le bien public, sans connaître d'autre gloire que celle de servir la cause sacrée de la civilisation chrétienne. Nous prions Votre Majesté de vouloir bien agréer les sentiments de notre particulière estime et l'expression sincère des vœux que nous formons pour sa prospérité et celle de son Royaume.

Du Vatican, le 29 mai 1899. LEO P. P. XIII.

place à son rang alphabétique dans tous les Actes de la Conférence (1) ; mais il n'en est pas moins vrai qu'après s'être inscrite à la suite de la Turquie sous les trois déclarations, elle signe toute seule, avant la Turquie, sa suzeraine, les trois conventions : ce qui permet de mesurer, de 1878 à 1899, de Berlin à la Haye, le chemin accompli par elle dans la voie de l'émancipation. Enfin, en refusant d'inviter le Transvaal, et même de le laisser signer, la Conférence de la Haye déclare nettement à l'Angleterre qu'elle n'exercera pas son holà dans le conflit imminent qui va surgir, et, de cette indication précieuse, l'Impérialisme anglais fait son profit. Par dessus tout, le grand événement politique de la Conférence de la Haye, c'est la proclamation, à trois reprises, par les États-Unis, de la doctrine de Monroe (2): d'abord au moment de la question des armements, au sein de la première Commission, les États-Unis déclarent que, pour les armements d'Europe, ils ne se reconnaissent pas le droit de les critiquer, ni de les réduire ; plus tard, au sein du Comité d'examen, quand la délégation française propose aux puissances comme un devoir de rappeler aux États en conflit l'existence de la Cour permanente, les États-Unis

(1) Elle avait été d'abord inscrite à son rang alphabétique ; c'est à la demande de Turkhan-Pacha qu'elle a éte classée, dans l'énumération, la dernière.

(2) Sur tous ces points, V. Holls, *The Peace Conference and the Monroe doctrine*, *loc. cit.*, p. 561 et 563.

Deux déclarations d'une portée générale ont été faites, en ce qui concerne la convention d'arbitrage, par la délégation des États-Unis d'Amérique d'une part, par la délégation ottomane d'autre part :

1° Déclaration des États-Unis d'Amérique : — « La délégation des États-Unis d'Amérique, en signant la convention pour le règlement pacifique des conflits internationaux, telle qu'elle est proposée par la Conférence internationale de la Paix, fait la déclaration suivante : Rien de ce qui est contenu dans cette convention ne peut être interprété de façon à obliger les États-Unis d'Amérique à se départir de leur politique traditionnelle, en vertu de laquelle ils s'abstiennent d'intervenir, de s'ingérer ou de s'immiscer dans les questions politiques ou dans la politique ou dans l'administration intérieure d'aucun État étranger. Il est bien entendu également que rien dans la convention ne pourra être interprété comme impliquant un abandon par les États-Unis d'Amérique de leur attitude traditionnelle à l'égard des questions purement américaines ».

2° Déclaration de la délégation ottomane : — « La délégation ottomane, considérant que ce travail de la Conférence a été une œuvre de haute loyauté et d'humanité destinée uniquement à raffermir la Paix générale en sauvegardant les intérêts et les droits de chacun, déclare, au nom de son gouvernement, adhérer à l'ensemble du projet qui vient d'être adopté, aux conditions suivantes : 1° Il est formellement entendu que le recours aux bons offices, à la médiation, aux Commissions d'enquête et à l'arbitrage est purement facultatif et ne saurait en aucun cas revêtir un caractère obligatoire ou dégénérer en intervention ; 2° Le gouvernement impérial aura à juger lui-même des cas où ses intérêts lui permettraient d'admettre ces moyens, sans que son abstention ou son refus d'y avoir recours puisse être considéré par les États signataires comme un procédé peu amical. Il va de soi qu'en aucun cas les moyens dont il s'agit ne sauraient s'appliquer à des questions d'ordre intérieur ».

(Conférence plénière, 25 juillet 1899 et Rapport Descamps, p. 48.)

se retranchent derrière la doctrine de Monroe ; puis, quand la Conférence a voté, le 20 juillet, l'article 27, ils ont des craintes : ils se demandent si l'Europe ne va pas s'en prévaloir pour s'ingérer dans les affaires d'Amérique et, le 25 juillet, ils font insérer au procès-verbal une déclaration, renouvelée, le 29 juillet, par M. A. White, lors de la signature de la convention d'arbitrage, dans le texte même du traité : c'est à cette condition qu'ils adhèrent à l'article 27 et, pour le faire accepter, l'Europe consent ainsi — grave imprudence — à reconnaître pour la première fois — nouveauté dangereuse — la doctrine de Monroe. M. Holls a raison de souligner cette conséquence et, malgré quelques alarmes isolées, d'ailleurs sans fondement et sans portée, les États-Unis ont conscience qu'ils ont, à la Conférence de la Haye, pleinement gagné la partie politique, qu'ils jouaient sous l'apparence d'une discussion pacifique. Ils ont résolu ce difficile problème d'entrer dans les grandes délibérations européennes, avec le titre de puissance de premier rang, sans cependant rien abandonner de leur vieille idée que l'Amérique est un continent à part, et que chaque continent doit avoir son système politique indépendant. En se mêlant aux nations d'Europe, pour jouer l'un des premiers rôles dans un grand Congrès, ils ont recueilli les bénéfices de leur néo-Impérialisme, sans cependant rien abdiquer de la doctrine de Monroe, qu'ils ont affirmée vis-à-vis de l'Europe, sans que l'Europe, qu'elle menace, osât faire ses réserves vis-à-vis d'elle.

Voilà les plus grandes conséquences qu'ait produites la Conférence de la Haye, et, de ces conséquences, quelques-unes sont des injustices, et quelques autres sont des fautes : injustice que de refuser à la Papauté le droit de prendre part à une Conférence de Paix (1) ; injustice que d'abandonner le Transvaal à l'Angleterre, et d'en avoir fait, en le tenant à l'écart, suivant le joli mot de M. Stead, un autre *uitlander* (2) ; erreur et maladresse enfin que d'avoir laissé les États-Unis formuler, non pas dans un Message intérieur, comme en 1823, mais dans un protocole diplomatique, la doctrine erronée qui fait de chaque partie du monde une unité politique distincte, avec son régime séparé de concert et d'interventions, — la doctrine anti-pacifique qui, dans la question des frontières de l'Alaska, comme dans celle du canal interocéanique, fait obstacle à l'arbitrage, — la doctrine enfin, qui, dans ses variations intéressées, a les ramifications les plus dangereuses pour l'Europe, dont elle menace

(1) Comp. Chrétien, *La Papauté et la Conférence de la Paix*, dans la *Revue générale de dr. intern. public*, t. VI (1899). p. 281 — *Contra*: Domenico Zanichelli, dans la *Nuova Antologia* du 16 février 1899, p. 682.

(2) *Dagblad* (Journal de la Haye où, pendant la Conférence, M. Stead n'a cessé d'en suivre les travaux), 27 juillet 1899, nº 175.

ouvertement toutes les possessions d'Amérique. Un écrivain américain, Johnston, accusait tout à fait à tort la délégation américaine d'avoir compromis, à la Haye, les intérêts de l'Union (1) : que ne se trouve-t-il plutôt un Johnston européen pour démontrer à l'Europe — un peu tard il est vrai — dans quel piège les États-Unis, avec leur affirmation du Monroïsme, l'ont fait habilement tomber ?

Si les conséquences politiques de la Conférence de la Haye ne sont, malheureusement, ni toutes justes, ni toutes inoffensives, que dire des conséquences juridiques? Au point de vue général, la plus importante est qu'en donnant une voix à chaque État, même aux plus petits, et quatre arbitres à chacun dans la Cour permanente, la Conférence a proclamé hautement le principe de l'égalité des États (2) ; mais, en leur refusant l'entrée des Comités d'examen et des Comités de rédaction, où s'est fait, en définitive, tout le travail, elle ne leur a guère laissé, suivant la juste observation de M. Beldimann (3), qu'un droit tardif et incomplet de *veto*. Au point de vue spécial des résultats, le meilleur de la Conférence s'est concentré dans les textes relatifs à la guerre terrestre et à la Croix-Rouge maritime, bien que, là encore, les progrès soient faibles et incomplets, surtout pour les lois de la guerre. Cette réserve faite, que dire d'une Conférence qui, à chaque instant, émet le vœu d'une Conférence ultérieure et n'aborde les questions délicates que pour les renvoyer à plus tard ? Que dire d'un grand Congrès, qui, comparé d'abord à un Parlement, vote une série de vœux comme un conseil général, élève le platonisme à la hauteur d'une institution, met le vague dans ses formules et lime leur force obligatoire ? Il a si peu de conséquences pacifiques que ses admirateurs trouvent que, la plus grande de toutes, c'est le fait même de sa réunion : autant dire alors que ses travaux ont été nuls, au point de vue pacifique.

Auraient-ils pu être plus féconds ? Si la Conférence de la Haye n'a pas donné davantage, est-ce par la faute du sujet ou par la sienne ? Sans doute, la paix est un trop beau rêve pour n'être pas encore un idéal lointain. Mais, dans la voie pacifique, sans pouvoir faire autre chose qu'un premier pas, la Conférence eût pu s'avancer davantage, si elle avait eu soin d'éviter les erreurs qu'elle a commises. Il y a chez elle à relever des fautes nombreuses : 1° Les convocations ont été trop restreintes ; l'exclusion des peuples de l'Amérique du Sud et de l'Amérique centrale, patrie classique de l'arbitrage (4), n'a pas été seulement une

(1) Johnston, *In the Clutch of the Harpy Powers*, dans la *North American Review*, octobre 1899, p. 448 et suiv.

(2) Comp. W. Stead, *The Conference at the Hague*, dans le *Forum*, septembre 1899.

(3) A propos des Commissions internationales d'enquête. V. *suprà*.

(4) V. Gaspar Toro, *Notas sobre arbitraje internacional en las Republicas latino americanas* ; Paul Bureau, *Le conflit italo-colombien*, p. 129.

injustice politique, elle a privé d'un appoint important les voix sympathiques à l'arbitrage. 2° La Conférence, présentée par la Russie sur le terrain intéressé de la limitation des armements, s'est ouverte dans une atmosphère de défiance et de dissimulation, qui a paralysé plus d'un résultat. 3° Elle a, par leur exclusion des Comités d'examen, alarmé les petits États, la Grèce, la Serbie, la Roumanie, etc.., qui se sont, à plusieurs reprises, imaginés alors que, sous des textes pacifiques, se cachaient des menaces et des arrière-pensées politiques : c'est là-dessus que les Commissions d'enquête sont venues s'affaiblir, pour ne pas dire plus. 4° Elle a eu le tort de rassembler trop de peuples divers dans des questions qui n'étaient pas pour tous d'un intérêt égal et en cherchant entre eux une unanimité le plus souvent impossible. 5° Elle a eu un programme trop ambitieux, qui a causé de profondes déceptions à l'opinion publique, qu'elle a, avec trop de bruit et de réclame, associée, sans tout lui dire, à ses travaux, et qu'elle a laissée finalement inquiète et désabusée. 6° Elle a manifesté un trop grand désir de conciliation, ce qui l'a conduite à éluder les problèmes au lieu de les creuser et à énerver ses textes, toujours assouplis et fondus dans des formules vagues et molles, inertes ou vaines. 7° Enfin, en réglant les plus délicats détails de la procédure d'arbitrage, elle a cru pouvoir mettre le droit et la paix en antithèse et, dans ce conflit, elle a osé préférer la paix au droit, ce qui est presque un blasphème.

Depuis que la Conférence de la Haye s'est dissoute, les jugements les plus divers ont été portés sur elle. Peut-être est-ce prématuré. Comme le disait le vénérable Président de la Conférence. M. de Staal, dans son discours de clôture, « nous sommes encore trop près, la perspective aérienne nous fait défaut » (1). Pourtant les jugements sont nombreux et rapides. Les uns sont optimistes : ce sont les plus nombreux. Par un sentiment des plus naturels, presque tous les délégués célèbrent volontiers leur œuvre (2) ; les difficultés qu'ils ont éprouvées pour aboutir à des apparences de résultat leur donnent, au point de vue pacifique, l'illusion d'une réalité. Tous les amis de la paix, tous ceux qui ont foi dans la fonction pacifique de l'arbitrage, font cause commune avec eux. L'un d'eux dit qu'une fois la Cour permanente instituée, personne ne voudra recourir à l'arbitrage facultatif, de même qu'une fois les chemins de fer inaugurés, personne ne voulut plus se servir des diligen-

(1) Dernière séance, 29 juillet 1899, p. 1 et suiv.

(2) F. de Martens, *International arbitration*, *loc. cit.* ; Seth Low, *The Peace Conference*, *loc. cit.* ; Holls, *The Monroe doctrine and the Peace Conference*, *loc. cit.* ; d'Estournelles de Constant, *Lettres sur la Conférence de la Haye*, dans le *Temps* du 4 octobre 1899 ; Raffalovich, *Mémoire sur la Conférence de la Haye*, p. 22.

ces (1). M. d'Estournelles de Constant déclare que, dans un an, la Cour permanente sera, non pas seulement en vigueur, mais encore encombrée (2). M. Stead ajoute qu'il faut faire pénétrer l'œuvre de la Conférence dans les masses et conseille aux Sociétés pacifiques l'achat de quelques mètres de calicot et d'une lanterne à projections pour en vulgariser les résultats (3). M. Desjardins annonce que, si la Conférence n'a pas écrit le livre de la Paix, elle en a du moins écrit la préface (4). Il serait peut-être plus juste de dire que la Conférence, avec sa Cour permanente, qui n'a de permanent que le nom, en reste encore aux diligences, que si la Cour est encombrée, ce sera de litiges insignifiants, que si le livre de la Paix doit se rédiger un jour, feuille à feuille, la Conférence n'en est encore qu'au titre, à la couverture, et non à la préface. M. Stead peut réserver, pour d'autres propagandes, ses mètres de calicot et sa lanterne magique, car la foule ne comprendrait pas qu'une Conférence aussi importante ait eu si peu de résultats. Un vigoureux penseur, A. Schæffle (5), a eu sur la Conférence de la Haye un mot sévère : *Parturiunt montes*.. On sait le reste. Si dur que soit ce jugement, c'est peut-être le plus près de la vérité. La prochaine Conférence (6) en fera son profit. Pour nous, nous dirons, avec M. de Staal : Attendons la moisson (7).

A. Geouffre de Lapradelle,
Agrégé à la Faculté de droit de Grenoble.

(1) *What was done at the Hague, by one who was there*, dans la *Review of Reviews*, octobre 1899, p. 386.
(2) Lettre au *Temps*, numéro du 4 octobre 1899.
(3) *Dagblad* de la Haye, 29 juillet 1899, n° 177.
(4) *La Conference de la Haye et l'arbitrage international*, *loc. cit.*, p. 26.
(5) *Die Friedenskonferenz im haag*, *loc. suprà cit.*, p. 746.
(6) Déjà M. W. Stead voit un prochain Congrès à Paris : *Next Year : The Congress n Paris*, dans la *Review of Reviews*, août 1899, p. 155.
(7) Autographe de M. de Staal, 17/29 juillet 1899, en tête de l'article de W. Stead, *What must follow the Conference*, dans la *Review of Reviews*, *loc. cit.*, p. 145.

LA CONFÉRENCE DE LA HAYE ET SES RÉSULTATS

ALLEMAGNE. — OPINION DE M. FELIX STOERK, PROFESSEUR A L'UNIVERSITÉ DE GREIFSWALD, MEMBRE DE L'INSTITUT DE DROIT INTERNATIONAL.

L'union intime existant entre les États civilisés au point de vue de la conscience du droit, union qui se révèle à nos yeux sous une forme concrète, se complète dans certaines formes cérémoniales typiques qui remontent à un âge célébré par l'histoire. Le cérémonial international date en effet de toute antiquité ; il se renouvelle cependant de jour en jour et adopte de nouvelles formes au fur et à mesure que les rapports de la vie se modifient eux-mêmes.

Le système de discussion et de décision aujourd'hui dominant dans les assemblées parlementaires a été nécessairement étendu aux formes des relations internationales. En ce sens, le droit des gens, lui aussi, s'est modernisé. Alors que jadis la convocation d'un Congrès, sa réunion, la marche des négociations, les débats et leur conclusion s'étendaient sur de longs espaces de temps, maintenant ces mêmes faits sont pour ainsi dire instantanés ; la tenue solennelle d'une Conférence demande à peine autant de mois et de semaines qu'il fallait autrefois d'années pour un acte politique de cette espèce. Mais ce n'est pas seulement le délai nécessaire pour la convocation et pour les débats qui a subi l'influence des formes plus expéditives de notre système parlementaire moderne; cette influence se révèle, plus marquée encore, sur la marche de la discussion et sur les conclusions des Sénats internationaux. Tout d'abord, les représentants diplomatiques ordinaires des États en pareille occasion sont des hommes d'État éminents qui ont conquis la renommée politique dans leur patrie par de longues luttes parlementaires. D'autre part, la timidité, les hésitations et les angoisses qu'on affichait jadis dans de semblables circonstances ont fait place désormais à la témérité : bien des mots tombent aujourd'hui de la tribune internationale, qui autrefois n'auraient pas été prononcés. La maxime du diplomate, que la parole nous a été donnée pour cacher notre pensée, a été ainsi peu à peu reléguée dans le trésor des curiosités historiques, peut-être même dans le cabinet des raretés.

Jusqu'ici cette extension de la liberté de la parole n'a visiblement produit aucune influence funeste sur le terrain des Conférences internationales. Cependant on doit reconnaître que l'adoption entière du *modus tenendi parliamentum* actuellement usité ne saurait être sans dangers pour le cours pacifique et conciliant des négociations internationales. Le plus grand péril qu'offrirait un pareil système serait cet usage parlementaire que toute motion, tout projet soumis à la discussion est à prendre ou à laisser. Les hommes politiques les plus remarquables de leur temps, les Bismarck et les Gladstone, les Cavour et les Beaconsfield, les Thiers et les Gambetta, ont éprouvé les inconvénients d'une semblable pratique ; grâce à elle, à côté de victoires éclatantes, ils ont subi de graves défaites et ont dû enregistrer la ruine de quantité de leurs plans les plus chers. Le combat parlementaire apprend de bonne heure *to know when you are beaten*. La Chambre haute passe sur les plans les plus élevés et sur les idées les plus chères le niveau indifférent de son ordre du jour et balaye impitoyablement tous les projets qui lui paraissent inopportuns ou inexécutables. Rejeter ainsi les propositions, brusquement et *a limine*, est un procédé qui doit être banni de la tribune d'une Conférence diplomatique. Sur ce théâtre, il faut à tout prix conserver le fil déjà bien tendu des rapports entre États, et pour cela on doit toujours s'efforcer de découvrir le terme moyen, même lorsque les oppositions sont inconciliables et ne permettent pas d'envisager sérieusement l'hypothèse d'un rapprochement. Cette nécessité apparaît surtout quand le thème des négociations embrasse des idées de réforme chères à des hommes d'État de premier ordre ou à des monarques puissants. En pareil cas, les usages parlementaires qui consistent soit dans le passage à l'ordre du jour, soit dans le refus de toute discussion, dans la « mort sans phrases » seraient, d'après la marche habituelle des choses en diplomatie, un véritable danger pour la paix générale.

Dans le commerce des États, il importe que les voies détournées, la conciliation et la politesse règnent en maîtresse souveraine ; la courtoisie seule permet de découvrir une solution qui masque l'échec subi, qui prenne extérieurement le thème posé comme objet des débats alors qu'en réalité celui-ci à déjà disparu.

Il en a été ainsi bien souvent dans l'histoire diplomatique. On peut citer les négociations du traité de Vienne en 1815, celles du traité de Paris en 1856, celles du traité de Berlin en 1878. En vérité, aucun « *guide diplomatique* », aucun « *manuel du droit des gens* » ne contiennent d'indications utiles sur cet art d'enterrer les questions sans qu'il y paraisse. Néanmoins cet art s'est accru d'heure en heure dans notre diplomatie contemporaine, qui a vu ouvrir à son activité un champ de plus en plus étendu, à mesure que la monarchie moderne, devenue plus riche en idées, se rappelle mieux l'usage du droit d'initiative qu'elle avait pendant longtemps laissé sans emploi. Le principe miraculeux du droit public anglais : *the King can do no wrong* acquiert ainsi une valeur nouvelle, toute favorable à l'ordre pacifique international.

Cette idée a trouvé une nouvelle application dans la Conférence de la Haye. Quiconque considérera au point de vue de la technique diplomatique les négociations, le point de départ et le point d'arrivée de cette Conférence devra en effet abaisser la pointe de son épée vers la terre, plutôt par respect pour l'habileté des diplomates qui y ont pris part que par confiance dans les résultats qu'ils ont consacrés. Ce que les plénipotentiaires n'ont pas fait,ce qu'ils ont laissé tomber sous la table de la Conférence dans des formes polies et sans compromettre en rien l'esprit d'entente internationale, doit suffire à leur assurer la reconnaissance de tous ceux qui ont l'esprit bien fait. La « Conférence de la Paix » prenait comme point de départ cette idée de désarmement du Tsar, si menaçante pour les relations pacifiques des États, pour aboutir à un règlement sur les bons offices, la médiation, les Commissions d'enquête et l'arbitrage. Elle avait pour fondement un plan de désarmement ou tout au moins d'arrêt dans les progrès de l'armement ; or, on ne peut pas dire qu'elle ait vraiment tranché ces divers points. De la limitation des armements, il existe certainement un chemin qui conduit à la réforme de la convention de Genève de 1864,à laquelle a abouti la Conférence, mais on ne saurait admettre que ce chemin fût le plus court. Alors que le Tsar demandait qu'on trouvât les moyens de procurer aux peuples les bienfaits d'une paix réelle et durable et d'arrêter le développement progressif des armements actuels qui consomment en dépenses improductives les forces physiques et intellectuelles des nations, les diplomates de la Maison du Bois ont fait preuve d'un tour de main assez habile pour aboutir simplement, sans violer leur mandat et froisser l'initiateur de la réunion, à une correction insignifiante de la convention de Saint-Pétersbourg de 1868 et de la Conférence de Bruxelles de 1874 sur les lois de la guerre.

Dans le monde des faits, nous ne mesurons qu'à l'aide de dimensions relatives.Comparons et examinons les promesses que donnait au monde la Conférence de la Haye et les résultats qu'elle a produits.

Si on étudie la Conférence en dehors de la question du désarmement, on peut constater que ses actes ont réalisé un progrès sensible dans la grande œuvre de l'union des peuples par la paix et par le droit. Mais, si on l'apprécie au point de vue de la tâche que l'opinion publique du monde civilisé lui avait originairement attribuée, il faut reconnaître sans hésitation qu'elle a été un échec. Assurément on nous objectera que la Note russe du 12/24 août 1898 touchant le désarmement, qui contenait la première proposition d'une assemblée internationale et qui comme une fusée brillante est montée au ciel en éclairant au loin, n'a pas été celle qui devait fournir la base de la Conférence de la Haye, puisque le 30 décembre 1898/11 janvier 1899 une nouvelle circulaire datée de Saint-Pétersbourg avait assigné à la réunion un programme nouveau et plus étendu. Mais nous répondrons que la seconde circulaire tenait toujours au thème du désarmement. En effet, parmi les questions que cette circulaire proposait à la discussion internationale, se trouvaient au premier rang un projet d'entente stipulant la non-augmentation, pour un terme à fixer, des effectifs de terre et de mer, ainsi que des budgets de guerre y afférents, et une étude préalable des voies dans lesquelles pouvait même se réaliser dans l'avenir une réduction des effectifs et des budgets. Or la Conférence de la Haye a écarté ces points, elle les a par un *non liquet* rayés de la longue liste des postulats des Associations pour la paix ; et cela demeurera le trait caractéristique de l'histoire de cette Conférence.

Au reste, tout ce que la Conférence a mis au jour n'a d'autre signification que celle d'un *acte de courtoisie*. L'ensemble de ses résolutions a été destiné uniquement à masquer l'échec subi sur la question du désarmement, à construire le pont qui devait permettre à la diplomatie de la Russie d'opérer une *retraite* honorable. Et la retraite, il faut le reconnaître, s'est accomplie avec toutes les formes de la politesse : elle a fourni une preuve sans réplique de la puissance des négociations parlementaires internationales.

Précisément parce que les résultats politiques de la Conférence apparaissent comme de purs expédients, comme un simple succès d'estime, on ne doit se livrer à aucune illusion sur leur efficacité pratique. Au moment où la Conférence s'est séparée, le sort des projets de convention soumis à ses délibérations était le suivant : L'Allemagne, l'Autriche-Hongrie, la Chine, la Grande-Bretagne, l'Italie, le Japon, le Luxembourg, la Serbie, la Suisse et la Turquie n'avaient pas signé les trois conventions conclues par la Conférence sur l'arbitrage, les usages de la guerre terrestre et l'application de la convention de Genève à la guerre maritime. Les États-Unis du Nord de l'Amérique n'avaient signé que la convention sur l'arbitrage et encore avec réserves. De même la Roumanie avait fait également des réserves. Quant aux trois déclarations de la Conférence concernant l'interdiction de jeter des substances explosives du haut des ballons, d'user de projectiles répandant des gaz délétères ou asphyxiants, d'employer des balles de l'espèce des balles dum-dum, elles n'étaient pas non plus signées par l'Allemagne, l'Autriche-Hongrie, la Chine, la Grande-Bretagne, l'Italie, le Japon, le Luxembourg, la Serbie et la Suisse ; les États-Unis de l'Amérique du Nord n'avaient donné leur signature qu'à celle sur les ballons. Telle était la situation diplomatique au jour de la clôture solennelle de la Conférence. Bien que cette situation ait subi par la suite des modifications, bien que de nouvelles signatures aient été apportées à la seule besogne qu'a faite la Conférence, et qui était la moins importante de son programme, il n'en saurait du moins résulter un changement dans l'opinion, actuellement bien ancrée chez les esprits les plus compétents et qui est en somme profondément motivée, à savoir, que le grand problème principal a été attaqué *trop tôt*. L'édifice ne pouvait être construit au moment où l'on s'est mis au travail, et il est à craindre que les bâtiments qu'on a par nécessité provisoirement élevés ne soient pas assez forts pour résister au vent et à la tempête et que bientôt ils ne tombent en ruine. L'impression produite n'a pas été assez encourageante pour que l'on soit tenté de renouveler à brève échéance un pareil effort. C'est en cela que consiste le tort que la Conférence de la Haye a porté au droit international. On n'éveille pas en vain les aspirations élevées d'une époque mouvementée. Comme dans la vie de l'individu, il y a aussi dans l'existence des peuples civilisés, des périodes de réaction, des heures de désappointement. L'insuccès paralyse l'activité ; l'espérance, lorsqu'elle est déçue, se trouve pour de longues années dépouillée de sa force. Nous sommes aujourd'hui dans un centre de dépression de cette nature ; nous sommes dégoûtés pour longtemps du vol téméraire vers l'idéal. Mais, dorénavant, les charges dont les puissants de la terre n'ont pas réussi à nous délivrer seront supportées avec plus de résignation. Les jours les plus précieux de la vie sont ceux qui apportent avec eux la vérité et la lumière, alors même qu'ils ne sont pas toujours les plus joyeux.

Espagne. — Opinion de M. de Olivart, associé de l'Institut de droit international, ancien professeur a l'Université de Madrid, député aux Cortès.

Madame la Baronne de Suttner a dit très justement que la Conférence de la Paix avait causé au monde le même étonnement que ressentirait un enfant à la vue d'un tableau de Raphaël ou à l'audition d'une symphonie de Beethoven. Le fait même de cette Conférence a été pour elle un sujet de grand contentement. Elle n'a éprouvé aucun courroux de voir les projets d'arbitrage et de règlements pacifiques discutés non plus par de simples touristes, plus ou moins fanatiques des idées pacifiques, mais par les délégués de ceux-là mêmes qui font la guerre et détruisent la paix. Mais tous les adeptes de la Baronne de Suttner n'ont pas été de son avis. La presse, toujours railleuse, surtout quand il s'agit des actes des gouvernements, a pensé généralement que ce n'était point la peine d'avoir entretenu l'attention de l'Europe pendant deux mois pour arriver à des résultats aussi minces, à des résolutions en somme purement platoniques.

Il y a un an (1), nous faisions, comme jurisconsulte, nos réserves sur les projets du Tsar Nicolas II, en remarquant que le droit c'est la paix, mais que la paix ce n'est pas le droit. Nous considérions comme une utopie d'espérer que la signature, par une belle matinée de printemps, d'un parchemin à lettres polychromes, ferait disparaître les armements qui écrasent les nations et mettrait un frein au fléau de la guerre ; nous doutions qu'une organisation pût, dans ce but, se constituer sérieusement entre les peuples. Aujourd'hui, nos appréhensions ont disparu et nos craintes se sont dissipées ; ce sont les Amis de la paix et les journalistes qui maintenant sont moins enthousiastes. L'œuvre parachevée au Palais du Bois nous paraît devoir être l'une des plus belles et des plus grandes du XIXe siècle. Si la Conférence de la Haye n'a pas réalisé l'irréalisable, si elle n'est pas parvenue au but que des anges seuls auraient pu atteindre, elle a fait tout ce qu'il était humainement possible de faire.

La paix et la liberté sont des aspirations communes à tous ceux qui ont le sentiment de la justice. Ne pas les aimer serait le fait d'un fou ou d'un criminel. Mais on doit les aimer avec raison. Or on ne les aime ainsi, on ne sert vraiment les intérêts des peuples que par le culte du droit. C'est vainement qu'on établirait des règles qui seraient opposées à la réalité des faits : ces règles n'auraient d'autre valeur que celle du papier sur lequel elles seraient écrites.

Ce qu'il faut faire, c'est augmenter les moyens qui conduisent à répandre l'idée du droit parmi les nations. Il faut donner au droit le temps d'agir sur l'opinion de façon qu'il puisse démasquer la force ; il faut que, grâce à lui, apparaisse la hideuse figure de la force, en dépit de ses nombreux déguisements, qu'elle se cache comme jadis derrière les voiles de la dignité ou de l'honneur ou comme aujourd'hui derrière ceux de l'autonomie, de l'affranchissement ou de l'humanité. Mais le droit doit exercer son influence encore d'une autre manière, et ici c'est une œuvre de justice et de politique qu'il a à remplir. Il convient qu'au cas où la guerre l'emportera sur lui, elle se souvienne qu'elle est toujours son humble servante, que dans l'homme rien n'échappe à l'empire du droit, qu'elle peut agir seulement dans la mesure nécessaire au but qu'elle poursuit, que toute rigueur inutile et tout dommage injuste sont des

(1) V. *Revue générale de dr. intern. public*, t. V (1898), p. 708.

crimes. De la sorte, on mettra en fuite les « carnassiers » comme a remarqué Max Nordau, on rendra les guerres de moins en moins profitables aux passions et aux cupidités, on en fera simplement des affaires techniques d'État à État. Et ainsi, de même qu'on arrive à vaincre les épidémies par l'hygiène et l'antisepsie, on parviendra à la suppression des guerres.

Ce sont ces deux tâches qu'a accomplies avec prudence la Conférence de la Haye. Elle a mis de nouvelles entraves à la guerre ; elle a de plus essayé de la rendre humaine. Et, ici comme là, elle a consacré les principes que la science réclamait.

L'institution par la Conférence de Commissions internationales d'enquête pour la solution des litiges internationaux nous paraît être une très heureuse idée. Les difficultés auxquelles donnent lieu les réclamations pécuniaires qu'un grand État adresse à des puissances faibles ou rongées par les révolutions intérieures, naissent presque toujours de la cupidité de ses nationaux peu scrupuleux, qui désirent tirer un gros profit des dommages reçus (*o felix culpa!*), et de celle des gouvernements qui espèrent que le refus ou le non-payement d'une indemnité leur permettra une intervention toujours lucrative. Mais, pour en arriver à ces résultats, il faut grossir démesurément les faits : les coups des agents de police deviendront d'horribles mutilations ; la cellule de la prison, un cachot infect et pourri ; le petit potager saisi, un vaste et plantureux domaine. Or tout cela s'évanouira promptement devant le rétablissement de la vérité par des Commissions d'enquête impartiales. L'opinion apercevra alors bien vite — les principes qui règlent la responsabilité des gouvernements étant d'ailleurs certains — le véritable titre qui permet au national lésé de réclamer de l'argent, et à son protecteur des réparations. Nous ne comprenons pas que quelques-uns des petits États représentés à la Haye se soient opposés à la création de ces Commissions. Celles-ci en effet constituent un moyen qui, s'il est sérieusement pratiqué, sera plus profitable à la cause de la paix que l'arbitrage lui-même, qu'il rendra souvent superflu. Limitée toujours à l'investigation des faits, l'œuvre des Commissions ne doit avoir aucun caractère décisif : ainsi la liberté et la souveraineté de l'État soumis à l'enquête n'en souffriront aucun dommage. Cette dernière considération nous porte à considérer comme inutiles et excessives les réserves faites à l'article 9 du texte adopté à la Haye, et consistant à soustraire aux Commissions les litiges « engageant l'honneur ou des intérêts essentiels ». Sans doute, il est des cas où les enquêtes ne peuvent pas aboutir ; mais il en sera ainsi seulement quand l'affaire aura l'aspect d'une question générale, quand pour une raison ou pour une autre il existera un parti pris. Avant d'entrer en guerre, l'Espagne et les États-Unis eurent recours à une enquête pour connaître les causes de la mort du Dr Ruiz, flibustier décédé en prison : les autorités espagnoles voulaient qu'il fût mort de maladie, le gouvernement américain soutenait au contraire que son décès était dû à des mauvais traitements. Il est bien vrai que chaque Commissaire trouva des faits opposés, et que l'enquête ne servit en définitive qu'à alimenter le brasier ; mais un pareil résultat se fût-il produit si le Dr Ruiz, au lieu d'être sujet américain, avait été sujet français ou allemand, ou si les prétendus coups avaient été portés non pas dans une prison espagnole mais dans une prison du Canada ? On peut croire qu'il en eût été différemment : c'est la question générale alors en jeu entre l'Espagne et les États-Unis, c'est le parti pris qui existait alors dans les rapports de ces deux États, qui furent cause que l'enquête ne put réussir.

L'innovation des « parrains » médiateurs, due au représentant des États-Unis, et que consacre l'article 8 de la convention, mérite aussi l'approbation. Elle est d'accord avec ce que nous proposions il y a un an (1), en nous référant à des paroles de l'auguste initiateur de la Conférence. Nous trouvons seulement un peu court le délai maximum de trente jours imparti pour l'office des médiateurs. La diplomatie est toujours longue et paresseuse, et dans les affaires de paix et de guerre elle ne saurait jamais l'être assez. A la vérité, si les parties veulent la guerre, les parrains seront aussi inconciliables ; mais au moins, dans la période où ils agiront, il n'y aura plus cet échange de mots violents, d'expressions blessantes qui presque toujours sont l'étincelle qui allume le feu. En fin de compte, il faut reconnaître que se battent et se battront en tous temps ceux-là qui le veulent ; cela arrivera malgré toutes les Commissions d'enquête, toutes les médiations et tous les arbitrages.

Mais l'œuvre la plus importante de la Conférence de la Paix, et qui l'a rendue digne de ce nom (sort bien rare des institutions humaines), est l'organisation de l'arbitrage international sous la forme d'une institution visible, auguste comme la justice dont elle sera la plus haute représentation sur la terre. Le jour où le traité dont on a signé le projet à la Haye sera ratifié, le jour où le tribunal qu'il a institué sera établi dans la « *capitale de la paix* », comme on l'a fort bien dit, marquera dans l'histoire du droit et de l'humanité une date unique, qui éclipsera celles des traités de Westphalie et de Vienne. Il importe peu qu'on ait exagéré la prudence, en faisant du recours à l'arbitrage un recours non obligatoire, purement volontaire. C'eût été à coup sûr un plus grand triomphe, si, comme l'avait demandé le projet russe, on avait ordonné la neutralisa-

(1) V. la *Revue générale de dr. intern. public*, t. V (1898), p. 709-710.

tion d'une partie des relations internationales, de celles qui sont pacifiques par excellence et ne peuvent enfanter la guerre que par l'effet d'une déconcertante ironie. Mais cela finira bien par arriver, maintenant qu'on a reconnu « que dans les questions d'ordre juridique, et en premier lieu dans les questions d'interprétation ou d'application des conventions internationales, l'arbitrage est le moyen le plus efficace et en même temps le plus équitable de régler les litiges qui n'ont pas été résolus par les voies diplomatiques » (art. 16 de la convention). Malgré la décision de la Conférence, si la réforme est mûre, si l'opposition de l'Allemagne à l'arbitrage obligatoire n'est pas partagée par les autres gouvernements, comme elle ne semble pas l'avoir été par les claires intelligences qui les représentaient à la Haye, on ne saurait empêcher les États d'insérer, en vertu de l'article 19, dans une convention nouvelle qu'ils concluraient entre eux, l'article du projet qui proclamait l'obligation de l'arbitrage. On connaîtra alors les noms des puissances qui, se refusant à la signer, voudront conserver dans ces affaires des prétextes à leurs conquêtes ou à leurs vengeances.

S'inspirant des choses possibles et résistant aux séductions de l'utopie, la Conférence s'est aussi refusée à installer une Cour véritablement permanente, avec des juges et des palais seyant à la hauteur de ses fonctions. Une pareille institution, au début surtout, alors qu'elle n'aurait pu encore par la rectitude de ses décisions se procurer les clients que les traités ne pouvaient lui donner, eût risqué de condamner à l'oisiveté des capacités qui trouveraient dans leur pays des occupations plus utiles à la cause du droit et de la paix elle-même. Nous disons en Espagne qu'il est impossible de sonner les cloches et d'être à la procession ; il faut carillonner chez soi sans cesse avant de faire entrer dans le rang les mauvais pratiquants de la politique, si repentis qu'ils semblent être. Peut-être y aurait-il quelque chose à dire sur le mode de nomination des arbitres adopté par la Conférence. En concédant aux gouvernements le droit de nommer chacun jusqu'à quatre personnes comme arbitres, en leur laissant pleine liberté pour le choix de ces personnes, on risque fort de donner le titre de juges en droit international à beaucoup de gens qui n'auront dans cette science d'autre mérite que leur nomination même. Il eût été préférable d'admettre, comme l'avait proposé la délégation des États-Unis, que chaque État n'aurait qu'un représentant au tribunal d'arbitrage et que ce représentant serait désigné par la plus haute Cour de justice existant dans l'État. Mais, il faut le remarquer, le projet américain supposait la réunion permanente du tribunal d'arbitrage. Or ce n'est pas sous cette forme que la Conférence de la Haye a organisé l'arbitrage. A notre avis, la Conférence aurait dû établir des sessions en corps pour les grandes questions, pour celles dont la solution a une importance universelle. Mais la Conférence a préféré instituer une liste officielle d'arbitres, qui constitue ce qu'elle appelle la Cour permanente d'arbitrage, et sur laquelle les États choisiront, pour chaque différend, le tribunal appelé à le juger. Dans ces conditions, les membres de la Cour qui n'auront pas déjà par eux-mêmes un certain prestige, et qui n'auront jamais été choisis, ne tireront de leur nomination d'autre profit que le droit d'ajouter une nouvelle ligne après leur nom sur leurs cartes de visite ou à la première page de leurs livres s'ils sont écrivains. La Conférence, ne se faisant pas trop d'illusions sur la réussite de son œuvre, a considéré comme possible que les États choisissent comme arbitres des membres ne faisant pas partie de sa Cour, voire même des Souverains. Cette supposition marque de la part de la Conférence beaucoup de sagesse. Sans compter les cas où des traités antérieurs ont prescrit une élection spéciale, il peut en effet se produire telles circonstances, de politique ou d'intérêt national, dans lesquelles la confiance des États ira de préférence à une nation ou à une personne déterminée. Ceci admis, il ne restait plus à la Conférence, en matière d'arbitrage, qu'à indiquer les règles d'une procédure uniforme en tant que les parties n'en auraient pas convenu elles-mêmes. Elle l'a fait par des dispositions très sages et très libérales, dans le détail desquelles nous ne croyons pas devoir entrer.

Bien qu'insérée dans l'Acte final de la Conférence, la convention pour le règlement pacifique des conflits internationaux n'a été signée que par seize des États représentés à la Conférence. Au nombre des dix abstentionnistes on trouve, à côté de l'Allemagne qui se montra toujours fort peu enthousiaste sur ce sujet, ses alliés l'Autriche-Hongrie et l'Italie, en tout temps cependant « *caldissima avvocatrice de arbitrato* », et aussi la Grande-Bretagne dont le représentant sir Pauncefote avait cependant proposé l'institution de la Cour permanente. Mais les seize États restants qui ont signé dès le premier jour valent bien les autres, et, ainsi que le remarque le *Times* (1), le fait que ces derniers n'ont pas signé la convention ne prouve pas qu'ils ne lui donneront pas plus tard leur adhésion, — et de fait ils la lui ont donnée.

En ce qui concerne les améliorations et la codification du droit de la guerre, l'œuvre de la Conférence de la Haye a été moins innovatrice. Nous ne saurions l'en blâmer. Par cela même qu'elle a cru devoir légiférer sur la guerre, elle a démontré pratiquement qu'elle trouvait douteuse pour le moment la pleine pacification que donnerait au monde son pre-

(1) Numéro du 1er août 1899.

mier code d'arbitrage ; en laissant dans le cadre des simples *vœux* certaines aspirations généreuses qui lui avaient été proposées, elle a prouvé d'autre part son sens de la réalité. La Conférence de la Paix aurait pu rédiger sur les lois de la guerre un projet tout nouveau, différent de ceux votés par l'Institut de droit international dans sa session d'Oxford et par la Conférence internationale de Bruxelles de 1874 ; elle a préféré très prudemment, et avec raison suivant nous, affirmer les résultats déjà obtenus en donnant la sanction de son autorité au dernier de ces projets ; elle s'est contentée de donner à celui-ci un ordre plus scientifique et à y introduire quelques modifications nécessaires touchant plus à la forme qu'au fond. Il convient toutefois de remarquer dans ses résolutions les prescriptions relatives aux Sociétés d'assistance des prisonniers de guerre qui, au point de vue de la charité humaine et du droit des gens, ont même raison d'être que les Sociétés de protection des blessés instituées par la convention de Genève. Pour l'application de cette convention aux guerres maritimes, M. Renault a fait preuve d'une prudence égale à celle dont a témoigné M. de Martens à l'égard de la déclaration de Bruxelles de 1874 : il a maintenu en principe les articles additionnels de 1868 tout en les remaniant cependant d'une manière plus profonde et plus essentielle qu'il n'avait été fait pour la déclaration de 1874. La Conférence a enfin adopté trois déclarations relatives aux moyens licites de guerre : à ce sujet, il faut regretter les abstentions et les votes contraires qui se sont produits de la part de certaines puissances : ces abstentions et ces votes démontrent comment l'intérêt peut conduire des nations éclairées et civilisées à ne tenir nul compte des sentiments chrétiens et humanitaires.

Telle a été l'œuvre positive de la Conférence. Nous dirons peu de choses de la question du désarmement qui était le but premier du Congrès de la Haye. A cet égard, l'échec de la Conférence a été complet, au grand mécontentement des partisans de la paix perpétuelle « à date fixe ». Le désarmement est une idée politique, morale mais non juridique ; il est pour ce motif en dehors de notre domaine. Le droit international considère comme une conséquence primordiale de l'indépendance des États la faculté pour chaque État de pourvoir librement dans son territoire, et par les moyens qu'il juge convenable, à la défense de ses droits et de ses intérêts ; et cette faculté sera toujours illimitée et inaliénable tant qu'il n'existera pas une organisation universelle des États ou une fédération d'États, dont la condition première réside dans l'octroi plein et définitif de tous les droits, revendications et intérêts réciproques qu'on a si sagement laissés à la porte de la Conférence. La paix armée, qui tue les grandes nations européennes, dans l'attente d'une guerre toujours plus lointaine et plus redoutable, est une folie qui disparaîtra d'elle-même le jour où le bon sens recouvrera ses droits chez les gouvernements.

La politique, en mettant des limites à la réalisation de la pensée impériale, n'a pas permis de faire de la réunion de la Haye les assises véritables des seigneurs et citoyens de la République humaine, « le *Parlement de l'homme* » ; elle en a fait seulement un petit Comité des membres les plus remuants et de leurs amis : les trois constellations de puissances, la triple, la double et l'anglo-américaine, comme M. Stead l'a écrit dans le *Forum*. Nous considérons comme inutile d'examiner si on a fait vraiment tort à celui-ci ou à celui-là en l'excluant de la Conférence ; cet examen ne pourrait servir qu'à apprécier le tact et la sagesse politique des auteurs de telles exclusions. Est-il possible d'admettre que les Républiques du Sud et du Centre-Amérique, dans lesquelles le droit international est au moins aussi cultivé et l'arbitrage beaucoup plus respecté qu'en Europe, aient perdu leur personnalité dans la société des nations parce qu'elles n'ont pas été invitées à la réunion de la Haye? Peut-on admettre par contre que le Siam, la Perse et la Chine leur soient supérieurs, que leur rang dans la communauté des peuples ait été amélioré, parce qu'ils ont été admis à cette réunion ? Où a-t-il été dit que l'invitation de la Reine Wilhelmine, si gracieuse qu'elle soit, doit être la carte définitive de la reconnaissance internationale ? Voilà pourquoi nous trouvons superflue une longue discussion sur l'admission ou la non-admission du Transvaal et du Pape à la Conférence. La souveraineté de l'une ou l'autre de ces puissances reste et restera toujours dans l'état où elle se trouvait la veille de la Conférence. L'opposition de la Grande-Bretagne et de l'Italie à la réception du Transvaal et du Saint-Siège n'aurait eu une influence positive sur ce *statu quo* que si l'une ou l'autre des deux puissances écartées avait formulé une demande d'admission à la Conférence : en repoussant leur demande, les États représentés auraient alors fait une *méconnaissance internationale* de ces deux États, et encore cette méconnaissance eût-elle existé seulement dans leurs relations avec ceux-ci. Or, semblable demande n'a pas été faite, par le Pape tout au moins, comme le remarque M. Goyau (1), et la Conférence n'a pas voté une définition de la souveraineté honorifique telle que l'imposerait la loi des garanties. Léon XIII et les États représentés à la Haye, en s'envoyant réciproquement des ministres publics, pourront aujourd'hui comme hier donner à leurs relations politiques l'extension et la réalité qu'ils voudront (2). Nos sentiments à l'égard du Saint-Siège et de l'auguste

(1) *La Conférence de la Haye et le Saint-Siège*, dans la *Revue des Deux-Mondes* du 1er août 1899.

(2) Nous n'entrerons pas ici dans la discussion d'une question dont nous nous som-

vieillard qui l'occupe sont bien connus ; aussi nous n'avons pas besoin de dire combien nous partageons les idées si brillamment exposées dans la *Revue générale de dr. intern. public*, par M. Chrétien (1), combien nous pensons que le résultat moral de la Conférence eût gagné en élévation si le Pape avait pris une coopération effective à ses délibérations ; mais, par ces mêmes motifs, nous dirons franchement que s'il faut regretter l'incident, c'est seulement pour la Conférence d'abord et ensuite pour l'Italie qui, au point de vue du droit comme de la politique, avait tout à espérer et rien à craindre de la présence de son *ennemi*. Mais ce dommage, nous devons ajouter, n'est pas aussi grand qu'on pourrait le supposer ; car nous croyons que l'activité du Pape, s'il avait été présent à la Haye, aurait dû consister dans la simple approbation morale des décisions de la Conférence, et le Pape, en dépit de son absence, n'a pas manqué de leur donner cette approbation.

Si nous étions utopiste, nous dirions qu'à la réunion de la Haye on aurait pu résoudre à la fois les deux plus grands problèmes qui bouleversent le monde : on aurait pu neutraliser pour la paix et pour la foi de l'univers Rome ou le Vatican, en faire le *Forum* des peuples, où les Papes, assistés par un Sénat de jurisconsultes, auraient, comme on le proposait pendant le Concile de 1870, dit le droit aux États. Mais, par malheur, nous ne sommes pas utopiste. Dans notre pensée, de ces deux questions l'une doit trouver sa solution dans l'Italie elle-même, qui reconnaîtra un jour qu'elle a eu tort de considérer comme inconciliables deux droits qui ne le sont pas ; et l'autre, la mission pacifique du représentant de Jésus-Christ, doit être acceptée bien plus par l'amour et le respect des hommes de bonne volonté que par les articles d'un accord international, — aujourd'hui prématuré, car il y manquerait, et pour longtemps encore, les conditions d'ordre, de justice et de tranquillité sociale qui en sont les bases nécessaires. La maladie du monde n'est pas récente et la guérison en est bien difficile : on ne saurait songer pour l'instant qu'à des antiphlogistiques pour combattre les fièvres belliqueuses, à l'hygiène et à l'antisepsie pour réduire le fléau quand les autres remèdes n'ont pas réussi ; la Conférence de la Paix étant quelque chose de l'un et de l'autre, nous lui donnons sans réserve notre approbation.

mes longuement occupé ailleurs (V. *Le Pape, les États de l'Église et l'Italie*, trad. par Mac Swiney de Mashanaglass, Paris, 1897, Pedone, édit.) ; nous ferons simplement remarquer au gouvernement italien qu'en Espagne on fait connaître les affaires politiques et territoriales au Vatican et à ses représentants comme à n'importe quelle autre puissance. Nous avons vu personnellement la notification qui, en 1885, fut faite au Pape du protectorat de l'Espagne sur Rio de Oro (côte occidentale de l'Afrique).

(1) *La Papauté et la Conférence de la Paix*, dans la *Revue générale de dr. intern. public*, t. VI (1899), p. 281.

France. — Opinion de M. Frantz Despagnet, professeur à la Faculté de droit de l'Université de Bordeaux, associé de l'Institut de droit international.

I. — La circulaire russe du 12/24 août 1898 convoquait les États à une Conférence qui avait pour objet d'étudier les moyens de réduire les armements ou, tout au moins, d'en arrêter le développement excessif, également préjudiciable au progrès économique et moral des peuples. Il n'était pas besoin d'être grand prophète pour prédire, comme nous l'avons fait (1), que ce généreux projet était voué à un échec presque fatal, et que les rêves iréniques n'étaient pas encore près de se réaliser. Pour des raisons générales tirées de certaines difficultés capitales et encore pendantes, pour d'autres raisons d'un caractère technique qui ont été développées dans la Conférence de la Haye, il était certain d'avance que nul ne renoncerait à préparer pour la guerre toutes les ressources dont il pourrait disposer pendant la paix. Mais il était permis d'espérer que les puissances profiteraient de l'occasion qui leur était offerte par l'initiative du Tsar Nicolas II de reprendre les questions relatives au droit de la guerre, pour rendre les hostilités moins fréquentes et introduire les améliorations et les atténuations commandées par les exigences tous les jours plus grandes de la civilisation et de l'humanité. C'est ce que le gouvernement de Saint-Pétersbourg a bien vite compris, surtout après avoir vu, à certains indices non équivoques, que son premier programme était de nature à faire avorter tout essai d'entente internationale. En effet, sous la courtoisie diplomatique des réponses faites par les chancelleries à la proposition du Tsar, il était facile de voir que les puissances, du moins les plus grandes, éprouvaient à l'égard des projets de désarmement encore plus de répugnance que de scepticisme. Par déférence pour l'auteur de ces projets, on paraissait disposé à ne pas les écarter par une fin de non-recevoir et à les discuter pour la forme, mais avec l'intention bien arrêtée d'en écarter la réalisation, d'ailleurs considérée comme impossible ; on aurait accepté, tout au plus, une vague déclaration platonique qui aurait ménagé les susceptibilités moscovites et les aspirations pacifiques des populations, sans d'ailleurs rien changer au régime actuel des armements à outrance. En présence des illusions décevantes que tendaient à faire naître les diverses Sociétés de la paix par leur interprétation véritablement exagérée de la circulaire russe, les gouvernements se sentaient d'autant moins portés à répondre à un appel déjà peu en harmo-

(1) V. la *Revue générale de dr. intern. public*, t. V (1898), p. 710 et suiv.

nie avec leurs aspirations avouées ou secrètes et avec ce qu'ils regardent comme une nécessité politique pour eux. Aussi, en venant à ce que nous avions déjà considéré comme l'œuvre actuellement réalisable de la Conférence, la nouvelle circulaire du Comte Mouravieff, du 30 décembre 1898/11 janvier 1899, a-t-elle profondément modifié ou plutôt précisé et élargi le programme de réformes proposé aux États. Comme le donne à entendre le préambule de ce dernier document (1), le moment semblait mal choisi pour parler de réduire ou seulement d'arrêter les armements: la France et l'Angleterre, sur le point d'en venir aux mains, rivalisaient d'ardeur dans leurs préparatifs militaires ; bien plus, la proposition russe servait de prétexte dans certains pays, notamment en Allemagne, pour accroître d'urgence les effectifs, afin de conserver le bénéfice du *statu quo ante*, dans le cas où l'entente internationale sur la limitation des forces armées viendrait à aboutir. Cependant, la circulaire du 11 janvier 1899 n'abandonnait pas l'idée même des restrictions à apporter aux armements: elle la précisait, au contraire, et fixait un peu mieux les moyens de la faire passer dans la pratique. Mais, surtout, elle soulevait deux autres ordres de questions, l'un relatif à la réglementation de la guerre, l'autre à l'organisation de la médiation et de l'arbitrage.

En agissant ainsi, le gouvernement moscovite se prémunissait contre l'échec à peu près inévitable de sa démarche : si les mesures contre l'exagération des armements devaient être écartées, il était difficile aux puissances de se refuser à examiner et à résoudre, du moins en partie, les autres articles du programme, sans montrer un mauvais vouloir systématique dont aucune n'aurait voulu assumer la responsabilité devant l'opinion du monde civilisé. Les nouvelles questions mises à l'ordre du jour n'étaient pas nouvelles, en effet, et elles avaient, pour la plupart, fait l'objet de discussions diplomatiques, dont quelques-unes avaient abouti à des résultats positifs,et dont les autres, déjà poussées très loin, étaient considérées par les esprits les moins portés à l'utopie comme définitivement engagées, avec l'obligation morale pour les gouvernements de les conduire à bonne fin. Pouvait-on croire, à moins de supposer un abandon complet des conquêtes de l'humanité, que l'on ne compléterait pas, en ce qui concerne la réglementation des droits des belligérants, l'œuvre commencée à la Conférence de Saint-Pétersbourg, le 11 décembre 1868, par la prohibition des balles explosibles, poursuivie dans les différents règlements nationaux depuis les Instructions rédigées par Lieber, en 1863, pour les États-Unis, par le travail doctrinal de l'Institut de droit international dans son Manuel d'Oxford en 1880, et

(1) V. la *Revue générale de dr. intern. public*, t. VI (1899), p. 77, note.

surtout par les délibérations de la Conférence de Bruxelles en 1874, dont le Manuel de l'Institut n'est, en grande partie, que la reproduction ou l'amélioration? Sur ces points, du reste, les États n'avaient qu'à s'incliner devant l'initiative de la Russie, à qui étaient déjà dues les Conférences de Saint-Pétersbourg et de Bruxelles. La situation était la même pour l'extension à la guerre maritime des règles de la convention de Genève du 22 août 1864 relative à la guerre sur terre : comme pour les décisions de la Conférence de Bruxelles en 1874, il ne s'agissait plus que de rendre définitives, en les revisant, des solutions déjà adoptées en principe par la seconde Conférence de Genève, du 5 au 20 octobre 1868, mais non encore ratifiées.

Plus délicate était l'organisation de l'arbitrage et même de la médiation : ici, les précédents ne se présentent plus avec la même autorité pour lier les puissances par des engagements généraux dont la portée morale, à défaut du caractère juridiquement obligatoire, peut les mettre dans une fâcheuse posture si elles refusent de consentir à un traité formel.

Le devoir strict pour les puissances de tolérer la médiation d'un gouvernement étranger à leur difficulté n'existe que dans deux traités signés par un ensemble d'États : dans celui de Paris du 30 mars 1856, article 8, au sujet des difficultés avec la Porte, et dans celui du 26 février 1885, article 12, à propos des contestations dans le bassin du Congo. Mais il s'agit, dans ces deux cas, de certaines complications déterminées, au sujet desquelles les signataires ont pu calculer, au moins dans une certaine mesure, les conséquences de l'engagement qu'ils ont souscrit. Autrement grave est l'obligation de subir en toute circonstance les retards et les obstacles résultant de la médiation, quand on ne peut prévoir à l'avance l'avantage ou même la nécessité politique et militaire d'une action immédiate, sans parler des surprises sur lesquelles les États comptent encore trop souvent pour le succès de leurs desseins.

Quant à l'arbitrage, malgré un courant de l'opinion qui lui est favorable, malgré sa consécration comme moyen obligatoire de trancher des conflits dans certains traités pa iculiers, il n'est encore pour les grands États, quel que soit l'usage de plus en plus fréquent qu'ils en font, qu'un expédient, volontairement employé en connaissance de cause, pour trancher des difficultés à propos desquelles on n'a pas ou le pouvoir ou la volonté de se battre. Aussi n'est-il pas téméraire d'affirmer que, par sa proposition relative à la médiation et à l'arbitrage en tant que ces modes de solution devaient être obligatoires, la Russie a pris une initiative au moins aussi hardie, quoique moins chimérique à certains égards, que celle qui est relative au désarmement proprement dit.

II. — Pour faire une étude complète de la Conférence de la Haye, il faudrait rechercher comment elle a apprécié chacune des parties du dernier programme qui lui a été présenté par la Russie, dégager les raisons qui lui ont fait rejeter les unes ou accepter les autres, soit complètement, soit partiellement, juger la valeur doctrinale et pratique des résolutions auxquelles elle s'est arrêtée, signaler les lacunes de son œuvre, montrer enfin dans quelle mesure on peut espérer que ce qu'elle a fait de bon a chance de devenir la loi positive des peuples, et jusqu'à quel point on peut croire que les réformes commencées ou indiquées se compléteront dans l'avenir. Tel ne peut être notre but : il faudrait, pour l'atteindre, disposer d'un temps considérable, posséder des éléments d'information qui font encore défaut sur l'accueil qui est réservé, dans les différents États, aux décisions adoptées seulement en principe à la Conférence, et encore par quelques-unes seulement des puissances qui y ont figuré. La *Revue générale de dr. intern. public* a bien voulu nous demander, avant la réunion de la Conférence, notre avis sur l'initiative du Tsar et nous engager, en quelque sorte, à tirer notre horoscope sur ses chances de succès. Pour répondre à la nouvelle invitation qui nous est adressée, nous n'avons qu'à dire notre pensée sur la portée générale de ce grand acte diplomatique et sur l'appréciation qu'il en faut faire au point de vue du perfectionnement du droit des gens. Aussi, sans insister sur le détail des délibérations, ni sur la critique des résolutions adoptées, nous bornerons-nous à mettre en relief l'idée essentielle contenue dans chacun des actes auxquels ont souscrit les représentants des États.

Il est cependant un point relatif à la composition même de la Conférence qui doit attirer l'attention, même en tant que l'on se préoccupe seulement de l'autorité générale des solutions adoptées par elle. La première condition, en effet, pour établir des règles susceptibles de devenir la loi des États, était que toutes les puissances, du moins celles qui sont en situation de jouer un rôle dans les questions relatives au droit de la guerre, fussent appelées à les discuter et à les accepter : de là l'importance des convocations et de l'adhésion des pays qui n'avaient pas été primitivement convoqués. Les préoccupations politiques ont malheureusement eu, à ce sujet, une influence qui pourrait devenir fâcheuse pour le succès même des décisions prises : elles ont provoqué de regrettables ou d'inexplicables exclusions, elles ont aussi apporté des entraves à des adhésions que l'on aurait dû faciliter par tous les moyens.

En dehors des États européens, une convocation a été naturellement adressée à la puissante République des États-Unis ; on a même jugé à propos de ne pas oublier la Chine, le Japon, la Perse et le Siam, ce qui ne saurait être blâmé, le meilleur moyen d'initier ces pays à nos progrès étant de les faire participer à un grand effort de la civilisation. Mais où trouver une explication plausible de l'exclusion de tous les États de l'Amérique latine qui, cependant, par leur participation au grand traité d'arbitrage permanent conclu à Washington le 18 avril 1890, ont donné à l'Europe un exemple de nature à peu justifier un pareil dédain ? Le Transvaal et la République d'Orange semblaient aussi avoir leur place marquée dans une Conférence universelle en principe, et tenue sur le territoire hollandais qui peut être considéré comme la patrie d'origine de leurs nationaux. Mais il a fallu s'incliner devant l'opposition de la politique anglaise incarnée en M. Chamberlain et qui, par ses prétentions à on ne sait quelle absorbante suzeraineté sur le Transvaal, a entendu lui interdire toute initiative diplomatique, en même temps qu'elle agissait de même pour la République d'Orange, la fidèle alliée du Transvaal, sans pouvoir invoquer sur elle même un semblant de suprématie. Il est piquant de rapprocher cette façon d'agir à l'égard des deux petits États Sud africains de la place d'honneur qui a été faite à la Bulgarie vassale de la Porte : dans la nomenclature des chefs d'État, le Prince de Bulgarie avait été inscrit à son rang alphabétique ; il fallut les observations de Turkhan Pacha pour faire respecter les droits de son Souverain consacrés par l'Europe au traité de Berlin, et pour que la Bulgarie prît place après toutes les puissances et, par conséquent, après la Turquie sa suzeraine. Les affranchis d'hier, devenus les pupilles de l'Europe chrétienne, étaient autrement traités que les Chrétiens indépendants de l'Afrique équatoriale, peut-être considérés déjà comme les asservis de demain. En attendant, après comme avant la Conférence de la Haye, les Boërs ont poursuivi l'application de l'institution pacifique à l'élaboration de laquelle on n'a pas jugé à propos de les convier, en sollicitant l'arbitrage qui semble être la seule solution raisonnable de leur conflit avec la Grande-Bretagne.

Mais, de toutes les exclusions, celle qui a provoqué l'émotion la plus vive dans l'univers entier, c'est celle du Saint-Siège. On sait dans quelles conditions, particulièrement humiliantes pour le Pape, elle a été imposée par l'Italie aux autres puissances, alors que, dès le début, la participation du Souverain Pontife paraissait devoir être admise et, semble-t-il, souhaitée par le gouvernement russe initiateur de la Conférence, comme par celui des Pays-Bas sur le territoire duquel elle devait avoir lieu. Dès le 30 août 1898, M. Tcharykof, ministre de Russie auprès du Vatican, communiquait au cardinal Rampolla la première circulaire Mouravieff, en sollicitant l'appui moral du Pape pour l'œuvre entreprise. Le 15 septembre, le cardinal le promettait au nom de Léon XIII, en exposant longuement et fortement la doctrine catholique fondée sur les maximes de l'Évangile et seule propre, d'après le Saint-Père, à assurer la pacification dans les rapports internationaux. Le 16 janvier, la Curie romaine recevait le programme de la Conférence, et elle y répondait en insistant particulièrement sur la nécessité d'organiser l'arbitrage et la médiation. C'est alors que le gouvernement du Quirinal opposa son veto ; dans les premiers jours de février, le ministre des affaires étrangères, amiral Canevaro, notifia catégoriquement à la Russie et à la Hollande que la participation de l'Italie à la Conférence était subordonnée à la non-invitation du Pape. La Russie, malgré ses efforts pour démontrer que l'exclusion du Saint-Siège ferait un déplorable effet dans l'univers catholique en risquant de compromettre l'œuvre de la Conférence elle-même, ne put triompher du parti irrévocablement pris par le gouvernement italien, et M. de Beaufort, ministre des affaires étrangères des Pays-Bas, en envoyant les invitations le 6 avril, ne fit point parvenir au Vatican celle que l'on avait quelque droit d'y attendre après les démarches antérieurement faites. Le Pape, quelque froissé qu'il pût être, ne songea évidemment pas à combattre une tentative dont le but est en harmonie évidente avec les enseignements de la doctrine chrétienne ; il se déclara au contraire disposé, et il ne pouvait pas faire autrement, à la favoriser de toute son autorité morale. Dans une lettre datée de Hausbaden, 7 mai 1899, lettre qui a été lue dans la dernière séance de la Conférence avec la réponse du Pape, la Reine Wilhelmine avait d'ailleurs sollicité formellement l'appui du chef de la Catholicité, moins sans doute pour qu'il n'apportât pas d'obstacle à l'œuvre de pacification et d'humanité, ce qui n'était pas vraisemblablement à redouter de sa part, que pour atténuer ce qu'avait d'offensant la mesure prise à son égard. Le 29 mai, Léon XIII renouvelait l'assurance de son concours, tout en proclamant avec énergie le droit de l'Église de coopérer effectivement, et non pas seulement par son autorité morale, à l'étude de questions qui, par leur nature, rentrent dans sa mission religieuse et civilisatrice. Au surplus, dès le 11 avril, le Souverain Pontife avait déclaré aux cardinaux assemblés que, malgré son exclusion de la Conférence, il travaillerait à en assurer le succès. Par une mesure qui sauvegardait sa dignité avec tact, le Pape se borna, sans insister pour obtenir son admission à la réunion diplomatique, à éloigner pendant quelque temps son internonce, Mgr Tarnassi, de la capitale de la Hollande et à lui prescrire de se retirer à Luxembourg.

Cette exclusion du Pape a donné lieu à de vives polémiques et à des appréciations fort diverses, étant donné qu'elle mettait aux prises les partisans et les adversaires de l'influence pontificale dans la politique des États (1). Peut-être même la passion politique et religieuse a-t-elle, de part et d'autre, altéré la saine appréciation de cet incident au point de vue du droit international. Ici, où ce dernier point de vue doit être exclusivement considéré, nous ne tiendrons compte de l'attitude des puissances à l'égard du Saint-Siège qu'en ce qui concerne l'influence qu'elle peut avoir sur l'autorité et l'efficacité des décisions de la Conférence.

Il n'y a pas grand cas à faire de l'argument tiré de ce que, le Pape n'ayant plus aujourd'hui ni territoire ni armée, sa présence est superflue dans une assemblée où se discute la question de désarmement ou de réduction des armements. Cette question, en effet, n'était pas la seule soumise à la Conférence ; on savait même d'avance que, de toutes les parties du programme à étudier, c'était celle au sujet de laquelle l'avortement était à peu près certain. Mais est-il utile de rappeler à ceux qui sont au courant de l'histoire du droit des gens et de redire, après tant d'autres, ce que l'Église a fait, par l'intermédiaire de la Papauté, pour l'amélioration des usages de la guerre, et ne sait-on pas assez le rôle si considérable que les Souverains Pontifes ont joué et jouent encore comme arbitres ou médiateurs dans les conflits internationaux ? Aussi est-ce en se plaçant à ces deux derniers points de vue, qui devaient être la partie substantielle des travaux de la Conférence, que le Vatican, dans toutes ses déclarations diplomatiques, a invoqué le droit d'y figurer, en vertu de l'action morale et religieuse dont l'Église dispose, de ses traditions séculaires et des services rendus par elle à l'humanité. Il était difficile aux puissances de méconnaître la force de ces considérations, d'autant plus qu'elles sentaient bien le concours dont elles se privaient en écartant la participation du Saint-Siège à une entreprise qui est, au fond, une grande réforme morale, bien plus que juridique et politique, des gouvernements et des peuples. Aussi, dès le début, on n'avait même pas douté de la nécessité d'inviter le Pape, d'ailleurs considéré en fait comme un Souverain effectif, malgré la perte de son pouvoir temporel. Mais il a fallu s'incliner devant la résistance de l'Italie qui, à peu près sûre d'être soutenue par ses alliés, refusait de figurer à côté du représentant pontifical ; la retraite de la Triplice rendait vaine toute tentative d'union dans le domaine du droit de la guerre, et il fallut céder.

La raison donnée par l'Italie, d'après ses journaux officieux, notam-

(1) V. Chrétien, *La Papauté et la Conférence de la Paix*, dans la *Revue générale de dr. intern. public*, t. VI (1899), p. 281 ; Goyau, *La Conférence de la Haye et le Saint-Siège*, dans la *Revue des Deux-Mondes* du 1er août 1899 ; discours de M. Hauptmann, député du centre allemand, à la Conférence interparlementaire de la paix de Christiania, le 4 août 1899, dans la *Paix* du 28 août 1899 ; Catellani, *Realtà ed utopia della pace*.

ment d'après la *Tribuna*, pour justifier son attitude intransigeante, est plus spécieuse que fondée ; aussi bien croyons-nous qu'elle n'est pas la véritable qui l'a inspirée. On craignait, disait-on, à la *Consulta*, que Léon XIII profitât de la réunion des puissances pour soulever à nouveau la question du pouvoir temporel du Saint-Siège et que, comme Cavour s'insinuant au Congrès de Paris en 1856 pour préparer l'unité italienne, le Pape reprît subrepticement à la Haye une partie au moins de ce qu'il avait perdu en 1870. Ces craintes nous semblent tellement chimériques, étant données les conditions dans lesquelles la Conférence de la Haye a été préparée et organisée, que nous hésitons à les croire bien sincères. A la Conférence de Londres en 1871 pour la révision du traité de Paris du 30 mars 1856, on sait que M. de Bismarck employa sans scrupule tous les moyens pour empêcher d'abord et retarder ensuite l'arrivée de notre représentant Jules Favre : de son propre aveu, il craignait que, reprenant la tactique de Talleyrand au Congrès de Vienne, la France fît dévier les débats de leur objet annoncé et obtînt une intervention de l'Europe pour forcer son vainqueur à restreindre ses exigences (1). Mais rien de semblable n'était à prévoir dans notre cas : la seconde circulaire Mouravieff écartait absolument de la discussion tous les points réglés par des traités antérieurs, toutes les situations déjà acquises, en un mot tout ce qui ne rentrait pas strictement dans le programme accepté par les Cabinets. La France ne pouvait pas songer à soulever la question d'Alsace-Lorraine, et elle n'a même accepté l'invitation qui lui a été adressée que parce que les décisions qui pouvaient être prises pour le désarmement ne préjugeraient rien quant à ses inéluctables revendications ; l'Espagne aurait été écartée si elle avait demandé une révision de son traité de paix avec les États-Unis ; enfin on sait que les plaintes des Finlandais contre le Tsar, des Roumains de Transylvanie contre les Hongrois, des Arméniens contre les Turcs ont été purement et simplement écartées par une fin de non-recevoir. Léon XIII est un trop fin politique pour s'exposer à un pareil échec : certain d'être repoussé par toutes les puissances dont aucune ne peut ni ne veut soutenir les réclamations pontificales contre un état de choses réputé aujourd'hui définitif par toutes les chancelleries, il n'aurait abouti, en soulevant la question du pouvoir temporel, qu'à la faire considérer comme irrévocablement réglée aux yeux des puissances, ce qui n'a pas encore été fait officiellement et d'une manière formelle.

A notre avis, c'est ailleurs que dans la préoccupation avouée par l'Italie qu'il faut chercher la raison de son exigence quant à l'exclusion du Saint-Siège. On sait avec quelle habileté, avec quelle constance et avec

(1) *Pensées et souvenirs du Prince de Bismarck*, trad. Jaeglé, t. II, p. 274.

quel succès souvent, Léon XIII s'est efforcé d'augmenter et d'étendre l'influence morale et le prestige de la Papauté, remplaçant ainsi avec avantage son patrimoine temporel perdu. De cette suite d'efforts est résultée pour l'Italie une situation un peu fausse et parfois légèrement humiliante : quand il porte ses regards sur Rome, le monde entier voit autant, sinon plus, même quand il se préoccupe seulement des questions politiques, le Vatican que le Quirinal. C'est déjà beaucoup que de supporter, dans la capitale de l'Italie unifiée, la représentation diplomatique des puissances auprès du Pape jouant un rôle égal, à certains égards supérieur, à celui des ministres étrangers accrédités près du Roi Humbert ; à cela se joint le froissement ou même la crainte de voir le Saint-Siège exercer une action de plus en plus prépondérante dans les questions de politique intérieure et de diplomatie, par exemple quand il est choisi comme arbitre par les puissances, à côté même du Souverain du pays, ou quand il prend l'initiative de traiter personnellement avec les adversaires de l'Italie, comme il l'a fait avec Ménélik. La vérité est que le gouvernement italien est las de se voir effacé par la politique de Léon XIII, et qu'il a voulu infliger à celui-ci, en l'excluant de la Conférence de la Haye, une humiliation diplomatique pour lui rappeler que, respecté comme chef spirituel de l'Église, il doit s'abstenir de tout rôle politique. Nous n'avons pas, ici, à apprécier cette façon d'agir, nous la constatons seulement, en notant d'ailleurs qu'elle n'a pas été bien énergiquement combattue par les autres puissances. La raison en est, pensons-nous, que nombre de gouvernements partagent plus ou moins les inquiétudes de l'Italie au sujet de l'action envahissante de la Papauté dans la direction de l'opinion publique et même dans les délibérations des Parlements, par la constitution de partis catholiques recevant leurs inspirations du Vatican : on n'a pas négligé, dans certaines chancelleries, une occasion de renfermer le Saint-Siège dans sa mission exclusivement religieuse (1).

Quelle que soit la raison qui l'a provoquée et quelle que soit l'opinion que l'on ait sur l'opportunité de défendre la politique des États contre l'immixtion de l'Église, l'exclusion du Pape n'en est pas moins fâcheuse au seul point de vue du succès de la Conférence. Si l'on n'a pas à craindre que le Saint-Siège entrave des mesures prises dans l'intérêt de la paix et de l'humanité, comme il l'a spontanément déclaré malgré l'amertume qu'il devait ressentir, on ne peut pas raisonnablement espérer qu'il les soutiendra de sa grande autorité morale, auprès des populations et des gouvernements qui obéissent à son influence, avec l'ardeur qu'il y aurait mise s'il avait contribué à les discuter et à les préparer. La présence

(1) V. notre article : *Le Saint-Siège et la Conférence de la Haye*, dans la *Gironde* des 28, 29 et 30 juillet 1899.

d'un délégué du Pape à la Haye n'aurait rien enlevé de la valeur des résolutions de la Conférence aux yeux de ceux qui sont affranchis de toute soumission religieuse ; son absence, en revanche, discrédite aux yeux des Catholiques croyants une œuvre dans laquelle ils verront surtout l'humiliation infligée à leur chef spirituel. Pour nous, quoique profondément convaincu que la politique intérieure et extérieure des États doit se défendre contre un assujétissement qui tend à nous ramener à la domination papale du moyen-âge par un détour insidieux, nous n'hésitons pas à considérer comme une maladresse la mesure qui a été prise. Nous ne donnerons qu'un exemple des résultats regrettables auxquels elle aboutira. Pour des motifs bien connus et qui subsistent toujours, le Pape continuera à être accepté ou choisi plus fréquemment que n'importe quel autre Souverain comme médiateur ou arbitre dans des conflits internationaux : resté étranger aux décisions de la Haye, il puisera son autorité dans sa situation propre et il réglera sa mission suivant ses intentions personnelles, sans avoir à se considérer comme l'exécuteur d'un accord international qui, pour lui, est juridiquement, sinon moralement, indifférent. Ainsi le Pape, au lieu de participer, comme médiateur ou arbitre, à l'œuvre collective des puissances, en paraîtra le rival heureux, puisqu'il a plus de chances d'être appelé à remplir cette mission. Est-ce bien là le moyen de relever le prestige de la Conférence de la Haye et surtout d'abaisser, au point de vue politique et international, celui du Saint-Siège ? En notant cette stratégie peu habile, le passage célèbre des *Lettres persanes* revient à la mémoire : « Le Pape est le chef des Chrétiens. C'est une vieille idole qu'on encense par habitude. Il etait autrefois redoutable aux Princes mêmes... Mais on ne le craint plus ». N'aurait-on pas trop montré aujourd'hui qu'on le craint ?

La fâcheuse influence des préoccupations politiques s'est manifestée à propos de l'accession aux décisions de la Conférence, comme à propos des invitations à adresser aux puissances pour y participer. Sir Pauncefote, au nom de l'Angleterre, demandait le consentement de toutes les puissances signataires pour autoriser l'adhésion d'un nouvel État ; le Comte Nigra, représentant l'Italie, voulait que cette adhésion ne fût possible que si aucun des signataires ne s'y opposait : l'une ou l'autre combinaison permettait à la Grande-Bretagne d'écarter le Transvaal, et à l'Italie de repousser le Saint-Siège. Ces soucis, bien mesquins dans une œuvre de pacification générale devant être largement accessible à tous, soulevèrent des discussions qui faillirent rompre la bonne harmonie de la Conférence. Grâce à l'habileté dont il a donné tant de preuves dans cette réunion diplomatique, M. Bourgeois parvint, sinon à résoudre, du moins à ajourner la difficulté qui risquait de compromettre le succès même de la Conférence, en faisant admettre que le mode et les conditions d'adhésion seraient l'objet d'une entente ultérieure entre les puissances contractantes (art. 60 de la convention d'arbitrage).

III. — Apprécions maintenant, dans leur résultat essentiel et sans entrer dans la critique de détail, suivant le programme que nous nous sommes tracé, les résolutions de la Conférence de la Haye. Indépendamment de l'Acte final qui ne constitue pas un engagement proprement dit et qui, pour cela, a été signé par les vingt-six États représentés, qui a même été béni par le Pape, les résolutions adoptées figurent dans trois conventions particulières : l'une, relative à la médiation et à l'arbitrage; la seconde, aux lois et coutumes de la guerre sur terre ; la troisième, à l'application à la guerre maritime de la convention de Genève de 1864. A ces trois Actes sont jointes trois déclarations relatives à la prohibition de certains engins meurtriers ou destructeurs et qui, par conséquent, se rattachent aux lois de la guerre.

Mais, avant de juger dans leur ensemble les solutions contenues dans ces différents Actes, il est essentiel d'insister sur une particularité qui ne peut manquer de frapper. Conformément à la première circulaire Mouravieff, la Conférence avait couramment reçu la qualification de *Conférence du désarmement.* Bien mieux, allant déjà au devant des conséquences que l'on fondait sur le désarmement annoncé, l'instinct des peuples, suivant l'expression du Président, M. de Staal, à la seconde séance du 20 mai, l'avait appelée : la *Conférence de la Paix*. Il a fallu promptement en rabattre.

La première Commission, dite du désarmement, s'est divisée en trois sous-Commissions : guerre, marine, et désarmement proprement dit.

Aucune entente n'a été possible en ce qui concerne les restrictions dans l'emploi des engins pour la guerre maritime : transformation des canons, explosifs, torpilleurs, bateaux sous-marins, navires à éperon. Sur ces différents points, les propositions énoncées sous les n°s 2, 3 et 4 de la seconde circulaire russe ont complètement échoué. Tout ce qui peut entraver la puissance d'action des belligérants dans la guerre maritime est actuellement voué à un échec certain par la résistance de l'Angleterre sans le concours de laquelle toute réglementation de la guerre sur mer est presque vaine : or cette résistance s'était déjà manifestée nettement dès avant la réunion de la Conférence. D'ailleurs, ces restrictions atteignent les moyens de défense plus peut-être que ceux d'attaque, et elles vont ainsi à l'encontre de leur but qui est de rendre les guerres maritimes moins fréquentes et moins terribles, en prémunissant les faibles contre les agressions des forts (1).

(1) V. les observations de M. G. de Lapradelle sur la circulaire du 30 décembre 1898/11 janvier 1899, dans la *Revue générale de dr. intern. public,* t. VI (1899), p. 84 et suiv.

Quant à la guerre sur terre, la première sous-Commission est assez péniblement parvenue à trois déclarations, dont deux ne paraissent pas avoir encore une grande portée pratique, ce qui n'empêche pas que certaines puissances n'ont pas cru devoir y souscrire : interdiction de lancer des projectiles ou explosifs du haut des ballons ou par des moyens analogues ; interdiction d'employer des projectiles ayant pour but unique de répandre des gaz asphyxiants ou délétères. La première a été acceptée par dix-sept États seulement, à l'exclusion des suivants : Allemagne, Autriche, Chine, Grande-Bretagne, Italie, Japon, Luxembourg, Serbie, Suisse ; la seconde, par seize seulement, avec la même répartition, sauf que les États-Unis ont voté contre. La troisième déclaration est ainsi conçue : « L'emploi de balles qui s'épanouissent ou s'aplatissent facilement dans le corps humain, telles que balles explosibles, balles à enveloppes dures ne couvrant pas entièrement le noyau ou pourvues d'incisions, est interdit. » Cette résolution, provoquée par l'usage récent des balles dum-dum, de si fâcheuse réputation, par les Anglais, a donné lieu aux plus vives résistances et n'a été adoptée que par quinze puissances ; les opposants sont les mêmes que ceux qui ont rejeté la seconde déclaration, plus le Portugal. Nous ne voulons pas insister sur ce qu'il y a d'attristant dans cette obstination de tant de pays civilisés à se réserver le droit d'employer des engins que l'humanité réprouve sans que les nécessités de la guerre les justifient. Constatons seulement que, en ce qui concerne les projectiles explosibles de moins de 400 grammes, l'engagement formel résultant de la convention de Saint-Pétersbourg en 1868 subsiste d'une façon indubitable.

Quant à la troisième sous-Commission qui devait s'occuper du désarmement proprement dit, en laquelle les Sociétés de la paix et l'opinion publique résumaient l'œuvre essentielle de la Conférence, elle n'a pu aboutir qu'à cette conclusion négative : c'est qu'il est impossible d'organiser pratiquement une limitation des effectifs et des armements dans les différents États. Ce résultat était prévu et il n'a pu surprendre ou irriter que ceux qui s'en tiennent au rêve de la pacification générale sans songer aux moyens d'en faire une réalité. Les questions insolubles que soulève le problème du désarmement ou seulement de la limitation des armements ont été posées ailleurs (1) ; il suffit d'en rappeler ici quelques-unes pour voir que la Conférence ne pouvait pas les trancher. Quelle limite de développement militaire assignera-t-on à chaque État ? Cette limite fixée, comment en contrôlera-t-on le respect par celui à qui elle est assignée ? Comment concilier ce contrôle, d'ailleurs si dif-

(1) V. G. de Lapradelle, *loc. cit.*, p. 99 et suiv.

ficile, avec le secret de la défense nationale ? Comment discerner dans des dépenses pouvant servir à des entreprises militaires, comme celles des ports, de la marine marchande et des voies ferrées,ce qui a un caractère pacifique de ce qui ne l'a pas ? Ces questions, qui sont autant d'objections irréfutables, ont été complétées par le colonel de Schwarzhoff, délégué allemand, répondant au colonel Gilinsky, qui avait développé la proposition du Tsar, par des observations techniques tirées de l'organisation nationale de l'armée dans chaque pays, organisation dont la variété est telle que toute commune mesure établie par un accord international est impossible à formuler. Il suffit, par exemple, de signaler la situation des pays qui ont des armées coloniales auxquelles la limitation serait évidemment inapplicable.

Pour nous, la question de la limitation des armements par une entente entre les États est dominée par une considération générale qui écarte la possibilité même de cette entente. Les États peuvent assurément se prémunir par tous les moyens, notamment par des traités, contre l'activité offensive des uns vis-à-vis des autres ; mais on ne doit pas oublier que toute restriction dans le développement des préparatifs militaires est une atteinte à la force de défense aussi bien qu'à celle d'agression, et que nulle collectivité légitimement existante ne peut se soumettre à des entraves dans l'exercice de son droit primordial de conservation contre les attaques auxquelles elle peut être exposée. Si donc un État estime que sa sécurité commande des armements de plus en plus considérables, il semble bien difficile qu'il renonce à les réaliser, sous prétexte qu'ils inspireront des inquiétudes à ses voisins ou à ses rivaux et que ceux-ci seront ainsi amenés à faire les mêmes dépenses que lui. Par la force même des choses, l'accroissement d'un pays en territoire, en population, en richesse, entraîne l'obligation de développer les moyens de conservation et, par suite, de défense militaire, de façon à les mettre en rapport avec l'importance des biens à sauvegarder. Ce qui est la cause de tout le mal dont nous souffrons, de la concurrence désordonnée dans les préparatifs de guerre qui ruinent les peuples et, chose plus grave, finiront par les démoraliser sous l'influence de l'esprit militariste, c'est que, malgré les hypocrites déclarations de la diplomatie qui ne trompent personne, ces armements colossaux sont provoqués par des préoccupations ambitieuses, des appétits insatiables, qu'ils tendent, en un mot, à une offensive toujours menaçante pour autrui, et non à une défensive sincère qui ne devrait pas inquiéter les autres États ni les obliger à se mettre sur un pied de guerre équivalent. Pour faire disparaître cet état d'agression latente qui existe aujourd'hui entre les puissances, la diplomatie et surtout les réformes politiques et sociales dans chaque pays ont leur rôle à remplir. La première peut préparer la solution pacifique des plus graves difficultés encore pendantes ; mais c'est par les secondes que l'on tarira, dans la mesure que comporte l'imperfection humaine,la source des hostilités agressives, et par conséquent des armements démesurés auxquels elles donnent lieu par leur seule éventualité. Que l'éducation meilleure des peuples leur apprenne à choisir des gou vernants qui n'aientpas d'ambition de conquêtes, et des institutions politiques qui enlèvent aux détenteurs du pouvoir l'intérêt même, de profit ou de gloire, des entreprises militaires. Cet élément de trouble, d'ordre personnel et gouvernemental, mis de côté, les peuples comprendront vite que les difficultés de suprématie politique ou territoriale, au moins dans les rapports des États civilisés, ne sont jamais que prorogées ou même aggravées par la guerre, jamais résolues. De la défaite d'hier naît la revanche de demain, et le vaincu, tout en s'épuisant par des dépenses énormes, enlève au vainqueur le profit de ses succès par l'inquiétude qu'il lui donne et par les charges dont il le force à se grever pour garder le fruit toujours menacé de sa victoire. Restent les rivalités économiques et coloniales, celles qui tendent à l'emporter sur toutes les autres et qui même les supplantent déjà. Mais, puisqu'il s'agit d'intérêts matériels, qui donc oserait mettre en balance le bénéfice souvent médiocre et aléatoire des entreprises militaires faites dans le but d'arracher une colonie ou un débouché commercial à des rivaux, avec la dépense énorme et certaine qu'elles exigent ? D'ailleurs, pour réussir dans cet ordre d'idées, il ne suffit pas d'écarter par la victoire ou d'évincer les autres ; il faut savoir utiliser, au point de vue économique, ce que l'on a conquis : or, le développement même des qualités et des ressources qu'exige cette conquête est, le plus souvent, un obstacle au développement d'autres qualités et d'autres ressources indispensables pour l'utilisation économique de ce que l'on veut acquérir. A force de consacrer de l'argent et des hommes à la prise de possession de situations avantageuses, on n'aura plus assez de capitaux et de travailleurs pour en tirer le profit qu'elles doivent donner. Au surplus, bien doué et bien dirigé au point de vue économique, un peuple peut, par sa seule activité commerciale, agricole, maritime ou industrielle, répandue au dehors, réaliser bien plus de profits qu'en enlevant par la force des positions que, souvent, la politique a choisies et non le commerce, et que, plus souvent encore, le commerce ne saura ou ne pourra pas arracher aux militaires envoyés pour les lui conquérir. On comprendra aussi, surtout dans des démocraties que tout semblait devoir éloigner de la guerre de spoliation et que de récents événements nous ont montrées si égarées, que la plupart des hostilités entreprises pour dépouiller un autre État de ce qu'il possède cachent, sous le couvert d'une œuvre d'intérêt national, les spéculations d'un groupe de capitalistes et de politiciens : c'est avec l'or et le sang d'un peuple que l'on fait la guerre, c'est au nom de son patriotisme artificiellement surexcité que l'on spolie un autre plus faible ; puis, l'entreprise terminée, le peuple vainqueur paie les impôts nécessités par la guerre, tandis qu'un syndicat exploitant les terres conquises touche des dividendes ou comble ses anciens déficits. Les populations ont longtemps pâti des velléités belliqueuses des monarques ; il est prudent maintenant, pour celles qui vivent sous le régime démocratique ou parlementaire, de se méfier des nouveaux rois du jour, les spéculateurs.

Mieux que tout accord international difficile à conclure et impossible à contrôler, les considérations qui précèdent, formant la base de l'éducation politique et sociale des nations civilisées, nous paraîtraient de nature à paralyser les armements et à diminuer les guerres offensives. Que les éducateurs des masses les répètent sans cesse ; le résultat s'en fera, lentement peut-être, mais sûrement sentir.... *Et nunc erudimini gentes.* C'est d'ailleurs, indirectement, à cette conclusion d'une réforme morale, devant préparer et assurer la réforme matérielle du désarmement, que la Conférence a abouti. Dans leur argumentation très serrée contre le projet du Tsar, les délégués allemands ne cachaient pas leur intention de l'écarter *a priori*, sans même le soumettre à la discussion. On voulut user de plus de ménagements ; mais, après examen, le résultat ne fut pas moins négatif et, dans sa partie essentielle, la proposition russe paraissait subir un échec assez piteux. Par égard pour notre allié, ce qui était d'excellente politique, et par un sentiment élevé d'humanité, ce qui était mieux encore pour le prestige de la France, M. Léon Bourgeois sut sauver la situation. Par une harangue habile et émouvante à la fois, il fit adopter la motion suivante : « La Commission estime que la limitation des charges militaires, qui pèsent actuellement sur le monde, est grandement désirable pour l'accroissement du bien-être matériel et moral de l'humanité ». Tous les délégués, y compris ceux de l'Allemagne, acceptèrent cette formule. La tentative du Tsar n'était donc pas restée vaine, elle avait conduit à quelque chose. A une considération platonique, dira-t-on› C'est déjà beaucoup : les grandes réformes commencent toujours ainsi, elles doivent être affirmées en principe avant d'être accomplies en fait. Il importe surtout qu'elles soient reconnues nécessaires par ceux-là mêmes qui peuvent les réaliser ; désormais, les gouvernements ne seront plus autorisés à traiter de chimériques ou de peu patriotes ceux qui leur rappelleront qu'ils doivent travailler à alléger le fardeau des peuples : le temps, l'éducation politique et morale des masses, la pression de l'opinion publique feront le reste.

IV. — La Commission dite des lois de la guerre s'est subdivisée en deux sous-Commissions.

La première s'est occupée de l'extension à la guerre maritime de la convention de Genève : il s'agissait de rendre effective, en l'améliorant, l'œuvre commencée en 1868. Sur un rapport, admiré par tous les membres de la Conférence, de notre savant jurisconsulte, M. Louis Renault, dix articles additionnels à la convention de Genève assurent la réalisation de cette réforme d'humanité. C'est en consultant le rapport de M. Renault que l'on pourra apprécier la valeur des dispositions adoptées et les améliorations que l'on devra encore y apporter. Malheureusement, onze États sur vingt-six se sont abstenus de signer la convention nouvelle : Allemagne, Autriche, Chine, États-Unis d'Amérique, Grande-Bretagne, Italie, Japon, Luxembourg, Serbie, Suisse et Turquie.

Dans la seconde sous-Commission, présidée par M. de Martens, il s'agissait de reprendre le travail de la Conférence de Bruxelles de 1874 restée sans sanction. Les solutions les plus conformes au progrès de la civilisation ont été adoptées pour fixer les droits des belligérants et des neutres, la condition des malades et blessés, ainsi que celle des prisonniers pour lesquels on a consacré les propositions depuis longtemps préparées par un spécialiste belge autorisé en la matière, M. Romberg-Nisard. La pierre d'achoppement a failli être encore, comme à la Conférence de Bruxelles en 1874, la question du droit pour les populations de recourir aux armes et d'être traitées en belligérants réguliers. Les partisans de ce droit, soutenus par le représentant anglais, sir John Ardagh, ont été combattus par les délégués allemands et russes : l'opposition entre les pays aux grandes armées permanentes et ceux qui n'en ont pas ou n'en veulent pas avoir semblait irréductible, et l'on pouvait prévoir que la même question empêcherait l'accord comme en 1874. Mettant toujours son habileté parlementaire au service de l'humanité et de l'entente internationale, M. Léon Bourgeois est parvenu à faire admettre les articles du projet, en observant qu'ils pouvaient être acceptés par tous, puisqu'ils ne s'opposaient pas au droit des populations de combattre conformément aux règles du droit des gens, c'est-à-dire en s'incorporant aux armées régulières et en se soumettant à leur loi militaire. Mais les décisions admises relativement au droit de la guerre n'ont pas le caractère d'un contrat obligatoire et ne constituent qu'un engagement moral sous la forme d'une déclaration : encore cette déclaration n'a-t-elle pas été signée par onze États, les mêmes qui ont rejeté les articles additionnels à la convention de Genève.

V. — Restait la Commission chargée de régler les bons offices, la médiation, l'arbitrage et l'organisation d'une Cour arbitrale permanente.

Bien plus encore que la Commission du désarmement, sur le succès de laquelle on ne comptait guère et avec raison, celle-ci avait suscité les plus grandes espérances. Allait-on voir enfin se constituer cet arbitrage obligatoire qui seul peut, semble-t-il, donner au droit des gens sa sanction juridique, et substituer les décisions d'une justice organisée aux résultats aveugles de la force? La guerre allait-elle céder devant une magistrature internationale, véritable délégation des peuples? Certes, il n'était entré dans l'esprit d'aucun diplomate que l'arbitrage pût être imposé d'une façon absolue; mais on pouvait croire que, conformément à la proposition russe et à nombre de conventions particulières déjà intervenues entre les États, il serait possible de préciser un nombre de cas de plus en plus considérable dans lesquels le recours aux arbitres serait reconnu obligatoire (1). Mais, ici encore, l'espoir de l'humanité a été en grande partie déçu.

Pour suivre et apprécier en détail les discussions qui ont abouti aux solutions relatives aux bons offices, à la médiation, aux Commissions internationales d'enquête, à l'arbitrage, à la Cour permanente d'arbitrage et à la procédure arbitrale, il faut se référer au si remarquable rapport qui a été présenté par M. le Chevalier Descamps. Nous nous bornerons à mettre en relief les points essentiels des résolutions qui, malgré les atténuations introduites et dont nous allons parler, ont été écartées par dix États: Allemagne, Autriche, Chine, Grande-Bretagne, Italie, Japon, Luxembourg, Serbie, Suisse et Turquie.

Ce qui ressort de plus frappant de la discussion ouverte sur l'arbitrage, c'est que l'Allemagne, entrainant à sa suite d'autres puissances, en a répudié absolument le caractère obligatoire, même pour des cas limités et strictement précisés d'avance. Il n'est pas surperflu de citer la raison qui en a été donnée par M. de Munster, pour montrer l'état d'esprit du Souverain germanique: le principe de l'arbitrage obligatoire, dit-il, « est incompatible avec la souveraineté d'un monarque qui base son pouvoir sur le droit divin ». Ainsi contraintes de le laisser toujours facultatif, comme par le passé, sauf dans le cas où des conventions particulières obligent les contractants à s'y soumettre, il semble que les puissances n'avaient plus à se préoccuper beaucoup de l'arbitrage, ni à discuter longuement sur les divers projets qui leur étaient soumis par la Russie, l'Angleterre et l'Italie. Effectivement, de prime abord, on peut croire que la longue convention de 61 articles consacrée à cette institution n'a d'autre portée que d'exprimer le souhait platonique qu'elle soit utilisée le plus souvent possible et d'en régler la procédure..... quand on voudra s'en

(1) V *Rapport sur la convention pour le règlement pacifique des conflits internationaux*, par M. le Chevalier Descamps, délégué de la Belgique; annexe, p. 87 et suiv.

servir. Juger ainsi serait, croyons-nous, s'en tenir superficiellement aux apparences. Des résultats plus positifs, prodromes d'une réforme plus complète, ont été acquis.

D'abord, sans se voir objecter le reproche d'intervention intempestive ou même d'attitude peu amicale, toutes les puissances signataires peuvent offrir leurs bons offices ou leur médiation aux autres en cas de conflit. Ainsi, en vertu du traité, les propositions d'une puissance tierce pour arranger une difficulté, si souvent arrêtées par la crainte de les voir mal accueillies ou mal interprétées, deviennent un droit d'initiative que nul ne peut, s'il a adhéré à la convention, contester ou critiquer. C'est, plus qu'on ne le croit peut-être, la voie ouverte aux solutions pacifiques, le fait même de l'interposition d'un tiers pouvant, dans ces conditions, retarder et, par suite, écarter les mesures extrêmes et irréparables (art. 3 de la convention, titre II, *Des bons offices et de la médiation*).

En second lieu, une Cour permanente d'arbitrage est constituée (chap. II, art. 20 et suiv.). Y recourt qui veut et quand il le juge convenable, c'est vrai : cependant nous n'hésitons pas à voir là un des progrès les plus considérables du droit des gens. Qui ne sait combien d'arbitrages sont écartés ou échouent à cause des difficultés mêmes que présente la constitution du tribunal arbitral ? Désormais, il suffira de s'adresser au corps international organisé avec toutes les garanties d'impartialité pour avoir, sans perte de temps et sans que les difficultés s'enveniment et deviennent insolubles par le retard même dans les négociations relatives à l'arbitrage, les juges compétents dont on a besoin. De plus, c'est avoir franchi un pas immense que d'avoir créé cette juridiction internationale permanente avec le concours de la diplomatie qui, hier encore, voyait dans cette tentative une généreuse et peut-être ridicule utopie des amis de la paix. Sans doute, rien ne paraîtra fait aux yeux de ces derniers, parce que l'on n'a qu'une Cour qui attend les justiciables volontaires sans pouvoir les contraindre à lui soumettre leurs litiges. Mais qu'ils se rassurent : si, dans la vie biologique, le besoin crée l'organe, il est normal, dans la vie juridique, que l'organe n'apparaisse que lorsque le besoin qu'il est destiné à satisfaire est déjà bien ressenti. Ce n'est pas un caprice de diplomates qui a créé la Cour permanente d'arbitrage ; elle est née, malgré les préjugés et les résistances des chancelleries, de la pression de l'opinion universelle aspirant à la paix. Maintenant que ce grand besoin de l'humanité trouve, dans l'organisme établi, un moyen de se satisfaire, on verra se produire un phénomène qui n'est pas rare dans l'histoire des institutions : dues d'abord à l'initiative des intéressés, facultatives par conséquent et sans caractère légal, elles se généralisent par le fait même de la satisfaction qu'elles donnent à des besoins sociaux, si bien que, après un certain usage, on ne comprend plus qu'elles n'aient pas toujours fonctionné et que les mœurs d'abord, la loi ensuite les rendent obligatoires. Volontairement et accidentellement, en premier lieu, puis plus fréquemment quand ils en auront apprécié les avantages, les gouvernements recourront à la Cour permanente, jusqu'au jour où l'opinion, habituée à la nouvelle institution, ne tolérera plus la guerre que dans les cas où elle est absolument inévitable, et forcera les gouvernements eux-mêmes à se lier d'avance pour l'arbitrage dans un nombre de conflits qui ira toujours croissant.

Mais il y a mieux, et c'est ici qu'apparait la résolution la plus importante peut-être de la Conférence de la Haye. Avec un art infini et une élévation de vues admirable, M. Léon Bourgeois est parvenu à faire adopter la disposition suivante qui constitue l'article 27 de la convention : « Les puissances signataires *considèrent comme un devoir*, dans le cas où un conflit aigu menacerait d'éclater entre deux ou plusieurs d'entre elles, de rappeler à celles-ci que la Cour permanente leur est ouverte. En conséquence, elles déclarent que le fait de rappeler aux parties en conflit les dispositions de la présente convention, et le conseil donné, dans l'intérêt supérieur de la paix, de s'adresser à la Cour permanente ne peuvent être considérés que comme actes de bons offices ». Ainsi, à défaut d'obligation juridique encore repoussée par les préjugés et l'égoïsme, le devoir moral, fondement et précurseur de la loi formelle conformément au noble génie de la France, a été formulé pour la première fois en termes aussi catégoriques dans un grand acte de la diplomatie. Simple et inefficace proclamation de principe, dira-t-on encore. Nous répondrons que ce sont les principes proclamés comme manifestation d'un sentiment, peut-être encore vague, de justice et de raison qui annoncent inévitablement les grandes réformes effectives, comme l'aube pâle et indécise annonce le soleil. Ainsi que l'a justement dit M. Léon Bourgeois à la Conférence, « l'utilité morale des dispositions de l'article 27 est tout entière dans ce fait : qu'un devoir commun pour le maintien de la paix entre les hommes est reconnu et affirmé entre les nations. Croyez-vous que ce soit peu de chose que dans cette Conférence, c'est-à-dire non pas dans une réunion de théoriciens et de philosophes, discutant librement et sous leur seule responsabilité personnelle, mais dans une assemblée où sont officiellement représentés les gouvernements de presque toutes les nations civilisées, l'existence de ce devoir international ait été proclamée et que la notion de ce devoir, désormais introduite pour toujours dans la conscience des peuples, s'impose dans l'avenir aux actes des gouvernements et des nations » ?

VI. — Après cet aperçu d'ensemble, on est naturellement porté à se poser la question de savoir si la tentative du Tsar a réussi ou a échoué. C'est du moins sous cette forme absolue que la masse demande à être fixée sur les résultats de la Conférence de la Haye. Mais ici, comme toujours, les foules sont trop simplistes : la réponse doit être plus complexe que la question. Non, on n'a pas réussi, dans les termes mêmes des circulaires russes et suivant les désirs des Sociétés de la paix : on n'a rien obtenu pour le désarmement, rien pour l'arbitrage obligatoire, et nous avons vu que les résultats positifs se réduisent à peu de chose en ce qui concerne l'amélioration des lois de la guerre exprimées seulement dans une déclaration de principes et non dans un contrat formel. Ce qui est plus grave, les préoccupations politiques ont partagé les puissances en deux camps. Dans l'un on trouve surtout les puissances de la Triplice et l'Angleterre qui ont sacrifié à des considérations égoïstes et parfois un peu mesquines l'honneur de participer à une œuvre de civilisation et d'humanité. En regard, sans parler de la Russie naturellement attachée à sa noble entreprise, se place la France dont la signature n'a manqué sur aucun des Actes de la Conférence. On parlera sans doute de complaisance systématique en faveur des propositions émanant de la puissance alliée. Mais c'est trop oublier que notre pays est resté complètement étranger à l'initiative du Tsar, qu'il ne l'a connue que par sa publication, comme les autres pays, qu'il en pouvait même être gêné par la connexité naturelle entre la question du désarmement et celle de nos revendications depuis le traité de Francfort, enfin que, grande puissance militaire, maritime et coloniale, notre patrie faisait, en adhérant à toutes les réformes de la Conférence, exactement les sacrifices que n'ont pas jugé à propos de consentir l'Allemagne et l'Angleterre en particulier. C'est oublier surtout que, par ses éminents représentants, elle a ressuscité spontanément certaines parties du programme russe qui avaient déjà succombé sous les objections des puissances, et qu'elle les a véritablement rendues siennes en y faisant pénétrer des idées morales, des principes de raison et de générosité, son génie latin et son cœur gaulois.

Et c'est à cause surtout de cette action particulière de la France à la Conférence de la Haye que nous pouvons affirmer, à côté de l'échec que nous n'avons pas dissimulé, une véritable victoire pour l'humanité et le droit. Ce ne sont, il est vrai, que des principes sans sanction effective qui ont été posés, encore n'ont-ils pas eu l'adhésion de nombre d'États parmi lesquels on compte des plus puissants. Qu'importe ! Le monde est averti, non par des publicistes sans mandat, mais par les gouvernements, que ses espérances sont fondées en raison et réalisables en fait,

Il y a, il y aura des résistances formidables contre la vérité entrevue et affirmée ; cette vérité en est encore réduite à de simples formules dont rien ne garantit le respect dans la politique des États. Mais les Droits de l'homme et du citoyen n'étaient eux aussi que des formules abstraites ; ils ont subi et subissent encore mille violations : cependant ils sont devenus la charte sociale de l'humanité civilisée.

France. — Opinion de M. A. Mérignhac, professeur de droit international à l'Université de Toulouse.

La Conférence de la Haye est close ; son œuvre est connue ; il est donc possible de jeter un coup d'œil d'ensemble sur ses travaux et les résultats auxquels elle a abouti. On sait qu'elle s'est divisée en trois Commissions correspondant chacune aux diverses propositions contenues dans la seconde circulaire du Comte Mouravieff. La première de ces Commissions avait dans ses attributions l'étude de la question générale de la limitation des armements, ainsi que des budgets militaires, et d'une entente au sujet de la prohibition de certains projectiles et engins se distinguant par une puissance de destruction ou une cruauté toutes particulières. Nous avions essayé de démontrer, dans une opinion par nous exprimée (1), que si, dans l'état actuel de l'Europe, le désarmement général paraissait impossible, rien au contraire ne s'opposait à une réduction, à une limitation des armements et des budgets de guerre. Nous ne reviendrons point sur cette idée. Les propositions russes sur ce point, éloquemment défendues par le colonel Gilinsky et par M. Léon Bourgeois, n'ont pas été acceptées, quoiqu'elles fussent bien modestes. Elles consistaient uniquement, en effet, dans l'établissement d'un accord international stipulant pour un terme de cinq ans la non-augmentation du chiffre actuel des effectifs de paix des troupes entretenues dans les métropoles, aussi bien que des budgets militaires actuellement en vigueur. Pour la marine, le terme était limité à trois ans. Elles ont été repoussées grâce surtout à l'opposition de l'Allemagne ; et la déception n'a pas été bien grande, tellement le résultat était prévu. Il était si bien prévu que la proposition, qui faisait l'objet principal de la première circulaire russe, avait été finalement reléguée au dernier plan. La Conférence a dû, par suite, se borner à dresser, à son égard, un procès-verbal de carence, mais en déclarant, par la formule additionnelle de M. Léon Bourgeois de nature à atténuer l'effet d'un refus brutal, « que la limitation des charges militaires qui pèsent actuellement sur le

(1) V. la *Revue générale de dr. intern. public*, t. V (1898), p. 725.

monde est grandement désirable pour l'accroissement du bien-être matériel et moral de l'humanité ».

Après avoir ainsi rejeté toute limitation des armements et des budgets, la Conférence a adopté trois déclarations relatives : 1° à l'interdiction de lancer des projectiles et explosifs du haut des ballons ou par d'autres moyens analogues nouveaux ; 2° à la prohibition de l'emploi de projectiles ayant pour but unique de répandre des gaz asphyxiants ou délétères ; 3° à la défense de se servir de balles qui s'épanouissent dans le corps humain. Si la majorité obtenue a été imposante pour le premier point, elle a été moins forte pour les deux autres, surtout pour celui qui concernait la prohibition des célèbres balles *dum-dum*, que les Anglais ont défendues avec une énergie digne d'une meilleure cause.

La seconde Commission, appelée « Commission de réglementation des lois de la guerre », était saisie de deux motions principales portant : l'une, sur l'adaptation à la guerre maritime des stipulations de la convention de Genève de 1864, d'après les bases des articles additionnels de 1868 ; l'autre, sur la révision de la déclaration de Bruxelles de 1874 relative aux lois et coutumes de la guerre. En ce qui concerne la première, la Conférence, sur le rapport excellent et de fond et de forme de notre savant maître et collègue de la Faculté de droit de Paris, M. Louis Renault, a adopté un projet en dix articles. Ces articles, comme l'a fort bien dit le rapporteur lui-même, tout en réalisant des innovations heureuses, se bornent à poser les principes essentiels, sans entrer dans les détails d'organisation et de réglementation qui sont du ressort de chaque État. Il y est successivement question des bâtiments employés à un service hospitalier, du personnel charitable et des blessés, malades ou naufragés. Pour la seconde, la Commission a chargé du rapport M. Edouard Rolin, le distingué juriste belge, dont le nom est déjà bien connu dans les annales du droit international public. Successivement tous les points qui intéressent les belligérants, les hostilités, l'autorité militaire sur le territoire ennemi, l'internement et les soins à donner aux blessés chez les neutres, sont l'objet de dispositions nettes et précises, corrigeant la déclaration de 1874 et la transformant en une véritable codification des lois de la guerre.

Enfin, à la troisième Commission était confiée la partie la plus importante au point de vue du droit des gens, car elle avait pour objet les bons offices et la médiation et surtout l'arbitrage. Nous n'avons pas à démontrer tout l'intérêt qui s'attachait à ses travaux. Le délégué français qui la présidait, M. Léon Bourgeois, ancien Président du Conseil des ministres, l'a bien compris et y a rempli un rôle qui l'a honoré lui-même aux yeux du monde et a également honoré son pays. Dans un discours à la fois éloquent et modéré, il s'est fait l'apôtre des idées pacifiques et a contribué dans une large mesure à la réussite du projet soumis à la troisième Commission. Des difficultés graves ont été soulevées entre autres points par l'institution d'un rouage que certaines puissances considéraient comme attentatoire à l'indépendance des États, nous voulons parler des Commissions internationales d'enquête chargées de faciliter la solution des litiges internationaux, en éclaircissant par un examen impartial et consciencieux les questions litigieuses portant sur des points de fait.

Le côté vraiment original de l'œuvre votée à la Haye consiste dans l'organisation d'une Cour permanente d'arbitrage dans l'examen détaillé de laquelle nous ne pouvons entrer ici. Bornons-nous à signaler que la Conférence a bien voulu, sur ce point, adopter l'opinion que nous avions déjà défendue dans notre *Traité de l'arbitrage international*, en n'instituant pas une magistrature internationale permanente, et en acceptant le système du jury international, c'est-à-dire de juges institués dans chaque cause et pris sur une liste générale dressée à l'avance par les puissances ayant signé l'Acte général de la Haye. Nous avions émis cette pensée que l'établissement de juges internationaux permanents, inamovibles, pourvus d'un traitement fixe, exerçant en un mot une fonction comparable à celle remplie par les magistrats nationaux des divers pays, nous semblait constituer un mécanisme coûteux, dangereux peut-être pour l'indépendance des États, présentant des difficultés graves dans le choix et la révocation de ses membres et inutile d'ailleurs, étant donné que les litiges entre nations ne seraient pas assez nombreux pour occuper constamment le tribunal (1). On ne saurait donc, suivant nous, trop louer la Conférence d'avoir à la fois et accepté le principe même d'une institution si souvent réclamée surtout dans les dernières Conférences interparlementaires et tenu un compte exact, dans les détails de l'institution, des nécessités pratiques. Mais pourquoi faut-il que l'opposition aveugle de certaines puissances, spécialement de l'Allemagne, se produisant ici comme à propos de la question de réduction des armements et des budgets militaires, ait fait échouer l'une des réformes les plus utiles à la paix du monde, en empêchant d'admettre le caractère obligatoire du recours à l'arbitrage dans des cas déterminés que spécifiait très exactement l'article 10 du projet des délégués russes ! En effet, devant la déclaration catégorique du délégué allemand, dont les instructions expresses portaient que ce caractère obligatoire ne pouvait résulter que de conventions formelles et spéciales, la Conférence a dû s'incliner et se rallier à l'arbitrage facultatif. M. Léon Bourgeois, se faisant son interprète, a déclaré qu'elle agissait ainsi par esprit de transaction.

(1) *Traité théorique et pratique de l'arbitrage international*, § 459 et suiv.

En résumé, si la première Commission a échoué dans la réalisation du programme principal qui lui était soumis, et n'a fait voter que quelques interdictions spéciales et de peu d'importance en présence du progrès constant des armes modernes, par contre la seconde a réalisé ce qui était réclamé depuis fort longtemps : l'extension à la marine des stipulations de la convention de Genève. Elle a de plus fait œuvre très utile dans sa codification des lois de la guerre. Quant à la troisième, elle pouvait aboutir au plus fécond des résultats, en jetant véritablement les bases de la juridiction internationale instamment réclamée par tous ceux qui ont réfléchi d'une manière désintéressée et sans parti pris d'aucune sorte sur le grand problème social et humanitaire. Elle eût attaché son nom à l'acte le plus socialement utile de notre siècle et marqué un progrès éclatant dans l'histoire des destinées humaines, si elle avait suivi les idées énergiquement défendues par son Président et par son rapporteur M. le Chevalier Descamps, Président de la Conférence interparlementaire de Bruxelles, où furent posés les premiers jalons du nouvel organisme international dont le délégué belge a si magistralement tracé les grandes lignes dans un travail rédigé en exécution des décisions de ladite Conférence (1). D'aucuns n'ont pas voulu qu'il en fût ainsi; déplorons-le, mais néanmoins rendons à l'œuvre de la Conférence de la Haye la justice qui lui est due. Elle a fait beaucoup ; mais elle pouvait faire davantage : voilà, semble-t-il, le jugement impartial qui sera porté sur elle quand les passions du moment se seront calmées. L'histoire n'acceptera ni les enthousiasmes exagérés des uns, qui ont affirmé qu'elle avait réalisé tout ce qui était actuellement possible dans la voie du progrès pacifique, ni les exagérations pessimistes des autres, qui ont prétendu que les délégués avaient complètement échoué et fait reculer la cause de la paix, en sorte qu'il eût mieux valu, à leur avis, que la Conférence ne se réunît pas.

ITALIE. — OPINION DE M. BRUSA, PROFESSEUR A L'UNIVERSITÉ DE TURIN, MEMBRE DE L'INSTITUT DE DROIT INTERNATIONAL.

Le désir du bien s'empare facilement des cœurs généreux, et, s'il parvient à s'y implanter en maître, il en chasse bientôt la froide raison. La noble initiative du Tsar n'a pas échappé à cette loi psychologique. La magnanimité de Nicolas II et un autre mobile moins désintéressé, l'intérêt bien compris de la Russie, l'ont fait naître et l'ont soutenue. Et c'est

(1) *Essai sur l'organisation de l'arbitrage international avec le projet d'institution d'une Cour permanente d'arbitrage international adopté par la Conférence interparlementaire de Bruxelles, Mémoire aux puissances*, Bruxelles, 1896.

avec faveur que les États et l'opinion publique l'ont accueillie. La Conférence a pu ainsi se réunir à la Haye, où elle a travaillé pendant dix semaines, du 18 mai au 29 juillet 1899.

La Russie a aujourd'hui accompli les plus grandes conquêtes territoriales qu'un État puisse rêver, et elle jouit auprès du monde politique d'une autorité considérable. Sa marche conquérante peut dès lors continuer, silencieuse, sans que soit tiré un seul coup de canon, en Orient et même en Afrique. De bonnes finances et une activité pacifique sagement dirigée sont pour elle le moyen le plus sûr de préparer les luttes de l'avenir contre les puissances rivales qui s'opposeraient à ses vues ambitieuses. Il n'était donc, en Europe, aucun État qui pût espérer plus d'avantages d'un désarmement.

L'heure, d'ailleurs, était propice pour atteindre un semblable résultat. Les armements actuels des États sont oppressifs, la tendance à les augmenter indéfiniment menace d'écraser à brève échéance le monde pacifique et de frapper à mort la civilisation même. De toutes parts on pousse des cris de détresse, on demande qu'on mette fin à une situation devenue insoutenable. Avec cela, tout indique que les guerres futures entraîneront des maux immenses pour les populations des États pacifiques comme pour celles des États belligérants. Une telle situation devait fortement impressionner l'esprit des hommes de bien qui dirigent la politique internationale. C'est elle qui a motivé et explique l'acte magnanime de l'un des Souverains les plus haut placés sur la terre, du Tsar Nicolas II.

Voilà donc la double raison qui a inspiré l'Empereur de Russie. Le but qu'il se proposait était simple et clair ; il avait, en outre, le grand mérite d'offrir un vif attrait.

Mais quels moyens employer pour réaliser cet idéal ? Ici les difficultés dépassent toute mesure, elles touchent à l'utopie.

L'accord des États en vue d'un désarmement présente des obstacles aussi nombreux que l'abolition absolue de la guerre. Comment, en effet, fixer une base sûre d'égalité proportionnelle d'État à État ? Il y a là un problème dont les termes semblent en fait se soustraire à toute analyse. Dans quel sens faut-il entendre les armements qu'on veut supprimer ? S'agit-il seulement des armes, des forteresses, des navires de guerre, des soldats de première ligne ? S'agit-il aussi des navires marchands susceptibles de se transformer pour le service de la guerre, de l'armée de réserve, de l'argent ou trésor de guerre, des emprunts, des budgets, des moyens et voies de transports, des lignes stratégiques, etc., etc. ? Ne faut-il pas encore tenir compte des alliances, du dévouement d'une population prête à tout appel, en dehors même des prescriptions légales et administratives? D'autre part, comment s'y prendra-t-on pour organiser un contrôle, une surveillance, une répression en cas de violation de l'accord? Est-il vraiment possible de contraindre les gouvernements à l'observation loyale de leurs engagements? Ne risque-t-on pas d'augmenter les occasions de soupçonner la conduite des États si des circonstances particulières viennent leur créer des tentations de déjouer les entraves stipulées dans un accord formel? Et ainsi ne troublera-t-on pas cette atmosphère de paix et de confiance réciproques sans laquelle l'envie et la haine pénètrent fatalement dans les relations des peuples, créant une situation où il peut suffire d'une étincelle pour qu'une guerre éclate?

Il est bien certain qu'un accord organisant le régime du désarmement ne saurait être efficace, ne vaudrait pas plus qu'une convention instituant un tribunal d'arbitrage obligatoire pour tout différend international : ce tribunal, impuissant déjà pour les querelles concernant des questions d'ordre secondaire, serait absolument sans effet pour les conflits touchant aux intérêts essentiels ou à l'honneur national des États.

Cependant, on a, dès le début, fait grand fonds sur la Conférence qui allait se réunir. On a pensé qu'elle devait conduire à la suppression de la guerre, on lui a donné le nom pompeux de Conférence du *désarmement*.

A vrai dire, le nom qu'on décernait ainsi à la future Conférence dépassait de beaucoup la pensée du Tsar. La seule tâche à laquelle l'Empereur de Russie avait convié les gouvernements était « de mettre un terme aux armements incessants et de rechercher le moyen de prévenir des calamités qui menacent le monde entier ». Le Manifeste moscovite débutait en signalant, comme « l'idéal auquel devraient tendre les efforts de tous les gouvernements », « le maintien de la paix générale et une réduction possible des armements excessifs qui pèsent sur toutes les nations »; il ajoutait que les vues humanitaires et magnanimes de l'Empereur tendaient « à la recherche, dans les voies de la discussion internationale, des moyens les plus efficaces d'assurer à tous les peuples les bienfaits d'une paix réelle et durable, et de mettre avant tout un terme au développement progressif des armements actuels ».

Même ainsi restreinte, l'idée du Tsar n'était pas encore une idée mûre. L'idée de l'arrêt ou de la réduction des armements, quoique proposée par des esprits sérieux, n'a pu jusqu'ici faire son chemin au sein de corps scientifiques simplement privés, comme l'Institut de droit international. Elle n'a pas encore pénétré dans la conscience publique, elle manque encore des éléments de fait que sa réalisation présuppose. La Russie elle-même s'en est d'ailleurs rendu compte. Car, quatre mois après son premier Manifeste, le Comte Mouravieff en lançait un second, le 30 décembre

1898/11 janvier 1899, où il avouait que, « malgré le grand concert d'opinion qui s'était produit en faveur des idées de pacification générale, l'horizon politique avait sensiblement changé d'aspect ». Il se demandait avec inquiétude si « les armements nouveaux, auxquels ont procédé en ces derniers temps plusieurs puissances, s'efforçant d'accroître encore leurs forces militaires », pouvaient se concilier avec l'espérance d'obtenir actuellement, par une Conférence internationale, un accord pour la réduction des armements. Et les événements qui se produisirent après cette nouvelle circulaire ne furent pas non plus de nature à inspirer confiance. Ce n'est pas sans une pénible impression, et aussi sans une triste ironie, qu'on vit le Tsar lui-même, à la date du 15 février 1899, malgré ses engagements solennels et ceux de ses ancêtres, attenter à l'autonomie de la Finlande en en changeant le système militaire, en élevant de 1.920 à 7.200 hommes le contingent que le grand-Duché devait fournir.

Dès les premiers mots de son texte le Manifeste du 12/24 août 1898 assignait comme but à la Conférence le *maintien de la paix générale*. C'était dire nettement que la condition préalable de l'entente serait le respect du *statu quo*. La circulaire du 30 décembre 1898/11 janvier 1899 s'inspira de la même pensée en excluant des délibérations de la Conférence « toutes les questions concernant les rapports politiques des États et l'ordre de choses établi par les traités ». Malgré ces déclarations, les illusions et les craintes des puissances ne disparurent pas entièrement. La preuve en est dans l'absence, à la Conférence de la Haye, des représentants de plusieurs États et de celui du Pape. La Russie a estimé qu'elle ne devait pas inviter les États qui n'avaient point de représentants diplomatiques à Saint-Pétersbourg. L'intérêt politique réclamait-il de semblables exclusions ? Il est permis d'en douter. En vérité, la nature et le but de la Conférence devaient décider la Russie à convier à la Haye tous les États civilisés sans distinction.

Parmi les États qui ne furent point invités à la Conférence figurent d'abord les Républiques du Centre et du Sud de l'Amérique. On ne voit pas quel motif raisonnable peut expliquer leur exclusion. On l'aperçoit d'autant moins que les États-Unis de l'Amérique du Nord, le Japon, la Perse, le Siam et la Chine étaient au contraire appelés, pour la première fois, à participer à une assemblée de diplomates européens. N'est-il pas d'ailleurs singulier — alors que résonnait encore l'écho de la guerre de Cuba — de voir les États-Unis assister à cette assemblée en déclarant en même temps, par application de la doctrine de Monroe, leur volonté de s'abstenir de toute ingérence dans la politique des États étrangers et d'exclure les puissances extra-américaines des questions purement américaines ? Telle fut effectivement la déclaration expresse de leur délégation à la Haye lors de la signature de la convention pour le règlement pacifique des conflits internationaux. Dira-t-on, pour justifier l'absence des Républiques centrales et méridionales de l'Amérique, que les États-Unis du Nord, en vertu du célèbre principe de Monroe, exercent vis-à-vis d'elles une sorte de monopole et qu'ainsi ils les ont tacitement représentées à la Conférence? Nous ne pensons pas qu'une pareille raison soit sérieuse. La supposition d'un monopole exercé sur ces Républiques par les États-Unisest si peu exacte qu'ils ont à Washington, en 1890, signé avec plusieurs d'entre elles un traité où « l'arbitrage fut adopté comme un principe de droit international américain pour la solution de tous les différends, conflits ou débats pouvant naître entre deux ou plusieurs des Républiques de l'Amérique ». On ne saurait davantage attribuer l'exclusion des Républiques du Centre et du Sud-Amérique à leur situation si fréquemment troublée par les révolutions et les guerres. En effet, on ne les a pas encore mises pour cela au ban de la société internationale ; les États de l'Europe prennent aussi au sérieux les conventions qu'ils signent avec elles que les traités qu'ils concluent avec toute autre nation. Aussi faut-il souhaiter que les Républiques de l'Amérique centrale et de l'Amérique méridionale soient conviées aux Conférences qui sans doute se réuniront dans un avenir prochain pour faire suite à celle de la Haye. Leur intervention dans ces Conférences est d'ailleurs imposée par le principe même de l'égalité des États : il importe que ce principe, une des bases fondamentales du droit des gens, soit toujours sincèrement appliqué, surtout à l'égard d'États faibles ou moins civilisés. Au surplus, faut-il rappeler que, parmi les Républiques dont il s'agit, il en est une, l'Argentine, qui tout récemment s'est liée avec l'Italie par un traité d'arbitrage général et obligatoire hautement apprécié ?

Mais les Républiques du Centre et du Sud-Amérique ne sont pas les seuls États qui furent absents à la Haye. Il en a été de même de la République Sud africaine et de celle d'Orange. On comprend davantage l'exclusion de ces deux pays. Ce sont les rapports exceptionnellemens mauvais alors existant entre l'Angleterre et le Transvaal, auquel se rattachait l'État d'Orange par suite d'une communauté d'intérêts politiques, qui ont déterminé l'absence des deux Républiques africaines. Dans une pareille situation, la présence à la Conférence des représentants de ces Républiques à côté de ceux de l'Angleterre eût entraîné certainement de graves difficultés. Force était donc de choisir entre ces États. Or, le choix ne pouvait être douteux. On n'aurait pu rien faire à la Conférence en l'absence de l'Angleterre, qui est la plus grande puissance maritime du monde ; il fallait nécessairement sacrifier le Transvaal et l'État d'Orange.

De même, si la Turquie avait cru devoir protester contre l'admission de la Bulgarie, on eût été également obligé de satisfaire à ses protestations. Telle est la seule explication qu'on puisse fournir de l'exclusion de la République Sud africaine. On ne saurait voir dans cette exclusion une conséquence logique des droits que l'Angleterre prétend exercer sur le Transvaal en qualité d'État suzerain. En effet, si l'on s'était placé sur ce terrain, la Conférence eût dû entrer dans l'examen de la controverse sur les véritables rapports juridiques de l'Angleterre et de la République Sud africaine, et elle n'aurait pu le faire sans permettre au Transvaal et à la Grande-Bretagne de discuter leurs prétentions respectives. Or des questions politiques de cette nature ont été, on l'a vu, absolument bannies du programme de la Conférence.

Comme les Républiques du Centre et du Sud-Amériqne, comme le Transvaal et l'État d'Orange, le Saint-Siège a été aussi exclu de la Conférence. Et son exclusion a été maintenue même après que la Conférence eut perdu son caractère originaire de Conférence pour le désarmement — dans laquelle en vérité un Pape sans territoire et sans armée aurait eu peu de compétence — pour prendre le caractère et le nom de Conférence de la Paix. Ici encore il n'est pas facile de justifier la résolution des puissances. Les craintes du gouvernement italien, qui en ont été la cause, ont semblé à nombre de personnes impartiales vraiment excessives. La mise a l'écart de la Papauté a apparu à quelques gouvernements, qui ont toujours fait preuve à son égard de beaucoup de ménagements, comme un acte d'intolérance de la part de l'Italie.

Sans doute, au point de vue des principes, des objections graves existaient contre la participation du Saint-Siège à la Conférence de la Paix. Le Saint-Siège a cessé depuis 1870 de constituer un État ; sa souveraineté territoriale a disparu pour faire place à une simple souveraineté honoraire (loi italienne du 13 mai 1871, dite des garanties du Saint-Siège). D'un autre côté, les circulaires du Tsar étaient adressées aux « gouvernements dont les représentants sont accrédités près la Cour impériale de Russie » ; or le Saint-Siège, qui à proprement parler n'est ni un gouvernement, ni une puissance, n'avait pas de représentant à Saint-Pétersbourg (1).

(1) Il paraît qu'actuellement, à raison même du refus qui lui a été opposé d'assister à la Conférence de la Haye, et qui semble l'avoir profondément affligé, le Pape fait des démarches pour établir auprès du Cabinet russe une représentation diplomatique régulière. Cette représentation, en supposant qu'elle lui soit accordée, aura-t-elle toutefois le caractère qui s'attache à toute mission diplomatique appelée à traiter les affaires du ressort du droit international ? A cette question on doit sans hésiter répondre négativement : des relations diplomatiques supposent nécessairement la souveraineté territoriale ; on ne conçoit pas d'exception à cette règle. Il en devrait être différemment en ce qui concerne les Républiques espagnoles de l'Amérique.

Mais si les principes autorisaient l'exclusion de la Papauté, il n'y avait pour la prononcer aucune bonne raison politique. D'abord, on le sait, les questions touchant à la politique, intérieure ou internationale, des États étaient entièrement bannies des délibérations de la Conférence. Il n'y avait donc rien à craindre de la présence du Saint-Siège pour la politique de l'Italie ou, ce qui est plus important, pour la politique générale. Les diverses puissances réunies à la Haye, toutes animées d'intentions pacifiques, n'eussent certainement pas consenti aux discussions que le Vatican aurait voulu soulever par rapport à la déchéance de son pouvoir temporel : pareille proposition eût été, d'un commun accord, écartée aussitôt par une fin de non-recevoir. Il y a plus. La présence d'un représentant de la Papauté était désirable pour le succès même de l'œuvre entreprise à la Haye ; dans la discussion des idées d'humanité et de justice la voix d'un nonce pontifical n'aurait pu produire que d'excellents effets. Nous irons plus loin. L'intérêt bien entendu de l'Italie réclamait la participation du Saint-Siège aux travaux de la Conférence. Cette participation, en effet, eût constitué le plus solennel et le plus éclatant démenti à la légende du Pape prisonnier dans le Vatican, du Pape dépourvu de cette liberté qu'il prétend si nécessaire à sa mission de religion et de charité. Et du même coup les droits de l'Italie sur Rome, sa capitale historique indispensable, se fussent trouvés singulièrement affermis. La collaboration du vicaire du Christ à une œuvre de haute moralité internationale, en augmentant son prestige déjà grand par les nombreuses médiations qu'il a exercées, aurait en outre fait disparaître, chez les Catholiques de bonne foi, chez les amis zélés du Vatican, ces malentendus et ces mécontentements qui ne sont pas sans exercer aujourd'hui encore une influence néfaste sur la politique internationale : elle eût dès lors aidé, directement ou indirectement, les États dans leurs propres efforts pour la pacification.

Ainsi le Saint-Siège aurait pu, utilement et sans danger, être admis à la Conférence de la Haye. Pour sauvegarder les intérêts légitimes du Royaume d'Italie il suffisait que la Conférence proclamât, dès le début et d'une manière expresse, sa volonté de s'abstenir de toutes discussions en matière politique. Le gouvernement italien pouvait même subordonner sa présence à la Haye à la condition explicite que l'admission du Saint-Siège n'impliquerait nullement une restitution à son profit de sa personnalité politique. On aurait, alors, écarté le Pape des discussions relatives à la réduction des armements, qui touchent au gouvernement politique, et sont en dehors de sa sphère. Par contre, on aurait pu lui permettre un vœu pour l'humanisation de la guerre en général, car cela rentre implicitement dans sa mission même de charité universelle. Mais, quant aux autres travaux de la Conférence, rien n'eût empêché la Papauté d'y prendre une part effective. La pacification des peuples et les moyens d'empêcher la guerre, qu'il s'agisse des bons offices, de la médiation ou de l'arbitrage, sont des questions dont peuvent s'occuper tous les amis de la paix, Gouvernements, Souverains ou simples particuliers : des particuliers sont parfois revêtus, par les États en conflit, des hautes fonctions d'arbitres ; il y aurait dès lors contradiction à repousser en pareille matière l'aide du Saint-Siège.

Les termes de la nouvelle circulaire moscovite, le Manifeste du Tsar aux Finlandais, les exclusions de la Conférence prononcées contre certains États, tout cela aurait dû mêler quelque scepticisme aux enthousiasmes de la première heure. Il n'en fut rien cependant ; les illusions persistèrent, tant est grande la force dont dispose un certain idéalisme.

Quoique moins vague et moins chimérique que le Manifeste du 12/24 août 1898, la circulaire du 30 décembre 1898/11 janvier 1899, qui fixait les bases définitives des travaux de la Conférence, était encore, sur certains points, assez peu pratique. Il s'agissait toujours, d'une part, de « mettre un terme à l'accroissement progressif des armements de terre et de mer » ; d'autre part, de « rechercher la possibilité de prévenir les conflits armés par les moyens pacifiques ». Il est vrai que, fort prudemment, on limitait ces moyens pacifiques à ceux « dont peut disposer la diplomatie internationale ». De même, la circulaire, développant les vues qu'elle venait d'indiquer, n'osait pas parler d'arbitrage obligatoire : dans son paragraphe 8 elle signalait simplement comme thème de la discussion « l'acceptation, en principe, de l'usage des bons offices, de la médiation et de l'arbitrage facultatif, pour des cas qui s'y prêtent ». Le sentiment de confiance, dont la Conférence était animée, s'affirma cependant en dépit de cette prudente réserve. La délégation russe proposa des « Éléments pour l'élaboration d'un projet de convention à conclure entre les puissances participant à la Conférence de la Haye », dont l'article 10 stipulait l'*arbitrage obligatoire* dans deux séries de cas : 1° en cas de différends ou de contestations se rapportant à des dommages pécuniaires éprouvés par un État, ou ses ressortissants, à la suite d'actions illicites ou de négligence d'un autre État ou des ressortissants de ce dernier » ; 2° « en cas de dissentiments se rapportant à l'interprétation ou l'application de traités et conventions » spécialement indiqués.

Quels furent, en définitive, les résultats de la Conférence de la Paix ? En ce qui concerne la réduction des armements, les nobles aspirations de l'Empereur de Russie ont subi un véritable échec. On n'a pris aucun engagement réel ; on s'est contenté d'une résolution platonique, proclamant « grandement désirable la limitation des charges militaires pour le bien-être matériel et moral de l'humanité » : imaginée et recommandée par M. Léon Bourgeois, premier plénipotentiaire de la France, elle fut d'ailleurs accueillie par les applaudissements chaleureux de toute la Conférence, tandis que l'air retentissait encore du discours éloquent du colonel allemand Groos von Schwarzhoff, énergiquement contraire à la proposition russe.

On masquait ainsi l'échec subi. C'est dans la même pensée qu'on inscrivit, dans l'Acte final de la Conférence, plusieurs vœux renvoyant à des Conférences futures l'étude de certains sujets qu'on ne jugeait pas suffisamment mûrs pour faire dès à présent l'objet de délibérations : ces sujets étaient la révision de la convention de Genève, le règlement des droits et devoirs des neutres, l'usage de nouveaux types ou calibres d'armes, l'inviolabilité de la propriété privée dans les guerres sur mer, et le bombardement des ports, villes et villages par une force navale. Il faut espérer que les circonstances aideront à une réunion prochaine des délégués des puissances pour discuter ces diverses questions, car celles-ci intéressent grandement la marche de la civilisation.

En attendant, la Conférence de la Paix a offert déjà quelque consolation aux cœurs sensibles, et à ce sujet ses résolutions sont de nature à permettre les espérances dans l'avenir. En premier lieu, elle a pris trois délibérations interdisant le lancement des projectiles du haut des ballons ou de manière analogue, l'usage des projectiles asphyxiants ou délétères, l'emploi des balles dites dum-dum (cette dernière délibération a toutefois été prise sans l'adhésion de l'Angleterre et, ainsi, des États-Unis qui subordonnaient leur acceptation à l'unanimité des voix). En second lieu, une convention a été signée à la Haye pour l'adaptation à la guerre maritime des principes de la convention de Genève. Enfin, les puissances ont accepté, en l'améliorant et le complétant à l'aide surtout du Manuel d'Oxford voté en 1880 par l'Institut de droit international, le Règlement des lois et coutumes de la guerre sur terre élaboré en 1874 par la Conférence de Bruxelles. On ne saurait nier la grande utilité qui s'attache à un code international des lois et coutumes de la guerre, et il suffit de parcourir le texte voté à la Haye pour voir les améliorations nombreuses qui sur des points particuliers ont été réalisées à cet égard.

Mais l'œuvre la plus importante de la Conférence, celle dans les délibérations de laquelle se sont fait jour les sentiments les plus élevés et qui a fait donner à la réunion de la Haye le beau nom de *Conférence de la Paix,* est ce qu'on peut appeler son œuvre de pacification. Elle a institué une Cour permanente d'arbitrage et, comme corollaire, des Commissions d'enquête, un Bureau administratif permanent siégeant à la Haye, d'une composition simple et sûre, enfin une procédure arbitrale :

créations marquées au coin de la sagesse et dont quelques-unes sont vraiment originales. Ces moyens de pacification, prêts à fonctionner à tout instant, sont les meilleurs qu'on puisse imaginer ; ils favorisent la bonne volonté des États menacés d'un conflit. Mais, ce qu'il y a de plus nouveau, de plus fécond pour l'avenir des règlements pacifiques dans l'œuvre de la Haye, c'est le consentement même des puissances du monde civilisé qui l'a rendue possible et menée à bonne fin. Nous ne saurions entrer ici dans les détails de cette œuvre, contentons-nous d'en relever quelques traits.

Le préambule de la convention pour le règlement pacifique des conflits internationaux montre de suite l'état d'âme de la Conférence. On a voulu, en se plaçant dans la sphère supérieure de la justice et de l'humanité, concilier d'une manière réelle et durable les intérêts des puissances en apparence les plus hostiles. Et cette volonté s'est affirmée sans détours dans la première disposition de l'accord : on y trouve en effet formulé ce principe que les « puissances conviennent d'employer tous leurs efforts pour assurer le règlement pacifique des différends internationaux ». C'est au développement de ce principe que sont consacrés les articles suivants de la convention.

Non seulement les puissances en litige devront recourir, en tant que les circonstances le permettront, aux bons offices ou à la médiation ; mais de plus les puissances étrangères au conflit pourront, de leur propre initiative, et même pendant le cours des hostilités, les leur offrir, sans que leur offre doive « être considérée comme un acte peu amical ». Seulement, comme il est d'ailleurs parfaitement juste, cette entremise ne saurait ni interrompre, ni retarder ou entraver, sauf convention contraire, les mesures préparatoires de la guerre et les opérations militaires en cours. Voilà donc, pour la première fois, proclamé, en droit positif, le principe du pacigérat, sous la forme de la solidarité de toutes les nations étrangères au litige dans le devoir et le droit d'interposer leurs bons conseils pour le maintien de la paix. C'est ce principe que l'éminent rapporteur de la Commission chargée d'étudier le règlement pacifique des conflits, M. le Chevalier Descamps, avait exposé, avec talent, dans son livre *Le droit de la paix et de la guerre* (Paris, Rousseau, 1898). C'est ce principe que le projet russe, auquel revient le grand mérite de l'avoir nettement formulé, compléta par l'institution de Commissions internationales d'enquête et par celle, également nouvelle, de l'arbitrage obligatoire pour certaines questions d'ordre secondaire.

Pour les litiges naissant de questions de fait et n'engageant ni l'honneur ni des intérêts essentiels, la convention de la Haye en a confié l'examen impartial et consciencieux à des Commissions internationales.

Ici, comme en ce qui concerne la médiation, les puissances signataires n'ont pas redouté les démarches étrangères faites au milieu même du litige. Et cependant il s'agissait pour les puissances de permettre à des tiers désintéressés de prendre l'initiative d'intervenir dans leurs propres affaires, d'autoriser une Commission internationale à s'enquérir de faits litigieux sur leur propre territoire. La Conférence a donc supposé que la bonne volonté des États ne ferait jamais défaut en aucunes circonstances, fussent-elles les plus délicates, là même où les passions populaires pourraient créer de graves difficultés.

Quel progrès plus considérable aurait-on pu raisonnablement attendre d'une Conférence, pénétrée justement de l'idée que dans cet ordre de choses c'est principalement à la force morale de l'opinion qu'il faut demander la sanction des engagements internationaux ? Et pourtant on n'a pas fait grand bruit autour de l'institution nouvelle ; on en aurait fait probablement davantage autour de l'arbitrage obligatoire, s'il avait été adopté par la Conférence même pour les seules controverses secondaires, bien qu'il ne supposât rien de plus avancé dans la forme juridique. En présence du progrès ainsi réalisé à la Haye, pâlit presque la « médiation spéciale » d'une puissance choisie par les États en conflit, qu'a recommandée, sur la proposition de M. Holls, délégué américain, l'article 8 de la convention, pour les différends graves compromettant la paix. L'idée était excellente ; il est bon que les États en conflit renoncent à traiter directement leur différend et en confient la solution pacifique à d'autres puissances : c'est ce qu'une loi psychologique constante conseille en toute occasion de litige. Mais la stipulation de l'article 8 n'est qu'une simple recommandation, tandis que l'initiative des puissances étrangères au conflit en ce qui concerne la médiation et la constitution de Commissions internationales est au contraire un droit positif.

Aux termes de l'article 9 de la convention, c'est seulement « dans les litiges d'ordre international n'engageant ni l'honneur ni des intérêts essentiels, et provenant d'une divergence d'appréciation sur des points de fait », que doivent intervenir les Commissions d'enquête. Ces Commissions ne sauraient donc connaître des questions d'ordre secondaire que les passions auraient tout d'un coup transformées en questions d'honneur ou d'intérêt vital. Cela étant, il semble qu'on aurait dû adopter la proposition faite par M. Rolin, l'un des délégués du Siam, d'instituer l'arbitrage comme suite normale et nécessaire à l'enquête en cas de non-entente.

En effet, un système dans lequel l'enquête n'est point suivie, en principe, d'une solution pacifique paraît contredire absolument la résolution de soumettre à l'arbitrage tout différend qui en est susceptible. Il va sans dire qu'on ne doit prétendre à rien de plus qu'à ce qu'on estime possible en pratique ; mais, dans l'intérêt de la pacification, il faut faire tout ce qu'on juge possible. Une convention internationale, qui s'abstiendrait de poser une certaine règle parce que cette règle constituerait simplement un devoir moral, risquerait fort d'être entièrement inutile. Lorsqu'on veut faire pénétrer dans la pratique des principes nouveaux, il ne faut pas que les dispositions proclamant ces principes exigent trop de la part des contractants, de peur que les violations, s'il s'en produit, ne leur enlèvent toute autorité. Le résultat qu'avant tout il convient d'atteindre, c'est que la conduite des coupables tombe sous le coup d'une désapprobation générale. Telle est la seule contrainte, la seule sanction dont les contractants, d'accord avec l'opinion impartiale du monde civilisé, puissent disposer. On le voit donc, la forme est, ici, l'essence même du droit, car elle aide à le produire.

En tant que l'on envisage le droit interne de chaque État indépendant, la forme pacifique observée dans la réalisation du droit ne renferme en soi rien que l'on puisse dire substantiel au droit lui-même. Elle demeure la forme, un simple moyen pour la réalisation du droit discuté : ainsi, dans l'intérieur de chaque État, la procédure judiciaire ou administrative est de caractère pacifique et reste telle même quand on fait valoir le droit au moyen de l'exécution forcée, de la contrainte par corps, ou d'une pénalité. Les parties en litige se trouvent également soumises à l'autorité publique, à l'*imperium* de l'État. Aucune d'elles n'a titre et qualité pour déterminer d'un commun accord avec l'État la règle à observer dans les rapports du sujet et de l'État souverain.

Tout autre est le cas des rapports extérieurs des États entre eux. Ici aucun des États en rapports ne se reconnait soumis à des règles et à des obligations, sinon à celles qu'il a reconnues de lui-même, expressément ou tacitement. Or c'est un fait que la civilisation des États souverains n'est pas encore arrivée à un degré de maturité suffisante pour les décider à suivre dans certaines questions graves la procédure pacifique, et même, quoiqu'ils préfèrent cette procédure à la guerre pour régler les questions moins importantes, ils n'entendent pourtant pas avoir renoncé pour celles-ci, d'une façon absolue, au droit de recourir à la guerre. A la Conférence de la Haye on voulait obtenir cette renonciation pure et simple de sorte qu'il en résultât pour les États contractants l'obligation explicite de recourir à l'arbitrage pour régler les questions d'importance secondaire, de même qu'ils s'étaient déjà obligés à admettre les bons offices et la médiation, et le rapport impartial et consciencieux des Commissions internationales d'enquête pour les simples questions de fait, de même aussi qu'ils avaient admis déjà l'arbitrage facultatif. Mais, tout bien considéré, il n'y a pas lieu de se plaindre qu'on n'ait pu encore aboutir à ce résultat ; il faudrait plutôt s'en réjouir comme d'un mirage évité et d'un acte aussi sérieux que prudent.

Si l'on prenait cet engagement, le droit de la guerre se trouverait naturellement diminué en proportion, en faveur du droit conventionnel de la paix. Mais le droit de la paix ne crée pas encore par lui-même une nouvelle souveraineté destinée à régler la conduite des États contractants. Aucun accord conclu entre eux, si solennel qu'il soit dans sa forme, et si absolu qu'on le suppose dans ses termes, n'a ni n'aura jamais la vertu de créer une souveraineté semblable à une souveraineté quelconque. Autre chose est une Fédération d'États, un État fédéral avec une autorité centrale unique, autre chose est un État unitaire qui existe, fût-ce seulement en vertu du consentement des volontés particulières des populations, mais indépendamment du consentement de souverainetés constituées et appartenant à des États particuliers. Dans le premier cas, ou bien ce sont les souverainetés particulières elles-mêmes qui décrètent la guerre et la paix, ou bien elles ont délégué ces pouvoirs au gouvernement fédéral, et si la délégation les a enchaînées et les enchaîne, le gouvernement fédéral ne pourrait pas, pour cela, s'opposer de sa propre autorité, au nom de la Constitution, à une semblable invocation de celle-ci, par l'effet de laquelle se dénoue ou se transforme le lien fédératif lui-même. Il n'en est pas de même dans le second cas où, au contraire, la souveraineté toute entière réside dans l'État unitaire et unique. Ici aucun des éléments qui composent l'État ne peut, comme tel, transformer et dénouer le lien constitutif de celui-ci ; ici la souveraineté n'est pas seulement un principe unique, mais elle a son siège, également unique, dans la volonté et dans la force de la nation entière.

C'est pour cela que, tandis que dans l'intérieur d'un État indépendant, tous les droits ont leur source dans l'autorité ou *imperium* de l'État, au contraire, dans les relations extérieures des États, les droits ont un caractère plus ou moins explicitement contractuel. Aussi, quand les États conviennent de faire appel à la sentence d'un tribunal, avant de recourir aux armes, cette convention constitue un nouveau droit : c'est le droit de la procédure pacifique. En soi il n'est pas un droit substantiel, mais à proprement parler un droit formel. Sa substance, si on veut la rechercher, se trouve cachée dans la conscience publique, dont la convention n'est qu'un indice certain. Si la conscience publique, comme interprète des intérêts et des sentiments communs, est la source du droit, elle n'est cependant pas le droit lui-même : celui-ci réside dans la forme dans laquelle elle s'est régulièrement manifestée. En droit international, comme en droit interne, le progrès se réalise par l'introduction des tribunaux, c'est-à-dire par la voie formelle. L'histoire enseigne que toute institution civile commence sous forme de procédure arbitrale ou judiciaire, et l'on sait que les tribunaux permanents eux-mêmes dérivent historiquement des arbitrages accidentels. On n'affirme pas tant un droit substantiel à faire valoir, que l'on ne confie aux arbitres ou aux juges le soin de rechercher s'il y a, dans l'état de la conscience publique, un principe directeur qui semble capable de mettre un terme au litige, et ainsi d'en faire l'application à l'espèce. L'arbitre ou le magistrat découvre et fixe lui-même la *regula juris* ; la loi ne préexiste pas encore au fait, ni à la ligne de conduite qui doit en découler.

Cette espèce de cercle vicieux, dans lequel tourne fatalement le droit à ses débuts, suffit à montrer qu'avec le pacte par lequel ils délèguent leur pouvoir aux tribunaux, les États épuisent tout entière la force coercitive du droit. Que ce pacte crée pour les signataires une simple faculté ou qu'il engendre une obligation, ni faculté ni obligation ne sont munies d'une sanction physiquement efficace, et la guerre, loin de constituer cette sanction, serait au contraire en contradiction avec le but de celle-ci qui est précisément de prévenir la guerre elle-même.

A quoi bon donc insister autant pour que l'arbitrage soit stipulé dans une forme obligatoire et non facultative ? S'il avait déjà été admis comme obligatoire, il le serait sans autre moyen reconnu prématuré pour régler les conflits d'une certaine gravité. Mais pourquoi transformer une question de mœurs en une question formelle de législation ou d'obligation internationale ?

Le principe de l'arbitrage obligatoire, s'il doit jamais devenir une réalité, aura d'abord à parcourir les différentes phases par lesquelles se sont peu à peu formées les autres institutions ; alors la notion de souveraineté se sera profondément modifiée dans la société des États. Mais il semble que nous en soyons encore fort éloignés. Cela a été clairement démontré par le mot d'un des délégués de l'Empire d'Allemagne qui, en s'opposant à la proposition d'arbitrage obligatoire, la proclama, au nom de son Empereur, incompatible, dans certains cas, avec la souveraineté d'un monarque qui base son pouvoir sur le droit divin. La notion de souveraineté est donc si profondément enracinée et encore irréductible à un principe rationnel commun, qu'un des États les plus puissants et les plus éclairés a cru devoir faire sortir de son sommeil historique le droit divin sur lequel il estime fondée la souveraineté propre. A vrai dire, cette évocation ne semble pas avoir été heureuse. De même qu'autrefois, sous l'empire du droit divin, on a pu de nos jours, en vertu du droit national humain, conclure valablement des conventions internationales d'une importance capitale, comme celles par lesquelles les Souverains vaincus ont cédé au vainqueur une partie de leur territoire.

Quoi qu'il en soit, cet incident a pourtant contribué à réduire la Conférence à exprimer une recommandation en faveur de l'arbitrage facultatif qu'elle proclamait « comme le moyen le plus efficace et en même temps le plus équitable de régler les litiges qui n'ont pas été résolus par les voies diplomatiques », mais elle l'a proclamé pour les seules « questions d'ordre juridique et en premier lieu pour les questions d'interprétation ou d'application des conventions internationales » (art. 16, convention de pacification). Du reste, la réserve de conclure « des accords nouveaux, généraux ou particuliers, en vue d'étendre l'arbitrage obligatoire à tous les cas que les puissances signataires jugeront possible de lui soumettre » (art. 19) ne fait pas faire un pas à la question. C'est une faculté que les États se sont reconnue dès avant la Conférence, et dont ils ont usé sans avoir besoin d'un consentement général explicite des États.

L'impatience d'un progrès désirable ne doit pas troubler la vue exacte de la réalité. Tout progrès moral durable se forme par degrés, par une lente transformation des croyances, des sentiments, des intérêts communs. C'est ainsi que la Conférence l'a compris à l'égard des enquêtes internationales ; en effet elle a dû les exclure des questions de fait engageant l'honneur ou les intérêts essentiels des États. C'est également ainsi qu'elle a dû se borner à une pure sanction morale pour tout autre devoir que les puissances signataires se sont réciproquement imposé en vue d'écarter les guerres. La coutume, qui est la source primitive des lois et sanctions physiques, sera un jour la source aussi de l'arbitrage obligatoire. Mais lors encore il faudra se contenter d'une sanction purement morale, tout comme la sanction stipulée dans l'article 18 de la convention de pacification, où il est dit que « la convention d'arbitrage implique l'engagement de se soumettre de bonne foi à la sentence arbitrale ». Une sanction physique autre que la guerre internationale présupposerait, de toute façon, une Fédération des États, ou mieux un État unique fédératif.

En dernière analyse, c'est toujours à la moralité des États en litige que l'on devra faire appel, même dans le système de l'arbitrage obligatoire. Les intérêts solidaires de la paix pourront être alors compris par eux comme ils le méritent en se basant sur les circonstances. Le principe de l'obligation pourra peut-être augmenter les probabilités que le conflit susceptible de règlement pacifique se dénoue sans guerre, mais les probabilités augmenteront alors seulement que les parties auront convenu, au préalable, des motifs qui doivent leur faire préférer le règlement pacifique à la guerre : l'obligation n'a, en vérité, rien à voir avec cela. Il se peut qu'à la notion d'un droit parfait se joigne celle du devoir de faire ce qui est nécessaire pour le faire respecter, puisque le droit a besoin de la certitude. Mais la certitude ne dépend pas seulement de la contrainte, et même une douce contrainte sous forme de simple précepte impératif, comme on pourrait à peine y consentir dans des États souverains, n'est pas toujours propre à assurer la constante et fidèle observation de la convention. En fait, une obligation rigide pourrait engendrer, parmi les États souverains, une égalité dangereuse et pousser à recourir à des artifices pour s'y soustraire, toutes les fois que l'obligation leur paraîtrait trop grave ou trop gênante.

Pour conclure, la Conférence de la Haye a déjà fait beaucoup pour la paix par les institutions et dispositions qu'elle a votees et par celles qu'elle a indiquées pour les résolutions futures. Un éloge spécial est dû à l'engagement que les puissances signataires ont pris « dans les cas où un conflit aigu menacerait d'éclater entre elles, de rappeler à celles-ci que la Cour permanente leur est ouverte » (art. 27, convention de pacification). Que pouvait-on désirer de plus ? Ici aussi, nonobstant l'obligation formelle, qui croirait jamais qu'on a stipulé plus qu'un simple devoir moral ou qu'une pure faculté ? En un mot, ce rappel et ce conseil « ne peuvent être considérés que comme actes de bons offices ». Et le fait d'avoir jugé nécessaire de le dire expressément prouve une fois de plus que beaucoup de ce qui poussait a défendre énergiquement le principe de l'arbitrage obligatoire devait être une simple illusion.

Les conventions écrites doivent, pour être efficaces, être d'accord avec l'état des mœurs. Les obligations morales ou facultatives, les réserves, les formules plus ou moins vagues et élastiques peuvent bien donner prise, au point de vue juridique, à la critique. Elles ne sont pas pour cela taxées de faiblesse ; elles sont au contraire l'expression de la prudence pratique, particulièrement là où les susceptibilités des États sont en jeu. Bien mieux que la loi écrite, au pouvoir rigide, elles admettent une parole de persuasion ou une invitation, de telle sorte qu'elles laissent toujours intacte, quand elles s'y conforment, la dignité des Souverains qui se soumettent volontairement au droit pacifique, étant bien sous-entendu que, d'autre part, des motifs plus ou moins graves de faire la guerre ne leur feraient pas défaut.

La Conférence a montré, ici et ailleurs, un véritable courage. Elle n'a pas seulement proclamé le principe que le droit et l'obligation de le respecter ont la même force pour tous, aussi bien pour les forts que pour les faibles ; mais, poussant ce principe jusqu'à ses dernières conséquences, elle a mis sur la même ligne juridique les petits États et les grands. Elle a en effet accordé aux uns et aux autres la faculté de concourir à la composition de la Cour permanente d'arbitrage et au Bureau résidant à la Haye. Ce régime d'égalité absolue n'est-il pas un peu excessif ? Il est permis de le demander en présence des différences profondes qui existent aujourd'hui entre les forces des divers États de la famille internationale.

Bien que le droit formel soit de sa nature égalitaire, il y a loin de cette théorie à la réalité. Mais si, dans cette première Conférence, on avait laissé intact le privilège mettant les petits États dans une condition juridique plus ou moins inférieure vis-à-vis des grands, on comprend qu'on aurait probablement couru le risque de susciter de graves difficultés aux accords que la Conférence avait en vue. Les petits États auraient, peut-être, cherché (bien plus qu'ils ne l'ont fait dans un cas unique) à se coaliser et à prendre une attitude hostile contre les autres.

Au contraire, ce qui n'était pas permis à une Conférence diplomatique absolument officielle pourrait très bien convenir à une institution d'un caractère plus libre et plus conforme à la nature purement morale des engagements assumés.

L'idée d'une Assemblée internationale permanente, dont la composition et l'autorité seraient également soustraites à l'influence des gouvernements et des Parlements, pour rendre, non pas des sentences obligatoires, mais de simples avis ou conseils, a été proposée par M. de Bar, l'éminent jurisconsulte de Gottingue (1). Les institutions qu'a organisées la Conférence diplomatique de la Haye auront-elles une force plus grande, par suite du caractère officiel dont cette Conférence était revêtue ? Cela se peut, et cela est à espérer. Mais assurément elles n'auront un véritable pouvoir que si, actuellement et pour bien des années encore, on élimine de la procédure d'arbitrage toutes les questions d'une certaine gravité, que de nos jours la guerre seule est capable de trancher. De ces deux créations : le tribunal d'arbitrage dont sont convenus les plénipotentiaires de la Haye, l'Assemblée permanente ou Académie que désire M. de Bar, quelle est celle qui logiquement est la plus conforme à la nature de la sanction morale des engagements ? Les avis de l'Académie proposée par le professeur de Gottingue présentent des avantages spéciaux que l'on ne saurait attendre des sentences arbitrales. Ils sont, d'abord, de nature à éclairer l'opinion publique; de plus, ils écartent d'emblée toute velléité de contrainte matérielle pour leur exécution ; enfin, ils peuvent être provoqués aussi bien par les représentations nationales du pays que par les gouvernements mêmes. Ce n'est pas tout. Les États auront certainement moins de répugnance à se soumettre aux conseils d'une Assemblée juridique qu'à la décision d'un arbitre, et les gouverne-

(1) *Die Friedensnote des Zar und die Möglichkeit einer neuen Institution zur Sicherung des Friedens*, dans la *Nation* de Berlin du 15 octobre 1898.

ments trouveront souvent dans ces avis une force morale qui leur sera précieuse,dans leurs rapports avec les populations, pour mener à bonne fin l'œuvre de la pacification. Le système préconisé par M. de Bar a encore cet avantage qu'avec lui les entremetteurs de la paix qui dépendent d'un des pays intéressés au différend n'auront plus la pénible mission de persuader à leurs propres citoyens que leur pays était dans son tort. Au reste, la création d'un Comité consultatif ou d'une Commission internationale, dont il ne serait pas obligatoire, mais seulement facultatif, de provoquer l'opinion à l'approche d'une crise menaçante, n'est pas une idée nouvelle : à plusieurs reprises, elle a été mise en avant par ceux qui pensent qu'on ne peut attaquer de front le problème du désarmement général et de la suppression de la guerre.

Si une Académie permanente était fondée sur la base du projet très sage dont il est ici question, il est à prévoir qu'elle ne serait pas inutile, même à côté de l'arbitrage facultatif recommandé par la Conférence de la Haye. Elle serait particulièrement précieuse pour compléter les efforts de l'arbitrage, dans les questions qui touchent aux intérêts essentiels et à l'honneur des États. C'est précisément à cet égard qu'une semblable institution, libre de toute attache officielle, et qui comprendrait à la fois les délégués des corps scientifiques les plus autorisés et les représentants des Parlements et des gouvernements, pourrait rendre à l'avenir les services les plus importants. Une élite d'hommes, d'une compétence indiscutable, d'un caractère noble et indépendant, exclusivement voués à l'étude du mouvement complexe des rapports réciproques des nations, constituerait un véritable aréopage. Et cet aréopage jouirait d'une telle autorité, qu'aucune nation, si infatuée qu'on la suppose de ses forces militaires et de la prospérité de ses finances, ne voudrait pas l'avoir contre elle : plutôt que d'encourir cette éventualité, une nation préférera chercher dans un règlement juste et honorable le moyen de sauver son amour-propre et son point d'honneur.

Rendre moralement la guerre plus difficile et plus rare, telle est l'heureuse synthèse qu'ont formulée les penseurs les mieux avisés. La procédure officielle d'un tribunal arbitral et la procédure libre d'une Académie, comme celle qu'on vient d'indiquer, peuvent arriver à ce résultat. Depuis la Conférence de la Haye, la constitution de la Cour permanente des arbitres est désormais assurée ; il s'agit maintenant de pourvoir à la constitution de l'Académie permanente des conseils. La première s'occupera des questions secondaires ; la seconde s'inquiétera surtout des questions essentielles. Peut-être le legs magnifique du Norvégien Nobel pourrait-il servir à fonder cette Académie à caractère libre et purement moral.

Mais tout cela, comme d'ailleurs tout ce qu'a fait la Conférence de la

Paix, ne se résoudra qu'en de belles phrases, si les bons offices, la médiation et l'arbitrage continuent à rester de simples mots écrits dans la convention pour le règlement pacifique des conflits internationaux. Il faut constater que cette convention n'a pas été signée immédiatement par toutes les puissances représentées à la Haye. Une telle abstention est par elle-même un fâcheux indice. Rien n'est plus propre, en effet, à inspirer la méfiance dans les esprits, et par suite à diminuer la force morale d'un engagement écrit, que de voir les puissances qui ont collaboré à cet engagement ne point se hâter de le prendre au sérieux. Les faits, au surplus, ne sont-ils pas de nature à donner des craintes ? N'est-ce pas au lendemain même de la Conférence de la Haye qu'une guerre a éclaté entre l'Angleterre et le Transvaal, sans qu'aucune voix se soit fait entendre en Europe pour empêcher un semblable conflit ? Cependant l'intervention du Tsar de Russie, qui a été le promoteur de la Conférence de la Paix, eût été ici tout indiquée. L'exemple récemment donné par les États-Unis, qui prirent l'initiative d'une entremise pacifique dans la question qui divisait l'Angleterre et le Vénézuéla, n'aurait-il pas dû l'encourager à offrir sa médiation dans le litige entre la Grande-Bretagne et la République Sud-africaine ? Pour esquiver pareille entremise, on s'est volontiers retranché derrière le manque de perfection formelle de l'Acte de la Haye et derrière la circonstance que le Transvaal n'avait point été invité à la Conférence. Mais c'est là du droit strict, ce n'est ni de l'équité, ni de la morale ; en tout cas, une telle attitude n'est pas conforme à l'esprit de l'œuvre qu'on a accomplie, elle ne saurait contribuer à la rendre efficace et à augmenter l'estime qui l'avait accueillie.

TABLE DES MATIÈRES

Imp. J. Thevenot, Saint-Dizier (Haute-Marne).

www.ingramcontent.com/pod-product-compliance
Ingram Content Group UK Ltd.
Pitfield, Milton Keynes, MK11 3LW, UK
UKHW021130260726
13994UKWH00001B/82